我这**九十**年

束沛德 著

文学战线『普通一兵』自述

人民文学出版社

图书在版编目（CIP）数据

我这九十年：文学战线"普通一兵"自述/束沛德著. —北京：人民文学出版社，2021
ISBN 978-7-02-016635-0

Ⅰ. ①我… Ⅱ. ①束… Ⅲ. ①束沛德—生平事迹 Ⅳ. ①K825.6

中国版本图书馆 CIP 数据核字（2021）第 054255 号

责任编辑　郭　娟
装帧设计　李思安
责任印制　任　祎

出版发行　人民文学出版社
社　　址　北京市朝内大街 166 号
邮政编码　100705

印　　刷　三河市中晟雅豪印务有限公司
经　　销　全国新华书店等

字　　数　337 千字
开　　本　680 毫米×960 毫米　1/16
印　　张　26.75　插页 9
版　　次　2021 年 8 月北京第 1 版
印　　次　2021 年 8 月第 1 次印刷

书　　号　978-7-02-016635-0
定　　价　79.00 元

如有印装质量问题，请与本社图书销售中心调换。电话：010-65233595

·作者近照（摄于 2021 年 5 月 6 日）

·左图：少年时代（1945 年）
·右图：童年时代与父母、弟妹合影（1938 年）

· 中学时代办壁报的同窗好友（1948 年，从左至右，
前排：叶虎玉、刘果生；后排：陈训、作者）

· 上图：跨入中国作协门槛（1952 年 11 月）

· 下图：在东总布胡同 22 号中国作协创委会办公室前（1954 年 9 月）

· 上图：与爱人刘崑在上海复兴公园（1956 年 7 月）
· 下图：下放期间，与《怀来报》同事在一起（1959 年）

· 上图：在西安参加西北、华北青年作家座谈会（1982年9月，左起：唐达成、韦君宜、李清泉、葛洛、作者、周嘉华、谢真子）

· 下图：在山东烟台参加全国儿童文学创作会议（1986年5月，第一排左四为陈伯吹，左三为作者）

· 上图：在巴金寓所（1986 年 3 月，从左至右茹志鹃、
谢永旺、张光年、巴金、谌容、作者）
· 下图：祝贺冰心老人九十华诞（1989 年 10 月）

· 上图: 在上海参加中国作协主席团会议 (1995 年 3 月, 从左至右: 罗洛、李瑛、袁鹰、叶君健、徐中玉、唐达成、作者)

· 下图: 在上海 (1995 年 3 月)

· 获宋庆龄儿童文学奖特殊贡献奖（2003年3月，
从左至右，作者、浦漫汀、蒋风、任溶溶）

· 在匈牙利裴多菲故居前（1985 年 5 月，左一为高平、左二为艾煊、
左四为作者）

·在意大利蒙德罗国际文学奖颁奖会上（1995 年 12 月）

· 在圣诞联欢会上与加拿大蒙特利尔市市长夫妇合影（2004 年 12 月）

目　录

我的良师益友

我的笔耕生涯

我的亲情家风

我的夕阳时光

附录:

写 在 卷 首

　　凡事讲究一个"真"字，一切都求真务实，做事要认真，待人要真诚，为文要真实。这是我的人生信条，也是我毕生努力登攀的目标。

　　一个称职的文学组织工作者要热爱文学，培养起对文学工作深挚的感情；要有点奉献精神，满腔热忱地为作家服务；要善于同作家交朋友，努力做作家的知己、知心、知音；还要多读作品，多动笔杆，养成勤于阅读、思考、写作的习惯。

　　各条战线、各行各业都需要有人"打杂"，跑龙套，做组织联络、后勤服务工作。我心甘情愿在儿童文学界跑龙套，为繁荣当代儿童文学，做一点擂鼓助威、拾遗补缺的工作。我深切地感到，能为塑造未来一代美好心灵这个伟大工程添砖加瓦，既是一种责任，也是一种幸福。

束沛德

在当代文坛跑龙套

—— 我的小传

　　九一八事变前夜,1931年8月我出生在江南沪宁线上一个县城里。童年、少年时代是在抗日战争的烽火中度过的。

　　从小喜欢文学,爱书如命。祖母教我的儿歌、大人讲的故事和《鲁滨逊漂流记》《寄小读者》《爱的教育》《三国演义》等书,给予我最初的文学滋养。中学时代接触到我国新文学和苏联文学,《家》《倪焕之》《王贵与李香香》《母亲》《在人间》《被开垦的处女地》等,成了我爱不释手的读物。

　　从初中开始就爱编编写写,给报纸写"学府风光"一类消息报道。上高二时,与同班同学一起办起《三六周刊》,开头是学校里的一张壁报,后来成了一张省报的副刊。那时,我断断续续写了一些散文、速写、随笔、诗等,分别登在《青年界》《中学时代》《文潮》《东南晨报·三六周刊》上。16岁那一年,我的一篇题为《一个最沉痛的日子》的小小说,获得了《中学月刊》征文名誉奖。

　　由于对当年现实社会的不满,中学时代我就立志当一名新闻记者,用自己手中的笔反映民间疾苦,为人民大众说话。人民共和国成立之初,我如愿进入复旦大学新闻系。大学时代,参加红旗手文艺社,编《复旦大学校刊》副刊。学习掌握了新闻采访、编辑的ABC,又选修了中文系唐弢的《现代散文诗歌》、许杰的《文学批评》,从而激发起对散文随笔、文学评论写作的兴趣。从1950年起涉足文学评论,写了一些文艺短论、书评,在唐弢主编的《文汇报·磁力》("笔会"的前身)上发表。那时我在复旦大学学生会、团委会做宣传工作,1952年应《文汇报·社会大学》编者之约,在报上开辟了"思想改造学习随笔"专栏,前后不到两个月,连续发表了思想杂谈30多篇。

1952年8月底,大学毕业后进入中共中央宣传部干部训练班进修。同年冬,分配到全国文协(中国作家协会前身),在严文井、沙汀麾下做秘书工作。由此开始了我在文坛长达半个世纪"跑龙套"的生涯。从跨进文学门槛到"文革"爆发这10多年,我先后担任中国作协创作委员会秘书、《作家通讯》编辑、中国作协党组记录和秘书、周扬同志秘书。1958年下放劳动,并任《怀来报》副总编辑。随后调至河北省文联文艺理论研究室、中共河北省委宣传部文艺处工作。在中国作协和河北工作期间,写过一些通讯报道、文学短评、作品评论,发表在《文艺报》《文艺学习》《诗刊》《蜜蜂》《河北文学》等报刊上。同时,不时为领导起草有关文艺工作的讲话、报告,为《河北日报》写社论,草拟"指示""批语"一类公文,因而被同事们戏称为"文件作家"。

十年浩劫,大部分时间在学习班、五七干校度过。1972年初,分配到河北机电学院做宣传工作。直到粉碎"四人帮",党的十一届三中全会前夜,1978年10月我才归队,从河北调回中国作家协会。在作协复查办公室、四次文代大会筹备组起草组工作一段时间后,1980年初,任作协创作联络部办公室副主任,并负责《作家通讯》的复刊工作。1982年开始参与中国作家协会的领导工作,历任党组成员、书记处书记、创作联络部主任、儿童文学委员会主任委员等,兼任《未来》《儿童文学》《中国儿童文学》《十月少年文学》编委、顾问等。

长期从事文学组织工作,在调查了解创作情况、开展作品和创作问题讨论、组织作家深入生活、培养文学新人、发展文学队伍、加强队伍建设等方面,做了力所能及的工作。多次参与中国作协召开的重要会议的组织领导工作,如担任中国作协第四次、第五次全国代表大会临时党组成员兼副秘书长,先后两次作关于修改《中国作家协会章程》的说明,并发表《谈文学组织工作》《乐于当作家的服务员——

与新来作协的年轻朋友漫谈》等总结经验的文章。

作为中国作协领导班子成员之一,长期分管儿童文学工作,从1986年至2007年,担任作协儿童文学委员会副主任委员、主任委员达22年之久。1986年、2000年主持召开全国儿童文学创作会议,在会上致开幕词:《为创造更多的儿童文学精品开拓前进》《迎接儿童文学新纪元》。从1988年至2007年先后主持中国作协举办的第一届至第七届全国优秀儿童文学创作评奖。执笔起草1986年、2001年中国作协关于改进和加强儿童文学工作的两个《决议》。主编或与他人共同主编:《中华人民共和国文学名作文库·儿童文学卷》、《中国当代儿童诗丛》、2001—2006《中国儿童文学年鉴》、《儿童粮仓·童话馆》、《儿童粮仓·小说馆》等;并参与编选《百年百部中国儿童文学经典书系》《共和国儿童文学金奖文库》《新中国儿童文学光荣榜书系》等。这些会议、活动、文件和图书,均对我国儿童文学事业的发展繁荣,起了积极的促进作用。

20世纪50年代开始涉足儿童文学评论,被论者认为是最早参与我国当代儿童文学理论建设的批评家之一。著有:《束沛德文学评论集》《儿童文苑漫步》《守望与期待》《追求真善美——跟少年朋友谈谈读与写》《为儿童文学鼓与呼》《束沛德谈儿童文学》《发出自己的声音——束沛德文论集》《情趣从何而来——束沛德自选集》等。其中颇有影响的论文有:1956年发表的《幻想也要以真实为基础——评欧阳山的童话〈慧眼〉》一文,引起了一场持续两年之久的有关童话体裁中幻想与现实关系的讨论,被认为"开创了新中国成立后童话讨论的前声","对于当时的儿童文学理论界是有益的"。1957年发表的《情趣从何而来?——谈谈柯岩的儿童诗》,是最早评介柯岩作品的一篇文章,先后被收入《中国儿童文学大系》等八九种评论选集。评论家认为该文是"有一定理论水平的作家作品论",对儿童情趣的赞美,"深深影响了一代儿童文苑"。改革开放以来,发表的较有影响的论文有:1986年发表的《关于儿童文学创新的思考》,获首届全国儿童文学理论评奖优秀论文奖;1997年发表的《繁荣迈向新世纪的幼儿文学——〈中国新时期幼儿文学大系〉序》,被收入《中国新文学大系(1976—2000)·儿童文学卷一》;2001年发表的《新景观 大趋势——世纪之交中国儿童文学扫描》,收入《走向新世纪的中国文学——理论批评文选》等多种评论选集,被认为"具有鲜明的针对性、指导性与前瞻性"。《中国儿童文学六十年(1949—2009)》一书收录了我16篇评论文章。

从一线退下来前后,陆续发表了一些有关个人经历、文坛忆旧、作家剪影、异域风采之类的散文,著有散文集《龙套情缘》《岁月风铃》《多彩记忆——束沛德散文选》《红线串着爱与美》《我的舞台我的家——我与中国作家协会》《在人生列车上》《爱心连着童心》等。报刊上曾先后发表多篇文章,称赞上述散文集"感情真挚,文笔朴实",记录作协、文坛人和事的文章具有史料价值。《多彩记忆》被收入新中国《儿童文学光荣榜书系》。2019年出版《束沛德自选集》(三卷):《耕耘与守望》(文论卷一)、《坚守与超越》(文论卷二)、《缘分与担当》(散文选)。

20世纪80年代、90年代先后率中国作家代表团访问匈牙利、泰国、意大利、缅甸。1995年获意大利蒙德罗国际文学特别奖。由于在从事儿童文学组织工作和评论工作上的成就,2003年获宋庆龄儿童文学奖特殊贡献奖。2009年、2019年先后获中国作协颁发的从事文学创作60周年、70周年荣誉证书、纪念章。从1993年起享受政府特殊津贴。

2020年4月23日

我与作家协会

我当秘书的遭遇

46年前大学毕业后的一次谈话,可说是"一言定终生",决定了我大半辈子当秘书的命运。

那是1952年秋天,我从复旦大学新闻系毕业调到中宣部干训班进修。学习不满一个月,干训班丙班主任找我谈话,说是"周扬同志需要一个助手,组织上考虑调你去很合适,你的意见怎样?"我当即毫不犹豫地表示服从组织调动。那时我确实按捺不住内心的喜悦,因为在中学时代就爱耍笔杆子,常给一些报纸"学府风光"栏投稿,写些学校生活散记之类的文章,一心想当个新闻记者。读大学时,又对文艺理论发生兴趣,试着写一点文学评论文章。在毕业生调查表上,我填写的志愿是:文艺理论研究、文学编辑或党的宣传工作。当时负责党的宣传、文艺工作的胡乔木、周扬都是我心目中的旗帜。如今恰好要调我到自己所敬重的周扬同志身边工作,可说是正中下怀。我记得,一个阳光灿烂的上午,我兴冲冲地沿着中南海的红墙走向当时中宣部机关所在地报到。同我谈话的是时任中宣部文艺处副处长严文井同志。他对我说,文艺整风后,要加强全国文协(中国作家协会的前身)的工作。原本决定调你给周扬同志当秘书,现与周扬同志商妥,让你先随我去全国文协工作,熟悉文学界的情况,去周扬同志处工作的事以后再说。从此,在全国文协代理秘书长严文井麾下,开始了我长达40多个春秋的秘书生涯。

刚跨进文学门槛那两年,我担任作协创作委员会秘书,并兼任作协党组记录。由于所处工作岗位,会上会下经常有机会见到周扬、丁玲、冯雪峰、邵荃麟、萧三等文学界头面人物。全国文协改组为中国作协后，周扬兼任作协党组书记，当面聆听他教诲的机会就更多了。我记得，1954年秋、冬之交，周扬即将率中国作家代表团赴莫斯科参加第二次全苏作家代表大会。行前除了要准备一篇在代表大会上的正式发言稿外，还要准备一篇在群众场合介绍中国文学现状的演讲稿。协助草拟这篇演讲稿的任务落到我的头上。我随创委会副主任沙汀到东四头条周扬的寓所。周扬拿出两页洁白的、写得密密麻麻的稿笺，这是他亲自动笔、刚开了个头的演讲稿，题目是：《为社会主义而斗争的新中国文学》。他胸有成竹、条理清晰地讲述了拟写的这篇演讲稿的框架、要点，让我帮助搜集资料，在一周内写出初稿来。我不敢稍有懈怠，立即全身心地投入紧张的工作。好在那时我作为创委会秘书，不仅平时分工阅读新发表出版的作品，而且参与起草每个季度向作协主席团的创作情况汇报，对创作现状还是心中有数的。加上年轻(那年我23岁)好学，平素抓紧一切时间，如饥似渴地学习党的文艺方针政策和苏联文艺理论，这也为起草讲话、报告这类文稿做了思想、理论上的准备。我夜以继日地奋战一周，如期拿出了一篇七八千字的演讲稿，经沙汀过目后送到周扬处。周扬略作文字上的修改，就打印出来随身带往苏联备用了。事后沙汀告诉我：周扬对你起草的这篇稿子比较满意，觉得眉目清楚，材料也还丰富。这也许可算是我起草的一篇讲话、报告"处女作"，曾引起作协领导和一些文学前辈的注意。

批判《〈红楼梦〉研究》，批判胡适、胡风的斗争相继展开之后，周扬同志再次提出需要一个助手，帮助做些资料、研究工作。也许经过一段时间的考查，组织上认定我是块当秘书的材料，搁浅了两年的周扬助手这个角色就仍然落到我的身上。1955年4月5日我去周扬住处谈工作。周扬仔细了解了我的经历、爱好及外文程度等情况后对我说：调你来，主要是帮助做些资料整理、初步研究、起草稿子的工作，业务秘书、研究助手的性质；电话、文件收发等事务用不着你管。你屁股还可以坐在作协，在作协办公，隔一段时间，给你布置一些任务。接着他谈起即将召开的作协理事会,议程之一是总结对胡风文艺思想的批判。他将在会上作报告,让我为他准备两个资料:一个是把胡风的观点按问题分门别类摘录出来;一个是针对胡风的观点,找出马恩列斯毛的有关论述。他扼要地讲述了拟在理事会上所作报告的思路、梗概,说是要对胡风集团的活动作一个历史的回顾和评价,指出它是一个反党反人民反马克思主义的资产阶级派别。他还谈到,除了胡适、胡风这两条战线外,还要开辟第三条战线,即展开对庸俗社会学的批评。

这次谈话之后,我即全神贯注地进入"研究助手""业务秘书"的角色。从作协图书资料室找来胡风的八九本评论集:《文艺笔谈》《文学与生活》《密云期风习小记》《剑·文艺·人民》《论民族形式问题》《在混乱里面》《逆流的日子》《为了明天》《论现实主义的路》。我以周扬在《我们必须战斗》一文中所阐述的我们与胡风文艺思想的根本分歧和郭沫若在《反社会主义的胡风纲领》中批判胡风所谓的"五把刀子"为线索,戴着有色眼镜睁大眼睛从胡风著作中逐章逐段、逐句逐字地找问题。对我这么一个缺乏理论根底的文学青年来说,要读懂胡风著作中一些晦涩的"奴隶的语言",实在是一件十分吃力的事,有时不免囫囵吞枣、一知半解。时间短,任务重,压力大,我只好回绝了未婚妻的周末约会,中断了同父母弟妹的书信往来,不分白天黑夜,加班加点地阅读、摘录资料,将两份整理好的资料及时送到周扬手里。

正当我得心应手、沾沾自喜的时候,一场来势凶猛的"急风骤雨"把我卷了进去。1955年5月13日《人民日报》发表了《关于胡风反革命集团的一些材料》,随后又发表了第二、三批材料,毛主席以《人民日报》编者的名义加了按语,由此,一场肃清胡风分子和一切暗藏的反革命分子的斗争在全国范围内展开了。我所在的单位、部门——中国作协创作委员会秘书室挖出了一个"胡风集团骨干分子"。这个"胡风分子"交代,他向胡风集团传递的情况、消息,有些是从我口中得知的。于是开始追查我向胡风集团"泄密"的问题。

我当了50多天周扬秘书,到此也就夭折了。

初来文协那几年,我一直担任党组记录、秘书。我回到办公室,创委会秘书室的同事,包括那个"胡风分子",常常向我打听党组有些什么指示精神,对下段工作有些什么安排。我"政治上麻痹大意,丧失警惕性,缺乏阶级斗争观点",把批判胡风看做文艺思想论争,加上又夸夸其谈,好表现自己,在闲聊漫谈中,曾不止一次地向那个"胡风分子"透露过:在什么情况下要讨论路翎的作品、发表胡风的检讨以及在理事会上将对批判胡风文艺思想作总结等等。在揭发批判我的会上,同志们尖锐地指出这些都是反胡风斗争的部署,是党的机密,疾言厉色、寻根究底地追问我为什么一而再、再而三地向胡风集团泄露机密。面对穷追猛批,我瞠目结舌,张皇失措,于是又进一步被怀疑为胡风集团在作家协会的"坐探"。这对我可说是如雷轰顶的巨大打击。我一直受到领导的信任、重用,听到的是一片赞扬夸奖的声音,春风得意,一帆风顺。一瞬间,我好像从高山之巅被摔到万丈深渊,顿时成了肃反运动的对象。我痛苦羞愧至极,简直无地自容。经过长达一年零四个月的审查,才作出了我同胡风集团没有组织上的联系,所犯"泄密"错误属于严重自由主义的结论。当年《人民日报》发表的《关于胡风反革命集团的材料》的按语中有一句话:"有些自由主义分子则是反革命分子的好朋友。"因而会上会下批判我的调门很高,斥责我充当了胡风集团的义务情报员,是反革命分子不折不扣的好朋友。本来要给予我这个反面教员以留党察看一年的处分,姑念我平时工作积极,运动后期态度较好,才减轻为党内严重警告。我经历的这场惊心动魄的斗争,到此才画上一个句号。

吃一堑,长一智。这次当头棒喝,确实促使我猛然醒悟。我从患得患失的心态中逐步解脱出来,振作精神,抱着将功补过的心情加倍努力地做好本职工作。我那快翘起来的尾巴被打了下去,对自己的估计清醒冷静多了,说话办事也越发谨慎了,特别是意识到,再也不能把自己封闭在机关、斗室里搞秘书工作、文字工作,一定要到火热的群众斗争中经风雨、见世面,锻炼、改造自己。

1958 年春到 1959 年秋，我下放劳动锻炼了一年半。这以后就调到河北工作了，先在省文联，后到省委宣传部，仍主要做秘书工作，不时给省文联、省委宣传部以至省委领导同志起草关于文艺问题的讲话、报告，为省报写有关文艺的社论。也就从这时起，我被同事们戏称为"文件作家""材料作家"。在省委机关里，也算是个小有名气的笔杆子了。当"文革"狂风席卷中华大地时，我又一次被卷进斗争漩涡中去。运动刚拉开序幕，我就因在反胡风斗争中泄密受过严重警告处分而被看做"危险人物"，不让参加江青炮制的那个《部队文艺工作座谈会纪要》学习讨论会，不让听中共中央《五一六通知》的传达，一开始就被置于靠边站、受审查的地位。当报刊公开点名批判周扬之后，我那一度当过周扬秘书的经历，成了众目睽睽的大问题。当我主动向本单位"文革筹委会"如实交代了自己同周扬的关系后，迎来了一些造反派异样的惊诧、怀疑的目光："哦，原来我们身边还藏着一个周扬黑线上的人物哩！揭发批判省委宣传部"走资派"远千里的大字报、批斗会上，把我当做他的"亲信""大红人""黑干将"，列在其"招降纳叛"名单之首。砸周扬文艺黑线黑网时，我又被斥责为文艺黑线的"小爬虫""吹鼓手"。一顶顶帽子接踵而至，我噤若寒蝉，只有洗耳恭听的份了。在毛泽东思想学习班，在"五·七"干校，我在整党会上诚恐诚惶、一本正经地作了五六次斗私批修的检查，仍过不了关。众口一词地批评我对周扬、远千里恨不起来，在思想感情上同文艺黑线有着千丝万缕的联系，没有划清界限，因而迟迟不能恢复党的组织生活。斗、批、改结束，重新分配工作，工、军宣队把我打发到了一所工科院校。好心的同事为我去说情，建议仍让我搞文艺工作，一位军宣队负责同志斩钉截铁地回答：他是修正主义大染缸里滚出来的，不能再让这样的人占据文艺阵地。这时我心灰意冷，别无选择，只好被迫改行了。可我依然关注着文坛的风云变幻，作家的遭遇命运……

　　十年浩劫过去，春回大地。中国作协恢复工作。我又回到了自己最初供职的单位、部门——作协创作联络部（它的前身即作协创作委员会）。80年代初随着"胡风反革命集团"一案的平反,我因"泄密"所受的严重警告处分也被撤销了,终于卸下背了二十五六年的思想包袱而轻装前进。一个炎炎夏日的下午,周扬来沙滩文联、作协办公的简易房看望大家,走进创联部,陪同他的那位负责同志指着我向他介绍:"束沛德50年代就给你当过秘书。"周扬笑着说:"束沛德,我早就认识了,在文学战线工作30年了吧,是作协的老同志了。"他问我:"你是创联部主任了吧?"我说:"主任是葛洛,我是一个助手。"其实,那几年,我依然不间断地做着秘书工作,诸如第三次作代会开幕词,作协三届二次理事会上的会务工作报告,中国作家代表团访法所作关于抗战时期的中国文学的演讲之类的报告、讲话,捉刀人还是我。也就在这前后,老编辑家、评论家陈企霞在作协的一次会上说道:"束沛德20多岁就给周扬起草访苏的演讲稿了,如今年近半百,怎么还不能让他挑挑担子呢?!"

随着"胡风反革命集团"一案的平反,我因泄密所受的严重警告处分也撤销了。我终于卸下了背了二十五六年的思想包袱。稍后,中央提出干部队伍"革命化、年轻化、知识化、专业化"的方针,我有幸被选进作协领导机构党组、书记处,又做了十几年文学团体的大秘书。

回眸往昔,不禁感慨万千。从五十年代初任作协创委会秘书、党组秘书到八九十年代任作协书记处书记(书记处实际上是个秘书长班子),从1953年当第二次文代大会秘书到1985、1986年先后当第四、第五次作协代表大会副秘书长,在人生舞台上我始终扮演秘书的角色,同秘书工作、文字工作结下了不解之缘。年轻时的记者梦、评论家梦都破灭了,既没当成新闻记者,也没当成文学批评家。在儿童文学评论队伍里,充其量也只能算个散兵游勇,在理论研究上毫无建树。但我无怨无悔,这么多年我毕竟自觉地服从党的需要,为发展当代文学尽心尽力地做了打杂、跑龙套、拾遗补缺的事儿。

"束沛德不是理想的帅才,是个好秘书!"干了大半辈子,得到这么一句评语,也就够了。

1998年2月

1953 年中国文坛一大盛事

——亲历全国文协改组为中国作协

中国作家协会前身——中华全国文学工作者协会（简称全国文协）成立于 1949 年 7 月 23 日。那时我还是一个青年学子，作为一个文学爱好者、初学写作者，十分关注第一次文代大会的召开。至今还清晰地记得毛主席莅临会场，满怀深情地对全体代表讲："你们对于革命有好处，对于人民有好处。因为人民需要你们，我们就有理由欢迎你们。"（引自《中华全国文学艺术工作者代表大会纪念文集》中《毛主席讲话》，新华书店发行，1950 年 3 月）尤其让我留下深刻印象的是，毛主席在谈到人民的文学家、人民的艺术家都是人民所需要的人时，还特别谈到人民的文学艺术工作的组织者也是人民需要的。毛主席这一席话，对长期从事文学组织工作的我，始终是极大的激励和鞭策。

全国文协改组为中国作协，那是 1953 年 10 月的事。我是 1952 年初冬时节跨进全国文协门槛的。至今记忆犹新，当年从位于西单舍饭寺的中宣部干训班，乘坐一辆三轮车，随身带一个行李卷和一只从中学时代就伴随我的帆布箱，途经天安门、东西长安街，来到东总布胡同 22 号。22 号是一座坐北朝南、方方正正、颇具中西合璧气派和色彩的三进宅院。就是在这里，我在严文井、沙汀、邵荃麟、冯雪峰麾下，参与了改组全国文协的筹备工作，亲历了、见证了文协改组为中国作家协会这一大盛事的全过程。

改组全国文协的前前后后，认真、细致地做了许多思想、理论上的准备和具体的组织工作。1953 年 3 月 24 日,全国文协常委会扩大会议通过了《关于改组全国文协和加强领导文学创作的工作方案》。会议认为:我们的国家进入大规模经济建设的新的历史阶段,这就要求作家以社会主义现实主义的创作方法创造出具有高度的思想内容和艺术技巧的作品,以社会主义精神教育、鼓舞广大人民。因此,文协必须根据文艺整风的精神加以改组,认真地担负起领导作家的创作、批评、学习和指导普及工作的任务。会议决定在全国文协常委会下设立创作委员会,具体指导文学创作活动。会上选出丁玲、老舍、冯雪峰、曹禺、张天翼、邵荃麟、沙汀、陈荒煤、袁水拍、陈白尘、严文井等为创作委员会委员,并推定邵荃麟、沙汀为正副主任。这次会上还通过了以茅盾为主任委员,丁玲为副主任委员,周扬、柯仲平、老舍、巴金等 21 人为委员的全国文协代表大会筹备委员会。5 月下旬,筹委会举行第一次会议,通过了关于召开全国文协第二次代表大会的计划。从此紧锣密鼓而又有条不紊地展开代表大会的各项筹备工作。创委会副主任沙汀兼任筹委会秘书长,创委会更多承担了具体的组织工作。我作为创委会秘书,也全身心地投入这一工作。

组织社会主义现实主义理论学习

这里,首先要谈到的是组织社会主义现实主义理论的学习,这是为召开全国文协二次代表大会做好思想准备而进行的一项重要活动。从 1953 年 4 月至 6 月,组织了在京的部分作家、批评家和文学界领导干部共 40 多人参加了为期两个月的学习。邵荃麟因病未能参加,委托冯雪峰代为主持。这次学习着重讨论了四个方面的问题:一是对社会主义现实主义的理解及其和过去的现实主义的关系与区别;二是关于典型和创造人物及讽刺问题;三是关于文学的党性、人民性问题;四是关于目前文学创作上的问题。在个人阅读文件的基础上,从 5 月初开始每星期三、六下午以三个半小时的时间进行讨论,先后召开了 14 次讨论会。讨论是有充分准备的,每个专题都有中心发言人。前三个专题分别由陈涌、林默涵、陈企霞、王朝闻、严文井、钟惦棐首先发言。第四个专题则先由马烽、袁水拍、陈荒煤、光未然等分别汇报了近年来小说、诗歌、电影剧本、剧本的创作情况及存在的问题。讨论比较充分、深入,也有不同意见的争论、交锋。每个专题讨论告一段落后,都由主持人冯雪峰作小结。后来,冯雪峰根据自己在学习讨论会上的发言,整理成《英雄和群众及其它》一文发表在《文艺报》1953年第24号上。我作为工作人员也根据讨论会记录写出《全国文协学习社会主义现实主义的情况报道》,分两期刊登在《作家通讯》上。上述冯雪峰那篇文章论述的英雄和群众、典型化并非"理想化"、否定人物的艺术形象、关于党性、关于讽刺等,都是学习会上集中讨论、存有争议或认识还不够深透的问题。雪峰从理论的高度加以概括,做了针对性很强、富有真知灼见的回答。这篇条分缕析、说理透彻的文章,比起我写的那篇学习情况报道来,在理论的系统化、深刻性、说服力上,真可说是有天壤之别。我由衷地佩服作为文艺理论家的冯雪峰的睿智和才情;同时也激起我在思想、理论、业务上进一步学习提高的热情。

总的说来,这次学习的重要收获,一是明确了社会主义现实主义是文学创作、批评的最高准则;二是明确了要把创造正面的、新人物的艺术形象,当作文学创作重要的、迫切的任务。从而达到了为开好全国文协第二次表大会做好思想准备的预期目的。

积极开展创作组活动

为了把文学创作工作更好地组织起来,在思想上、创作上、学习上经常给予作家切实有益的指导,开展创作组活动,成了改进和加强文协工作重要的、不可或缺的一部分。创委会成立后根据需要设立了小说散文组、诗歌组、儿童文学组、剧本组、电影文学组、通俗文学组以及一年之后成立的文学批评组。创委会根据在京会员从事的主要文学样式及其志愿,把他们分别编入各创作组。在全国文协二次代表大会召开之前,1953年8月、9月,小说散文组、诗歌组分别召开了三次讨论会,讨论杨朔的小说《三千里江山》和李季的长诗《菊花石》。讨论都相当认真、深入,发扬实事求是的批评精神和风气,从作品的实际出发,具体、中肯地分析它的成败得失。自由讨论,各抒己见,不同意见都坦率地摆在桌面上。比如对《三千里江山》,陈涌认为它是"当今文学创作的新收获","创作方法上大体上是现实主义的","是应该基本上加以肯定的作品"。而吴组缃更多地谈到人物描写存在"说教、概念化","人物的性格没有发展","结构散漫"。敏泽也着重指出"这部作品结构松散、缺乏中心、缺乏主线"。见仁见智,针锋相对又与人为善,那种热烈、活跃的自由讨论的风气,至今回忆起来依然感到颇为难得。

创作组是作家们加强联系和相互帮助的灵活、有益的方式。在作品和创作问题的讨论中,把理论学习与创作实践结合起来,促进了作家们在思想上、理论上、艺术上的提高和成长,也把他们吸引到关注社会活动和文学全局的气氛中来。夏秋之交,创委会下的创作组积极开展各种活动,改变了许久以来文学界沉闷、停滞的空气、局面,成了1953年文坛一道亮丽的风景。这也为开好文协二次代表大会营造了生动活泼、和谐融洽的氛围。

起草文件　选举代表

起草文件,选举代表,是召开文协二次代表大会的两项重要准备工作。大会筹委会第二次会议上决定设文件起草小组,由沙汀、冯雪峰、邵荃麟、严文井、林默涵、黄药眠、曹禺、张天翼等九人组成起草小组,负责草拟大会的各项报告。开头请冯雪峰起草大会主题报告,雪峰起草出题为《关于创作和批评》的报告。他在报告中尽管也肯定了1949年全国文协成立以来文学创作和各项文学工作的成绩,但较为尖锐地批评了当时创作中存在的配合政治任务的公式化、概念化倾向,结果招来了"实际上是批评党的领导""影响党与非党作家的团结"的批评。雪峰的报告未被采用,改由茅盾在文协二次代表大会上作题为《新的现实和新的任务》的报告。他在报告中对作家在创作实践中学习、掌握社会主义现实主义的方法,创造人物性格、表现生活中的矛盾和冲突、认识生活、提高艺术技巧等问题,都做了具体、透彻的分析。茅盾在一篇忆念邵荃麟的文章中曾谈到,这一报告"我起草后,经过荃麟同志的详细修改,这才定稿的"。

关于大会代表的产生,除文协全国委员会委员及候补委员为当然代表外,以大行政区为单位分别召开该区的全国文协会员大会,由会员中每五人选派代表一人。此外,聘请全国有成就的非会员的作家和青年作家及从事文学组织工作者30至40人为列席代表。大会代表和列席代表总共为279人。前些日子我看了一下代表名单,据我所知,如今健在的只有贺敬之、胡可、黎辛、徐光耀、韶华等不足10人了。他们都已九十四五高龄,有的已近百岁。真是流光如驶,岁月不饶人啊!

讨论历史估价和创造人物形象

经过历时半年的筹备,金秋时节,迎来生气勃勃、团结奋进的全国文协第二次代表大会。它是与二次文代大会(即中国文学艺术工作者第二次代表大会)同时召开的。大会实到代表,包括列席代表共256人。代表们参加了二次文代大会的开幕式,聆听了周恩来总理关于我国过渡时期经济建设总路线的报告,也听了周扬题为《为创造更多的优秀的文学艺术作品而奋斗》的报告。二次文代大会的第二天,全国文协二次代表大会(即中国文学工作者第二次代表大会)就在怀仁堂开幕了。丁玲致开幕词,茅盾作了题为《新的现实和新的任务》的报告。周总理和周扬都在报告中按照中央的指示,着重指出:社会主义现实主义的方向,是"五四"以来中国新文学运动的基本方向。周总理、茅盾、周扬还在报告中要求作家把创造典型人物,特别是正面的英雄人物形象,提到我们创作的首要地位上来。周总理说:作为人类灵魂的工程师,就是要创造典型人物、理想人物,来鼓舞人和教育人。

我和时任文协创委会秘书室主任的陈淼担任二次文代大会主席团秘书,有幸到各小组了解讨论情况。会后我综合整理出一篇《历史估价问题和创造人物形象问题的讨论》,登在《作家通讯》上,为研究、谱写中国作协史乃至当代文学史留下了一份资料。关于"五四"以来中国文学的历史估价问题,是各小组讨论的主要问题之一。经过讨论,代表们都比较明确地认识到:"从'五四'以来,我国新文艺运动的基本倾向和主流就是社会主义现实主义的"。提出历史估价问题,它的"基本精神,是要我们从历史发展的观点上去看问题,不要忽视历史的传统"。"应对 30 年来的新文学运动的成绩与缺点做出一个切合实际的估价,既不要妄自菲薄,也不要骄傲自大,既不要失去信心,同时又要努力逐步提高"。各小组还满怀兴趣地着重讨论了创造正面人物、英雄人物形象的意义。大家认识到:在伟大的新的历史时期,要通过鲜明生动的艺术形象,用社会主义的思想、理想、感情和道德来教育、鼓舞人民群众。"作品所创造的英雄人物,是代表社会的前进的力量,能够作为人民学习和仿效的榜样,英雄就具有特殊的意义。"关于"能否写英雄人物的缺点""能否写反面人物""如何表现生活中的矛盾和冲突"等问题,大家也认识到,重要的是从现实生活出发,从了解、熟悉具体的人物出发,而不能从概念出发。"表现生活中的矛盾和冲突与创造正面人物、英雄人物并不是相互排斥的","以为表现新事物、新英雄就不能正确表现冲突,这种看法是错误的,因为英雄人物、正面人物正是在现实斗争中锻炼出来的。"

在全国文协第二次代表大会的闭幕会上,邵荃麟做了总结发言,讲了"文学工作者如何为贯彻过渡时期的总路线而努力""关于社会主义现实主义在中国文学上的发展问题""发展社会主义现实主义文学的几个实践问题""改进文学工作领导问题"等四个问题。他明确指出:把社会主义现实主义作为一切进步作家的创作和批评的最高准则,"绝不意味着要排斥一切还不是社会主义现实主义的文学";把创造正面的英雄人物作为我们目前创作上首要的任务,"对于反面人物落后人物的描写,也是必要的,同样是有目的的",目的都是为了去教育人民。他还谈到,文协改组为作协后,"文学工作领导上一个中心环节,就是如何帮助作家去积极发展创作,一切工作应该环绕着这个中心而进行"。

新机构　新态势

全国文协二次代表大会通过的《中国作家协会章程》,写明:"中国作家协会是以自己的创作活动和批评活动积极地参加中国人民的革命斗争和建设事业的中国作家和批评家的自愿组织。"并写明:"采取社会主义现实主义的创作方法和批评方法,努力发展为人民所需要的文学艺术工作"。周扬在报告中还作了这样的说明:"各个协会应当成为专业的作家、艺术家的自愿组织,这就是说,他们不是普通的文学爱好者的团体。"

文协二次代表大会选举出 88 人组成的理事会。理事会选举出茅盾为主席,周扬、丁玲、巴金、柯仲平、老舍、冯雪峰、邵荃麟为副主席。从 1953 年至今,时隔一个多甲子,正副主席都先后谢世了。88 位理事中,如今健在的也仅有贺敬之、胡可两位了。新陈代谢,一茬又一茬新的、富有成就和经验的作家、批评家、文学组织工作者先后走上中国作家协会的领导岗位。

文协二次代表大会闭幕、宣布全国文协改组为中国作协的当天下午,即 10 月 4 日下午,代表们都到怀仁堂去听取中共中央农村工作部副部长廖鲁言关于农村工作的报告。在报告进行中,文代大会副秘书长赵沨宣布暂时休会,全体代表鱼贯而进怀仁堂后院草坪,各就各位,站好队后,毛主席偕同刘少奇、朱德、周恩来、陈云等党和国家领导人缓步进入院内。此时院子里立即响起了暴风雨般经久不息的掌声和热烈的欢呼声。毛主席满面笑容,一再向代表们招手致意。

与全体代表合影后,又是一片热烈的掌声。我是大会主席团秘书,尾随郭沫若、茅盾、周扬等大会主席团成员,送毛主席等到怀仁堂后门入口处。当毛主席走上台阶,回过头来,再次挥手向代表们告别时,我就站在台阶下面,距离毛主席真是近在咫尺。那喜悦、激动的心情至今难以忘怀。

全国文协改组为中国作协后不久,东总布胡同 22 号大门口就摘下"中华全国文学工作者协会"的牌子,挂上了鲜明的、白底红字的"中国作家协会"的牌子。为了加强对文学创作的领导,作协的领导班子也相应作了调整。作协党组由周扬任书记,邵荃麟任副书记。创作委员会也由周扬任主任,邵荃麟、沙汀任副主任。普及工作部、古典文学部、国际联络部(后改为外国文学委员会)、文学讲习所等,也都确定了负责人。大会后,《文艺报》出版了"中国文学艺术工作者第二次代表大会特辑",发表了丁玲的《到群众中去落户》等文章。《人民文学》则刊登了邵荃麟在大会上的总结发言。作家们创作热情高涨,纷纷制定"1954 年创作生活计划",有的当即到农村、厂矿蹲点或参加工作。创委会下各个创作组的活动也更加活跃了。诗歌组讨论诗的形式问题,小说散文组讨论安东诺夫和波列伏依的短篇小说,还讨论了周立波的长篇小说《铁水奔流》原稿、艾芜的中篇小说《百炼成钢》原稿。电影文学组讨论了《翠岗红旗》,剧本组讨论了《四十年的愿望》。22 号院第三进那幢带飞檐的二层楼,楼下那有讲究地板和活动拉门的会议室,经常是高朋满座,洋溢着浓郁的学术讨论、艺术讨论的气氛,成为当年文坛一道亮丽的风景线。

1949 年 9 月,应《人民文学》主编茅盾之请,毛主席为该刊创刊题写了:"希望有更多好作品出世"。时隔四年,到了 1953 年 9 月,二次文代大会的主题依然是:为创造更多的优秀的文学艺术作品而奋斗。今天,站在新时代的制高点上,回望中华人民共和国成立 70 年,也是中国作协成立 70 年来走过的路,可以肯定无疑地说:努力发展文学创作,不断提高作品的文学品质和艺术魅力,永远是所有作家、批评家和文学工作者的不懈追求和义不容辞的使命担当。让我们从新的起点重新出发,团结奋进,书写新时代,讴歌新时代,抒述中国故事,弘扬中国精神,从"高地""高原"向"高峰"登攀,创造出无愧于我们这个伟大民族、伟大时代的优秀作品。

2019 年 6 月 10 日

忆五十年代的创委会

中国作协创作委员会(简称创委会)成立于1953年3月,这已经是60年前的事了。

创委会是在什么背景下成立的呢? 那是1952年全国文艺整风之后,中央为了改进和加强全国文协的工作,使之真正成为一个名副其实的领导全国文学创作的统一的战斗的团体,认真地担负起领导作家的创作、批评、学习等活动以及指导普及工作的任务,决定改组全国文协为中国作协。在1953年3月24日全国文协第六次常务委员会会议通过的《关于改组全国文协和加强领导文学创作的工作方案》中明确提出:"常务委员会下设立一个创作委员会,作为具体指导文学创作活动的机构。"

全国文协是在1953年9月文协第二次代表大会上改组为中国作协的。这就是说,创委会在文协改组为作协前半年就应运而生了。1953年至1954年作协先后设立了创委会、国际联络部(后改为外国文学委员会,简称外委会)、普及工作部(青年作家工作委员会)、古典文学部等。在这些职能部门中,创委会是开展活动最为活跃、联系会员最为密切的一个机构。如今七老八十的那批会员,说起50年代的创委会,依然记忆犹新,怀有一种亲切感。

我是1952年11月由中宣部干训班调入全国文协的。在严文井、沙汀的麾下,经历了改组全国文协、筹建中国作协的全过程。创委会刚成立时,下面就设有一个秘书室,负责掌管资料研究和调查、联络工作,并编辑内部刊物《作家通讯》。当时我是创委会的一个秘书,也是《作家通讯》的编辑。1957年反右整风后,作协调整工作机构,于1958年初撤销创委会。同时我也下放河北涿鹿劳动锻炼。从1953年3月到1958年1月,创委会的寿命总共也就是四年零九个月。在这段时间里,创委会的负责人、工作人员屡有调动、变迁,而我是唯一自始至终没离开创委会的,可说是与它同命运、共存亡,是创委会整个历史的一个见证人。

创委会刚成立时,主任由党组书记邵荃麟担任,副主任是沙汀。1953年10月全国文协改组为中国作协后,同年11月作协主席团会议决定周扬担任创委会主任,邵荃麟、沙汀为副主任,创委会委员有:陈荒煤、曹禺、陈白尘、艾青、袁水拍、张天翼、老舍、王亚平。从1953年春到1958年初,先后担任过创委会主任的有:邵荃麟、周扬、刘白羽、康濯,担任过副主任的有沙汀、邵荃麟、李季、菡子等。

创委会的任务

为了加强对文学创作活动的组织和指导,在四年多时间里,创委会担负了哪些任务,做了哪些工作呢? 根据我的回忆和手边留存的资料记载,主要有以下六个方面:

一、组织社会主义现实主义理论的学习。

这是创委会成立后做的第一件重要工作。从1953年4月下旬到6月下旬,创委会组织在京的一部分作家、批评家和各文学部门的领导干部40多人,进行了为期两个月的关于社会主义现实主义的学习。创委会为此制订了学习计划,规定了必读文件,开列了供讨论时参考的若干文学作品。按照学习大纲,就"从马、恩、列、斯关于意识形态的学说及对文艺的指示来认识现实主义的发展""关于典型和创造人物的问题""关于文学的党性、人民性问题""关于目前文学创作上的问题"四个专题进行讨论。邵荃麟因病未能参加,讨论会由冯雪峰代为主持。每次讨论会都指定了首先发言人,上述前三个专题分别由陈涌、林默涵、陈企霞、王朝闻、严文井、钟惦棐先发言;第四个专题则先由马烽、袁水拍、陈荒煤、光未然等分别汇报了近年来小说、诗歌、电影剧本、剧本的创作情况及存在的问题。讨论比较充分、深入,也有不同意见的争论、交锋,比如社会主义现实主义与过去的现实主义的关系和区别、写英雄能否写缺点等,就是争论较多的问题。每个专题讨论告一段落后,都由主持人冯雪峰作初步总结。我作为工作人员参加了学习讨论的全过程,会后根据记录写出《全国文协学习社会主义现实主义的情况报道》,约9,000字,分两期刊登在《作家通讯》上。这次学习收获很大,为开好全国文协第二次代表大会作了思想准备,明确了社会主义现实主义是文学创作、批评的最高准则。

二、开展创作组的活动。

创委会成立后根据需要设立了小说散文组、诗歌组、儿童文学组、戏剧组、电影文学组、通俗文学组。一年之后,于1954年6月又成立了文学批评组。创委会根据在京会员从事的主要文学样式和他们的志愿分别编入各创作组。创作组是作家开展创作活动和学习活动的群众性组织,是作家加强联系和相互帮助的有益方式。创作组的任务是帮助作家订立和实现其创作计划,开展作品和创作问题的讨论,进行政治理论与艺术业务的学习。这是学习、借鉴苏联作家协会长期积累的经验而采取的一种社会活动方式。在1953年、1954年,小说散文组先后讨论过杨朔的《三千里江山》、安东诺夫、波列伏依的小说、周立波的小说原稿《铁水奔流》、艾芜的小说原稿《百炼成钢》等。诗歌组讨论过李季的长诗《菊花石》、诗歌的形式问题等。儿童文学组、戏剧组、电影文学组、通俗文学组分别讨论过《鹿走的路》、童话、民间故事问题、《四十年的愿望》《春风吹到诺敏河》《翠岗红旗》《宋景诗》《张羽煮海》等。有的创作组还举办深入生活和创作心得交流会、诗歌朗诵会、以青年作者为对象的文学讲座、与读者见面座谈等。实践证明:凡是会前作了充分准备、又能发扬原则性的、实事求是的批评精神和风气,从实际出发,对作品进行具体分析,收获就比较好,作家就会在思想上、艺术上有收获。《三千里江山》

《菊花石》的讨论会分别召开了三次,讨论相当认真、深入,具体、中肯地分析了作品的成败得失,并将各种不同的意见摘要发表在《作家通讯》上,使作者、与会者和广大会员都从中得到启迪。各创作组的活动,开头自愿参加的会员较为踊跃,后来随着时间的推移,部分会员的热情、兴趣似乎有所减弱。这时各创作组干事会组织活动就特别注意贯彻"少而精"的原则,尽量选择会员共同关注、感兴趣的问题进行研讨。1955 年春,反胡风斗争展开后,各创作组的谈笑风生戛然而止。待到 1956 年贯彻"双百"方针,强调开展创作竞赛,自由讨论,各创作组又起死回生,更加注意活动内容、方式的丰富多样,一度又稍显活跃。但好景不长,反右派斗争一展开,红火一时的创作组就悄然收场了。屈指算来,创作组的历史也就是短短三四年光景。

　　三、阅读作品,调查了解创作现状。

　　为了了解、掌握全国文学创作、批评的情况和问题,加强对文学思想和创作活动的指导,文协常委会要求"创作委员会应对一定时期内的小说、戏剧、诗歌、电影文学、儿童文学、通俗文学的状况和存在的问题,分别作出有系统的研究,提出报告"。还要求创委会帮助各创作组订立工作计划,开好作品讨论会,做好讨论以前的准备工作和研究工作。因此,创委会秘书室自建立之日起,就把阅读新发表、出版的作品当做一项重要的日常工作。工作人员按照文学体裁、样式,分工阅读中央一级和大区(东北、华北、西北、华东、中南、西南)刊物上发表的作品,及人民文学、新文艺、解放军文艺等几家主要出版社出版的新作品。每隔一段时间(一个月左右),秘书室开一次碰头会,汇报、交流阅读情况,提出好的、比较好的或有争议的作品篇目。经过交叉阅读、集体讨论,达成共识,作出小结。从 1954 年起,按作协主席团扩大会议的决定,创委会每个季度向主席团作一次创作情况汇报。我记得,每次秘书室写出创作情况汇报初稿后,负责创委会日常工作的副主任沙汀总要字斟句酌,反复推敲,几经修改,然后才提交主席团会议。如对路翎的小说《洼地上的"战役"》,秘书室不少同事原本是赞赏的,但也听到了批评意见,在写创作情况汇报时还是把它作为值得注意和研究的作品和问题提出来了。主席团会议讨论后，《文艺报》立即发表文章尖锐批判了这篇作品的有害倾向。又如，对《旅大文艺》发表的《一个女报务员的日记》所遭到的简单化的批评，在向主席团会议汇报后，则及时得到纠正和克服。从这里可以清晰地看出，创委会的创作情况汇报，对主席团指导当前的创作和批评，曾产生不可小觑的作用。

四、编选各种体裁的优秀短篇作品选集。

为了集中地介绍文学短篇创作的新成果，以便更好地把它们推广到广大读者群众中去，并便于文艺工作者的研究，中国作协于1956年1月决定编辑出版各种体裁的创作选集。这项任务的具体编选工作也是由创委会及其秘书室承担的。秘书室在平时阅读的基础上，参照各有关部门、单位送来的推荐目录，提出拟入选的初选篇目，经时任创委会副主任的菡子过目、审定后，提交撰写各选集序言的作家或批评家终审定稿。第一次编选的是从1953年9月第二次文代会至1955年底的作品，包括《儿童文学选》《诗选》《短篇小说选》《散文特写选》《独幕剧选》五种，分别由严文井、袁水拍、林默涵、魏巍、曹禺（与陈白尘、赵寻、贺敬之合作）作序。第二次编选的是1956年度选，由于将散文特写体裁分编为《散文小品选》《特写选》两种，这次编辑出版的共六种，分别由冰心、臧克家、侯金镜、林淡秋、徐迟、赵寻作序。这两套选集，鼓励了短篇佳作，扶持了文学新人，在文学界和广大读者中产生了相当广泛的影响。

写创作情况汇报，编年度创作选集，参加创作组的作品讨论会，这些工作提高了秘书室工作人员的文学鉴赏力和评析作品的能力。创委会负责人沙汀、菡子等也鼓励干部多思考、多练笔。何路的《1955年文学创作一瞥》《评长篇小说〈在田野上，前进！〉》，我最早的两篇儿童文学评论《幻想也要以真实为基础——评欧阳山的童话〈慧眼〉》《情趣从何而来？——谈谈柯岩的儿童诗》以及读评何为的散文、张有德的小说等文章，都是在创委会秘书室根据自己阅读的印象和感受而写出的。我发表在《文艺学习》上的《不能简单地了解人的生活和感情》一文,则是参照创作情况汇报会议对《一个女报务员的日记》及其批评的意见而作出的一个概略评述。

五、加强与各地作家的联系,了解会员的创作情况,有计划地组织创作和深入生活。

为了调查、了解会员在一定时期的创作计划和深入生活的安排,并为其实现创作计划在思想上、生活上、物质上提供各种必要的帮助,创委会于1953年12月间向全体会员发出《1954年度作家工作计划调查表》,两个月内陆续收回250多份。1956年初又作了一次调查,收到532位作家的创作计划。秘书室从中挑选出一部分比较具体的创作计划,登在《作家通讯》上,以便会员相互了解、交流。对其中部分需要补充生活、写作素材或请创作假的会员,创委会都尽力给予具体帮助。

在组织创作方面,1955年9月,在《人民日报》题为《大量创作、出版、发行少年儿童读物》社论的推动下,作协主席团通过了近期发展少年儿童文学创作的计划,由创委会组织在北京和华北各省、区的193名会员作家为孩子们写作品,要求他们在1956年底以前,每人至少写作或翻译一篇(部)儿童文学作品或一篇研究性的文章。严文井的《小溪流的歌》、柯岩的《"小兵"的故事》、杨朔的《雪花飘飘》、任大霖的《童年时代的朋友》等,就是这段时间涌现出的优秀之作。党对少年儿童的关怀,"双百"方针的提出,广大作家的积极响应,从而迎来20世纪50年代我国儿童文学的第一个黄金时期。

为了运用特写这种短小轻便、富有战斗性的文学体裁,迅速反映祖国社会主义建设的新面貌和各族人民丰富多彩的生活,在1956年3月中国作协第二次理事会扩大会议结束后,作协创委会与《人民日报》编辑部共同组织了一批作家到全国各地旅行访问。艾芜、白朗、方纪、徐迟、华山、李若冰、杨朔、闻捷等20多人分别到钢厂、煤矿、汽车厂工地、长江大桥、三门峡水电站、森林、国营农场、海防前线参观访问,为时三四个月,写出一批反映社会主义建设的特写。

同年5月召开的全国先进生产者代表会议,有6,000多人出席,是我国历史上前所未有的一次群英盛会。为了广泛宣传先进人物的动人事迹和优秀品质,中华全国总工会和中国作家协会共同组织了在北京的100多位作家访问大会代表,写作特写和其他形式的作品。郭沫若、叶圣陶、冰心、臧克家、刘白羽、郭小川、贺敬之、秦兆阳等都应邀参加了访问。这是创委会多年来组织的规模最大的一次创作活动。

六、编辑《作家通讯》。

作协会员内部刊物《作家通讯》创刊于1953年6月。邵荃麟在发刊词《关于〈作家通讯〉》中明确提出:"出版这个刊物的目的,是为了加强作家之间的联系,交流作家创作工作上的经验。"

这本内部刊物,从1953年6月到1954年7月出版的1—11期,是由创委会秘书室负责编辑的,先后参与编辑工作的有陈淼、我和刘传坤。每期刊物编好后都由创委会副主任沙汀终审。秘书室所有工作人员实际上都是这本内刊的记者或通讯员,很多消息、通讯报道、资料都是大家采写或整理的。

刊物的内容,主要是报道作家们学习、深入生活的情况和经验,反映创委会和各创作组的经常活动;同时也及时报道全国文协的重要决定和有关文学的刊物、出版、教育、研究的计划和执行情况。从会员的反映来看,他们最为关注内刊上发表的关于作品和创作问题的讨论。领导同志关于文艺问题的讲话、报告和作家之间的通信,也深受会员的欢迎。

从1954年秋起,《作家通讯》的编辑工作从创委会划归办公室,由作协秘书长终审了。我也就结束了短短一年的内刊编辑生涯。

50年代的创委会除了承担上述六个方面的任务外,也还担负着与发展创作等文学业务相关的文件、报告起草和大型会议、活动的组织工作、秘书工作。在政治运动、文艺批评中,则往往会抽调秘书室人员参与调研、整理材料、编写简报等工作。当年创委会的职责范围相当于目前作协创作联络部、创作研究部两个部门管辖的工作。只是发展会员的工作,当时归办公室组联科办理。

创委会的同事们

　　作家协会的中心任务是发展、繁荣文学创作。创委会作为作协的一个重要部门,它所做的一切组织工作,开展的所有创作活动,都是为了动员、团结创作队伍,挖掘、发挥创作潜力,把作家的积极性、创造性充分调动起来,创作出更多更好的作品。正因为如此,创委会负责人一直都由作协主要负责同志或卓有成就的作家来担任。创委会下设的秘书室担负着具体的文学组织工作,也注意挑选热爱文学、熟悉文艺政策和文学业务的干部来做。从秘书室的人员结构来看,主要是由以下三部分人组成的:一是来自延安鲁艺、中央党校、陕北公学的"三八"式老干部,如何路、罗立韵、韦嫈、胡海珠等;二是来自华北联大、中央文学研究所的,如陈淼、杨犁、王景山、古鉴兹等;三是来自建国以后最早几批大学毕业生,包括复旦、北大、辅仁(北师大)、山大、武大等校,如束沛德、白婉清、王鸿谟、邸金俊、刘传坤、周勃、李宝靖等。此外,也有少数来自其他地区、部门的,如果向真、严望、吴灌、华开基等。秘书室的人员配备,一般在十一二人至十三四人之间。先后担任过秘书室主任、副主任的有陈淼、何路、杨犁。1953年创委会成立之初,韦嫈、果向真、严望、束沛德定职为创委会秘书,另外还有六七个干事。1956年创委会下设置研究室,严文井兼任主任、杨犁任副主任,王景山、古鉴兹为研究员。在年龄结构上,创委会干部基本上都是二十二三到三十出头的年轻人。我跨进作协门槛时才21岁,来自延安鲁艺的人也才三十一二岁。这是一个朝气蓬勃、团结战斗的群体,也是一个钟爱文学事业、热心为繁荣文学服务的团队。

一、奋发向上的风气

　　20世纪50年代初,政治空气很浓,人们的革命热情很高。创委会的干部大多是党团员,都有自己的理想抱负和人生追求,思想上、政治上都积极向上,严格要求自己。无论是有多年文学工作经验、也有创作能力的老同事,还是新上岗的大学生,都自觉服从组织分配,甘为人梯、满怀激情、全心全意地投身文学组织工作。比如,开作品讨论会或学习座谈会,都要做记录,那时没有录音机,创委会虽有一个擅长速记的华开基,但忙不过来,主要还得靠笔记。至今我的眼前还清晰地浮现着当年在东总布胡同22号院(全国文协旧址),两三个工作人员同时伏在会议室的长方桌上,凝神屏息地做记录的情景。会后认真地、一丝不苟地相互核对笔记,很快把发言整理出来,供相关领导、报刊记者参阅,或在《作家通讯》上发表。从大家任劳任怨,不怕麻烦,不拒绝做小事,争先承担具体事务上,也可以窥见当年干部精神面貌之一斑。

在创委会秘书室,读书的风气也很浓。除了按照工作需要,分工阅读作品外,在业余时间大家都如饥似渴地学习马列理论、文艺理论,阅读中外古典名著。1954年,《文艺学习》杂志上刊登过一份《文艺工作者学习政治理论和古典文学的参考书目》。我的同事各自参照这个书目,本着缺什么补什么的原则,订立自己的学习计划。那时,读苏联文学作品风靡一时,《收获》《幸福》《旅伴》《远离莫斯科的地方》《茹尔宾一家》、安东诺夫的短篇小说、奥维奇金的特写,都是大家争相传阅的作品。这些作品中的人物、情节、语言,成了人们茶余饭后津津乐道的话题。议论、交流中,也逐步养成各抒己见、自由讨论的习惯。对创作组热烈讨论的《三千里江山》《菊花石》以及路翎的小说《初雪》《战士的心》《洼地上的"战役"》,往往存有不同的看法,有时争论起来,还挺较真。由于创委会领导鼓励多阅读、勤练笔,一些同事利用业余时间辛勤笔耕,也写出了一些好的、有影响的作品或评论,如杲向真的儿童小说《小胖与小松》、王景山的杂文、我的儿童文学评论等,就是在那段时间写作并发表的。

同事之间在思想上、生活上相互关心和帮助。上、下级之间,新、老同志之间,都相处得亲切、和谐,平等相待,真诚相处,没什么隔阂。沙汀是个资深的老作家,年龄比我大27岁,但同我可说是忘年交。他有什么苦恼,比如,一心想回四川,想搞创作,想老婆孩子,都直率地向我倾诉。又如,我和陈淼是最早同时调进创委会的,我俩更是经常推心置腹无所不谈,包括各自的婚恋情况也都直抒胸臆,没什么遮掩。创委会好似一个大家庭,同事间亲如兄弟姐妹,老大姐何路就把我当作小老弟。开会时她常和我坐到一条板凳上,拍着我的肩膀,说些悄悄话。每到上午10点工间操的时间,创委会秘书室的同事相聚在办公楼的回廊上,谈天说地,有时乐不可支。那时苏联有本小说《三个穿灰大衣的人》,由于我年轻逞强,数九寒天连棉毛裤也不穿,因而被同事们戏称为"穿单裤过冬的人"。当年,邵荃麟、艾青、沙汀等就住在22号院里,我们天天都能看见他们系着红领巾的孩子上学、放学的身影;有时还能看到他们的没上学的小男孩,穿着海军衫,端着冲锋枪,穿梭于院子回廊间做打仗的游戏。这些孩子也和我们说笑打闹,一点也不生疏、拘束。

二、风风雨雨中的遭际

创委会成立、发展、消亡的历史,是与50年代文坛的风风雨雨紧紧联结、密不可分的。从1953年到1958年初,先后经历了批判《〈红楼梦〉研究》、批判《文艺报》、批判胡风文艺思想和揭露"胡风反革命集团"、批判"丁玲、陈企霞反党集团"、肃反、反右派等一系列文艺批判和政治运动。创委会负责人、工作人员的遭际、命运也随着这些批判斗争而动荡、升迁和沉浮。这里不说邵荃麟、沙汀、刘白羽、康濯等负责人当年的处境和表现,只举部分工作人员在反胡风、反右派中的遭遇为例,来看看普通知识分子在"左"倾路线、思潮下身心受到怎样的摧残。

随着反胡风斗争的展开,《人民日报》关于"胡风反革命集团"三批材料的公布,创委会秘书室很快挖出一个胡风集团的骨干分子严望(本名阎有太)。严望与我是同事,也是创委会的一个秘书,但他比我大十岁八岁,资历比我深,是个16级干部。他不搞创作、评论,在文学界可说是没一点名气。只是在50年代初调来全国文协后,做组织联络工作,与胡风才有了交往。他因为给胡风通风报信,定为胡风集团打入作家协会的"坐探"、骨干分子。被关押了十年后,免予刑事起诉,送进劳改队。直到"胡风反革命集团"一案平反后,严望也才得以平反,于1980年春回到中国作协。他的一生可说是命运多舛。我也因为严望的交代而受到牵连,经过一年多的审查,才作出我与胡风集团没有组织上的联系,所犯泄密错误属于严重自由主义的结论。《人民日报》发表的《关于胡风反革命集团的材料》的按语中有一句话:"有些自由主义分子则是反革命分子的好朋友",因此对我的错误的批判,上纲上线很高,最后给予我党内严重警告的处分。直到胡风集团一案平反,撤销对我的处分,我才卸掉背了二十五六年的思想包袱。原担任创委会秘书室主任的陈淼,本来已调离作协去鞍钢工作,深入生活,也因为涉及向胡风集团"坐探"严望"泄密",当即被召回北京,受到审查和批评。

在反右派斗争中,创委会秘书室、研究室也不是风平浪静,同样受到急风骤雨的侵袭。先后受到批判的工作人员有我、杨犁、王景山三人。在整风会上,我是首先被批判的。由于赴东北沈阳、长春、哈尔滨等地调查了解鸣放情况时,我曾在小范围向当地宣传部、作协负责人传达过周扬在刊物编辑座谈会上鼓励鸣放的讲话精神,因而被指责为"煽风点火于基层";又由于写了两篇反映作家对文艺领导批评意见的通讯报道,而被批评为"替右派分子鸣锣开道"。在作协内部排队中,据说定我为中右,最后确认我的问题性质是严重右倾错误,随即下放劳动。第二个受到批判的是时任创委会研究室副主任的杨犁。《文艺报》1949年创刊后,他就在丁玲、陈企霞麾下工作。由于所谓的"为丁、陈反党集团翻案"而受到批判,最后被划为右派分子,下放农村改造。另一个被批判的是研究室研究员王景山。本来他已调离创委会,在北京师范学院(即现今的首都师范大学)中文系教书。由于1957年春在创委会工作期间写了《谈"禁忌"》《老八路和老爷》《"比"的种种》等几篇杂文在《文艺报》等报刊上发表,反右后,检举揭发材料由作协转到学校,最后虽未划为右派,但被开除了党籍。还有一个周勃,1956年自武汉大学中文系毕业后,分配到作协创委会。不久,调回湖北《长江文艺》编辑部工作。他也因为在创委会秘书室期间写的《论现实主义及其在社会主义时代的发展》和其他论文在武汉受到批判,并被定为右派。一个小小的、十三四人的单位——创委会秘书室、研究室,竟有三四人受到错误的批判处理。

三、默默耕耘的收获

50 年代在创委会及其秘书室、研究室工作过的前后共计有 30 多人。从“文革”到现在,担任过创委会领导职务的作家、批评家都已与世长辞。秘书室、研究室的工作人员陈淼、何路、杨犁、胡海珠、严望、呆向真、黄玉顾、邸金俊、李宝靖等也已先后谢世。如今健在的十二三人多半是耄耋老人了。当年的同事偶尔相聚在一起,说起在创委会的那段经历,依然是情深意浓、百感交集,既有一试身手、如鱼得水的喜悦,也有历尽风雨、不堪回首的酸楚。1958 年初创委会撤销后,我的同事们各奔东西,有的下放劳动,有的支援边疆,有的走上新的岗位。半个世纪过去,回望同事们走过的路,大多数都没离开文学岗位,一直还在文学园地上默默耕耘,在文学创作、评论、编辑、教学、组织工作等方面奉献了自己的心血、精力,取得了程度不同的可喜的成绩。

专业从事文学创作的有:陈淼、韦婴、呆向真等。陈淼以话剧剧本《红旗歌》(合作)而一举成名。离开创委会后,长期在鞍钢体验生活,后成为辽宁作协专业作家。著有短篇小说集《炼钢工人》《红榜的故事》、散文集《春雨集》等。他英年早逝,54 岁就撒手人间。韦婴“文革”前是天津作协专业作家,著有短篇小说集《母与子》、长篇小说《从前有个姑娘》《流泪的花》等。呆向真在创委会期间写的《小胖与小松》,曾获第二次全国少儿文艺创作评奖一等奖。后为北京作协专业作家,著有长篇小说《灾星》《啊!不是幻影》《耗子精歪传》等。

从事文学评论、研究、教学、组织工作的有:杨犁、王景山、古鉴兹、周勃、束沛德等。杨犁曾任《新观察》副主编,后担任中国现代文学馆馆长,主编文集《胡适文萃》等。王景山系北京师范学院中文系教授、系主任,著有《王景山文集》(三卷)、《鲁迅书信考释》、《鲁迅五书心读》、《旅人随笔》等。古鉴兹曾担任中国作协文学讲习所教研室主任、鲁迅文学院副院长,著有长篇小说《穷棒子王国》等。周勃系湖北大学教授、系主任。他在创委会期间发表的《略论形象思维》《论现实主义及其在社会主义时代的发展》,曾在文坛引起很大反响;他著有《永恒的困扰——文艺与伦理关系论纲》《文学思存集》等。束沛德长期从事文学组织工作和评论工作,担任作协书记处书记、儿童文学委员会负责人多年,著有评论集《束沛德谈儿童文学》、散文集《龙套情缘》《岁月风铃》等。

从事文学编辑工作的有:何路、罗立韵、胡海珠、王鸿谟、刘传坤、李宝靖等。何路、罗立韵、胡海珠都曾在《人民文学》任编辑,后何路长期担任《中国文学》编辑部主任、副主编、社长;罗立韵曾任人民文学出版社现代室主任,胡海珠任北京电影制片厂编导室主任,她们都是资深的文学编辑。王鸿谟先后在《新观察》杂志、人民文学出版社任编辑、组长、主任。刘传坤一直在《红旗手》《甘肃文艺》《飞天》任编辑。李宝靖在《广西文学》任编辑、主编,并担任广西作协副主席,著有散文集《桂海游踪》等。王、刘、李三位都获得编审职称,是富有经验的老编辑。

50年代的创委会在联系、团结作家,发展、繁荣创作方面提供了可资借鉴的经验,也为培训一批具有良好素质和服务精神的文学组织工作者做了夯实基础的工作。我从事文学组织工作是从创委会起步的,它对我的成长有着不可磨灭的影响。在创委会,我有过成功也有过挫折,有过喜悦也有过忧伤,在心灵深处烙下了深刻的印记。创委会的领导和同事,是我文学路上的良师益友。至今我还与六七位在北京或外地的创委会同事保持着电话或通信联系。期待着五六十年前的老同事有朝一日能有一次聚会,畅叙离情别绪,追忆作协往事,那将是一件多么令人快慰的事啊!

2012年9月

四次青创会琐忆

　　我的书柜里保留着一本《全国青年文学创作者会议讲话、发言集》,它已伴随我阅历了几十年的岁月沧桑。打开它那浅绿色、素朴淡雅的封面,一个个熟悉的名字,茅盾、老舍、夏衍、胡克实和邵燕祥、李希凡、郑文光等呈现在面前。我仿佛又回到 1956 年 3 月中国作协、团中央联合召开的第一次青创会会场,即位于御河桥(今正义路)的共青团中央机关礼堂。与会的 450 多位来自文学战线的新军,年纪都很轻,多半是二十三四岁,几乎没有超过三十岁的,真是风华正茂,朝气蓬勃。那年我二十五岁,在中国作协创委会任秘书。我在大学时代写过批评文字、思想杂谈;走上文学岗位后也写了一点文艺短论、作品评论,但数量有限,水平也不高,严格说来算不上一个“青年创作者”。加上当时我正因为胡风一案的牵连,处于被审查的困境,可我的顶头上司、创委会副主任菡子,心地善良又爱护年轻人,还是毅然提名我为列席代表,从而使我有幸参与这次盛会。

　　1956 年这次青创会是在我国社会主义革命的高潮时期、广大青年响应党的号召向科学和文化进军的背景下召开的。我的印象,这次会议紧扣培养文学新人、扩大创作队伍这个主题,十分重视提高青年作者的思想修养、艺术修养。会议的主旨报告和不少讲话、发言都是谈青年作家肩负的任务、应有的修养以及认识文学艺术的特征,学习、掌握社会主义现实主义创作方法的。茅盾的《关于艺术的技巧》、老舍的《关于语言规范化》、夏衍的《知识就是力量》等发言,我至今记忆犹新,而且一直成为充实、提高自己的努力方向。

会上文学艺术探讨、交流的气氛很浓。不仅安排了介绍青年文学各种体裁样式(诗、小说散文、戏剧、电影、曲艺)创作现状和发展趋势的报告,而且按文学形式,分小组研究、讨论创作问题。参加儿童文学组讨论的有30来人。我特别关注的是袁鹰《争取少年儿童文学创作的繁荣》的报告。他谈到儿童文学理论批评不景气,队伍很小,希望"大家都来动手写评论"。这引起我思想共鸣,激发了我从事儿童文学评论的兴趣和热情。在会后不久,我在《文艺报》先后发表了《幻想也要以真实为基础》《情趣从何而来?》等多少有点影响的作品评论。

还有一点,难能可贵的是会上那种批评和自我批评的精神、空气。李希凡在大会发言中不仅肯定邵燕祥的诗、刘绍棠小说的成就,还直率地、友好地指出他们作品存在的不足。而鲍昌则对自己已发表的论文未能正确解释关于文学中的逻辑思维与形象思维的关系,作了真诚的自我批评。

第二次青创会是1965年12月中国作协、团中央联合召开的全国青年业余文学创作积极分子大会。参加这次会议的有来自全国各地、各条战线的1100多名青年业余作者。他们大都来自基层,是按照政治思想好、工作劳动好、联系群众好、业余创作好四项条件层层选拔出来的,其中不少是活学活用毛主席著作积极分子。我那时在河北省委宣传部文艺处工作,是作为河北代表团的工作人员随团来京,担负思想政治工作的。

这次青创会召开之前,毛泽东严厉批评文艺界的两个批示早已下达;姚文元引爆"文化大革命"的导火线——《评新编历史剧〈海瑞罢官〉》一文也已出笼。整个思想文化领域已是"山雨欲来风满楼"。在这个背景下,第二次青创会大讲活学活用毛主席著作,大讲坚持四个第一,是一次所谓突出政治、兴无灭资、革命化、战斗化的大会。彭真代表中央到会讲话,论述国内国际形势,强调备战备荒为人民,要准备打仗,同帝国主义打,同修正主义打。他要求青年作者掌握毛泽东思想这个战无不胜的武器,坚持同工农兵相结合。他很生动地说,一定要在群众生活的土壤里把根子扎深扎稳,汲取养料,这样才能根深叶茂,长成参天大树。如果脱离了人民群众,就会像北京盆景中的花,没有根须,干巴巴的,只能成为供有闲的士大夫观赏的小摆设,没有一点用处。彭真这席话给我有益的启示,就此我还试写了一篇题为《大树与盆景》的杂感。

周扬在会上报告的题目就是《高举毛泽东思想红旗,做又会劳动又会创作的文艺战士》。他强调用毛泽东思想武装头脑,做社会主义文艺事业的接班人,大写社会主义,大写英雄人物,做到思想、生活、技术三过硬。现在看来,整个报告的基调是以阶级斗争为纲的,只谈政治,不谈艺术,只谈方向道路,不谈创作方法和艺术技巧,集中体现了当年文艺上的"左"倾指导思想。周扬长达三个小时的报告,他那浓重的湖南口音,河北代表团中的很多作者都听不懂。在小组讨论前,代表团负责人让我根据自己的笔记,又把周扬的报告从头到尾逐段逐句地传达一遍。我因为一度当过周扬秘书,熟悉他的腔调,照本宣讲,还是能愉快胜任的。如今我手边还保存着这个笔记本,上面记录着彭真、周扬、刘白羽等的讲话。

这次文学创作积极分子会大学解放军,坚持四个第一,发扬三八作风。到会的1000多名业余作者和工作人员都住在三里屯工人体育场的运动员宿舍里。很多青年作者坚持每天学毛主席著作,清晨能看到不少作者冒着凛冽寒风在体育场跑步的身影。代表们循规蹈矩,很守纪律。从会风看,这是一次严肃紧张有余、生动活泼不足的会。

1986年底、1987年初跨年度召开的第三次全国青年文学创作会议,是进入历史新时期后的第一次青创会,由中国作协、团中央、总工会联合举办。全国各地各族400多名全国青年文学工作者出席了这次会议,住在京丰宾馆。

我是这次青创会领导小组成员之一。本来作协书记处决定,由我和韶华抓这次会议的具体组织工作。由于临近会期,我患十二指肠溃疡、带状疱疹,身体欠佳,筹办会议的重担就更多地落在韶华肩上。

这次青创会前,会议主办方注意到一些城市出现学生上街游行,社会有些动荡的局面,强调会议一定要坚持四项基本原则,维护安定团结,加强领导,积极引导。会议开幕式上,大会秘书长宣读了巴金语重心长的贺信。巴老说:"要做一个好作家,首先要做一个真诚的人。""青年作家们,前面有灯光,路上有泥水,但是四面八方都有关切的眼光,整个民族同你们一起前进。……你们不会辜负祖国人民对你们的期望。我信任你们。"几百位青年作者显然被巴老的肺腑之言深深打动了,凝神屏息地倾听,会场上鸦雀无声。贺信一读完,立即爆发出热烈的、长时间的掌声。这是会上一道亮丽的风景。

作协几位负责同志在讲话、发言中也希望青年作者"在各种旗帜、宣言面前保持一种冷静,不要被最新的旗号推着走";"努力实现四个追求:即追求政治上的成熟,追求知识的丰富和深刻,追求人格的高尚与完善,追求生活的历练与多样"。

这次会议有益处、有收获,但还是不免受到社会动荡的一些影响,部分青年作者思想情绪不够集中,没能深入地探讨文学创作问题。

1991 年 5 月,中国作协召开的全国青年作家会议,是建国以来的第四次青创会。来自全国各地的 324 名代表参加这次会议,其中少数民族代表 49 人。与会代表下榻 21 世纪饭店,即中日青年交流中心。

这次青创会是在 1989 年春夏之交那场风波之后召开的。会议的宗旨是正本清源,端正方向,大振社会主义正气和创作劲头,培养跨世纪的社会主义文学接班人。在开幕式上领导人讲话强调:广大文艺工作者,特别是青年同志要坚定地站在反对和平演变、反对资产阶级自由化的最前列,在巩固和建设有中国特色的社会主义宏伟事业中焕发出艺术创造的智慧才华。面对如此庄严、尖锐的基调,青年作者们颇为震动,不禁扪心自问:我能站到队伍最前列、承担这样的重任吗?开幕式上还宣读了邓颖超、巴金、冰心的贺词。巴老寄语青年作者：“说真话，把心交给读者。”冰心忠告年轻人：“没有真情实感时，不要为写作而写作。”两位文学老前辈言简意赅的话语深深镌刻在青年作者的心坎上，赢得了热烈的、持久不断的掌声。

会议期间，还邀请了国务院有关部门的几位负责同志分别就国际国内和当前改革开放的形势作了报告。那时我还在作协书记处的岗位上，会议领导小组让我主持一次报告会，请国家体改委副主任高尚全作《关于我国经济体制改革的回顾和展望》的报告。到了开会时间，偌大的会场里代表们寥寥无几，稀稀拉拉。等了半个多小时，到会听报告的仍不到代表人数的一半。另一半代表或上街，或游泳，或在房间看电视。我十分尴尬，真诚地向报告人表示歉意。至今我也很困惑：究竟是什么挫伤了青年作者的政治积极性，为什么有那么多年轻人不关注经济建设，对经济体制改革缺乏足够的热情。这样的精神状态与伟大时代合拍吗？

我根据回忆和手边的资料，粗略地记叙了几次青创会的一鳞半爪。不同历史背景下的青创会的旗号、主题、内容、形式不尽相同，但归根到底都是为了培养和造就社会主义文学接班人。至于如何全面地、准确地评价这些会议的功过是非、成败得失，那就有待有识之士和当代文学史家们来研究、判断了。

2013 年 9 月 9 日

归队·挑担子

我从五七干校分配到一所工科院校,做宣传工作、秘书工作,一蹲就是六七年。随着"四人帮"的覆灭,"文艺黑线专政"论被推翻,我也逐步将"文化工作危险""不再搞精神生产""投笔从农"等消极情绪抛到九霄云外,憧憬着有朝一日能归队,继续从事自己喜爱的文学工作。

1978年早春二月,我从报上刊登的全国政协委员名单中,见到了我的老领导、老作家沙汀的名字,真是喜出望外。"十年浩劫",天各一方,生死存亡,杳无音信。曾一度风闻沙汀已不在人世,现在他的名字又奇迹般地出现在我的面前,怎么能不让我激动不已呢。我当即写了一封信寄往政协会议秘书处转沙汀。没想到,隔了几天,就收到他发自"北京友谊宾馆主楼四百三十五号"的一封回信。时隔十多个春秋,重新见到他那写得密密麻麻、工整而清秀的笔迹,感到格外亲切。他在信中告诉我"奉调来京参加工作","我的愿望是搞创作,但组织上既然要我来社科院文学所任所长,当然只有服从调配"。当他得知我还在一所与自己所学专长毫不沾边的机电学院工作时,热情地表示将帮我找机会归队,争取调回北京从事文学工作。同时又直言相告:"只是你千万得有精神准备,因为据说调动干部来京,数字控制较严。我想你不至于把这看成推诿的托词吧。"后来,经过他多方联系,又得到严文井、李季、张僖诸位老上级的帮助和支持,全国文联、作协恢复工作后,我终于在十一届三中全会前夜,作为"业务骨干"又调回北京,重返文学岗位。

金秋十月，到作协报到后，第一个找我谈工作的是《文艺报》主编冯牧。他当时兼任恢复作协筹备组成员。在黄图岗四合院，冯牧那间狭窄、光线暗淡的书房里，他开门见山地对我说："决定让你到《文艺报》工作。现在作品很多，需要有几个人坐下来，认真地读一读这些作品，为编辑部拟定一些选题，组织评论文章；自己也可以写一些文章。我50年代末到'文革'前，在《文艺报》就是干这个工作。"分配我做这项工作，可说是正中下怀。当冯牧看出我多少有些信心不足时，他又鼓励有加："你50年代就在作协创作委员会，也为《文艺报》写过一些文章，还是有基础的；熟悉一段情况后，是可以胜任的。"开完作协第三次会员代表大会，建立了创作联络部这个机构，它担负着20世纪50年代作协创委会的相当一部分任务。这时，作协负责人，也是20世纪50年代我在创委会的老领导李季，斩钉截铁地、没有一点商量余地地让我和另一位同志共同负责创联部办公室的工作。这样，我未能如愿到《文艺报》从事文学评论，却与文学组织工作结下了不解之缘，继续在文学界"打杂"，又做了20年服务性的工作。

　　我第一次跨进创联部办公室，脑海里涌出的第一个念头是："创委会，我又回来了！"一个人的命运有时似乎富有戏剧性，谁曾料到：我1958年初离开创委会下放劳动，在张家口、天津、保定、石家庄转了一大圈，度过20个春秋，又回到自己最初供职的部门——创联部。日常工作仍然是调查了解文学创作、文学队伍情况，组织作品和创作问题的讨论，组织作家深入生活，加强同会员作家的联系，等等。真是无巧不成书，《作家通讯》1953年创刊，1980年复刊，都是我经手操办的。同时，我继续扮演"文件作家"——秘书的角色，参与起草开幕词、祝词、演讲稿、文件批语、会务工作报告诸如此类应用文。我所做工作的性质与20世纪50年代大同小异，相去无几。但时不待人，我已由一个年轻小伙子变成一个年届半百的中年人了。80年代初，周扬来作协看望大家时，当着我的面，对作协一位负责同志说："束沛德，我早就认识了，在文学战线工作30年了吧，是作协的老同志了。"他问我："你是创联部主任了吧?"我回答："主任是葛洛,我是一个助手。"稍后一些日子,历经磨难的老编辑家、评论家陈企霞也在作协的一次会上说:"束沛德二十多岁就给周扬起草访苏的演讲稿了,如今年近半百,怎么还不能让他挑挑担子呢?!"

随着中央提出干部队伍"革命化、年轻化、知识化、专业化"的方针,在一些老同志的关心、提携下,我有幸于1982年进入作协领导班子——党组。最初让我担负的工作,是协助常务书记,抓作协书记处的运转。当时的4位常务书记——冯牧、朱子奇、孔罗荪、葛洛,都已年逾花甲,有的已年逾古稀。尽管我也50出头,但在他们面前,是后生晚辈,还算个年轻人。新旧交替,以老带新,我是他们传、帮、带的对象。经过他们几年的言传身教,我得到了这样的评语:"沛德对一些文艺问题的看法,态度还是鲜明的。他考虑问题、办事情细致、周密,确实是个秘书长的人才。"这样,我就于1985年初持培训合格证上岗了,挑起了作协书记处书记的担子。

至今我难以忘怀一些老同志对我们这批接班的中青年干部"扶上马、送一程"的真挚感情和热切期望。张光年同志叮嘱我们:无论工作多忙,都要坚持读作品、写文章,否则会员不会承认、接近你这个"文化官员"。冯牧同志希望我们在任何情况下,都要有勇气坚持马列文论的基本原理,力求在理论、文化、业务方面具有更广泛、深厚的素养。葛洛同志则要求我们眼睛向下,面向三十多个省、市作协,面向几千名会员,及时吸收新生力量壮大文学队伍。

我在作协党组这个位置上呆了9年,经历了以张光年、唐达成、马烽为党组书记的三届班子的变迁,被一些同事戏称为"三朝元老"。在作协书记处这个岗位上呆了12载,后几年主要做了一些力所能及的、弥补班子疏忽遗漏的工作,因而又被同事们戏称为"拾遗补缺专业户"。三年前站完最后一班岗,我也完成"以老带新"的任务,从一线退了下来。

2000年6月22日

我与中国作协的情缘

中国作家协会从它的前身全国文协成立之日算起，到现在已走过一个甲子风风雨雨的路程。60 个春秋，中国作协一共开过 7 次代表大会。除 1949 举行成立大会时，我还是个青年学子，没有跨进文学门槛外，后来几次代表大会，我作为大会工作人员或大会代表，都是积极参与者和见证人。别的我不敢言"老"，要说"老作协"，也许我还可以勉强算上一个吧。

从我在几次"作代会"上扮演的角色，也可从一个侧面了解我在文学界"打杂"、跑龙套的经历和在人生路上留下的几个脚印。

第一次"作代会"即全国文协成立大会，是在中国革命取得基本胜利、新中国即将诞生的时刻，与第一次全国文代大会同时举行的。那时，我刚从高中毕业，作为一个文学爱好者、初学写作者，密切关注那次来自四面八方的文学家、艺术家大团结、大会师的盛会。从报纸、广播中获悉毛主席亲临文代大会会场，对代表们说："你们都是人民所需要的人，你们是人民的文学家、人民的艺术家，或是人民的文学艺术工作的组织者。你们对于革命有好处，对于人民有好处。因为人民需要你们，我们就有理由欢迎你们。"毛主席的这番话，给我留下难忘的印象，不仅当时成了激励我投身文学工作的动力，而且后来成了治疗我的"打杂烦恼症"的灵丹妙药。每当我在文学界"打杂"遇到麻烦或不称心如意的事情，我的耳边就响起"人民需要你们"这一亲切动人的声音。它一次又一次成功地说服我在"文学艺术工作的组织者"这个岗位上坚持下去。

第二次"作代会"是在我国进入大规模的、有计划的经济建设新时期举行的。那时我是一个从大学毕业、参加工作刚满一年的年轻干部。1952年冬，我的第一个上级严文井带领两个秘书，即一个丁玲秘书陈淼，一个原定给周扬当秘书的我，跨进作协大门，最早投入二次作代会的筹备工作，为改组全国文协为中国作协做准备。我作为创作委员会秘书，有幸在冯雪峰、邵荃麟、沙汀麾下，参与组织部分在京作家、批评家、文学界领导骨干学习社会主义现实主义理论的具体工作。两个多月，围绕4个专题，召开了14次学习讨论会，我自始至终担任讨论会的记录。学习结束后，我写了一篇八九千字的《学习情况报道》，登在《作家通讯》上，为这次作为第二次作代会思想准备的学习，留下了一份备忘录。对我个人来说，则好像上了一期文艺理论学习班，为我后来从事文学评论打了一点基础。

第二次"作代会"是和二次文代大会一起举行的。我和时任创委会秘书室主任的陈淼一起，担任文代大会主席团秘书。我凭着那个写明职务的胸卡，不仅可以到各小组了解讨论情况，会后综合整理出一篇《历史估价问题和创造人物形象问题的讨论》，为文坛留下一帧史影，而且得天独厚，有机会参加大会主席团会、临时党组会，频频接触文艺界领导同志。尤其令人难忘的是1953年10月4日那一天，毛主席和刘少奇、朱德、周恩来、陈云等党和国家领导人在怀仁堂后面的草坪上接见出席文代大会的全体代表。合影之后，毛主席面带笑容，同代表们挥手告别，大家报以长时间的、暴风雨般的鼓掌和欢呼。我尾随郭沫若、茅盾、周扬等大会主席团成员，送毛主席等到怀仁堂后门入口处。当毛主席走上台阶，回过头来，再次挥手同代表们告别时，我就站在台阶下面，距离毛主席真是近在咫尺。可我竟没有勇气伸过手去，同毛主席握一握手。那时，我老实拘谨、循规蹈矩到了何等程度！至今想来，不禁扑哧一笑。

第三次"作代会"是在我国进入社会主义现代化建设的历史新

时期,与四次文代大会一起举行的。这是粉碎林彪、"四人帮"后,各路文艺大军胜利会师的盛会。那时我归队已有一年。会前那一年,从春到冬,我参加大会筹备组文件起草组的工作,参与起草《作协工作报告》、修改《作协章程》,在大会前夜还赶写了一篇《开幕词》。脱离文学队伍十多年的我,经过这一段补课,认真学习党的文艺方针政策,特别是亲耳聆听了邓小平同志《在中国文学艺术工作者第四次代表大会上的祝词》,感到心明眼亮了。

如今我的眼前还清晰地浮现出第三次"作代会"上,那些从牢房、牛棚、"五七干校"走出来的、阔别多年的作家相拥在一起的动人情景。挣脱了精神枷锁的代表们在"作代会"上充满激情、精彩纷呈的发言,不仅博得到会代表热烈的、持久不息的掌声,而且吸引了众多的出席剧协、音协、美协等代表大会的代表来旁听,一时传为佳话。我当时担任"作代会"简报组组长,和组里的几位同事,情绪亢奋,夜以继日地赶写简报,反映作家们很久以来埋在心底的声音。我还清晰地记得,"作代会"闭幕的那天,周扬同志到会就民主问题、团结问题讲了话。周扬同志真诚地向在自己主管文艺期间受过错误批判、打击的丁玲、陈企霞、冯雪峰、艾青、罗烽、白朗、陈涌、秦兆阳、刘绍棠等同志公开道歉。他的讲话引起了强烈反响。我当即根据自己的笔记整理成《周扬同志讲话摘要》,刊登在大会《简报》上,为当代文坛留下又一帧真切的史影。

第四次"作代会"是在经济体制改革全面展开的新形势下举行的,是一次以"大鼓劲、大团结、大繁荣"为目标的会议。那时,我进入作协领导班子——党组已有两年多。我满怀热情、全力以赴地投入代表大会的筹备工作,分工负责修改《作协章程》、选举产生大会代表、提出新一届理事会组成方案等工作。大会期间,我名副其实、独当一面地挑起了副秘书长的担子,大会小会,频频亮相,台前幕后,马不停蹄,一时成了一个大忙人。

这次代表大会的热门话题是:坚持"双百"方针,保证创作自由。我记得,这次大会后,包括我在内的10位作家一起会见中外记者。

当外国记者提出中国作家有无创作自由、创作自由是否有各种框框这样咄咄逼人的问题时，王蒙从容而轻松地回答："任何创作只要不违犯法律，都将是自由的"，"如果一位作家写了歌颂江青的作品，那就会受到公众的嘲笑，他走在大街上，人们会朝他吐口水的"。他的敏锐、机智，赢得一片笑声和掌声。代表大会通过的新的《作协章程》和我在大会上就修改《章程》所作的说明，也引起新华社、美联社、路透社、法新社、纽约时报社等中外媒体的关注。外国报刊、通讯社都突出报道《作协章程》规定"发扬文艺民主，保证创作自由"，作家"有自由可以描写生活的一切方面，而不是像过去提倡的那样只写工农兵"，"敦促作家们大胆地开辟新天地"。有的朋友、同事见到"大会秘书长束沛德先生"的名字接连两天出现在《参考消息》上，给我开玩笑："你成了新闻人物了！"

第五次"作代会"是在全面加强社会主义精神文明建设的背景下，与第六次文代大会同时举行的，是文艺界继往开来、迎接新世纪的盛会。这时我年届 65 岁，早该"到站下车"了，只因等待班子换届，拖延下来。我是当时作协班子里唯一参与过上次代表大会筹备工作的人，出于一种责任心，我不得不充当承前启后、拾遗补缺的角色。大会期间，我又一次勉为其难地担任副秘书长，并在大会上作关于修改《作协章程》的说明，以至一位领导同志也戏称我为"章程专家"了。

第五次"作代会"期间，中央组织部一位负责人来会上传达中央有关作协领导班子换届的精神。他在讲话中谈到，我和另外两位作协书记处书记，由于年龄偏大，不再进入下届班子。这是意料之中的事，我平静而宽慰地面对这个期盼已久的决定。随后，在选举作协新一届全委会委员、主席团委员时，我出乎意料地以高票当选。这对搞了大半辈子文学组织工作的我，也算是一种肯定和鼓励吧。我从中得到一丝慰藉。

第六次、第七次"作代会"召开之际，尽管我已从作协一线退下来，但一直还挑着作协儿童文学委员会负责人的担子，因此仍为大会代表、大会主席团成员，并在会上被推举为全委会名誉委员。当然，我心里明白，主席团委员也罢，名誉委员也罢，都是一种安排，没有多少实际意义。真正重要的变化，是我顺利地交了班，作为一名文学组织工作者，算是画上句号了。从此我可以按一种新的节奏、新的方式安排自己的日常生活了。

2000 年 6 月写，2009 年 7 月改

人民·作品·服务

——回望历次作代会

前不久见到钱小芊同志,他对我谈起即将召开第九次作协代表大会,情真意切地希望我去参加。我表示:还不到耳聋眼花、举步维艰的地步,只要精神还好,当去见识见识文艺界这次重要会议;也可借此机会见见来自全国各地的、久违了的文坛新朋老友,这是一件令人欣慰的事。

从1949年全国文协(中国作协前身)成立到现在,67个春秋,共开过八次代表大会,即将召开的是第九次。作为一个文学组织工作者,我有幸参加了除成立大会外的历次作代会。一年多前,我出过一本《我的舞台我的家——我与中国作家协会》,书中记述了我与中国作协的情缘、我给作代会"打杂"等。历史常忆常新,当我再次回望亲历的历次作代会的所见所闻,一幕幕生动的、令人激动的情景又清晰地浮现在眼前。

1953年秋高气爽的一天,毛主席和刘少奇、朱德、周恩来等党和国家领导人在中南海怀仁堂后面的草坪上接见出席第二次文代会、作代会的全体代表。合影之后,我由于担任大会主席团秘书,有缘尾随中央领导人走到草坪出口处,近距离地看到毛主席面对代表们暴风雨般的鼓掌和欢呼,挥手告别的那一瞬间。主席那亲切的微笑,矫健的身影,至今依然深深地刻印在我的心灵深处。

1979年初冬时节,与四次文代大会同时召开的第三次作代会,是粉碎"四人帮"后各路文学大军胜利会师的盛会。从牢房、牛棚、学习班、"五七干校"走出来、挣脱了精神枷锁的作家,争相在会上发言。短短一周,有30多位代表在大会上发了言,还有20多位代表作了书面发言。他们充满激情、精彩纷呈的发言赢得阵阵掌声,并吸引了众多出席剧协、音协、美协代表大会的朋友来旁听,以至会场爆满,座无虚席,气氛极其热闹。

1984年底、1985年初召开的第四次作代会,强调了社会主义文学要发扬艺术民主,保证创作自由,赢得了代表们的由衷赞赏,深深感到"中国社会主义的文学的黄金时代是真的到来了!"因病住院未能出席大会的周扬打来电话表示祝贺,他朴素平实的几句话,引起代表们长达两分钟的热烈鼓掌。几位青年作家代表发起写给周扬的慰问信,在京西宾馆餐厅前贴出,先后有365位老中青作家在信上签了名,其中包括一些曾被错划为胡风分子、右派分子的作家。我也情不自禁地在信上签了自己的名字。这封慰问信和对周扬贺电的长时间鼓掌表达了众多作家对"文革"后复出的周扬勇于检讨、反省过去所犯"左"的错误的认同和谅解以及对他前不久又受到批判的同情,同时,也反映了文学界渴望创作自由,促进大鼓劲、大团结、大繁荣的心声。

我对儿童文学情有独钟。每次作代会期间,同儿童文学界朋友的联系往往更为频繁、亲密,或品茗餐叙,或联谊合影。2006年第七次作代会即将闭幕之际,四五十位儿童文学界的代表相聚在人民大会堂东门台阶上,拍了一张大合影。照片中一个个手拉手,肩并肩,神采奕奕、喜气洋洋,显示了儿童文学界的朝气和凝聚力。我还记得,年近八旬的儿童文学前辈陈伯吹,在第四次作代会期间,不辞辛劳,连续两天凌晨三点半起床,赶写出一篇题为《在儿童文学阵地上,高举起科学文艺的旗帜》的书面发言,亲自送到我房间里,让登在大会简报上。陈伯吹为少年儿童科学文艺鼓与呼的良苦用心,实在让人感动。

作代会上生动感人的故事一时半会真还说不完。下面我想就历次作代会坚持的方向、原则和弘扬的精神、作风,概略地谈谈我的印象和体会。

作代会见证了当代文坛六十多年的变迁，从中可以窥见文学思潮的起伏跌宕，文学创作的与时俱进，文学队伍的新陈代谢，服务方式的发展改进。然而，无论政治风云如何变幻，社会生活如何发展，人民、作品、服务这三个关键词像一条红线似的贯串在历次作代会之间，光彩夺目，永不褪色，而且随着时光的推移，内涵越来越丰富，色彩越来越鲜丽。

人民 人民是文学艺术的服务对象，也是文学艺术的表现对象。早在1949年，毛主席就对出席第一次文代会的代表们说："你们对于革命有好处，对于人民有好处。因为人民需要你们，我们就有理由欢迎你们。"毛主席这一席话道出了文学艺术在人民革命事业中不可或缺的地位和文学艺术工作者肩负的责任。1979年10月，改革开放之初，邓小平在第四次文代会、第三次作代会的"祝词"中说："人民是文艺工作者的母亲"，"人民需要艺术，艺术更需要人民"。（引自《邓小平文选》第二卷，人民出版社，1983年7月）这就进一步阐明了文学艺术、文艺工作者同人民之间的血肉联系。2014年10月，习近平在文艺工作者座谈会上的讲话指出："社会主义文艺，从本质上讲，就是人民的文艺。"他谈到必须坚持以人民为中心的创作导向，要把为人民服务作为文艺工作者的天职。（引自《习近平总书记在文艺工作者座谈会上的重要讲话学习读本》，学习出版社，2015年10月）扎根人民，表现人民，服务人民，这是历次作代会坚持的方向，也是作家、文学工作者必须遵循、须臾不可离的根本原则。

作品 每次作代会无一例外地总是期望作家创作出无愧于伟大时代和人民的优秀作品。第一次文代大会闭幕后不久，毛主席为《人民文学》创刊号题词："希望有更多好作品出世。"1953年第二次文代会、作代会的主旨报告就是："为创造更多的优秀的文学艺术作品而奋斗"。1996年，巴金在第五次作代会开幕式上的祝词中殷切地期望："出现伟大作家和伟大艺术家，以恢宏的气势和绚丽的色彩描绘时代的画卷，以激越的豪情和优美的旋律，谱写当代中华民族的英雄史诗。"习近平在2014年的那次讲话中更明确地指出:"文艺工作者应该牢记,创作是自己的中心任务,作品是自己的立身之本"。他希望文艺家创作出更多有筋骨、有道德、有温度、文质兼美的优秀作品。说一千,道一万,归根到底,搞好创作,是一切文学艺术活动的主体和重中之重。缺乏作品或缺乏好作品,不能给人民奉献优质的精神食粮,就如同商店、超市、农贸市场提供不了新鲜、丰富的米面、肉蛋、蔬菜、水果一样,那是失职的,有负于人民的。

服务 在文艺方向上,历次作代会一贯坚持为人民服务、为社会主义服务。在各个历史时期,文学艺术自觉地服务于党和国家的总目标和总任务,当今和今后一个相当长的时期,文学艺术要为实现"两个一百年"奋斗目标、实现中华民族伟大复兴的中国梦贡献自己的力量。

就作协的性质、职能来说,文学艺术也是服务行业。作协的主要任务、职责就是为作家服务,为繁荣文学服务。1979年第三次作代会就明确提出:"作协工作人员要明确地树立为发展社会主义文学事业、为繁荣社会主义文学创作服务的思想。"从第五次作代会到第八次作代会,越来越明确地在《作协章程》中规定:"中国作家协会贯彻全心全意为作家服务的宗旨,履行联络、协调、服务的职责。"作协和作协工作人员要当好服务员,就要为出好作品、出好人才,千方百计地提供适宜的环境、氛围、条件和服务。这种服务,应当按照文学艺术的特点,尊重文学艺术生产的特殊规律,遇事同作家商量着办,切不能采用简单生硬的行政方式。一个文学组织工作者,从作协领导班子到普通工作人员都要乐于并善于当作家的服务员,既要有无私奉献的精神,又要有会办实事好事的本领。

愿我们永远心系人民,呕心沥血创作,全心全意服务,站在第九次作代会这个新的起跑点上,继续向前迅跑,奋力跨越一个又一个高地,攀登新的高峰。

2016年11月19日

做一个称职的文学组织工作者

我对自己从事的职业,一向定位为文学组织工作者。无论是20世纪50年代担任中国作协创委会秘书还是80年代担任创联部主任、书记处书记和儿童文学委员会负责人,所参与或主持的调查了解创作情况、组织学习、开展创作组活动、编选作品集、组织作家深入生活、发展会员、加强队伍建设、组织作品研讨、参加文学评奖、提供创作条件和服务、起草相关文件等等,所有这些都是为繁荣文学创作服务的组织工作。

根据我多年从事文学组织工作的经验、体会,我以为,做好文学组织工作的关键,在于紧紧把握、践行以下几点:

一是要牢记作协的性质,按照文学的特点、文学生产的特殊规律来开展工作。

作协是一个专业性人民团体。作协的一切工作和活动要紧扣作协的主要任务、职责(团结文学队伍,繁荣文学创作)来进行,要乐于做作家的服务员。如果作协不给作家办事,脱离作家大众,作家不上门了,或上门受到冷遇,作协负责人、工作人员又不上作家的门,时间长了,模糊了作协的性质,就有可能变成官气十足的衙门,作协也就名存实亡了。张光年同志在20世纪80年代曾尖锐指出,现在存在变质的现实危险,有埋葬作协的危险。

文学艺术生产是一种创造性的、个体的精神劳动,要尊重每个作家的创作个性和风格。充分尊重作家的劳动成果,切实保障他们的正当权益。在工作方法、方式上,要广泛采取社会方式,贯彻民主原则,遇事同作家商量着办,真正体现人民团体作家自己管理自己的性质,力戒简单生硬的行政方式。要紧密联系广大作家、文学工作者,充分发挥由作家、评论家组成的各专业委员会的作用,使作协成为生动活泼的、富于创造性的文学创作、批评组织,而不是死气沉沉的文牍主义的官僚衙门。

二是要与时俱进,勇于改革创新。

文学组织工作者要使自己的思想观念适应我国经济、政治、社会、文化全面深化改革的新形势、新要求,从不符合文化改革发展要求的传统体制机制和做法的束缚中解放出来。按照建设服务型学习型和谐作协的要求,热情支持改革,鼓励大胆创新,寻求适合新情况、新特点的多层次、多渠道、多窗口的管理体制、运行机制、工作方法、活动方式。

我不无欣喜地注意到,作协近些年在文学组织工作上的新举措、新进展,如广泛团结各类作家,加强与网络作家的联系;不断完善重点作品的扶持机制;进一步改善文学评奖的机制、办法;完善作家定点深入生活的制度、管理机制;探索办报办刊办社办网的新模式;实施少数民族文学发展工程;推进中国当代文学精品译介工程;鲁院拓展作家培训领域,创新培训范式等。所有这些都体现了改革创新的精神,有利于文学事业的发展,自然会受到广大作家、文学工作者的欢迎。

三是要加强调查研究,一切从实际出发。

在作协做文学组织工作,要多同作家交朋友,认真倾听他们的声音、意见,了解他们的情绪、愿望。既要走访、看望目前创作已不太活跃的老作家,也要访问年富力强、创作旺盛的中、青年作家,包括网络作家。了解、掌握他们的创作计划、动态,尽力帮助他们解决在创作、深入生活、搜集素材资料、维护权益等方面遇到的困难,提供必要的条件和服务。

要根据作协年度或更长时间的工作部署确定调研主题和重点,搞好专题调研。有针对性地研究问题,形成有实质内容的调研报告。

参与调研的工作人员在调研的基础上要积极建言献策。每个作协人都要关注文学大局,关心作协整体工作,善于把自己的日常工作与作协的总目标、任务、职责联结起来。敢于独立思考,敢于说话、批评,想点子,出主意,提出建设性的意见。前些年,在我退休前后,曾不止一次就改进作协工作或加强儿童文学工作,向作协领导班子及主要负责人提出过意见、建议。我觉得,这样做,不仅对改进工作有好处,对自己也是一种学习和锻炼。

文学组织工作者应当具备什么样的素质和作风呢?

在我看来,一个合格、称职的文学组织工作者应当具备较好的思想素质、业务素质,熟悉党的文艺方针政策,有一定的文学修养和组织能力。如果树立更高的标准,则要求在思想、理论、知识、文化、业务上具有更广泛、更深厚的素养,做到视野开阔、思想敏锐、知识广博、勇于开拓,真正成为周扬同志所要求的那样的杂家。

首先,要热爱文学,培养起对文学工作深挚的感情。

干一行,爱一行,学一行,钻一行,干什么,学什么,缺什么,补什么。不仅要深入学习中国特色社会主义理论和党的路线、方针、政策,还要学一点文、史、哲、经和科学知识。要学一点文艺理论、现当代中国文学史和美学。可根据自己的实际情况,开列一个必读书目,有计划、循序渐进地学习、掌握一些基本理论、知识。按照工作需要来学,也是充实提高自己的有效途径。我体会,工作上有点压力是好事,对自己是一个磨练,它会迫使你在较短时间内有针对性地如饥似渴地学,奋力拼搏地干。我多次参与起草并非自己熟悉、有一定难度的文件、报告,尝到过其中的甜酸苦辣,觉得获益匪浅。

其次,要有点奉献精神,满腔热忱地为作家服务。

各条战线、各行各业都需要有人"打杂""跑龙套",做组织工作、服务工作。既要甘为他人作嫁衣,又要尊重自己的工作,意识到自己担负的工作与繁荣文学事业、实现"中国梦"之间的关联。按我的个性、兴趣,更愿意做研究工作、编辑工作。50 年代、80 年代,我也曾有过三次做研究、评论和编辑工作的机会,但都擦肩而过,最后还是服从组织分配,做了秘书工作、组织工作,始终没能当上评论工作者和文学编辑。对此,我无怨无悔。我长时间从事儿童文学组织工作,自觉加入为孩子跑断腿、磨破嘴的行列,还是多少尝到了一点耕耘、收获的喜悦与幸福。

再次,多读作品,多动笔杆,养成勤于阅读、思考、写作的习惯。

既然在作家协会工作,就要经常关注文坛的状况。不仅做创研、创联、编辑工作的要读作品,做外事工作、党务人事、行政工作的,也要读一点作品,至少要读一读特别优秀的或有争议的作品,对创作现状做到心中有数。

我的老上级沙汀告诫我:"应当把写作当作日课,一天不动笔就算缺勤。"张光年也对我说过:"无论工作多么忙,都要坚持读作品、写文章。否则,会员不会承认你这个文化官员。"我想,可以从记日记、工作笔记做起;同时慢慢养成写读书札记的习惯。在日常工作中做一个有心人,经常注意搜集、积累资料。我建议在座的年轻朋友,在完成本职工作之余,可以根据自己的兴趣、爱好、优势、擅长,在钻研业务上确定一个主攻方向:是致力于创作、研究、评论还是翻译、写作辅导、史料搜集?练习创作和评论,也要选择一个侧重点,是小说、诗歌、散文还是报告文学、儿童文学?一个人的精力毕竟有限,定下一个目标后,就可以专心致志、执着地奋力追求。比如,我虽然在创作、评论上都没什么建树和成就,但在从事文学组织工作之余,总算选定关注儿童文学,从而得以多少写了一点评论文字。

还有一点,是要善于同作家交朋友,努力做作家的知己、知心、知音。

我们的工作对象、服务对象是作家、作协会员。和谐作协是由大团结的作家队伍组成的。在工作中要以团结为重,广泛团结各民族老、中、青作家。不论是党员还是非党员,也不论是什么个性、风格、流派,是从事纸质媒体写作还是网络写作,只要赞成《作家章程》,我们都要从工作出发,从事业出发,不分亲疏,一视同仁。

为了同作家有更多的共同语言,能平等地、亲切地自由交换意见,交流思想,你就要大致了解创作现状,了解创作的甘苦,弄清他们在创作过程中遇到的困难和问题。这样才能做到在文言文,以文会友,把工作做到作家的心坎上。

对作家的态度要真诚,坦诚相见,推心置腹,让作家信得过,愿意把心里话告诉你,相信你是个办实事的人,而不是讲空话、说大话的人。我在文学界干了几十年,同事、朋友对我的基本评价:是个秀才、笔杆子、干实事的,不是官员、整人的人,也不是说大话、唱高调的。能得到这样的肯定和鼓励,也就聊以自慰了。

2014 年写,2020 年 2 月改

我与《作家通讯》的因缘

《作家通讯》走过了四十五年艰难、坎坷的路,至今出满了一百期,在内部刊物中,也算是个老字号了。这本内刊时断时续,命途多舛,可说是反映风风雨雨文坛的一面小小的镜子。

1953 年,我们国家进入大规模经济建设的新时期。新的形势要求文学艺术真实地、深刻地反映伟大的现实,创作出无愧于我们时代和人民的优秀作品。在这种情况下,全国文协设立了创作委员会,具体指导文学创作活动。同时,积极筹备召开全国文协代表大会,修改会章,准备改组全国文协为中国作家协会。内部刊物《作家通讯》就是在这样的背景下应运而生的。

我记得,1953 年 4 月初,创作委员会成立后抓的第一件大事,就是组织在北京的部分作家、批评家和文艺领导干部联系文学创作现状,学习社会主义现实主义理论,为召开全国文协代表大会做思想准备。同时,积极筹办《作家通讯》,以加强同全国各地会员的联系,及时反映和交流文学创作、文学工作的情况。当时代理全国文协秘书长的严文井和主持创委会日常工作的副主任沙汀先后召集陈淼(创委会秘书室主任)和我(创委会秘书),共同商量、制定了《编辑出版〈作家通讯〉的方案》和头几期的选题计划。我算是复旦大学新闻系科班出身,学习过新闻采访、新闻编辑、新闻写作、通联工作等课程,在学生时代又参与编辑过《复旦大学校刊》,可以说是对报刊编辑业务不太生疏。因此,从着手筹备之日起,严文井、沙汀、陈淼就让我担负《作家通讯》的具体编辑工作。那时,我作为创委会秘书,还同时担负着阅读作品、组织座谈会、组织作家深入生活、党组记录等任务，但毕竟是个年轻小伙子，富有朝气，积极肯干，就毫不犹豫、全身心地投入内刊编辑工作了。经过短短一个多月紧张、忙碌的运作，从组稿、改稿、标题、画版到发稿、校对、印刷、装订，一本小三十二开、六十四页、装帧简朴的《作家通讯》创刊号，就于1953年6月30日送到会员手里了。如今，我还清晰地记得，刊物封面上那清新秀丽的"作家通讯"四个字，是沙汀约请全国文协主席茅盾题写的。全国文协党组书记、创作委员会主任邵荃麟抱病为《作家通讯》写了《发刊词》，他明确地指出："出版这个刊物的目的，是为了加强作家之间的联系，交流作家创作工作上的经验。"四十多年来，这本内刊的刊期、开本、封面设计曾有过多次变化，但当年茅盾用毛笔题写的刊名一直醒目地印在封面上，始终没有变换。荃麟定下的办刊宗旨也被不断更新换代的编者坚持下来。

从1953年6月到1954年7月，《作家通讯》共出了十一期。我可说是最初这十一期刊物的责任编辑。开头，做编辑工作的就我一人。1953年秋，刘传坤从山东大学中文系毕业后分配到作协创委会，同我一起编辑《作家通讯》。我们俩同在东总布胡同22号大院里一间紧挨厕所、不足六平方米的办公室里，相对而坐，共同商量稿子如何修改、版式如何编排，一起推敲标题、阅读校样。传坤性格比较内向，朴实憨厚，工作作风又严谨细致，同我合作得相当默契，至今我们之间还保持着真挚的友情。创委会秘书室的工作人员有来自延安鲁艺、华北联大的，而更多的是新中国第一代大学毕业生，那是一个朝气蓬勃、团结战斗的集体。他们虽不参加内刊的编辑工作，但经常访问作家、整理座谈会发言，不断提供稿件，实际上是《作家通讯》不在编的记者、撰稿人。而沙汀是《作家通讯》名副其实的主编，他出点子，出题目，修改重要稿件，还负责刊物的终审。当年他戴着老花镜，伏在写字台上字斟句酌、一丝不苟地审阅刊物清样的情景，至今还深深地留在我的脑海里。

十年动乱，作协图书资料散失殆尽，至今作协资料室、创作联络部也找不到最初出版的那十一期《作家通讯》了。我只能根据回忆和手边仅有的一点资料,来谈谈当年刊物编辑工作的一些情况。

《作家通讯》上发表的关于作品和创作问题的讨论,可说是会员最为关注、最感兴趣的。我记得,刊物上先后用很大篇幅刊登过讨论杨朔的小说《三千里江山》、李季的长诗《菊花石》和诗的形式问题的发言摘要。那时,尽管百花齐放、百家争鸣的方针还没有提出,文学批评中的粗暴、简单化倾向也较严重,但内部刊物还可以在一定程度上反映对具体作品成败得失的不同看法和对文学理论、创作问题的不同见解。比如,关于《三千里江山》的讨论会开了三次。会上有的赞扬这部小说是文学创作的新收获,有的却认为它是概念化的作品。我们把讨论会上各种不同的意见摘要刊登出来,并及时把创委会主任邵荃麟在第三次讨论会上的长篇发言根据速记记录原原本本地整理出来,请荃麟过目修改后予以发表。荃麟的发言,对这部小说的选材、主题、人物描写、结构、语言等方面作了具体的、中肯的分析,既热情肯定了它所取得的成就,又实事求是地指出了它的缺点和不足。这样,就使会员对讨论情况有一全面的了解,从中得到启迪。当时荃麟是作协一把手,担子很重,又是带病工作,骨瘦如柴。我们实在不忍心再三催促他审阅、修改发言记录稿,可他还是在百忙中挤出时间,赶在刊物发稿前把仔细修改过的稿子送到我们手里。荃麟登在《作家通讯》上的这篇题为《关于〈三千里江山〉的几点意见》的发言,已收入《邵荃麟评论选集》(下册),今天读来,依然觉得它是一篇说理透辟的、有说服力的好文章。

1953 年 5—6 月间,全国文协创委会组织了社会主义现实主义理论的学习。这次学习着重讨论的对社会主义现实主义的理解及其和过去的现实主义的关系与区别问题、典型和创造人物的问题、讽刺问题、文学的党性和人民性问题以及目前文学创作上的问题,都是当时全国文学界关注的热点。而会议主持人冯雪峰(荃麟因病未能参加,由冯雪峰代为主持)及各个专题的重点发言人陈涌、林默涵、陈企霞、王朝闻、严文井、钟惦棐、马烽、袁水柏、陈荒煤、光未然等,又都是在全国有影响的作家、评论家。广大会员急切希望了解这一学习讨论的进展情况及会上反映出的各种观点、看法。我根据十四次讨论会的发言及冯雪峰的初步总结，及时综合整理成一篇长达八九千字的《全国文协学习社会主义现实主义的情况报道》，分两期登在《作家通讯》上，为各地会员的学习讨论提供了一份可资参考的材料。

刊登领导同志关于文艺创作问题的讲话、报告，也是深受广大会员欢迎的。我记得，《作家通讯》先后发表过胡乔木在全国第二次文代会闭幕式上所作《关于文学艺术团体为争取我国文学艺术的繁荣的组织任务》的报告、习仲勋在第一届全国电影剧本创作会议上的报告、李富春在北京文艺工作者座谈会上的讲话。胡乔木在报告中对文学艺术团体提出了五个方面的任务：一、鼓励创作；二、鼓励批评和研究；三、领导和帮助文学期刊的编辑和文学艺术书籍的出版工作；四、领导和帮助文学艺术的普及工作和教育训练工作；五、组织会员学习。习仲勋的报告谈了作家深入生活、学习社会主义现实主义创作方法、关于文艺创作的领导、文艺批评等几个问题。50年代初，刊物的内外之别，还是相当明确的。《作家通讯》作为内部刊物，它登载的领导同志讲话、报告，不得转载，不得引用，这在当时还是能做到的。《作家通讯》独家发表一些领导同志的报告，"只此一家，别无分店"，这无形之中也就加重了它的分量。

《作家通讯》上还经常刊登会员来信、作家动态和作家深入生活和创作计划的调查。我记得，针对会员在制订创作计划时存在的一些疑虑和在选择生活根据地上的一些思想认识问题，我还曾按照沙汀的意见，以晓苏、缚高等笔名写了《谈谈创作计划》《对作家表现工业建设的一点意见》等短评。刊出《苏联作家协会各创作组 1952 年工作总结专辑》时，我还执笔写了一个较长的"编者按"，归纳苏联作协各创作组的经验，提出了我们今后开展创作组活动应当注意的几个问题。

一年多的内刊编辑工作，应当说是给了我相当宽广的用武之地。

既当编辑又当记者,既写报道又写短评,既画版式又当校对,尝到了编辑工作的甘苦,也提高了独立工作的能力。在我四十多年的文字、文学生涯中,这一段短暂而美好的时光,是永远难以忘怀的。

1954秋,《作家通讯》的编辑工作由创委会划归办公室。也正是从那时起,批判《〈红楼梦〉研究》,批判《文艺报》,反胡风,肃反,反丁陈,一场斗争接着一场斗争,《作家通讯》也就开始陷入动荡不定的困境……

真是无巧不成书。时隔一十九载,1978年作协恢复工作,我又回到文学岗位,依然被安排在创作联络部。第三次作代会前后,李季心急火燎地让我抓《作家通讯》的复刊工作,以恢复同全国各地作协会员的联系。1980年2月出版的《作家通讯》(总第54期),主要刊登了第三次作代会的主要文件、领导机构名单等,就是由我编辑发稿的。1953年创刊,新时期复刊,有幸都是我经手操办的。同《作家通讯》的因缘,还真是打不散、割不断哩。

1982年我进入作协领导班子后,实际上又兼任了《作家通讯》的主编,担负了多年刊物的终审工作。1984年初,我还以编者的名义写过一篇题为《同会员更靠近一些》的短文,期盼"依靠分会和会员来办刊,让《作家通讯》真正充满分会的信息、会员的声音",让广大会员"打开《作家通讯》之窗,能够呼吸到一点来自沸腾的现实生活的新鲜气息,领略到来自文学同行的一种相互切磋的健康的风气"。当时参与编辑工作的有王可伊、刘力、陈国华、程绍武等。大家集思广益,在刊物版面上陆续开辟了"创作情况述评""争鸣动态""笔谈会""文学评奖""作家深入生活""作家专访""作家近况""会员来信""分会工作""中外文学交流""资料"等栏目。刊物从内容到形式,一度有了较为明显的改进。但好景不长,随着《文艺报》由刊物改为报纸,作协书记处考虑到报纸可以更及时地反映创作信息、作家动态,并决定向每位会员赠阅《文艺报》,遂把《作家通讯》又改为不定期的类似"作协会务公报"的内刊。1990年我不再兼任创作联络部主任后,也就结束了同《作家通讯》

的近四十年的因缘。

令人欣慰的是,近一两年《作家通讯》在主编、责任编辑精心策划组织下大有起色,内容新鲜,信息量大,版式也生动活泼,受到广大会员的好评。值此《作家通讯》出满一百期之际,我真诚地祝愿它办得越来越丰富、活泼、精彩!

1998 年 1 月 6 日

与我一路相伴的《文艺报》

《文艺报》诞生于人民共和国成立前夕。从它诞生之日起,我就是它的忠实读者。

多少年来,在为繁荣文学跑龙套的路上,《文艺报》与我牵手同行,是我情投意合的旅伴。

1949 年 9 月 25 日《文艺报》正式创刊之日,正好是我迈入大学门槛之际。那时尽管囊中羞涩,但还是省吃俭用,挤出一点钱订阅了一本《学习》杂志和一本《文艺报》。在大学期间,我曾写信给《文艺报》"文艺信箱"专栏,反映自己在习作中遇到的题材狭窄贫乏、语言枯燥无味的苦恼。时隔不久,就收到编辑用秀美的文字写来的两页回信,引导我更多了解、熟悉自己周围的人和事,并多读中外文学名著。

大学毕业前夕,我填写的工作志愿:一是文学编辑,二是文艺理论研究,三是党的宣传工作。《文艺报》是我心驰神往的一个去处。最后我被分配到全国文协,恰好和《文艺报》是一家人。我们同在东总布胡同 22 号的会议室开会、听报告,同在 22 号地下室的一个食堂用餐,也在同一个党、团支部过组织生活。这样,《文艺报》一些年轻编辑很快成了我新结识的朋友。

跨进文协门槛,我从 1952 年冬开始为《文艺报》写稿。开头是结合我参与的工作、文学活动写一些消息报道,如《全国文协组织第二批作家深入生活》《全国文协组织社会主义现实主义学习》;同时也写了《作家应当关心当前的作品》等短评。当时我所在的创作委员会秘书室担负着阅读新发表、出版的作品,定期(每季度一次)向作协主席团汇报当前创作情况的任务。我在阅读、研究中发现了新人佳作或值得探讨的创作问题,就写成评论文字送到近在咫尺的《文艺报》编辑部。得近水楼台之便,那几年我先后在《文艺报》发过评介闻捷的特写、何为的散文、张有德的短篇小说的文章。特别是1956年、1957年先后在《文艺报》发表的题为《幻想也要以真实为基础——评欧阳山的童话〈慧眼〉》《情趣从何而来?——谈谈柯岩的儿童诗》两篇文章,使我与儿童文学结下了不解之缘。前一篇文章引起了有关童话体裁中幻想与现实关系的讨论;这场讨论持续达两年之久,多少活跃了当时儿童文学界学术论争的空气。后一篇文章得到评论界、儿童文学界很多朋友,包括作者柯岩在内的肯定和鼓励。当年《文艺报》副总编辑侯金镜对我说,文章写得不错,从作品的实际出发,做了比较深入的艺术分析,抓住了作者的创作特色。他鼓励我沿着这个路子走下去。有的评论者认为,此文对儿童情趣的赞美和呼唤,"深深影响了一代儿童文苑"。由于这是最早评论柯岩儿童诗的一篇文章,又被评论者认为是"有一定理论水平的作家作品论",因而它不仅被收入《中国儿童文学大系·理论(一)》《中国儿童文学60年》等十多种文集或评论选集;而且时隔半个多世纪,在柯岩逝世后,那份"柯岩同志生平"中仍然提到我"当时就对柯岩的儿童诗给予了很高评价"。这是我没有料想到的。

正因为发表过这两篇多少有点影响的文章,当我进入作协领导班子后,1985年初作协书记处在研究工作分工时,由于班子成员中没有专门从事儿童文学创作、评论的,时任常务书记的唐达成在会上说:"沛德50年代就在《文艺报》发了一些儿童文学评论,近些年仍然关注儿童文学,由他分工联系这方面的工作比较合适。"同事们都表示赞同,这样就把我推上了儿童文学组织工作的岗位。1986年至2007年,我当了20多年作协儿童文学委员会负责人,为发展儿童文学略尽绵薄之力,这不能不感激《文艺报》发的两篇文章给我带来的机遇和好运。

我不能一味讲成功和机缘,避而不谈失误和挫折。我在反右派斗争中的表现和遭遇,也是与《文艺报》紧密相连的。1957年整风运动开展后,在"大鸣大放"高潮中,我在《文艺报》发了一篇访问长春几位老作家的长篇报道。这篇批评文艺领导存在教条主义、宗派情绪,表达了作家心声的文章,在反右斗争中却成了我"替右派鸣锣开道"白纸黑字的证据。原本被看作患有"右倾顽症"的我,当反右狂风袭来前后,又随波逐流,在《文艺报》发了两篇批判文章:一篇批秋耘的评论《刺向哪里》,一篇批丁玲的散文特写《记游桃花坪》和《粮秣主任》。在大风大浪中的左右摇摆,正像前些年我在《我也当过"炮手"》一文中所反思的:"私心杂念不可有,看风使舵不可取,违心之事不可为,明辨是非最可贵。"每当想起自己当年也曾加入挥舞棍棒的行列,至今依然感到深深的愧疚。

　　十年浩劫,《文艺报》被迫停刊。待到1978年7月《文艺报》复刊后不久,随着作协恢复工作,我也由河北调回作协。此时,曾有一次到《文艺报》工作的机会与我擦肩而过。事情是这样的:我回到作协,冯牧找我谈工作,说是决定让我到《文艺报》阅读、研究作品,拟一些选题,组织评论文章,自己也可动手写一些文章。说实话,这是符合我的心愿的。当然,也有点忐忑不安,毕竟业务荒疏了多年,归队不久,能否胜任,不太有把握。冯牧觉察出我面露难色,当即热情地鼓励我:你50年代就为《文艺报》写文章,还是有基础的,熟悉一段情况,是不难胜任的。正当我准备到编辑部上班时,事情发生变化,组织上突然通知我先参加一段作协落实政策的复查工作。待开完第三次作代会,作协成立了创作联络部,时任作协党组副书记的李季斩钉截铁地对我说:同冯牧商量了,决定让你到创联部工作,去《文艺报》工作事以后再说。没有商量余地,去《文艺报》的愿望终于化为泡影。我是学新闻的,又爱好文学,《文艺报》似是最适合我的工作岗位。多少年来,我注意到《文艺报》造就出一批又一批能干、出色的编辑、记者、评论家,那可真是一个出人才的地方啊!我这辈子没能去《文艺报》,至今还引以为憾哩!

没能如愿去《文艺报》，但改革开放以来，特别是我分管儿童文学工作后，与《文艺报》的联系却越来越密切了。

1986年6月中国作协主席团通过的《关于改进和加强少年儿童文学工作的决议》中提出：希望各文学创作、评论刊物经常选发一定数量的儿童文学作品及有关儿童文学的评论文章。作家协会主办的《文艺报》《人民文学》等刊物在这方面应起带头作用。在这之后不久，儿童文学作家刘厚明当面向我建议："听说《文艺报》明年要扩版为周报八版，该建议他们每月拿出一块版面出儿童文学评论专刊，千万别错过这个机会！"他的倡议与我不谋而合，在党组、书记处会议讨论《文艺报》改版计划时，我一再申述出这么一个专刊对推动儿童文学理论批评的好处，此事得到了包括《文艺报》主编谢永旺在内的作协领导班子成员的一致支持。当1987年1月《文艺报》扩版为周报八版，并开始标明报纸为中国作家协会主办时，1月24日由冰心老人题写报头的"儿童文学评论"专版就应运而生了。在第一期上我还写了题为《窗口·桥梁·苗圃》一文，表达了我对专版的期望。从创刊至今，27年间，这个专版已出了348期。该版出满100期之际，我曾写过一篇《十年辛苦不寻常》。诚然，在它的成长道路上曾遇到这样那样的困难、麻烦，特别是在市场化大潮的冲击下，一度萎缩，陷入困境。但《文艺报》历任主编和编辑部同仁坚忍不拔，攻坚克难，还是苦苦支撑下来了。我也曾为它的生存、发展，在一些场合不止一次地呼吁过。尽管人微言轻，也还是多少起了点作用。如今它每月两期，按时出刊，占一整版，作者也有不少新面孔，可说是处于历史上最好时期。这个国内报纸上开辟的唯一儿童文学评论专版，是儿童文学园丁十分珍惜、勤于耕耘的一块园地。

在我的文学生涯中，可说是对儿童文学情有独钟。《文艺报·儿童文学评论》专版的问世，给我为儿童文学鼓与呼提供了一个颇为难得的平台。这么多年，我在专版上发表过或长或短的文章可能有三四十篇。其中有宏观扫描的，如：《新景观大趋势——世纪之交我国儿童文学扫描》《为新中国儿童文学勾勒一个轮廓》等；也有对金波、樊发稼、刘先平、曹文轩、秦文君、郑春华、黄蓓佳等的作品评论。还有回忆、怀念儿童文学前辈或兄长张天翼、陈伯吹、严文井、金近、郭风、刘厚明等的散文。近些年我差不多已养成一个习惯：每当写出有关儿童文学的文章，总要考虑一下是否先投寄《文艺报》。发出稿子时，也总要向编辑表明：能登就登，千万不要勉强，让你们为难；如不合适，告我一声就行。有时为避免近水楼台、频频亮相之嫌，我有意识地把一些自我感觉还不错的稿子投向其他报刊了。《文艺报》的文学编辑，从20世纪50年代的敏泽到80、90年代的冯秋子、明照、刘颐、刘秀娟，在交往、合作中，我深切感受到他们的敬业、热情、平易与细致。

我不是那么勤奋，也没写出什么有特色、有分量的文章。但《文艺报》编辑部对我的写作成果，可说是一向关注、支持的。每当我出版一本新书，总会发消息或评论。早在90年代初，就在显著位置发过彭斯远的《批评是为了发展——束沛德儿童文学研究漫议》，对我的评论见解和特色作了简洁的概括。当我的散文集《岁月风铃》、评论集《束沛德谈儿童文学》出版后，《文艺报》不仅及时发了召开座谈会的消息，还发了多篇评论文章。评论家陈辽就先后写了题为《束沛德的岁月风铃》《儿童文学园地里的守望者》的文章。散文集《龙套情缘》、评论集《守望与期待》、随笔集《红线串着爱与美》问世后，吴然、李东华、陈中天等都发过评介文章。两年前，《文艺报》还发了史伟峰写的专访《乐此不疲地鼓与呼》，记述了我从事儿童文学评论的历程和感悟。朋友们热情评说，为我鼓劲、加油，激励、鞭策我在文学路上继续前行。

岁月如梭，转瞬之间，即将迎来《文艺报》65华诞。我面前放着一本封面发黄、书页上水渍斑斑的《文艺报》(1—13期)合订本，周刊16开，每期12—16页，那是1949年5月4日至7月28日作为全国文代会筹委会和一次文代会的机关报出版的。我清晰地记得，在上海上大学期间，星期天到福州路逛书店，无意中发现了这本刊物。这个合订本留下了《文艺报》呱呱坠地的身影。当年它并不引人注目,如今已成为稀缺的、弥足珍贵的史料。我的一个书柜和书房一角还堆满了从创刊至今的全套《文艺报》。多少年来,生活动荡,工作调动,经历了几次举家大搬迁,不少心爱的报刊杂志都先后忍痛处置了。唯独这份完整的《文艺报》,我始终爱不释手,难舍难分。

面对今日的《文艺报》,我想,这张历史悠久、代表主流声音的报纸,同样面临一个与时俱进、开拓创新的问题。如何使之更好地顺应时代大潮、贴近文艺实际、满足读者需求,努力做到坚守文学品质又富有鲜明特色,丰富精粹又生动亲切,看来在这方面还有很大的提升空间。作为一个老读者、老作者,我默默地、真诚地期待着、守望着。但愿它越来越为广大读者所接受和喜爱。不管怎样,我始终不渝,会让这个真挚的旅伴,陪我一起走完自己漫长而平凡的人生路、文学路。

2014 年 3 月 8 日

喜 从 天 降

"团长！团长！"同我一起出国访问过的作家朋友，偶然见了面，常常习惯于这样亲切而戏谑地称呼我。我当团长，倒也有些年头了。从 20 世纪 80 年代中期到 90 年代末，我先后四次率中国作家代表团访问过匈牙利、泰国、意大利、缅甸，当了四次团长。我心里明白，无论是按文学成就还是资历、声望，都轮不上我当团长。只是因为当时我在作家协会书记处这个岗位上，戴着"书记"这顶乌纱帽，就怎么也推脱不了这份苦差事。

本来，有机会出国访问，同外国朋友交流交流，领略一下异域风情，开开眼界，增长点见识，是一桩美差。可是，一挂上团长这个头衔，麻烦就接踵而至。在各种场合忙于应酬交际，座谈会、演讲会、宴会，拜会政府官员，接受记者采访，以至于参观游览，你都得带头讲话、发言、致辞、答问，十天半月下来，有时真感到口燥唇干。如果遇上讷于言辞的主人，为了打破冷场的尴尬局面，你还得挖空心思，没话找话，那就更是苦不堪言。我又不是那种伶牙俐齿、能说会道的人，没有侃侃而谈、对答如流的本事，对当团长就更加发怵了。

1995 年 12 月，中国作家代表团一行五人赴意大利参加在西西里岛巴勒莫市举行的第 21 届意大利蒙德罗国际文学奖的颁奖活动。我又勉为其难地挑起团长这副担子。我们乘坐的飞机经米兰、罗马，到达巴勒莫市已经是深夜了。主人、评委会主席兰蒂尼先生到机场迎接我们。在从机场到代表团下榻的宾馆，一路寒暄，谈笑风生。当话题转到本届蒙德罗国际文学奖的评选情况时，兰蒂尼冷不丁地通过翻译告诉我:这次评委会还决定给中国作家代表团的五位成员授奖。对这突如其来的消息,我毫无思想准备,真是丈二和尚摸不着头脑。我们是来参加颁奖活动的,来意大利之前,邀请我们来访的主人并没有告知中国作协,要给我们发奖啊,莫非翻译把主人的话译错了。我困惑不解,但在车上又来不及进一步探问,只好含糊其辞地表示:"我们怀着很高的热情和兴趣来参加蒙德罗文学奖的颁奖活动。获这项奖的作家,都会十分珍视这份荣誉。"

我们去意大利之前,对蒙德罗国际文学奖有一个概略的了解,知道它创立于1975年,每年评选一次,是意大利众多文学奖项中较有影响的一个奖。蒙德罗是西西里首府巴勒莫市一个美丽的滨海小镇,是意大利颇有名气的旅游胜地和文化中心。设立蒙德罗文学奖的目的是:表彰意大利当代文学的优秀成果,加强意大利与外国的文学交流;同时也是为了扩大西西里地区在意大利乃至全球的影响和知名度。评委会由熟悉当代意大利文学、英语文学、法语文学的专家、学者、教授组成,有一定的权威性。日本作家大江健三郎和爱尔兰诗人谢默斯·希尼在获得蒙德罗国际文学奖的第二年或第三年又获得了诺贝尔文学奖。我国著名作家王蒙和研究意大利文学的学者、翻译家吕同六曾于1988、1990年先后获得蒙德罗文学奖。该奖评委会还于1993年决定授予中国作家协会一项特别奖,并盛情邀请作协主席巴金前往领奖。巴金年事已高,不能远行,委托作协副主席、著名评论家冯牧赴意代他领了奖。

抵达巴勒莫市的第二天清晨,我和另一位作家在宾馆前花园里散步时,还在议论:这次来访的五位作家中,除了《万家诉讼》(后改编为电影《秋菊打官司》)作者陈源斌的小说被威尼斯大学一教授译成意大利文出版外,其余几位,意大利文学界的朋友并不了解,怎么会给代表团每个成员都发奖呢?!心中的疑团始终解不开。直到这一天下午,兰蒂尼来宾馆看望代表团全体成员,我们终于准确无误地得知:为了表彰中国作协多年来对意中文学交流做出的贡献,评委会决定授予这次来访的中国作家代表团各位成员以蒙德罗国际文学奖特别奖。但由于经费筹措困难,这次特别奖只颁发荣誉证书,不给个人发奖金,奖金用于接待代表团访问意大利其他城市活动之用。这时我恍然大悟:原来喜从天降的这份奖励,是既促进友好交流又落实接待费用一举两得的良计妙策。我不再受宠若惊,如释重负地松了一口气。

又过了两天,隆重的颁奖仪式在灯火辉煌的西西里银行基金会总部会议厅举行。兰蒂尼和巴勒莫市文化局长、罗马大学一教授十分动情地回顾了蒙德罗文学奖的成绩、经验和影响,一致发出"拯救蒙德罗奖"的呼吁,并表示要共同努力,克服基金短缺等困难,把这个奖办得更好。我为他们那执着的敬业精神和共渡难关的协作精神所打动,情不自禁地鼓起掌来。

这一届颁奖仪式没有邀请意大利电视台有名主持人来主持,由女诗人、墨西那大学教授斯帕恰尼主持。兰蒂尼在会上宣布:今年颁奖仪式分为两部分:首先授予中国作家代表团五位成员以特别奖;第二部分,分别授予四位意大利作家以青年处女作、翻译作品、小说、诗歌奖,并授予一位俄罗斯作家以外国作家小说奖。在向我们授奖前,兰蒂尼又满怀深情地介绍,这次中国作家协会派来的代表团成员中,有文学评论家、小说家、散文家、翻译家和长期从事文学交流的人员,包括了文学界的各个方面,这集中体现了中国作家协会进一步加强意中文学交流的愿望。为此,评委会决定向他们颁发特别奖。会上还一一介绍我们代表团每个成员的简历和文学上的成就。

当我从曾多次来华访问的本届评委、艺术评论家瓦尼谢维勒手中接过特别奖的证书时,会场里的闪光灯束一齐投射到我身上,摄影记者按下快门,"咔嚓、咔嚓"地记下那激动人心的一刻。主持人请我登台代表中国作家代表团发言。我激动地说:"我们荣获蒙德罗国际文学奖,并非我们个人在文学创作、评论、翻译上有多大的成就,不是的,我们的成绩是微不足道的。我们深深懂得评委会的一番美意,从一定意义上讲,这个奖可说是授给中国作家协会5000多名会员的,这是中意两国作家和人民之间深厚友谊的象征,也表达了进一步加强中意文学交流的良好愿望。对此,我向兰蒂尼先生和全体评委致以深切的谢意。"当我谈到自己童年时代就爱读意大利作家写的《木偶奇遇记》《爱的教育》,受到爱和美的熏陶、启迪;现在从事儿童文学评论,向亿万中国孩子推荐介绍优秀作品时,会场里响起特别热烈的掌声。我又一次真切地感受到,热爱孩子,关心孩子,是没有国界的。

回到住所,掂掂这张由各位评委亲笔签名的"蒙德罗国际文学奖特别奖"证书的分量,深感它负载的情谊是很重很重的,但把我的名字同这个奖联在一起又纯属偶然。由此我又不禁想到,国际文学奖有时也不是那么神秘莫测、高不可攀的。作为一个作家,不要把得奖与否看得太重,重要的是写出问心无愧的好作品,得到广大读者的承认。

2000 年 6 月 11 日

我与儿童文学

涉足儿童文苑

　　说起我和儿童文学的缘分,难以忘怀几位老师对我的引导、启迪和教诲。

　　我的文学启蒙老师赵景深,是我国早期儿童文学理论、创作、翻译、教学的拓荒者、探索者之一。他翻译过格林、安徒生的童话,最早在大学开设童话课,著有《童话概要》《童话论集》。他那优美的、富有诗意的童话《纸花》《一片槐叶》,童话诗《桃林的童话——给亲爱的小妹慧深》,都在我早期阅读中留下了美好的印象。我上中学的时候,曾多次向他主编的《青年界》投稿。在这本杂志的《读者园地》一栏里,先后登载过我写的散文、速写《灯下自修记》《张先生的病》《房客的悲哀》《钟声》等。赵先生不止一次地给我回信,鼓励我写自己熟悉的校园生活,多读一点中外文学名著。他还用清秀工整的毛笔字,字斟句酌地修改我写的一首题为《走向遥远的边疆》的诗。那时,我企盼见到赵先生,想要当面聆听他的教诲。

　　没想到,我一考进复旦大学,就和赵先生不期而遇了。《国文》是一年级的必修课,在强大的教授阵容中,有郭绍虞、陈子展、章靳以、魏金枝、方令孺等,我毫不犹豫地选了我所熟悉又敬重的赵景深教授。赵先生讲课很生动、风趣,不时穿插讲一些文人逸事、文坛掌故,有时还哼几段京剧、昆曲,连唱带表演,引起阵阵笑声。他对外国文学很熟悉,不仅常常介绍狄更斯、左拉、莫泊桑、契诃夫等大作家,也偶尔推荐沙尔·贝洛、安徒生、王尔德、格林兄弟、豪夫、科洛狄等儿童文学大家的名著。赵先生对我这个《青年界》的小作者并不陌生,似有一层特殊的感情,还按照我的兴趣和愿望,为我开列了一份参考书目。我从学校图书馆找到了《敏豪生奇游记》《鹅妈妈的故事》《荒岛探宝记》等书,在课余时间如饥似渴地阅读,使我对外国儿童文学增进了了解。对我的作文,赵先生也鼓励有加,经常给以88、90的高分,并写下"有正确的政治立场,有熟练的文字技巧""文字明快有力,首尾完整"等评语。可以说,在我的文学之旅中,赵先生是第一个引领我向"儿童文学港"靠拢的人。

我走上工作岗位,第一个上级恰好又是儿童文学老作家严文井同志。近些年,我曾不止一次地听他向别人说起:"1952年秋,我在中宣部文艺处,处长丁玲让我去全国文协。我带了两个秘书,一个是丁玲的秘书陈淼,一个是周扬的秘书束沛德,到文协打前站,最早投入中国作协的筹建工作。作协从无到有,从小到大,我们是亲身经历的。"我还记得,跨进文协大门不久,文井同志就情真意切地对我说:"你年纪很轻,只要自己努力,不闹工作与个人创作的矛盾,在党的培养下,有才能的人是不会被埋没的""先踏踏实实地做几年工作,将来可以搞创作,也可以搞评论。不管以后做什么,现在应当抓紧时间学习马列主义、文艺理论,多读点作品,有时间也可以练习写作"。在文井同志麾下,我一边学习做文学组织工作,一边利用业余时间挑灯夜读。我饶有兴味地读了严文井的童话《丁丁的一次奇怪旅行》《蜜蜂和蚯蚓的故事》《三只骄傲的小猫》《小溪流的歌》,被这些富有幼儿情趣、诗情与哲理交融的作品所深深打动。我对我的上级在儿童文学上的出色成就肃然起敬,这也大大激发了我对儿童文学的兴趣。

随后我在作家协会创作委员会当秘书,又有机会旁听文井和冰心、张天翼、金近等积极参加的儿童文学组关于作品和创作问题的讨论。我记得,文井在一次座谈会上曾谈起:"我的祖父爱教训人,我很怕他。父亲稍好一些,但当我考不取大学时,他就板起面孔教训我了。我不爱听教训,就离开家庭走向生活了。""现在儿童读物的缺点,也是爱教训孩子。孩子不爱听枯燥的说教,我们应当尽量把作品写得生动有趣一点。"他的这番话，使我较早地领悟到，儿童文学要讲究情趣，寓教于乐。中国作协编的《1954—1955儿童文学选》，是由文井最后审定篇目并作序的。在协助文井编选的过程中，使我心里对如何把握少年儿童文学的特点，如何衡量、评判一篇作品的成败得失，有了点底。他在《序言》中所说的："应当善于从少年儿童们的角度出发，善于以他们的眼睛，他们的耳朵，尤其是他们的心灵，来观察和认识他们所能接触到的，以及他们虽然没有普遍接触但渴望更多知道的那个完整统一而丰富多样的世界……一定要让作品做到：使他们看得懂，喜欢看，并且真正可以从当中得到有益的东西。"这段言简意赅的文字，在我脑子里深深地扎了根，成了我后来从事儿童文学评论经常揣摩、力求把握的准则。

我涉足儿童文学评论，还忘不了《文艺报》和著名评论家侯金镜同志对我的鼓励和点拨。1955年9月，《人民日报》发了社论，号召作家为少年儿童写作，改变儿童读物奇缺的状况。中国作家协会和郭沫若、冰心等文学前辈响应号召，倡议每个作家"一人一篇"。那时我还不是作家协会会员，但作为一个初学评论写作者，也深感有义务和责任，为孩子们做点什么。于是，我根据在创委会分工阅读作品的印象和感受，写了两篇儿童文学评论，那就是1956年、1957年刊登在《文艺报》上的《幻想也要以真实为基础——评欧阳山的童话〈慧眼〉》《情趣从何而来？——谈谈柯岩的儿童诗》。

这两篇评论文章，在儿童文学界还多少有点影响。前一篇文章引起了一场持续两年之久的有关童话体裁中幻想与现实关系的讨论，或多或少活跃了当时儿童文苑学术论争的空气，"也丰富了50年代尚不完备的我国童话理论"，在当代儿童文学史、童话史上留下了一笔。后一篇则是最早评介柯岩儿童诗的文章。从1955年底到1956年夏秋之交，我从《人民文学》《文艺学习》等刊物上先后读到柯岩的《儿童诗三首》《"小兵"的故事》等，尤为赞赏其中的《帽子的秘密》《爸爸的眼镜》《看球记》等几首。我沉浸在阅读的愉悦之中，为这些诗篇所展现的纯真的童心、童趣所打动，情不自禁地要拿起笔来予以赞美和评说。那时,我同柯岩素昧平生,也没有报刊约我写这篇文章。选这个题目,可说是完全出自个人的审美情趣和发现文学新人的喜悦。文章初稿写于1957初春时节,正逢文艺界贯彻"双百方针",鼓励鸣放,作家们如坐春风、如沐春雨。此时,我也心情舒畅,思想比较活跃,没有多少条条框框。修改定稿的1957年10月,已进入反右派斗争的中后期,正是我因"整风"期间所犯严重右倾错误挨批评、写检讨之际。我的女儿又正好在这个时候呱呱坠地。我住的那间十多平方米的屋子,一分为三:窗前一张两屉桌,是我挑灯爬格子的小天地;我身后躺着正在坐月子的妻子和未满月的婴儿;用两个书架隔开的一个窄条,住着我的母亲,她是特地从老家赶来帮助照料我们的。我就是在这样一种并非宁静、宽松的环境、氛围、心情下,完成这篇文章的。文艺报编辑部与创委会在同一幢楼办公,我把这篇稿子送到编辑部。负责审稿的责任编辑是青年评论家敏泽,该报副总编辑侯金镜同志终审。金镜同志阅稿后,约我谈了一次话,他热情地鼓励我:文章写得不错,从作品的实际出发,作了比较深入的艺术分析,抓住了作者的创作特色。他希望我沿着这个路子走下去。这篇近万字的文章很快在8开的《文艺报》周刊上用两整版的篇幅刊出了。此文得到作者柯岩的首肯,也得到评论界和儿童文学界的好评,认为它是"有一定理论水平的作家作品论""对儿童情趣的赞美,与对'行动诗'的褒奖,深深影响了一代儿童文苑"。年轻时的这篇习作似乎成了我的代表作,先后被收入七八种评论选集。

50年代写了上述两篇评论文章,从此与儿童文学结下了不解之缘,成了儿童文学评论队伍里的散兵游勇。

2000年6月29日

心甘情愿跑龙套

我从没有写过童话、儿童诗、儿童小说，不是儿童文学作家，只是偶尔写过几篇评论，同儿童文学沾了点边。近十多年，服从工作需要，在儿童文学界"打杂"，做组织工作，也就滥竽充数，算是儿童文学队伍里的一员了。

我有机会为当代儿童文学的发展摇旗呐喊，是在1985年初中国作家协会第四次会员代表大会闭幕之后。由于当时新产生的作协书记处成员中，没有专门从事儿童文学创作、评论的，同事们考虑到我50年代曾涉足儿童文苑，进入新时期后也偶尔写点儿童文学评论，就断然决定让我联系这方面的工作了。我深知自己在儿童文学创作、理论研究上都没有什么建树，占据这个位置很不合适。但"蜀中无大将，廖化充先锋"，凭着我对儿童文学的兴趣和热情，也就勉为其难而又心甘情愿地跑起龙套、敲起边鼓来了。

走马上任之后，参与策划、组织的头一件大事是：1986年春中国作协和文化部在烟台联合召开全国儿童文学创作会议。这是建国以来儿童文学界前所未有的一次"四世同堂"的盛会，是儿童文学队伍的大会师、大检阅。新上任的文化部部长王蒙在会上发表的长篇讲话和我代表会议主办单位所致题为《为创造更多的儿童文学精品开拓前进》的开幕词，得到广泛赞同。这次会议对新时期儿童文学的发展、繁荣，起了鼓劲、加油、倡导的积极作用。一眨眼，十多年过去了，当年与会的儿童文学作家如今相聚在一起，谈起烟台会议，仍记忆犹新，激动不已。而深深刻在我心坎上的是文化部少儿司司长、儿童剧作家罗英大姐在闭幕式上一席感人肺腑的话:"许多做少儿文学艺术工作的同志流过眼泪,我自己也不知陪大家淌过多少同情的泪水。所以我经常说,做少儿工作的同志是汗水加泪水,还要磨破嘴跑断腿。""你们数十年如一日地、锲而不舍地为孩子们写作,把一颗火一样炽热的心奉献给孩子们。我们打心眼里喜欢这支队伍,尊敬这支队伍,心甘情愿继续跑断腿磨破嘴,为改变目前存在的不重视少儿工作的状况呼吁。"她说出了我的心里话,引起感情上的强烈共鸣,我的泪水不禁夺眶而出。我暗自下了决心:为了孩子,为了未来,我也要长期地无条件地全心全意地加入这个"跑断腿磨破嘴"的行列。

从那以后,我充分利用自己分管儿童文学的作协书记这个位置,抓住一切机会,在各种场合,反映儿童文学作家的呼声,为改善他们的创作、生活、学习条件和社会地位而呐喊,为被视为"小儿科""弱小民族"的儿童文学争一席之地。日子长了,同事们摸透了我的性格、脾气,对我的执着、絮叨也都谅解了,往往半开玩笑地说:"你三句不离本行,在会上只要一张嘴,就知道你又要为儿童文学叫喊了","你一说就是上面的指示精神,或作协主席团的决议,我们哪敢违抗,只有遵命照办了"。

我这个人也没有什么别的本事,除了一张笨嘴,还有一支秃笔。缺乏创作才能,不能为孩子们写作品,但起草文件、报告,还算是我的强项。也真是一种缘分,从50年代到80年代,中国作家协会主席团总共通过两个关于儿童文学的文件,即《关于发展少年儿童文学指示》和《关于改进和加强少年儿童文学工作的决议》,我都有幸参与起草。1996年"六一"国际儿童节前夜,作协第三届儿童文学奖颁发之际,在作协书记处的支持下,我还自告奋勇地写了一篇为亿万孩子鼓与呼的《让儿童文学繁花似锦》,作为《人民日报》评论员文章发表了。当我亲眼看到写在纸上的这些方案、计划、措施、意见,一项一项落到实处,心里还是挺高兴的。这些年来,总算办成了几件有利于儿童文学发展的实事:作协儿童文学奖举办了四届,推出了107部

（篇）优秀作品和一批批儿童文学新秀;《文艺报·儿童文学评论》出了 119 期,艰难地走出困境,守住了一块阵地;从事儿童文学的作协会员由新时期之初不足 200 人发展到现在的 500 多人,中青年作家名副其实地成为创作的中坚力量……所有这些,都是热情关注、支持儿童文学的同仁辛勤劳作的结果啊! 我在里面仅仅起了一点上传下达、穿针引线的作用。

作协儿童文学委员会多年来一直由我的第一个上级、著名儿童文学家严文井挂帅,我是他的一个助手。几年前,由于文井同志年届耄耋,乃把我推上了主任委员的位置。既然挂着这个头衔,我当然还得抖擞精神做一些力所能及的事情。如今儿童文学大舞台上活跃着一批当红的名角,他们在精彩纷呈的大戏中挑大梁、唱主角。我仍然扮演一个跑龙套的小角色,摇旗呐喊,鸣锣开道。只是毕竟我也年近古稀,跑不了几圈了。我将力争早日把从文井同志手中接过来的接力棒,传递给年富力强的人。

各条战线、各行各业都需要有人"打杂"、跑龙套,做组织联络、后勤服务工作。我心甘情愿在儿童文学界跑龙套,为繁荣当代儿童文学,做一点摇鼓助威、拾遗补缺的工作。我深切地感到,能为塑造未来一代美好心灵这个伟大工程添砖加瓦,既是一种责任,也是一种幸福。

2000 年 7 月 3 日

缘分·机遇·责任

——我与儿童文学

多年来,我主要做文学组织工作,偶尔写一点评论文章。在儿童文学评论队伍里,我只能算是个散兵游勇。我是如何介入儿童文学工作,又是怎样写起儿童文学评论来的呢?这就要回溯到 20 世纪50 年代中期。

一

1955 年 9 月 16 日,《人民日报》发表了题为《大量创作、出版、发行少年儿童读物》的社论。社论中尖锐地批评了"中国作家协会很少认真研究发展少年儿童文学创作的问题",并明确地提出:为了改变目前儿童读物奇缺的情况,"首先需要由中国作家协会拟定繁荣少年儿童文学创作的计划,加强对少年儿童文学创作的领导"。在《人民日报》社论的推动下,同年 10 月,中国作协二届理事会主席团举行第 14 次扩大会议,讨论并通过了近期发展少年儿童文学创作的计划,决定组织 193 名在北京和华北各省的会员作家、翻译家、理论批评家于 1956 年底以前,每人至少写出(或翻译)一篇(部)少年儿童文学作品或一篇研究性的文章。接着,又于 11 月 18 日向作协各地分会发出《中国作家协会关于发展少年儿童文学的指示》。当时,我作为作协创作委员会秘书,参与了调查研究、文件起草等工作。如今,我还清晰地记得,1955 年春,负责创委会日常工作的副主任李季同志派我参加了团中央召开的第三次全国少年儿童工作会议。从会上我了解到当时少年儿童的思想、学习、生活情况以及他们对文学艺术的需求,并聆听了胡耀邦同志所作的题为《把少年儿童带领得更加勇敢活泼些》的讲话。作协主席团第14次会议前,李季同志让我根据《人民日报》社论精神,结合从少年儿童工作会议上了解到的情况,并参考第二次全苏作家代表大会上波列伏依所作的《苏联的少年儿童文学》补充报告,代作协草拟一个要求作协各地分会加强对少年儿童文学创作的指导意见。我写出初稿后,经过几次讨论,多位领导同志修改补充,最后形成11月18日下达作协各地分会的《中国作家协会关于发展少年儿童文学的指示》,这是我第一次接触儿童文学工作。也正是从这个时候开始,我把理论批评的兴趣和视野更多地投注于儿童文学领域。

二

作协创作委员会从1953年建立之日起,就把阅读当时发表、出版的作品,经常了解、研究创作情况和问题,定期(一个季度一次)向作协主席团汇报,当作自己的一项主要任务。1955年10月以后,根据作协主席团会议的精神,进一步加强了对儿童文学创作现状的研究。我发表于1956年、1957年的两篇儿童文学评论《幻想也要以真实为基础——评欧阳山的童话〈慧眼〉》《情趣从何而来?——谈谈柯岩的儿童诗》,正是在创委会期间分工阅读作品、有感而发之作。同时,这也是响应当时发出的"一二年内,每一位作家至少为少年儿童写一篇东西"的号召。那时,从事儿童文学评论的人少得可怜。我作为一个初学评论写作者,也就满怀热情地、勇敢地投入到这个队伍中来了。《幻想也要以真实为基础》一文在《文艺报》发表后,引起了有关童话体裁中幻想与现实的关系乃至童话的基本特征、艺术逻辑、表现手法等问题的讨论。《人民文学》《作品》《北方》《儿童文学研究》等刊物先后发表了十多篇论争文章,这场讨论持续了两年之久。新时期以来出版的多种中国当代儿童文学史,儿童文学理论批评史、童话史、童话学等论著,对这场讨论都给予了肯定的评价,认为:"《慧眼》之争,开创了新中国成立后童话讨论的前声""对于当时的儿童文学理论界是有益的""不但促进了我国儿童文学的创作发展,而且也丰富了50年代尚不完备的我国童话理论"。现在看来,如果说我那篇文章有什么可取之处的话,正在于它率先提出了问题,引起了一场认真的、说理的自由讨论,或多或少地活跃了当时儿童文学界学术论争的空气。至于文章本身,毋庸讳言,确实存有说理不够透彻、有些论断失之于简单化的毛病,这也反映了自己理论上准备不足和学养不够丰富。

从1955年底到1956年春夏之交,我从《人民文学》上先后读到柯岩的《儿童诗三首》《"小兵"的故事》《帽子的秘密》《爸爸的眼镜》等作品,我沉浸在阅读的愉悦之中,为这些诗篇所展现的纯真的童心、童趣所打动,情不自禁地要拿起笔来予以赞美和评说。于是我把当时能找到的柯岩的儿童诗作搜集到一起,细细品味,作了一些思考、研究,写出了《情趣从何而来?》一文。那时,我同柯岩互不相识,也没有报刊约我写这篇文章。选这个题目,可说是完全出自个人的审美情趣和发现文学新人的喜悦。文章写成后,先送《人民文学》编辑部,看能否在该刊"创作谈"一栏发表。过了一段时间,负责审读理论稿的编辑告诉我:文章可以用,但在"创作谈"中发,嫌长了些。我拿回稿子后,又反复推敲,作了若干修改。修改定稿的1957年10月,正是我女儿刚出世的时候。我住的那间十多平方米的屋子,一分为三:窗前一张两屉桌,是我挑灯爬格子的小天地;我身后躺着正在坐月子的妻子和未满月的婴儿;用两个书架隔开的一个窄条,住着我的母亲,她是特地从老家赶来帮助照料我们的。我就是在这样一种并非宁静的环境、氛围、心情下,写成这篇文章的。由于改定的稿子仍近一万字,我就把它改投《文艺报》了。当时《文艺报》负责审稿的责任编辑是敏泽,分管文学评论的副总编辑是侯金镜。金镜同志对我说:文章写得不错,从作品的实际出发,作了比较深入的艺术分析,抓住了作者的创作特色。他鼓励我沿着这个路子走下去。文章很快在《文艺报》1957年第35号上刊出。这是最早评介柯岩作品的一篇文章,得到评论界和儿童文学界的好评,认为它是"有一定理论水平的作家作品论";对儿童情趣的赞美和呼唤,"深深影响了一代儿童文苑"。这篇文章似乎成了我的代表作,先后被收入《1949—1979儿童文学论文选》《中国儿童文学大系·理论(一)》《论儿童诗》《柯岩作品集》《柯岩研究专集》《中国儿童文学论文选(1949—1989)》《中国当代儿童文学文论选》(待出)等七八种评论选集。

由于我在50年代就加入儿童文学评论行列,并写了上述两篇多少尚有点影响的评论文章,因而被一些儿童文学史家看做参与建设"当代儿童文学理论的第一期工程"的实践者之一。

三

"十年动乱"期间,我不仅没写一个字,而且被逐出了文学队伍。十一届三中全会前夕,由于一些老领导、前辈作家的关怀,我才重新回到文学队伍。归队后写的第一篇儿童文学评论文章恰好又是评介柯岩的儿童诗。那是1980年初,第二次全国少年儿童文艺创作评奖委员会拟出一本《儿童文学作家作品论》。评奖办公室的陈子君告诉我:"经与柯岩同志商议,她希望你来写写有关她和她的作品的评论。"这时,我已同柯岩相识,并在同一单位——中国作协工作。我写出《生活美·心灵美·艺术美——再谈柯岩的儿童诗》一文后,求正于柯岩。过了一些日子,她通过评奖办公室的同志转告我:看了评论文章,"从中学习到很多东西,但似无1957年那篇完整"。事实也的确如此,我搁笔多年不写作品评论,一旦拿起笔来,不仅文思不够洒脱,而且笔头也发涩,比起当年写《情趣从何而来?》来要吃力得多。后来,我曾不止一次地听柯岩说起,在评论她的儿童诗的文章中,她对我1957年写的《情趣从何而来?》比较满意,因为它指出了作品的特点,能给作者以启发和引导。

我被分配承担儿童文学的组织工作,有机会为当代儿童文学的发展摇旗呐喊,是在1985年初中国作协第四次会员代表大会闭幕之后。由于新产生的作协书记处成员中,没有专门从事儿童文学创作、评论的,同事们考虑到我50年代曾涉足儿童文苑,就分工让我联系这方面的工作了。我深知自己在儿童文学创作、理论研究上都没有什么建树,占据这个位置很不合适。但"蜀中无大将,廖化充先锋",凭着我对儿童文学的兴趣和热情,也就勉为其难而又心甘情愿地跑起龙套、敲起边鼓来了。

分管儿童文学工作之后,我参与策划、组织的第一件大事是:1986年5月中国作协与文化部在烟台联合召开全国儿童文学创作会议(以下简称烟台会议)。为筹备这次会议,1986年初成立了以我和罗英为组长的领导小组。领导小组先后开过四次会,作协书记处也开了两次会,讨论决定了烟台会议的宗旨、主题、讨论重点、会议规模、组织领导等事项。会前我走访了严文井、金近等同志,并先后在上海、南京、北京作了调查研究,召集三四十位作家、评论家、编辑座谈,了解儿童文学创作情况和问题,听取他们对如何开好烟台会议,如何加强和改进儿童文学工作的意见和建议。在此基础上,我草拟出题为《为创造更多的儿童文学精品开拓前进》的开幕词,听取作协书记处和会议领导小组的意见后又作了若干修改、补充。

烟台会议是新中国成立以来儿童文学界前所未有的一次盛会。叶圣陶、冰心、严文井等前辈为会议题写了贺词。陈伯吹、叶君健、金近等近200位作家到会,可说是老、中、青儿童文学作家的大会师。王蒙作为作协的常务副主席,又是新上任的文化部部长,在会上作了长篇讲话。他讲了儿童文学与我们的未来、为儿童提供一个理想的精神境界、专心致志地创造新的作品等三个问题。我在开幕词中对新时期儿童文学成绩的估计、对面临的提高创作思想、艺术质量的任务的分析,得到了与会同志的赞同。后整理改写成题为《向上攀登,向下深入》《回答亿万小读者的热切呼唤》的文章,分别发表在《文艺报》《人民日报》上。这次会议对创作问题的讨论尽管还不够深入和充分,但对鼓舞作家的创作热情,推动儿童文学创作的发展和提高,还是起了积极的作用的。

四

我同儿童文学的缘分,特别明显地表现在:从 50 年代到 80 年代,中国作协主席团一共通过两个关于儿童文学工作的决议,我都有幸参与起草了。前面已经提到,1955 年我参与起草了《中国作家协会关于发展少年儿童文学的指示》(以下简称《指示》)。时隔 31 个春秋,到了 1986 年烟台会议之后,由于我所处的岗位,我又参与了从执笔起草到修改定稿《中国作家协会关于改进和加强少年儿童文学工作的决议》(以下简称《决议》)的全过程。烟台会议前,内蒙古的杨啸、北京的韩作黎和陈模等 14 位会员曾先后写信给中国作协,要求切实加强对儿童文学的领导,并提出了若干建议。烟台会议期间,我又专门安排时间听取了与会者关于改进儿童文学工作的意见和建议。我把大家的愿望、要求、批评和意见集中起来,条分缕析,起草出《决议(草案)》。经作协书记处研究后,提交 1986 年 6 月举行的作协四届理事会主席团第四次会议讨论。我记得,那次会议是在国谊宾馆召开的。我在会上较为详细地汇报了烟台会议的情况,并就《决议(草案)》作了说明。到会的主席团成员都认为应采取切实有效的措施来推动儿童文学创作,加强儿童文学的研究、探讨,提高儿童文学队伍的思想、业务素质。根据荒煤、袁鹰等同志的意见,我当即在《决议(草案)》上加了一段,提纲挈领地提出了当前儿童文学创作、理论上有待认真讨论和探索的几个主要问题,即:如何进一步开拓、更新儿童文学观念,摆脱陈旧的创作思想、模式的束缚,在思想、艺术上创新的问题;如何更好地紧扣时代脉搏,反映少年儿童心声,塑造更多闪耀时代光彩的少年儿童形象的问题;如何按照当代少年儿童的心理特点、审美趣味、欣赏水平,创作出为小读者所喜闻乐见的作品问题。

经主席团审议通过的这个《决议》在《文艺报》发表并下达作协各地分会后,就按部就班地抓《决议》中提出的八项措施的落实。经过充分酝酿、协商,在原有创作委员会儿童文学组的基础上,恢复了儿童文学委员会,仍由老作家严文井任主任委员,我和刘厚明担任副主任委员。作协主办的报刊也按《决议》要求率先经常刊登儿童文学作品、评论文章。《文艺报》从 1987 年 1 月起开辟了每月一期的《儿童文学评论》专版。《人民文学》也同时增辟了"儿童文学"栏目。书记处在讨论、制订作协 1987 年工作计划时,将举办首届儿童文学创作评奖列为其中的一项。如果说 1955 年作协发的那个《指示》的巨大影响在于动员会员作家每人每年为少年儿童写一篇作品的话,那么 1986 年作协《决议》的主要成果则是把儿童文学界企盼已久的创作评奖落到了实处。

五

1953 年,中国人民保卫儿童全国委员会发起举办了首届(1949—1953)全国少年儿童文艺创作评奖;1979 年,中国人民保卫儿童全国委员会、共青团中央、中国作协等八个单位联合举办了第二届(1954—1979)全国少年儿童文艺创作评奖。这以后,全国性的儿童文学创作评奖中断了七八年。到了 1987 年举办中国作协首届(1980—1985)全国优秀儿童文学奖,才在评选范围、时间上与中国人民保卫儿童全国委员会等单位举办的上述两次评奖衔接起来。过了 5 年,1992 年又举办了中国作协第二届(1986—1991)全国优秀儿童文学奖。作协举办的这两届评奖,都是全国性的,包含儿童文学各种体裁、样式的评选。

可说是由于一种历史的机遇,把我这么一个既没有成就又没有名气的"打杂"的,推上了实际负责作协两届儿童文学评奖的位置。首届评奖由严文井同志挂帅,我和王一地具体操作,康文信承担了初评的组织工作。1988 年初我染重病后,作协书记处又委托韶华协助抓了首届评奖的后期工作。第二届评奖聘请冰心、严文井、陈伯吹、叶君健、袁鹰几位前辈任顾问,实际工作的担子落到了我的肩上,樊发稼、高洪波协助我做具体组织工作。两次评奖都经过这样几个步骤:各地作协、出版社推荐作品,初评读书班提出备选篇目,评委在阅读、讨论的基础上通过无记名投票的方式产生获奖作品。据我了解的情况,评委会与初评小组有一个共同的愿望,就是力求把这项评奖办成足以反映当时我国儿童文学创作水平的、具有一定权威性的、高层次的奖励。在评选过程中,委员会坚持认真阅读作品,广泛交换意见,严格掌握评选标准,坚持少而精的原则,讲究质量,宁缺毋滥,尊重评委与初选组成员个人的判断和选择,充分贯彻民主的原则,树立全国一盘棋的思想,秉公办事,警惕、杜绝评奖工作中的不正之风。我作为评奖的组织工作者,是努力按照这些原则、要求去做的。尽管如此,每次评奖仍难免有遗珠之憾,工作中疏漏、失误之处也肯定会有的。所有获奖的作品都还需要进一步接受群众的检验,时间的考验。虚心听取批评意见,认真总结经验教训,不断改进评奖工作,是我们做组织工作的应取的态度。但是,对于一些毫无根据的批评(如1987年底个别会员擅自用某作协分会的名义,指责作协首届评奖的初选工作是"一两家杂志包办""某人做了手脚""纯属哥们儿评奖",甚至扬言要退出作协举办的评奖),则必须冷静、耐心而又毫不含糊地做思想工作,及时排除对评奖活动的干扰。

六

我在作协书记处这个位置上,今年已进入第10个年头。正是由于职务的关系,这些年我还兼任了国际儿童读物联盟中国分会执行委员、全国少年儿童文化艺术委员会委员、《儿童文学》编委等社会职务,并不时要代表作协主持、参与有关儿童文学创作、理论问题座谈会或作家、作品研讨会。除上述1986年烟台会议外,1988年10月我还代表中国作协儿童文学委员会在烟台主持召开过一次儿童文学发展趋势研讨会,参加会议的有来自 14 个省、市、自治区的 70 多位作家、评论家、编辑,那是儿童文学界又一次较有代表性和影响的聚会。我在会上作了题为《更贴近大时代,更贴近小读者》的发言。

近 10 年来,我应各省、市作协及少年儿童出版社、儿童文学研究会等单位之邀,先后参加过 1985 年 11 月在贵阳花溪召开的全国儿童文学创作座谈会,1990 年 6 月在北京召开的国际儿童图书与插图研讨会,1990 年 11 月在上海召开的'90 上海儿童文学研讨会,1991 年 7 月在河北承德召开的全国儿童文学创作分析会,1992 年在北京平谷召开的'92 北京儿童文学研讨会,1993 年 5 月在上海召开的第二届中日儿童文学研讨会,1993 年 8 月在四川温江召开的海峡两岸儿童文学交流会,以及在浙江、山东、云南、湖南、新疆等地召开的研讨会、座谈会、笔会。

参加这些会议,我经常要扮演两种角色:会议主办单位往往希望我作为分管儿童文学的书记代表中国作协讲几句祝贺的话,而我自己则愿意作为一个评论工作者,围绕会议的主题、讨论重点,讲一点自己的想法和看法。我这个人一向比较认真,加上长期当秘书养成的习惯,凡是答应参加的研讨会或座谈会,总要事前写出发言稿或详细的发言提纲,我不愿意、也不善于即席发表即兴式的讲话。正因为如此,我往往不得不在会前利用有限的时间,仓促地做一点调查研究,占有必要的材料,经过认真、深入的思考,选一个角度或一个侧面,写成发言稿。会后再在发言的基础上整理成文章。这些年来,我写的为数不多的儿童文学评论文章,十之八九是这样产生的。这些文章就其内容来说,大体上分为三类:一是对儿童文学中某个问题或某种题材、文体进行探讨的,如《关于儿童文学创新的思考》《谈儿童文学的主旋律及其他》《增强少年小说的吸引力》《寻求新的突破——略谈战争题材儿童文学》《童话的艺术魅力——〈世界童话精品〉序》等;二是对全国或一个地区的儿童文学现状或作家群作宏观扫描的,如《山东儿童文学的新收获》《云南儿童文学前途似锦》《发扬优势,提高质量》《回眸与前瞻——纵观八九十年代儿童文学创作态势、走向及队伍建设》《共同的探索与追求——试谈海峡两岸童话理论和创作之异同》等；三是对卓有成就的儿童文学作家或文学新人的作品作评说、介绍的，如对金近、陈模、林良、林焕彰、常新港、刘海栖、孙云晓、李国伟等作家作品的评论。

我的这些文章大多严谨有余，活泼不足，囿于传统观念，缺乏新鲜气息。文章的这种得与失，可能都同我长期做组织工作，在文学界"打杂"有关。因为多年当秘书，对报告、讲话、发言这种文体比较熟悉，写起来可说是得心应手。在60年代初，我就被同事们戏称为"材料作家""文件作家"。也正因为老写讲话、发言，就不容易完全摆脱"报告八股"的束缚。对创作中新事物的敏感减弱了，感受、把握形象的艺术感觉差了，文风也就不够生动活泼。这也许正是双重身份——又是组织工作者又是评论工作者赋予我的评论个性和特色。

七

絮絮叨叨说了这么多，似有"王婆卖瓜，自卖自夸"之嫌。我的本意只是为了记录下我在儿童文苑留下的印痕，让朋友、同行、读者了解我与儿童文学的缘分。其实，说起来也很简单，我同儿童文学的因缘，可概括为5个"两"，即两个决议（参与起草1955、1986年作协关于儿童文学的两个决议）、两篇文章（50年代中期写了《幻想也要以真实为基础》《情趣从何而来？》这两篇小有影响的评论文章）、两次会议（1986年、1988年主持在烟台召开的两次儿童文学创作会议）、两届评奖（1987年、1992年参与、主持作协举办的首届、第二届儿童文学创作评奖）、两种角色（既作为作协书记处书记又作为评论工作者参加各种儿童文学活动）。这么些年，我在儿童文学方面的所作所为，仅此而已。本来，在作协书记处书记、儿童文学委员会副主任委员这个位置上，理应为儿童文学界更多地干一点实事。然而，由于主客观诸多因素，未能如愿。从1989年春夏之交到现在，中国作协下设的7个委员会，包括儿童文学委员会在内，由于一些说不清道不明的原因，一直处于暂停启动的状态。近 5 年来，作协除了于 1992 年举办了第二届儿童文创作评奖外，就没能再用儿童文学委员会的名义开展任何活动，包括作品及创作、理论问题的讨论，组织参观访问、与小读者见面等。面对这种状况，我无能为力，只好听之任之。何况我年届花甲，身体又不太好，也就不愿去操那份心了。每当我想到自己未能更好地抓住机遇，充分履行自己的职责，为儿童文学的发展、为孩子们的身心健康，更多地做一点有益的事情，心中不免留下些许遗憾和愧悔，深感有负儿童文学界同行的期望和委托。

过去的已追悔莫及，只有今后用实际行动来弥补了。我当抖擞精神，继续为孩子们呐喊，同儿童文学战线的老将新兵一起，在塑造未来一代美好心灵的事业中，贡献自己微薄的力量。

1994 年 6 月 30 日

一切为了孩子的心灵成长

——回顾改革开放三十年来中国作家协会的儿童文学工作

少年儿童是祖国未来的建设者，是具有中国特色社会主义事业的接班人。把少年儿童一代培养成为德、智、体、美全面发展，有理想、有道德、有文化、有纪律的社会主义新人，是关系着提高中华民族的素质和祖国前途、命运的大事。我们的党和国家历来十分重视少年儿童工作，始终把它放在战略地位，号召全社会都来关心少年儿童的健康成长。

少年儿童文学对于未成年人熔铸意志性格、陶冶道德情操、提升审美能力、提高精神素质，可以发挥润物细无声、潜移默化的独特作用。它是少年儿童精神成长、心灵成长不可或缺的维生素。正因为如此，中国作家协会一向把发展、繁荣少年儿童文学当做自己的一项重要任务，努力为孩子们提供丰富、优质的精神食粮。

改革开放 30 年来，在党和国家的高度重视、亲切关怀和全体作家的共同努力下，少年儿童文学蓬勃发展、欣欣向荣，在创作、评论、出版和队伍建设等方面都取得了可喜的、令人瞩目的成绩。中国作家协会作为党领导下的一个以繁荣文学事业为己任的专业性人民团体，为促进少年儿童文学的发展也做了不少实事，采取了若干重要举措。我作为一个文学组织工作者，自始至终亲历并参与了这些工作、活动的策划、操作与运转。

三次创作会议　两个重要决议

为了贯彻落实中央关于加强社会主义精神文明建设、培养一代"四有"新人、繁荣少儿文艺的指示精神,推动我国儿童文学发展,改革开放30年来,中国作家协会先后在烟台、北京、深圳开过三次全国儿童文学创作会议,中国作协主席团曾审议通过了两个关于改进和加强儿童文学工作的决议。

1986年5月,中国作协与文化部在山东烟台联合召开的全国儿童文学创作会议,是新中国成立以来儿童文学界前所未有的一次盛会。叶圣陶、冰心、严文井等前辈为会议题写了贺词,陈伯吹、叶君健、金近、任溶溶、黄庆云、徐光耀等近200位作家出席会议,可说是进入历史新时期后儿童文学队伍的一次大会师、大检阅。这次会议是在党和国家要求广大思想文化工作者为人民提供更多更好的精神产品,在建设精神文明中担负特别重要的历史使命的背景下召开的。会议围绕如何进一步提高儿童文学创作质量这个主题,着重讨论了儿童文学如何更好地体现时代精神,如何塑造更多闪耀时代光彩、能鼓舞少年儿童奋发向上的人物形象,如何在思想、艺术上创新,如何提高儿童文学队伍的思想、业务素质等问题。文化部部长、中国作协常务副主席王蒙在会上作了长篇讲话,讲了儿童文学与我们的未来、为儿童提供一个理想的精神境界、专心致志地创作新的作品等三个问题。我在题为《为创造更多的儿童文学精品开拓前进》的开幕词中,对新时期儿童文学的成绩和不足以及儿童文学作家面临的提高创作思想、艺术质量的任务作了估计和分析。这些看法和意见,得到与会者的广泛赞同。

在烟台会议前,内蒙古、北京等地的作协会员曾先后写信给中国作协,要求切实加强对儿童文学的领导,并提出了若干建议。烟台会议期间,又集中听取了与会者关于改进儿童文学工作的意见和建议。中国作协第四届主席团第八次会议在听取作协书记处关于烟台会议的情况汇报后,于 1986 年 6 月 14 日讨论通过了《中国作家协会关于改进和加强少年儿童文学工作的决议》(以下简称《决议》)。这个《决议》在扼要分析了儿童文学发展现状之后,提出了改进工作的八项措施,比如:要求作协和各地分会真正把儿童文学工作列入议事日程,建立、加强儿童文学工作机构,设立中国作家协会儿童文学奖,进一步加强儿童文学的理论研究和作品评论工作等。儿童文学界企盼已久的创作评奖终于落到了实处,《文艺报》创办了"儿童文学评论"专版,可说是 1986 年作协主席团《决议》的主要成果。

2000 年 5 月,中国作家协会与宋庆龄基金会在北京联合召开的全国儿童文学创作会议,是在世纪之交的历史时刻举行的,是我国儿童文学界的一次跨世纪盛会。来自全国各地的 140 多位儿童文学作家、评论家、编辑、出版人参加了会议。本次会议的主题是:迈向新世纪的儿童文学。代表们围绕"90 年代儿童文学创作的回望与思考""迈向新世纪的儿童文学发展趋势""理论批评、编辑出版与繁荣迈向新世纪的儿童文学创作"三个方面,作了比较深入的讨论。我在会上致题为《迎接儿童文学新纪元》的开幕词。作协党组书记、副主席翟泰丰在会上讲话,强调 21 世纪儿童文学必须面向现代化、面向世界、面向未来,是以崭新面貌陶冶 21 世纪接班人的现代化的儿童文学。

根据作协儿童文学委员会 1999 年会上提出的改进儿童文学工作的初步设想和作协党组副书记陈昌本在 2000 年全国儿童文学创作会议小结中提出的作协拟尽快办好的十件实事,中国作协第五届主席团第八次会议于 2001 年 1 月 13 日审议通过了《中国作家协会关于进一步加强儿童文学工作的决议》(以下简称《决议》)。在《决议》中提出了促进新世纪儿童文学发展、繁荣的十项举措,包括:中国作家协会拟每五年召开一次全国儿童文学创作会议,编辑出版儿童文学年度佳作选,增设儿童文学理论批评奖、新人奖,鲁迅文学院不定期地举办儿童文学作家讲习班,把优秀儿童文学作品推广到小读者中去,促进科学文艺创作的发展等。从 2001 年初通过《决议》

至今,上述这些举措已一一逐步落实。

2004年10月底11月初在广东深圳召开的全国儿童文学创作会议,是继1986年烟台会议、2000年北京会议之后全国儿童文学界的第三次大聚会。出席会议的有120多位儿童文学作家、评论家、儿童文学工作者。这次会议是在举国上下深入贯彻落实《中共中央国务院关于进一步加强和改进未成年人思想道德建设的若干意见》的大背景下召开的。会议的主题是儿童文学的创作、出版与提高未成年人的精神道德素质。中共中央宣传部副部长李从军给会议写来贺信。作协党组书记、副主席金炳华在会上作了题为《为未成年人健康成长营造良好文学环境,进一步发展繁荣儿童文学事业》的讲话。这个讲话要求儿童文学工作者站在全局的高度,深刻认识加强文化建设的战略意义,自觉地承担起繁荣少儿创作、建设先进文化的光荣任务。与会代表围绕会议主题,分为三个论坛,就儿童文学与提高未成年人的精神素质,儿童文学创作、出版的现状、发展趋势及前景,如何做好优秀儿童文学作品的阅读推广工作等问题进行了认真的讨论和交流。

上述三次会议、两个决议,贯彻落实了党中央关于思想、宣传、文艺工作和少年儿童工作的指示精神,紧密结合实际,探讨儿童文学的现状、走向和前景,总结了提高儿童文学创作质量的经验,制定了改进和加强儿童文学工作的规划和措施,对我国儿童文学的发展历程产生了积极的、重要的影响,在当代儿童文学史,尤其是新时期儿童文学史上,毋庸置疑应当记上重重的一笔。

七届全国评奖　佳作新人迭出

全国优秀儿童文学奖是中国作家协会主办的全国性重要文学奖项之一。它创设于1987年,是根据1986年5月中国作协主席团《关于改进和加强儿童文学工作的决议》设立的。

设立这个奖项,是为鼓励优秀儿童文学创作,推动我国儿童文学的发展,为少年儿童提供更多更好的精神食粮,促进新一代综合素质的提高。

中国作协设立的这个全国优秀儿童文学奖,迄今为止已举办过七届。在评选范围、时间上,它是与中国人民保卫儿童全国委员会、共青团中央、中国作协等单位举办的首届(1949—1953)、第二届(1954—1979)全国少年儿童文艺创作评奖相衔接的。中国作协首届(1980—1985)、第二届(1986—1991)全国优秀儿童文学奖评选的时间跨度均为六年。从第三届开始改为每三年评选一次。从第一届到第七届,作协儿童文学奖的评选范围覆盖了27年间(1980—2006)在中国大陆公开发表出版的作品,可说是基本上与改革开放30年同步。

每一届评奖都是对我国当时儿童文学面貌、水平和作者队伍的一次检阅和展示。评选标准坚持主旋律与多样化的统一,思想性、艺术性、可读性的统一,力求推出能鼓舞少年儿童奋发向上、艺术精湛、为广大少年儿童所喜闻乐见的作品。纵观七届评选结果,获奖的作品都是该奖评选时段内的上乘之作、优秀之作,基本上体现了我国当前儿童文学的发展态势、特色和在思想上、艺术上所达到的水准。在题材内容上,城市或乡村,校园或大自然,动物世界或科幻天地,现实生活或革命历史;在表现手法、风格上,写实的或幻想的,艺术的或大众的,优雅的或幽默的,抒情的或热闹的……可说是应有尽有,异彩纷呈。力求更加贴近当代少年儿童的生活和心灵,富有时代色泽和生活气息,是获奖作品的一个鲜明特色。而在表现形式、艺术手法、语言、文体上,则显示出作者探索、追求、创新的勇气和智慧。曹文轩的《草房子》、秦文君的《男生贾里全传》,被中宣部、文化部、新闻出版署、中国作协等单位联合推荐,入选向中华人民共和国成立50周年献礼的10部长篇小说之列,标志着获奖的儿童文学作品完全可以与当前优秀的成人文学平起平坐。

作协的儿童文学奖是一个门类齐全、涵盖儿童文学各种体裁、样式的奖项,它包括:小说、诗歌(含散文诗)、童话、寓言、散文、报告文学(含纪实文学、传记文学)、科学文艺和幼儿文学等。从第五届起，又增设了理论批评奖和鼓励文学新人的青年作者短篇佳作奖(参评作者年龄限在40周岁以内)。七届评奖共评选出105位作家的156部(篇)作品。获奖作品中以小说为最多，共69部(篇)，占总数的44%，其中长篇小说45部；其次为童话29部(篇)，占总数的18%；再次为散文17部(篇)、诗歌15部(篇)，分别占总数的10%左右。科学文艺、寓言、理论批评等体裁获奖的相对较少。

从获奖作者的年龄结构来看，老、中、青作家都有，而以中青年作者为主。获奖的老作家有郭风、鲁兵、田地、宗璞、柯岩、洪汛涛等。主要从事成人文学兼写儿童文学的作家如颜一烟、从维熙、严阵、苏叔阳、刘心武等也榜上有名。每一届获奖的作者绝大多数为年富力强的中青年作者。如第二届获奖的29位作者中，年龄在55岁以下的有23位，占获奖作者总数的80%，其中又有9位为40岁以下的青年作者，占总数的31%；第三届19位获奖作者中，中青年作者占总数的68%。又如第六届获奖的16位作者中，40岁以下的青年作者有8位，占总数的50%；第七届获奖的13位作者中，青年作者有8位，占总数的61%。郑春华第一次获奖时29岁，郁秀获奖时25岁，徐鲁获奖时31岁，庞敏获奖时29岁。他们生气勃勃，富有创作激情和潜力。

评奖讲究作品质量。只要符合评奖标准，达到相应的思想、艺术水平，一个参评作者可以连续或多次获奖。在这方面，没有作什么限制。因此，多年来出现了不少"三连冠""四连冠"的作者。五次获奖的有金波、张之路、曹文轩，四次获奖的有孙幼军、秦文君、金曾豪、沈石溪、郑春华，三次获奖的有葛翠琳、常新港、董宏猷、周锐、冰波，两次获奖的有邱勋、张秋生、刘先平、高洪波、程玮、刘健屏、罗辰生、吴然、关登瀛、郑允钦、薛卫民、张品成、汤素兰、王一梅、三三。这充分说明这批作者长期执着地坚持为少年儿童写作，富有创作实力，思想上、艺术上逐步走向成熟，他们已成为当前我国儿童文学创作的中坚力量。

作协的儿童文学奖，从 1987 年创设到现在，已历时 20 多年。在评选工作中积累了一些经验，并制定了《中国作家协会全国优秀儿童文学奖评奖试行条例》(以下简称《试行条例》)。在这个《试行条例》中，对评奖的指导思想、评选标准、评选机构、评奖程序和评奖纪律等都作了明确规定。七届评奖，我主持了其中第一、二、三、五、六、七届评委会的工作。我深切地体会到，严格按照《试行条例》办事，就能保证评奖工作顺利、圆满地完成。

把握导向性。评奖工作要鲜明地体现提倡什么、鼓励什么，促进儿童文学沿着有利于培养一代"四有"新人，有利于提高新一代道德品格、文化素质、审美情趣的方向发展，力求健康向上的思想内容与尽可能完美的艺术形式的统一，为广大少年儿童所喜闻乐见。既要按照儿童文学的特点坚持主旋律与多样化的统一，防止在创作思想上、审美情趣上误导，又要在保证质量的前提下，兼顾儿童文学中幼儿、儿童、少年三个层次，防止在服务对象上误导，即防止过于向某个年龄段倾斜。

坚持少而精。评奖工作一定要坚持少而精、宁缺毋滥的原则，完全按照作品的思想、艺术质量来评估，选精拔萃，不受作者的知名度、所在地区、出版单位等因素的影响，不搞平衡，力戒照顾，真正做到在作品质量面前一视同仁。评奖《试行条例》规定："一般情况下，获奖作品不应超过 20 部(篇)。"第六届获奖作品为 16 部(篇)，第七届则只有 13 部(篇)，这充分表明评委会坚持评奖标准，讲究质量，以质取胜，力求评出的作品在思想艺术的总体水平上不低于历届获奖作品。某种体裁、样式，确实评不出符合评奖标准的作品，宁缺毋滥。严格遵守《试行条例》中规定的"参评作品获得不少于评委总数三分之二票数者，方可当选"，也是保证获奖作品质量的一个不可或缺的规则。

认真读与议。无论是承担初选的审读小组还是负责终评的评委会，都要保证他们有足够的阅读参评作品或列入备选篇目作品的时间。认真阅读文本，是搞好评奖工作的前提和基础。在认真阅读参评作品的基础上,初选审读小组和评委会,还要展开认真的、深入的讨论。力求做到各抒己见,相互切磋,实事求是,与人为善,使不同的看法和意见得到沟通、交流,营造一种学术探讨的气氛和民主协商的精神,以便对一些较为重要的问题逐步达成共识,为最后无记名投票产生获奖作品打好基础。

关注创作现状　组织作品研讨

关注儿童文学现状,积极组织有关儿童文学创作、理论问题和有代表性的作品研讨,加强对优秀作品的评论、推介,是中国作家协会及其儿童文学委员会常抓不懈的重要工作之一。研讨作品,座谈创作问题,既是作协会员、儿童文学同行相互学习、交流的一种社会活动方式,也是富有经验的作家帮助青年作者学习、提高的一种有效途径。

改革开放30年来,中国作家协会除了召开过三次全国儿童文学创作会议外,还以中国作协及所属儿童文学委员会、报刊、出版社的名义,或与有关省市作家协会、党委宣传部、报刊、出版单位和高等院校,单独或联合召开过上百次创作座谈会、作品研讨会和纪念大师名家的会议。这些会议大体上可分为三类。

第一类是从宏观上考察、研究、分析儿童文学创作现状或某种体裁、样式、门类的总体状况。

从宏观上考察儿童文学现状的研讨会,较为重要的有:①1988年10月作协儿委会在烟台召开的儿童文学发展趋势研讨会。参加会议的有来自14个省、市、自治区的70多位作家、评论家、编辑。会上就新时期以来儿童文学的成就、特色作了分析、评价,并对儿童文学在我国整个文学多元化、多样化发展的大趋势下的走向、前景作了探讨。我在会上作了题为《更贴近大时代,更贴近小读者》的开幕词。②1995年8月中国作协儿委会、文艺报社在北戴河联合召开的儿童文学座谈会,研究如何贯彻落实江泽民总书记关于繁荣少儿文艺的指示精神。与会者就如何为新一代创作更多的儿童文学精品深入交流了意见。③2002年8月宋庆龄基金会和中国作协联合主办、辽宁省儿童文学学会承办的第六届亚洲儿童文学大会。来自亚洲的13个国家和地区的200多名儿童文学作家、儿童文学工作者参加了会议。会议的主题是:和平、发展与新世纪的儿童文学。围绕这个主题,与会代表就本国、本地区儿童文学的发展现状,儿童生存现状与儿童文学,战争、和平与儿童文学,生态环境与儿童文学,传媒出版与儿童文学以及各国儿童文学交流等问题,作了较为深入的探讨。④2005年5月文艺报社和中国海洋大学文学院共同举办的中国原创儿童文学现状及发展趋势研讨会。到会的有作家、评论家50多人。会上就中国原创儿童文学现状、商业化写作、原创儿童文学与出版推广的关系等热点话题作了探讨。⑤2007年"六一"前夕中宣部文艺局和中国作协儿委会联合召开的儿童文学创作座谈会。出席会议的有作家、评论家40多人。会上学习贯彻了胡锦涛总书记在八次文代会、七次作代会的重要讲话,回顾近五年儿童文学创作的成就,深入分析儿童文学工作面临的新形势、新问题,共商解决的对策。

按照文学体裁、样式分门别类召开的儿童文学创作座谈会、研讨会,有关儿童小说的有:京津地区部分儿童小说作者座谈会(1983.11)、华东地区儿童革命历史小说创作座谈会(1984.9)、当代儿童小说研讨会(2004.8)等。有关儿童诗的有:儿童诗现状座谈会(1988.12)、大港油田儿童诗会(1999.10)、太行山儿童诗会(2000.10)、当代儿童诗歌研讨会(2003.10)等。有关科学文艺的有:科学文艺创作座谈会(2000.3)、全国科普创作研讨会(2000.6)等。另外,还开过部分儿童文学报刊编辑座谈会(1982.2)、外国儿童文学翻译座谈会(1990.5)、少年儿童电影观摩及研讨会(1998.5)、全国首届校园文学论坛(2005.11)、中国原创图画书论坛(2008.5)等。这类会议的参与者大多是与探讨主题有关的作家、评论家、编辑,他们熟悉、了解情况,感受、体会深刻,讨论的话题又比较集中,因此往往收效较好。

第二类是研讨某个作家的作品或一个作家群体的作品的。

作品研讨会的研讨对象大多是正处于创作旺盛期、活跃于当代儿童文苑的中青年作家。有些当今知名作家的作品不止研讨过一次。如秦文君的《男生贾里》《女生贾梅》《天棠街 3 号》及《秦文君文集》,曹文轩的《草房子》《青铜葵花》及《曹文轩文集》,黄蓓佳的《我要做好孩子》《中国童话》《黄蓓佳倾情小说系列》,张之路的《第三军团》《非法智慧》,刘先平的《大自然探险长篇系列》《大自然探险系列》等,都曾一次又一次地被研讨过。此外,郁秀的《花季·雨季》、董宏猷的《一百个中国孩子的梦》、谷应的《中国孩子的梦》、金曾豪的少年小说、邱勋的儿童文学创作、张品成的革命历史题材小说、束沛德的《岁月风铃》等,也都在近十年间被列为研讨会的主题。

选辑多位作家作品的儿童文学创作丛书或一个地区、一个创作群体的作品系列进行研讨,先后研讨过的有《棒槌鸟儿童文学丛书》、《中国当代儿童诗丛》、《花季小说》丛书、《少年教育纪实文学》丛书、《中国幽默儿童文学创作丛书》、《金太阳丛书》、《小霞客游记》丛书、《生命状态文学》丛书、江苏省儿童文学获奖作品、《小虎队儿童文学丛书》等。研讨的作品涵盖小说、诗歌、童话、纪实文学、散文、游记、科学文艺等多种体裁、样式,其中也以小说为最多。改革开放 30 年来,小说尤其是长篇小说,一直是儿童文学中的强项。从事儿童小说创作的作家多,出版的品种也多。在获奖作品篇目和被研讨的作家名单上,小说及其作家一直居于首位,这成为新时期儿童文苑的一道亮丽的风景。

第三类是纪念儿童文学大师、前辈、著名作家的座谈会、研讨会。

为了缅怀儿童文学大师、名家的人格风范、文学业绩,中国作家协会于 2005 年 4 月召开过纪念安徒生 200 周年诞辰座谈会。同年 12 月,作协儿委会还与北京师范大学儿童文学研究中心、和平出版社联合召开主题为"安徒生童话的当代价值"学术研讨会。2004 年 7 月、8 月作协儿委会与上海宝山区人民政府、少年儿童出版社等单位先后共同举办过陈伯吹诞辰 100 周年纪念座谈会、纪念陈伯吹的系列活动。2006年9月作协儿委会与北师大儿童文学研究中心联合召开了张天翼诞辰100周年纪念座谈会。在这之前,1986年9月曾举行过纪念张天翼逝世一周年学术讨论会。1990年10月,值金近逝世一周年之际,也曾在杭州召开过金近作品研讨会。

儿童文学老前辈冰心、严文井等逝世之后,《文艺报》《人民文学》等刊物都发表过多篇回忆与怀念的文章。

上述三类会议,无论是创作座谈会还是作品研讨会,都是一次学术讨论会,一次信息交流会,也是以文会友的同行联谊会。要开好这些会议,收到预期的效果,一是要选好题目,要选择有代表性的作家作品和大家关注的儿童文学重要现象、热门话题来探讨。认真阅读作品,是开好研讨会的关键。要组织有准备的重点发言,尽量避免即兴式的、不着边际的泛泛而谈。二是提倡、发扬科学的、实事求是而又自由、生动活泼的批评风气。对作品进行具体中肯的分析,深入探讨它的成败得失,帮助作家总结创作经验,帮助读者提高鉴赏能力。三是要从总体上了解、掌握当前儿童文学创作的状况、走向、思潮,把对一部具体作品的讨论置于当下儿童文学发展的大潮流之下,力求对创作思想予以正确的引导。

培养新生力量 加强队伍建设

发现、培养文学新人,发展、壮大文学队伍,努力提高文学队伍的思想素质、业务素质,是中国作家协会的重要任务之一。改革开放以来,我国的文学队伍有了很大的发展。1978年作协恢复工作时,会员总数为865人;到2007年6月底,已发展为8129人。儿童文学队伍也有了相应的发展。1978年,从事儿童文学的中国作协会员仅为五六十人,现在已发展为近600人。30年间增长了10倍,真可说是与日俱增,人才辈出。

从目前儿童文学队伍的构成来看,如按加入中国作协的时间来划分,大体上可分为5个时段。

一是1966年"文化大革命"前入会、至今仍笔耕不辍或继续关注儿童文学的有:郭风、任溶溶、黄庆云、袁鹰、宗璞、柯岩、徐光耀、任大星、萧平、陈子君、邱勋、沈虎根、谢璞等。

二是新时期之初,即在1979、1980年入会的有:陈模、杲向真、圣野、于之、孙毅、叶永烈、葛翠琳、海笑、李心田、赵燕翼、吴梦起、张继楼、孙幼军、金波、杨啸、王一地、聪聪、蒋风、束沛德、樊发稼、肖育轩、童恩正、金振林等。

三是20世纪80年代(1981—1990),先后入会的有:罗辰生、金涛、肖建亨、刘先平、夏有志、李凤杰、刘兴诗、谷应、张秋生、黄蓓佳、程玮、金江、张微、尹世霖、庄之明、高洪波、曹文轩、陈丽、张之路、郑渊洁、刘健屏、沈石溪、乔传藻、吴然、汪习麟、浦漫汀、张锦贻、周晓、白冰、关登瀛、郑春华、韦苇、王宜振、孙云晓、董天柚、陈丹燕、秦文君、董宏猷、周锐、金燕玉、王泉根、葛冰、刘保法、梅子涵等。

四是20世纪90年代(1991—2000),先后入会的有:薛卫民、李建树、金曾豪、刘海栖、饶远、徐康、刘丙钧、常新港、郑允钦、刘绪源、徐鲁、汤锐、徐德霞、巢扬、冰波、谢华、吴其南、孙建江、方卫平、滕毓旭、朱效文、班马、彭懿、吴岩、车培晶、庞敏、邱易东、保冬妮、杨鹏、祁智、杨红樱、张品成、殷健灵、星河、常星儿、薛涛、张洁、彭学军、曾小春、韩辉光、汤素兰、葛竞、周基亭、韦伶、左泓等。

五是进入新世纪(2001—2007),先后入会的有:张玉清、伍美珍、谭旭东、朱自强、安武林、王一梅、王巨成、孙卫卫、林彦、刘东、萧萍、韩青辰、李东华、于立极、李学斌、谢倩霓、周晴、郝月梅、郁雨君、王立春、三三等。

从上面开列的挂一漏万的名单中不难看出,中国作家协会自20世纪80年代以来一直坚持把有成就的儿童文学作家,特别是生气勃勃、有才华的新生力量及时吸收到会员行列中来,为文学队伍不断增添新鲜血液。如今,八九十年代加入作协的作家,已经成为儿童文学队伍的中坚群、主力军。而新世纪以来入会的青年作家,起点高,文化素质高,对文学执着追求,创作准备充分,思想、艺术上成长都比较快。他们是我国新世纪儿童文学发展繁荣的希望之所在。

提高儿童文学队伍的思想业务素质,要抓好加强学习和深入生活这两个重要环节。多年来,中国作协通过举办讲习班、研讨班等具体举措,帮助青年作家学习理论、学习各方面的知识,不断提高文化素养和艺术功力。1997年、1998年,中国作协鲁迅文学院、儿童文学委员会与《儿童文学》杂志社联合举办了两期儿童文学青年作家讲习班。2005年春,作协儿委会推荐两位青年作家参加鲁迅文学院中青年文学理论评论家高级研讨班学习。2007年5月鲁迅文学院又举办了一届以中青年儿童文学作家为对象的高级研讨班。来自全国27个省、市、自治区的53位作者中,40岁以下的有44人,其中14人出生于20世纪80年代。为期3个月的研讨班,课程密切联系当前形势和创作实际,适合学员特点,注重创作导向,受到学员的普遍欢迎,收效较好。研讨班除组织大型的创作问题研讨外,还开设儿童文学论坛,由学员自己主讲。通过对儿童文学特点、创作规律和当前儿童文学热门话题的探讨,起到了开阔视野、活跃思维、交流经验和取长补短的积极作用。

引导儿童文学作家坚持贴近实际,贴近生活,贴近群众,贴近少年儿童,也是加强队伍建设的重要途径。多年来,中国作协采取多种方式组织儿童文学作家到改革开放和现代化建设的第一线体验生活,采访采风,积累创作素材。主管儿童文学工作的作协副主席高洪波曾三次带领作家团队奔赴抗击"非典"、抗击冰雪灾害、抗震救灾第一线深入采访,体验生活。作协儿童文学委员会2006年、2007年先后在云南昆明和西双版纳、江苏昆山等地建立儿童文学创作基地,为儿童文学作家读书、采风、联系小读者创造了条件。近几年来,中国作协的重点作品扶持工程把儿童文学创作纳入范围之中,帮助作家落实创作资金、体验生活、联系出版单位和宣传推介等。作协组织的各种采风活动以及在各地建立的生活基地都注意吸收儿童文学作家参加。儿委会宣传、推广优秀儿童文学读物的工作中,也有计划地组织作家走进校园,加强与小读者的联系。

精心选优拔萃　展示创作成果

　　努力办好少年儿童文学报刊,编选优秀儿童文学作品,也是中国作家协会及其所属部门、单位的一项重要工作。为了集中介绍文学短篇创作的新成果,以便更好地把它们推广到广大读者群众中去,并便于文学工作者的研究,中国作家协会在 20 世纪 50 年代就按文学体裁编选年度作品选,儿童文学也在编选之列。改革开放以来,中国作协继承了这个传统。80 年代中国作协编选过一本《1980—1985 年全国优秀儿童文学评选获奖作品集》。从 2000 年起,作协儿委会与漓江出版社合作,每年编选一本儿童文学佳作选、一本童话佳作选。迄今为止,已连续编选出版达 8 年之久。收入年度选的作品是从全国主要儿童文学刊物当年发表的作品中精心遴选出来的。编选的原则是:力求思想性、艺术性俱佳,题材丰富,风格多样,少年儿童特点鲜明,并能反映当前我国儿童文学所达到的思想艺术高度和最新的艺术探索。入选作者有富有经验的知名作家,更多的是崭露头角的文学新秀。漓江出版社还出版了近几届全国优秀儿童文学奖获奖作品选《叶子是树的羽毛》等。从 2005 年起,作协儿委会还与接力出版社合作,负责审定推荐每年出版的中国幼儿文学精品彩绘版《快乐童话》《快乐儿歌》《快乐故事》各一本。这也是从当年发表在幼儿报刊的作品中精选出来的。它既是一套精粹的幼儿文学年度选本,也是一套适合亲子共读的优秀图书。

　　中国作家协会在国庆 50 周年之际,为了集中展示中国作家半个世纪的创作成就和新中国文学的发展历程,由作家出版社出版了一套《中华人民共和国五十年文学名作文库》,儿童文学也是其中的一卷,由严文井任主编,束沛德任副主编。这本选集收入两万字以内的诗歌、童话、寓言、小说、散文 120 多篇,大体反映了新中国成立 50 年来儿童文学短篇创作的成果。近年来,中国作协儿委会负责人和部分成员还参与编选了湖北少年儿童出版社的《百年百部儿童文学经典书系》、新世纪出版社的《改革开放 30 年中国儿童文学代表作金品 30 部》等大型书系。这些书系不仅为广大未成年人提供了优秀的原创儿童文学读物，而且为研究我国儿童文学留下了系统、完整、弥足珍贵的史料，可说是存史价值很高的文化积累的传承工程。

出版一本《中国儿童文学年鉴》，是文学界、学术界特别是从事儿童文学创作、理论研究、编辑出版的朋友企盼已久的一个心愿。在新世纪之初，这件事终于落到实处。作协儿委会与江苏少年儿童出版社合作，从 2001 年起编选《中国儿童文学年鉴》，迄今已出版了 6 本。年鉴尽可能全面汇集当年有关我国儿童文学创作、评论、研究、编辑、出版、译介等方面的情况、信息、资料，力求使之成为一本于儿童文学工作者、爱好者均有所裨益的参考书、工具书。年鉴的内容分为：《文件·报告·会议》《创作·评论·出版概况》《论文选辑》《论著简介》《年度纪事》《资料》等板块，从中可大致了解当年我国儿童文学的概貌。

为了加强儿童文学的理论研究和作品评论工作，《文艺报》从 1987 年 1 月起创办了"儿童文学评论"专版。该专版从问世至今，20 年间已出版了 200 期。它已逐步成为观察、了解当前儿童文学发展趋势的窗口，联结、沟通作者与读者心灵的桥梁，培育、扶植儿童文学评论幼芽的苗圃。为专版撰写文章的作者，老、中、青结合，以中青年为主。所发文章，既有对儿童文学创作、评论现状的宏观扫描和考察，对名家佳作、新人新作的微观研究和评析，也有对儿童文苑热点问题、重要现象的讨论、争鸣。它对活跃评论，树立科学说理的批评风气，起到了积极的推动作用。

《儿童文学》杂志 1963 年创刊时，原系共青团中央与中国作协合办。进入新时期后，该刊改由团中央主管。但作协及儿委会一如既往地关注这本刊物的编辑方针、发展状况。该刊编委会成员 13 人中，有 5 位是编制在作协的作家、评论家、编辑家。上海出版的《中国儿童文学》从 2000 年 10 月起由中国作协儿委会和少年儿童出版社联合主办。该刊编委会成员 18 人中,有 11 位是作协儿委会成员。中国作家协会主管的、面向中小学生的《中国校园文学》,近年来也加强了与儿委会的联系。《人民文学》《诗刊》等刊物都不定期地选发一些儿童文学作品。《文艺报》于 2005 年 4 月至 2006 年 7 月还出版过 28 期《少儿文艺》专刊。作家出版社也注重出版儿童文学读物。获全国优秀儿童文学奖的如秦文君的《小鬼鲁智深》《属于少年刘格诗的自白》,杨红樱的《漂亮老师和坏小子》等均为该社出版。所有这些报刊、出版社,对促进儿童文学创作,为未成年人提供精神食粮,都贡献了自己的一份力量。

汇聚团队力量　齐心办好实事

儿童文学委员会是中国作家协会下设的由作家、评论家组成的专门委员会之一。它既是作协主席团在儿童文学方面的参谋、咨询机构,又是协助作协书记处开展儿童文学创作、评论、评奖、学习、采风和联谊等活动的工作机构。

1978 年作协恢复工作以后,于 1979 年 12 月建立了儿童文学委员会。第一任主任委员是严文井,副主任委员是金近、贺宜。从 1979 年至今,儿委会成员几经调整,束沛德、高洪波、樊发稼曾长期担任主任委员或副主任委员。现任主任委员为高洪波,副主任委员为张之路、王泉根、曹文轩。儿委会的成员大多年富力强,活跃在创作、理论研究、编辑出版第一线,在儿童文学界有一定声望和影响。

30 年来,作协儿委会在开展作品和创作、理论问题的研讨,组织创作评奖,举办青年作者讲习班,组织作家参观访问、采风,编选优秀作品和理论批评文章,加强作家与小读者的联系,推荐新会员,提出改进和加强作协儿童文学工作的意见和建议等方面,都做了不少切实有效的工作。

20 世纪 90 年代中期后,作协儿委会的工作逐步走向规范化、制度化。从 1997 年起,10 年来坚持每年开一次年会。年会的议题开头侧重于对当年儿委会工作的回顾、小结和对下个年度的展望,制订工作计划要点。近些年,对年会的内容、方式逐步作了改进,力求围绕儿童文学创作、评论、出版现状,每年选择一两个热门话题或重要现象,作有准备的、深入的讨论,尽可能做到每年年会有一个主题、一个中心。比如,2002北京年会着重研究如何深入贯彻落实党的十六大精神,用"三个代表"重要思想统领儿童文学,坚持创新,大力推动原创儿童文学的问题。又如,2003浙江青田年会着重讨论儿童文学如何在加强青少年的道德教育、为他们的健康成长营造绿色的文化空间上发挥独特作用的问题。会议发出《全社会关注儿童文学学科建设与素质教育的呼吁书》。再如,2005南京、扬州年会着重探讨了儿童文学的阅读、推广问题,介绍、观摩了扬州举办班级读书会的经验。

回顾30年来中国作协及其儿委会的工作,之所以能办成一些实事,取得一些成绩,下列几点是值得重视和汲取的。

一是要有大局意识。

儿童文学是社会主义文学的一个重要组成部分,儿童文学队伍是社会主义精神文明建设大军中不可或缺的一个分队。开展儿童文学工作,也要用"三个代表"重要思想武装头脑,贯彻落实科学发展观,胸怀全面建设小康社会、实现中华民族伟大复兴的全局和大目标。中国作家协会的主要任务是团结作家、繁荣创作。儿委会的工作也要按照儿童文学自身的特点,紧紧围绕多出精品、多出人才来下功夫。广泛团结老、中、青作家,充分调动、发挥他们的积极性、创造性,为未来一代提供更多更好的精神食粮。

二是要有团队精神。

儿委会的成员分布在创作、编辑、出版、研究和教学等岗位上,各自都有一份本职工作。参与儿委会的工作,对委员个人来说,是业余的社会工作,可说是当义工。如果没有关心下一代健康成长的爱心、责任心,就不会有当义工的满腔热忱和持之以恒的实干精神。儿委会的成员都热爱儿童文学,乐于为发展儿童文学事业奉献自己的聪明才智。儿委会能办成几件实事,主要是依靠凝聚力很强的团队力量,集中大家的智慧和经验,发挥个人的优势和特长。做组织领导工作的,遇事同大家商量,既分工又合作,相互支持和配合。

三是要有务实作风。

作协领导班子和儿委会的成员都有一个共同的愿望,那就是从实际出发,根据我国儿童文学创作、评论、队伍现状,力求每年扎扎实实地做一两件或两三件有利于儿童文学发展、繁荣的实事、好事。制订计划一般都量力而为,切实可行,不好高骛远,不放空炮,力求落到实处。中央的指示精神和作协主席团、书记处通过的关于儿童文学工作的决议、条例,使作协儿童文学工作有了规章和准绳。作协和儿委会按照这些指示、决议、条例的精神,结合发展、变化的新情况,适时提出改进工作的具体举措,努力把实事办好,好事办实。

从上面叙述的中国作家协会儿童文学工作概况中,可以清晰地看出,30年来的所作所为,归根结底,都是为给下一代构建美好的精神家园添砖加瓦,为点燃孩子心底希望的明灯充电加油。一切为了孩子的精神成长、心灵成长。

2008年6月20日

让文学伴随少年快乐成长

中国少年作家班在新旧世纪之交走过了十年不平凡的路。我们高兴地看到,如今它已成为一所成功进行文学启蒙教育的学校。成千上万的少年文学爱好者在这里尽情享受阅读的快乐,写作的快乐,充分领略文学特有的魅力。

小小心灵非常需要诗的乳汁、文学乳汁的润泽、滋养。一个孩子从小爱听儿歌,爱听故事,爱看图画书,长期保持对文学的爱,长大以后,就可能成为一个心地善良、情操优美、感情细腻、想象丰富的人。

从少年作家班走出来的数以万计的学员,其中也许只有千分之一、万分之一将来以写作为终身职业,而绝大多数将从事作家之外的其他职业。他们也许会成为工程师、技术员、企业家、营业员、医生、教师、公务员、工人、农民、军人。不管你长大了做什么,从小接受文学的熏陶将使你终生受益,使你成为具有良好素质的文明人。

从学习写作来说,我深深体会到以下几点至关重要,真诚希望少年朋友们细细品味,铭记在心:

一是勤奋比天赋更重要

大科学家爱因斯坦说:"在天才和勤奋之间,我毫不迟疑地选择勤奋,它几乎是世界上一切成就的催生婆。"创作需要天分,需要才能。一个人的天赋或高或低,那是与生俱来的;而才能是可以通过勤学苦练逐渐培养提高的。只要我们勤于观察,勤于思考,勤于读书,勤于练笔,相信"勤能补拙",熟能生巧,功夫不负有心人。

二是真挚比技巧更重要

著名画家黄永玉说："真挚比技巧更重要，所以鸟总比人唱得好。"写作需要技巧，需要不断提高表现力，但首先需要激情，需要真情实感。只有出自肺腑的真情，首先打动自己，也才能打动别人。如果无动于衷，无病呻吟，那是写不出真挚、深沉、动人心弦的诗文的。

三是想象比知识更重要

下面的话也是爱因斯坦说的："想象力比知识更重要，因为知识是有限的，而想象力概括着世界上的一切，推动着进步，是知识进化的源泉。"想象是构成文学的第一要素，对作家来说，最杰出的艺术本领就是想象。要从小注意培养、提高自己的想象力，脚踏现实的泥土，张开想象的翅膀，海阔天空，自由驰骋想象。

愿文学少年珍惜诗意的童年，珍惜充满幻想的童年，让文学伴随少年朋友快乐成长！

2006 年 8 月 29 日于北戴河

《束沛德谈儿童文学》自序

我涉足儿童文学评论,若从 1956 年在《文艺报》发表《幻想也要以真实为基础——评欧阳山的童话〈慧眼〉》一文算起,至今已达 55 年,也算是个老园丁了。

我一向把自己定位为儿童文学评论队伍里的散兵游勇。这就是说,我不是专门从事儿童文学研究、评论的,只是在文学组织工作岗位上,结合工作的需要,偶尔写一点有关儿童文学的评论、随笔。这其中,我多半是扮演吹鼓手的角色,为儿童文学的生存、发展摇旗呐喊,为佳作迭出、新人频现拍手叫好。

与儿童文学评论结缘,虽起始于上世纪 50 年代中期,但真正把自己铆在它上面并与之难解难分,却是在进入新时期我担任作协书记处书记、儿童文学委员会主任委员之后。我既然分管儿童文学工作,就义不容辞地必须与儿童文学作家、作品打交道。召开儿童文学创作会议、作品研讨会,举办儿童文学评奖,编选儿童文学年度选和年鉴,所有这些工作,都离不开对儿童文学现状的了解、研究。这样,我就无可逃遁也心甘情愿地进入儿童文学评论领域。

我还有点自知之明,在儿童文学研究、评论上,确是乏善可陈,没什么建树和成就。聊以自慰的是,在儿童文学组织工作岗位上,我和伙伴们一起,多年来还做了几件有利于推动儿童文学理论批评发展的实事:一是《文艺报·儿童文学评论》专版从 1987 年创刊至今,坚持办了 23 年,出了 266 期,逐渐成为当今儿童文学理论批评的重要阵地。这个专版是按照中国作协主席团 1986 年 6 月《关于改进和加强少年儿童文学工作的决议》精神创办的。创刊之初，我曾写了《窗口·桥梁·苗圃》一文；出满100期时，又写了一篇《十年辛苦不寻常》，表达了我对该刊的期望。上世纪90年代初，该刊一度陷于困境、几近停刊，我曾为之鼓与呼。编辑部同仁克服诸多困难，终于苦苦支撑了下来。如今该刊每月出三期，刊期之短，版面之多，是前所未有的。二是从第五届全国优秀儿童文学奖开始，将理论批评列入评选范围。尽管评选的结果、成效不尽如人意，评选的办法尚待改进，但设置这个奖项对鼓舞理论批评队伍的士气，促进儿童文学理论批评的发展，还是有好处的。三是从2001年开始编选《儿童文学年鉴》，我在任时共编辑、出版了6本。收入《儿童文学年鉴》的年度创作述评、理论批评述评和当年的"论文选辑"，实际上相当于一本儿童文学理论批评年度选。这为了解、研究儿童文学理论批评的现状、走向和前景，提供了一份有用的资料。

我之所以不嫌絮叨地罗列在我任内所办的上述实事，那是由于在我心目中，把这些举措落到实处，与我个人写几篇评论文章相比，其意义和价值不知要大多少倍，甚至可以说是无可比拟的。

对儿童文学理论批评，我还是有兴趣和热情的，这可能与我的个性、气质有关。评论与创作同为儿童文学的两翼，它的重要性是不言而喻的，是值得为之奉献毕生心血、精力的。根据多年从事儿童文学评论的经历，我深切体会到，这是一项寂寞而艰辛的事业，必须潜下心来，下苦功夫，从学养、胆识、生活积累、文本阅览诸方面不断充实和提高自己，才能在评论上取得一点收获和成果。

要丰富学养。我初涉评论，是从大学时代选修许杰先生的"文艺批评"这门课，向唐弢先生主编的《文汇报·磁力》（《笔会》的前身）投稿开始的。年轻时涉猎过"车、别、杜"（车尔尼雪夫斯基、别林斯基、杜勃罗留波夫）；在相当长一段时间里，与《苏联文艺理论小译丛》为伴，可说是略知文学批评的一点皮毛，但缺乏多方面深厚的学术底蕴。哲学、美学、经济学、历史学、社会学、教育学、心理学等，我都只接触到一些皮毛，没有系统、深入地做过学习、研究。根基浅，底蕴薄，对作品的解读、评析，往往难免停留在表层印象上，浅尝辄止，不能深入文本的核心，揭示问题的本质。学养不够，这对从事评论的人来说，是个致命的弱点。

要厚积薄发。从事当代儿童文学评论，必须认真、仔细地阅读大量文本，经常、系统地了解、掌握儿童文学的现状和发展趋势。同时，还要关注世界儿童文学发展思潮、走向，了解、熟悉外国最新创作成果。如果对中外儿童文学历史、现状和经典作家、作品不甚了解，不能从宏观上把握儿童文学全局，又不能从横向上与世界儿童文学名著、精品参照比较，孤立地来谈一部作品或一个作家的成败得失，就很难作出科学的、富有真知灼见的美学判断。对现实生活、对少年儿童的生存状态、内心世界以及他们的阅读兴趣、鉴赏水平，也要不断地观察、体验、熟悉、了解。唯其如此，你评价一部作品的思想、艺术水平、审美价值，评述一种创作现象的是非长短，才能抓住要害，切中肯綮。对创作状况、社会现实、儿童世界的熟悉了解，都是一个长期的、日积月累的过程，必须持之以恒。积累越丰厚，就越能在评论园地里自由驰骋笔墨。

要有胆有识。对儿童文学领域的优秀作品、文学新人、新鲜事物的发现，既需要有敏锐的、睿智的目光，也需要有支持探索、创新的勇气。创作需要激情，批评同样需要激情。只有当你真正被作品所抒发的感情或主人公的遭际命运所打动，觉得有话要说，有感要发，这样的评论文章，才能表达自己真实的艺术感受，因而往往会文情并茂。如果自己面对文本无动于衷，仅仅是碍于情面，或为媒体炒作而勉强为之，写出的文章很可能是毫无激情、了无新意的评论八股。评析作品的成败得失，支持新生事物，批评不良现象，敢于思考、提出重要的或值得的创作、理论问题，都需要有敢想敢说、敢作敢为的胆量。一味唱赞歌、喷香水，或是隔靴搔痒，或是温吞水，该尖锐的不尖锐，都不是一个正直的、有作为的批评家应有的品格和风范。

在以上几个方面,我都缺乏必要的、足够的修炼和准备,因而在评论上没有多大作为。但愿我的一点心得,连同编选出的这本《束沛德谈儿童文学》能对有志于从事儿童文学评论的年轻人有所启迪。这也是一个逐渐淡出儿童文苑的老兵的心愿和期望。

2010 年 9 月 7 日于北戴河

老生常谈的真心话

我以《儿童文学》的一个老读者、长期守望小百花园的一个老园丁的双重身份,说几句祝贺、鼓励和期望的话。

首届《儿童文学》十大青年金作家的得主,最年轻的才 20 岁,平均年龄是 36—37 岁。这正是风华正茂、才思敏捷、勇于创新、创作旺盛的最佳时期。我很羡慕你们,赶上这个大变革时代、网络时代、信息时代,也是创作相对自由的时代,有着施展自己才华的广阔天地。回望 40 年前,我处在你们这个年龄段时,那是动乱岁月,白天黑夜,没完没了地斗私批修,我被看作"大红人、小爬虫","划不清与文艺黑线的界限",怎么也过不了关,迟迟不能恢复组织生活。35—45 岁,一生中最好的、大有可为的宝贵岁月,就这样被"文革"吞噬干净。我怎能不感慨系之!

此时此刻,我情不自禁地赞叹:"年轻真好!""青春万岁!"真挚而又热切地希望你们一定珍惜年富力强的大好时光,在人格上修炼自己,在阅历上丰富自己,在学识上充实自己,在才艺上提高自己。莫"白了少年头,空悲切",可不要像我这样啊!

关于创作,包括长篇创作,我想三言两语,提纲式地说几点想法:

一、始终不渝地坚守文学的高尚品质,为少年儿童的纯净阅读呕心沥血,奉献精品力作。

无论是艺术的儿童文学、大众的儿童文学,还是雅俗共赏的儿童文学,都要坚持文学创作的基本规律,不能脱离文学的特征,要以艺术形象反映生活,在陶冶、影响少儿的情感世界、心灵世界上做文章。

一刻也不要忘了儿童文学是文学。

二、着力于儿童心灵的发现与塑造。

文学是人学,要关注人的命运、人的心灵。儿童文学要关注儿童的心灵成长、精神成长。要下功夫刻画出有血有肉、栩栩如生、令人难忘的人物形象(儿童形象、童话形象),为儿童文学画廊增光添彩。

故事是儿童文学的基础,是儿童小说、童话的基本面。有优美、精致、引人入胜的故事,才可能让今天的小读者感动。情节是人物性格发展的历史。贴着人物写,故事情节自会随人物性格的发展往前推进。要重视故事性,在提炼情节、编织故事上下功夫。

三、要有更加丰沛的想象力。

马尔克斯说过,对于一个用全部身心的小说家来说,他笔下的人物都带有自传体成分。这是一方面,另一方面,"小说家是说谎家、虚构家",同样是颠扑不破的至理名言。在我看来,当前的儿童小说、童话创作,想象力还不够丰沛,虚构的本领还不够高明。如何更好地做到以虚带实、虚实兼备,使诗与真紧紧相依、巧妙结合,还有很大的创造空间。儿童小说,要有悬念,有时还要有猎奇成分,这样才能更好地吸引小读者。

四、保持、发扬艺术的多样性、独创性。

儿童文学创作在题材、体裁、形式、表现手法、风格上都要多样化。这次获奖的十位金作家,涵盖了从事小说、童话、诗、散文、报告文学等多种体裁的作者,可说是应有尽有。仅就小说创作而言,又包括了校园小说、动物小说、幻想小说、侦探小说、历史小说等,真是八仙过海,各显神通。

文学艺术贵在独创,要有自己鲜明的独特的艺术个性。获奖作家正处在艺术上逐步走向稳定、成熟的阶段,要有更加自觉的艺术追求、语言追求。人物语言与叙述语言要有区别,每个人物的语言都要力求有鲜明的个性。希望年轻的作家按照自己的经历、经验、性格、气质、教养、美学趣味,发展自己的创作个性,逐步形成独特的、独树一帜的艺术风格。

五、潜下心来,写得更从容些。

创作是以质取胜的,一本优秀的、精致的作品,它的意义和价值、作用和影响,远远超出十本百本平庸的书。在刊物、出版社纷至沓来的约稿信面前,要坚持一种严谨的写作态度,实事求是,量力而行,坚持按自己的写作习惯、节奏行事,不能被牵着鼻子走,不能有求必应,来者不拒。"宁肯少些,但要好些",细细打磨,精雕细刻,精益求精,一丝不苟,尽最大的可能保证作品的思想艺术质量,严格地要求自己,坚定地守望自己的精神家园。

我不避再次扮演"言论老生"角色之嫌,说了一些老生常谈、了无新意的话。朋友们,请相信我的真诚,这是一个已经落在队伍后面的老人发自肺腑的真心话。

2011 年 4 月 7 日

一个编委的流水账

天高云淡,菊黄蟹肥,金色的收获季节,迎来《儿童文学》杂志的 50 华诞。

三十而立,四十不惑,五十知天命。历尽风霜雨露的《儿童文学》已步入根深叶茂、硕果累累的成熟期。

从《儿童文学》创刊之日起,我就是它的一个忠实读者。我不写诗歌、童话,也不写小说、报告文学,不是一个儿童文学作家。那我怎么会成为这本杂志的编委呢?这不能不说是一种机遇和缘分。由于我 20 世纪 50 年代写过几篇多少有点影响的儿童文学评论,当我在 80 年代初进入中国作家协会的领导班子时,就分工我联系儿童文学工作了。正因为《儿童文学》杂志是共青团中央和中国作协共同创办的,中国作协一直关注、支持它的工作。这样,自然我就和它建立起如漆似胶的关系。1993 年 7 月开始担任《儿童文学》编委;2009 年不再当编委,又受聘担任顾问。

从 1982 年到 2013 年,30 多个春秋,我作为中国作协分管儿童文学的负责人和刊物编委、顾问,都为《儿童文学》做了点什么呢?不能说是碌碌无为,但也乏善可陈,只是做了一些平平常常又不可或缺的事情。在这里,我还是愿意就记忆所及大致报一报几十年的流水账,让读者朋友更好地了解一个编委是如何发挥自己的优势和长处,为刊物做些力所能及的工作的。

撰写文章宣传介绍刊物的成就和特色。

《儿童文学》创刊 30 周年之际,我写了《〈儿童文学〉风华正茂》

一文;创刊 40 周年时,我又写了《坚守与开拓》一文。欢庆新中国 60 华诞前夜,我写了《为突破百万的〈儿童文学〉喝彩》。在这些文章中,我赞扬刊物坚守文学的基本品质,形成清新、雅致、亲切、精粹的风格特色,富有与时俱进的开拓创新精神和尊重少年儿童审美需求的读者意识。

参与儿童文学作家、作品的评奖,为推出文学新人略尽绵薄。

多年来我忝列《儿童文学》十大青年金作家奖、金近儿童文学奖、全国中小学生作文大奖赛等评委会评委或顾问。每次评选我都认真阅读作品,参与讨论,按自己的鉴赏眼光和审美个性,负责地投下体现自己意愿的一票。我还用心为十大青年金作家奖获得者三三写了概括的评语,称赞她的少年小说叙事方式新颖别致,艺术格调温馨清丽。

参加儿童文学作品和创作问题的研讨。

在《儿童文学》举办或与中国作协儿童文学委员会合办的'96儿童文学创作研讨会、刘先平大自然探险系列作品研讨会、当代儿童诗歌座谈会、张牧笛作品讨论会、长篇作品深度交流会上我都发了言,评述创作现状,分析作品的成败得失,并先后写出《体味"寻找"的苦与乐》《童诗现状漫议》《坚守率真与善良》等文章。在《老生常谈的真心话》一文中我寄语儿童文学作家:始终不渝地坚守文学的基本品质;着力于儿童心灵的发现与塑造;发挥更加丰沛的想象力;保持和发扬艺术的多样性、独创性;潜下心来写得更从容些。

举办儿童文学讲习班,帮助青年作者提高思想、业务素质。

我参加或主持了 1997、1998 年《儿童文学》杂志社与中国作协鲁迅文学院、儿童文学委员会联合举办的两届儿童文学青年作家讲习班。在 1997 年的讲习班上我讲了一课,题目是:《儿童文学的现状与发展趋势》。我在这堂课中对新时期儿童文学的发展历程和特点,创作、评论、队伍建设的成绩和不足,今后儿童文学的走向和发展前景作了分析,提出自己的看法。在 1998 年的讲习班上,我则希望青年作者多读书、多观察、多思考、多练笔。

为提高刊物质量、改进编辑工作献计献策。

每次参加编委会和编委新春聚会，或刊物主编、编辑来家访问，我都会就自己所见所闻、所思所感，对刊物的编辑方针、栏目设置、作者队伍、读者定位等，提出建设性的意见或供参考的建议。我和《儿童文学》历届主编金近、王一地、徐德霞等都是好朋友；无论什么话题，从中国作协参加刊物编委会的人选到改为"一刊多版"后的内容分工、读者对象，都可以真诚、直率地交换意见。

关注小读者的心灵成长、精神需求。

我不是从事儿童文学创作的，没在《儿童文学》上发过什么作品。1996 年刊物上开辟了"编委寄语"一栏，我写了一篇题为《迎接新世纪》的随笔。文中谈到少年朋友应以什么样的姿态迎接新世纪时，我勉励他们要有一种进入倒计时的紧迫感；要有一种跑 3000 米障碍赛排除万难、勇往直前的劲头；还要有一股自觉营造美好精神家园的热情。这表达了我对跨世纪一代新人精神成长的热切期盼。

我不避王婆卖瓜之嫌，絮絮叨叨、不分巨细地叙说了多年来的所作所为，只是为了解剖一只麻雀，让少年朋友知道编委并非只挂名、不干事的。据我所知，编委会的其他成员，各自发挥优势，比我做得更好更多。

在这里，我还愿意让朋友们分享《儿童文学》赐予我的幸福。我为《儿童文学》杂志付出的心血、汗水很少，却得到珍贵、丰厚的回报。2011 年夏秋之交，《儿童文学》《幼儿画报》和中国作协儿委会在刊物编辑部联合举行"束沛德先生 80 华诞暨儿童文学评论座谈会"。我一走进会场，真是宾至如归，感到特别亲切、温馨。会上，朋友们对我的为人、为文说了不少鼓励和赞扬的话。座谈会后，又在中少总社的儿童阅读体验大世界举行热烈、欢乐、童趣盎然的庆祝生日活动，让我一直沉浸在真挚、友好、深情厚谊的氛围里。朋友们对我这个在儿童文学舞台跑龙套的角色所表达的挚爱和尊重，我是心领神会了。

欣逢 50 大庆的《儿童文学》年富力强,生气勃勃,正在放飞中国梦的大路上奋力迅跑。我这个年逾八旬的老兵,还会一如既往、不遗余力地为它加油、鼓劲。

2013 年 9 月 11 日

倾情关注儿童心灵成长

——我的儿童文学观

少年儿童是祖国未来的建设者,是具有中国特色的社会主义事业的接班人。把少年儿童一代培养成为德、智、体、美全面发展,有理想、有道德、有文化、有纪律的社会主义新人,是关系着祖国前途命运,实现中华民族伟大复兴的中国梦的大事。

文艺是铸造灵魂的工程。三亿六千万少年儿童是文学艺术最大的受体。儿童的可塑性最大,少年儿童文学对于未成年人熔铸意志性格、陶冶道德情操、提高精神素质、提升审美能力,可以发挥润物细无声、潜移默化的独特作用。小小心灵非常需要文学乳汁的润泽、滋养。一个孩子从小爱听儿歌,爱听故事,爱看图画书,长期保持对文学的爱,接受文学的熏陶,长大以后,就可能成为一个心地善良、胸襟开阔、感情优美、想象丰富的人。毫不夸张地说,儿童文学是少年儿童生命成长、精神成长、心灵成长不可或缺的维生素。

以情感人,以美育人,是包括儿童文学在内的一切文艺的特征和功能。充分而完美地体现时代对未来一代的期望和要求,真实而生动地反映少年儿童丰富多彩的生活,鲜明而丰满地塑造少年儿童的典型性格、形象。勇敢而执着地探求孩子们喜闻乐见的新形式、风格,是摆在儿童文学作家面前光荣而艰巨的任务,也是提高儿童文学创作质量题中应有之义。要千方百计努力创造向上向善、文质兼美的作品,把爱的种子,真善美的种子,正义、友爱、乐观、坚韧、同情、宽容、奉献、分享的种子,播撒到孩子的心灵深处,让它们生根、发芽、开花。

儿童文学的接受对象、服务对象是少年儿童。从事儿童文学创作、评论、编辑、出版、组织工作的人,要更加牢固地树立起"儿童本位""以儿童为主体"的观念。在创作思想上更完整、准确地认识儿童文学的功能,全面发挥它的教育、认识、审美、娱乐多方面的功能。并深切认识儿童文学的教育、认识、审美、娱乐作用,都要通过生动的艺术形象和审美愉悦来实现。儿童文学的教育功能是包涵着净化心灵、陶冶情操、启迪智慧、培育审美能力的,坚持"寓教于乐",始终不离审美愉悦。儿童文学的服务对象分为幼儿、儿童、少年三个层次,在创作实践上要更加自觉地按照不同年龄段孩子的心理特点、精神需求、欣赏习惯、接受程度来写作。

在我看来,儿童文学作家要永葆童心。失却童心,失却童年生活对自己的馈赠,就可能捕捉不到生活中的美和诗意,捕捉不到孩子们独特的情感、心理、想象,以致难以成为一个为儿童写作的优秀诗人或作家。

无论是艺术的儿童文学,大众的儿童文学,还是雅俗共赏的儿童文学,都要始终不渝地坚守文学的基本品质,不能脱离文学艺术的基本特征和创作的特殊规律,用艺术形象、爱心、诗意、美感来打动孩子的心灵,一刻也不要忘了儿童文学首先必须是文学。要着力于儿童心灵的发现与塑造,富有更加丰沛的想象,坚持创新,发扬艺术的多样性、独创性,逐步形成独树一帜的艺术风格。我执着地相信:对于一个从事文学创作的人来说,勤奋比天赋更重要,真挚比技巧更重要,想象比知识更重要。

创作、评论是儿童文学的两翼。只有同时抓好创作与评论,儿童文学才能展翅高飞。为了推动儿童文学的发展、繁荣,促进儿童文学创作思想、艺术质量的提高,也为了提高读者的鉴赏水平、审美能力,必须进一步加强儿童文学理论建设,积极开展文学评论,鼓励理论上的开拓、创新,努力提高文学批评的水平。

我虽然只是儿童文学队伍的散兵游勇,并非专业儿童文学研究、评论工作者,但在这块园地里也耕耘了五六十年,可算是一个老园丁。回望我的评论生涯,在儿童文学领域里,我一向着力提倡、弘扬的,主要有这么几点:一是对儿童情趣的赞美和倡导;二是对艺术创新的鼓励和支持;三是对小读者的关注和尊重;四是对儿童文学走向的观察和把握。

我深切体会到,儿童文学理论批评是一项寂寞而艰辛的事业,必须潜下心来,下苦功夫,从学养、胆识、生活积累、文本阅览诸方面不断充实和提高自己,才能在评论上取得一点收获和成果。也就是说,一要丰富学养,不要不学无术;二要厚积薄发,不要急功近利;三要有胆有识,不要畏首畏尾。这可说是我一直努力追求的目标,但如今实际达到的相距甚远。

我期盼儿童文学界树立和发扬公正、健康、科学、说理的批评品格,呼唤一种生动活泼、自由论辩的学术空气,提倡一种独立、严谨、坦诚、纯粹的批评精神,鼓励与人为善、实事求是、入情入理、文情并茂的文学批评。

总而言之,无论从事儿童文学创作、评论还是编辑、出版,都要把关注少年儿童心灵的健康、快乐成长放在第一位。

2016 年 3 月

年逾古稀获奖有感

得知我忝名宋庆龄儿童文学奖特殊贡献奖之列,真是既感到欣慰又感到不安。欣慰的是诸位评委和儿童文学界的朋友对我多年来在儿童文苑打杂、跑龙套的肯定和鼓励;不安的是自己在儿童文学方面所做的一点平常的、微不足道的事情,与以20世纪伟大战士、伟大女性宋庆龄的名字来命名的这个奖项的分量很不相称。

我虽然也写一点评论文章,但主要是做组织工作、服务工作,也就是在文坛上扮演跑龙套的角色。跑龙套的也能得奖,不能不说是一件新鲜、稀罕的事。戏剧梅花奖的得主,包括各个剧种、各个行当,生、旦、净、末、丑都有,但从来没有听说过跑龙套的得了奖。儿童文学组织工作者纳入宋庆龄奖的评选范围,既是对跑龙套这个不起眼的角色在儿童文学舞台上不可或缺的位置的肯定,也是对甘于寂寞、忠于职守、默默耕耘、不辞辛劳、淡泊名利、无私奉献的精神、品格的赞扬。我以为,这个特殊贡献奖不是奖给我个人的,而是奖给所有那些为发展儿童文学事业叫喊、跑腿,默默无闻的朋友的,我仅仅是他们中间的一个代表而已。

我是一个极其普通、平常的人。从跨入作家协会门槛到现在,50多个春秋,没做出什么不平凡的业绩,因而从来没当过什么先进工作者,或什么积极分子。说起得奖,也几乎是零的纪录。16岁时写的一篇小小说,获得一次刊物征文的名誉奖。20世纪八九十年代偶尔得过一两次研究会、出版社举办的优秀论文奖或书评奖。1995年率中国作家代表团访问意大利,代表团的五位作家同时获得蒙德罗国际文学奖特别奖。那个奖仅仅是中意两国人民、作家之间友谊的象征,并没有什么文学的、学术的含量。除此以外,我就没有得过什么重要的、有分量的奖。这次获宋庆龄儿童文学奖特殊贡献奖,领到一张荣誉证书,我还是十分珍惜的。我把它看作发给我的一张有关业务成就、工作表现、服务精神的考试合格证。16岁写作起步时得了一次奖;年届72,即将跑毕全程时又得了一次奖,有头有尾,有始有终,倒也凑巧,挺有意思。

过去常给别人发奖,这次自己也算是尝到得奖、领奖的味道了。我的心情说不上喜不自胜,激动不已,只是聊以自慰罢了。我会以一颗平常心对待这次获奖。我赞赏"多少个奖杯也不如群众的口碑"这句大实话。我会遵照宋庆龄主席"要关心少年儿童的健康成长""要把最宝贵的给予儿童""给儿童最美好的东西"的遗愿,扎扎实实地做一点力所能及的工作,继续为儿童文学事业的发展摇旗呐喊、鸣锣开道。

2003年4月14日

第二次退休:告别儿委会

一个月前,中国作家协会儿童文学委员会成员调整。我终于如愿以偿从儿委会主任委员这个位置上退了下来,结束了我在儿童文苑长达20年之久的打杂、跑龙套的生涯。此时此刻,我一方面由于卸下担子,顿时有一种轻松之感;但另一方面毕竟与朋友们共事多年,少则5年,多则20年,一旦离开,心中不免升起一缕依依惜别、难舍难分的思绪。

20世纪80年代初,中国作协领导班子分工,让我联系儿童文学工作。我上岗之后,虽不敢说是"磨破了嘴,跑断了腿,操碎了心",但确是满怀热情地为儿童文学鼓与呼,尽心尽力做了力所能及的事情。就拿作协的全国优秀儿童文学奖来说,从1987年创设到现在,一共举办了七届。其中除第四届我担任顾问外,其余六届都由我主持评委会的工作。回想从1987年10月我在第一届评奖初评读书班上致开场白,到2007年11月底在第七届评奖委员会上作小结,前后历时20年。这期间,我也不知主持了多少次与评奖有关的会议,阅读、讨论了多少本各式各样的参评作品。更不用说,在评奖过程中难免听到这样那样的批评和非议,遇到一些磕磕碰碰的事情。我是评奖工作牵头的,置身其中,不能不亮明自己的态度,及时作出决断。三年五年或十年八年前,面对这点事,自我感觉也许还心手相应,游刃有余.如今年届76,有时确实感到力不从心,不堪重负了。作为一名儿童文学组织工作者,无论如何是到了画句号的时候了。

人生之旅,从起点到终点,要经过大大小小好多个站。如果说,

1996 年我从作协书记处退下来是第一次退休，到达一个大站；那么，这次从作协儿委会退下来，则可以说是第二次退休，到达另一个大站。本来，第一次退休后，特别是当我已超期服役七八年，在 1998 年正式办理退休后，对儿委会的工作，完全可以只挂个名，不必事无巨细，事必躬亲了。可是我这个人本性难移，办事特别较真，始终没有学会当甩手掌柜的。因此，近 10 年来可说是退而未休，也就是到站没有下车。这次第二次退休，是不是该到站下车了呢？人生列车没有抵达终点之前，还会在轨道上继续前行。看来，我这个儿童文苑的老园丁，对儿童文学有着难以割舍的情结，对儿童文学界的新朋老友怀有深挚的感情。让我从此与儿童文学绝缘，可能是办不到的。我还会继续关注儿童文学的发展，努力做一个小百花园的忠实守望者。必要时也许还可当一名义工，干一点不太费劲的轻活。

　　同我相伴 20 多年的作协儿委会，是一个可爱的团队。团队的每个成员都怀有一颗赤子之心，一心一意想为孩子们做一点事。这个团队凝聚力很强，相互配合，相互支持，心往一处想劲往一处使。调整后的新一届儿委会，增添了一些生气勃勃的新人，女委员的比例加大，地域覆盖面更广，呈现在我面前的是一个崭新的阵容、崭新的面貌。在新旧交替的会上，我这个即将退役的老兵，又自作多情、絮絮叨叨地对儿委会多年来形成的规章、制度和行之有效的经验（如：大局意识、团队精神、务实作风等）向朋友们作了交代；并深切期盼儿委会今后有新的思路，新的作为，开拓创新，团结奋进。我情不自禁想挥手对朋友们说："再见吧，亲爱的伙伴们！""再见吧，可爱的儿委会！"但话到嘴边，我又收住了。我抑制了临别依依的深情，轻轻地道一声："Bye-bye"，就匆匆离去了。

2008 年 1 月 21 日写，7 月 31 日改

倾情打造《儿童粮仓》
致敬新中国 70 华诞

还有 9 个月，即将迎来中华人民共和国成立 70 周年。人民共和国从风风雨雨中走来，从站起来、富起来到走向强起来，很不容易！70 华诞，是一个富有重大意义的喜庆日子，值得隆重纪念。

作为一个共和国诞生前夕的未成年人，一个见证共和国艰难成长历程的儿童文学工作者，总有那么一份心情，想为孩子做点什么，正如一首歌所唱的，"我要把最美的歌儿献给你，我的母亲我的祖国"。

我简略地谈一谈编辑出版《儿童粮仓》丛书的一些想法，主要谈谈它的意义、价值和特色。

早在 2017 年 3 月，就开始策划这套书了。从制定选题和出版方案到商定作者名单，从组稿、编辑、插图到装帧设计，2018 年 10 月"童话馆"中车培晶著《雪镇上的美丽传说》才问世，前后历时一年半。可以说这套书起步早，做得相当认真严谨又从容淡定。

出书的初衷、主旨和目的，如海报所写："时光雕塑经典，阅读滋润成长"，或者可以概括为一句话："倾情打造《儿童粮仓》，致敬共和国 70 华诞"。也就是说，《儿童粮仓·童话馆》《儿童粮仓·小说馆》，是对新中国成立 70 周年来童话、儿童小说创作的一次回顾、总结和梳理，集中展示了一部分有成就和影响、有代表性作家的精品佳作。这是作家、编辑、出版人真心实意献给祖国母亲的一份实实在在的礼物。它既为当代中国儿童文学史留下一份弥足珍贵的记录、史料,更为广大少年儿童提供一份丰富、精美、优质的精神食粮。经过时间检验的优秀文学作品是润泽孩子心灵最好的乳汁,是少年儿童精神成长、心灵成长的最佳维生素。

《儿童粮仓》丛书的特色,主要表现在以下几个方面:

一、首先挑选了当代儿童文学发展历程中成就尤为显著、也是小读者最喜爱的两种文学体裁:童话和儿童小说。

少年儿童都喜欢听故事、讲故事,他们对故事的需要可说是本能的。故事是小说的基本面,童话也被称作一种献给儿童的特殊的诗体故事。童话或小说这种叙事性文体,都需要一个生动、有趣的故事。讲好真善美的故事,将温暖童年,愉悦童年,拥有孩子,拥有未来。

要把故事讲好写好,需要丰沛的想象力。文学的想象力在任何时候都是极其重要的。优美的童话把现实与幻想水乳交融地结合在一起,点燃梦想,照亮远方。孩子从小有童话相伴,永远纯真、开朗、快乐。反映真实又富于想象、以编织故事、刻画人物见长的小说,会让孩子感动,让他们深切感受成长的喜怒哀乐,或许还能从中看到自己和同伴的面影。

二、坚守文学基本品质,讲究艺术魅力、审美愉悦。收入《儿童粮仓》的作品,力求思想性、文学性、可读性的完美统一。

充分考虑小读者多样化的阅读兴趣和审美需求,充分发挥文学"以情感人"和"以美育人"的独特作用,力求把爱的种子、真善美的种子撒播到孩子心灵深处。把鼓舞孩子奋发向上、向善与愉悦身心、享受快乐更好地结合起来。

《儿童粮仓》所收的每本书,篇幅大体控制在 10 万字以内,以短篇、中篇为主。提倡短篇,既是为了更好地发展这种短小、灵活、小中见大,而目前又相对被忽视的文体,也是为了适应孩子的阅读习惯,有助于提高他们阅读和写作能力。

三、尽可能覆盖新中国诞生 70 年来各个历史时期(建国初 17 年、新时期、新世纪以来)有成就、影响和代表性的老、中、青作家,反映儿童文学队伍不断新陈代谢的"四世同堂"或"五世同堂"。所收作者,既有文学前辈,也有当前最为活跃的创作中坚力量,也有一些原本活跃、成绩卓著,近些年相对沉寂、差不多已被遗忘的作者。

四、努力打造卓越、独特、读者信得过的品牌。广西师大出版社矢志创立自有童书品牌,在选题、编排、插图、装帧设计上狠下功夫,追求高品位、高格调、素雅别致的特色。

编者和出版社同仁愿为塑造少年儿童心灵这一伟大工程,做一点添砖加瓦的事。向新中国 70 华诞致敬、献礼!

2019 年 1 月 11 日

我的良师益友

我的第一个上级文井同志

　　文井走了,白羽走了,20世纪50年代我在作协工作期间的老领导,如今已没有一位健在了。老延安、鲁艺、文抗出身的文坛前辈统领文学大军的时代就这样终结了。

　　严文井是我跨进作协门槛后的第一个上级、最早的文学领路人之一。

　　1952年初冬时节,文井同志从党中央宣传部文艺处调到全国文协代理秘书长,参与改组全国文协、筹建中国作协的工作。他带了两个秘书作为助手,一个是26岁、原担任丁玲秘书的陈淼;另一个是21岁、原定给周扬当秘书的我。我们三人可说是同时迈进东总布胡同22号全国文协大门的。

　　那时全国文协除了《文艺报》《人民文学》编辑部外,只有一个主管行政、总务、文书工作的秘书室。文井、陈淼和我调来后,文协机关才有几个抓文学业务工作的干部。文井带领我们做的第一件事,就是组织第二批作家深入生活。来自祖国四面八方的20多位作家,包括艾青、卞之琳、周立波、徐迟、李季、秦兆阳、路翎等,聚集在北京东城小羊宜宾胡同一个四合院几间平房里学习讨论。文井同志四处奔波,八方联络,邀请胡乔木、周扬、胡绳、林默涵、吕东、廖鲁言等,为这批作家作有关形势、理论、文艺、工业建设、农村工作等方面的报告,为他们即将深入工矿、农村、部队,熟悉新的生活、新的人物做思想、理论上的准备。作家在京学习一个月,我按照文井成竹在胸、有条不紊的安排,参与订学习计划,做会议记录,整学习简报,写新闻报道,以及安排会场,落实交通工具,组织影剧观摩等工作。事无巨细,我都积极投入,一一学着做了。这一个月全方位的锻炼,我好像进了一次短期培训班,学习了文学组织工作的 ABC。给我上这一课的老师,正是当过延安鲁艺文学系教员的严文井。我也是够幸运的了!

文井作为上级,对我这个部下思想、学习、生活的关心帮助,也是至今难以忘怀的。跨进文协大门不久,严文井情真意切地对我说:"你年纪很轻,只要自己努力,不闹工作与个人创作的矛盾,在党的培养下,有才能的人是不会被埋没的。""先踏踏实实地做几年工作,将来可以搞创作,也可以搞评论。不管以后做什么,现在应当抓紧时间学习马列主义、文艺理论,多读点作品,有时间也可以练习写作。"在文井同志指导下,我一边学习做文学组织工作,一边利用业余时间挑灯夜读。我饶有兴味地读了严文井的童话《丁丁的一次奇怪旅行》《蜜蜂和蚯蚓的故事》《三只骄傲的小猫》《小溪流的歌》,被这些富有儿童情趣、诗情与哲理交融的作品所深深打动。我对我的上级在儿童文学上的出色成就肃然起敬。这也大大激发了我对儿童文学的兴趣。

随后我在作家协会创作委员会当秘书,又有机会旁听文井和冰心、张天翼、金近等积极参加的儿童文学组关于作品和创作问题的讨论。我记得文井在一次座谈会上曾谈起:"我的祖父爱教训人,我很怕他。父亲稍好一些,但当我考不取大学时,他就板起面孔教训我了。我不爱听教训,就离开家庭走向生活了。""现在儿童读物的缺点,也是爱教训孩子。孩子不爱听枯燥的说教,我们应当尽量把作品写得生动有趣一点。"他的这番话,使我较早地领悟到:儿童文学要讲究情趣,寓教于乐。中国作协编的《1954—1955 儿童文学选》,是由文井最后审定篇目并作序的。在协助文井编选的过程中,使我对如何把握少年儿童文学的特点,如何衡量、评判一篇作品的成败得失,心里有了点底。他在《序言》中所说的:"应当善于从少年儿童们的角度出发,善于以他们的眼睛,他们的耳朵,尤其是他们的心灵,来观察和认识他们所能接触到的,以及他们虽然没有普遍接触,但渴望更多知道的那个完整统一而丰富多样的世界。""一定要让作品做到：使他们看得懂，喜欢看，并且真正可以从当中得到有益的东西。"这段言简意赅的文字，在我脑海里深深地扎了根，成了我后来从事儿童文学评论经常揣摩、力求把握的准则。

走上工作岗位没多久，我与远在新疆的、中学时代的一位女同学确定了恋爱关系。我急切地期盼着与爱人调到一起，一次一次地向文井表示愿意调往新疆，支援边疆建设，希望他能放我走。文井干脆明确地对我说：现在从各方面抽调干部加强文协的工作，你想调离文协是不可能的。他再三叮嘱我：思想不要波动，做好长期从事文学工作的精神准备；从新疆调出干部尽管比较困难，但组织上会尽快想法解决。他让我把爱人的姓名、工作单位、职务告知。我记得，那年春节文井从湖北探亲回京后，给中宣部干部处处长又打电话又写信，并三番两次地催问。不到两个月，我爱人终于从遥远的边疆调来首都。每想起当年在石碑胡同中宣部招待所，我和爱人久别重逢无比激动的那一刻，至今我依然情不自禁地感激无微不至地关心部下、热心肠的老上级。

在反胡风、反右派斗争中，我碰了钉子、挨了批评后，文井语重心长地开导我："你读过几本书，比较聪明，有点能力，更要警惕世界观问题；不要轻视旧世界观的影响，不是读过几本书，开几次会，就可以解决的。""要听得进逆耳之言。上级对自己老是笑着，不一定好；对自己疾言厉色，不一定坏。光听周围的人说好话，有时会上当的。"他还提醒我："反掉个人主义，不能变成一个灰溜溜的、木偶一样的人。"勉励我做一个像朱总司令所要求的那样自自然然的共产党员。文井的谆谆教诲，在我的人生之旅中，起了点拨、导航的作用，永远铭刻在我的心中。

粉碎"四人帮"，进入历史新时期。当初我还在一所工科院校做宣传工作，急切希望有机会回到我所钟爱的文学队伍中来。我写信给老领导文井、沙汀，表达了这个愿望。文井两次给我回信，说是"你的工作问题，我一定记在心中"。后来，我终于如愿回到了我离开将近20年的单位——作家协会。这时，文井担任人民文学出版社社长，没有回到作协来，但他仍兼任着作协儿童文学委员会主任委员。80年代初，我进入作协领导班子，分管儿童文学工作，不时去看望文井，当面聆听他的教诲。我记得，1986年盛夏，有一天正午时分，我走进东总布胡同60号小四合院他那住了多年的三间不算宽敞的平房。他还没起床，听到房间里有说话的声音，才光着膀子从卧室里出来。在那狭窄的、不足10平方米的书房里，我们促膝长谈了两小时，又一次共同回忆了1952年冬到1953年秋筹建作协的前前后后。当我向他诉说现在作协的日常工作头绪多，难度大，新班子成员都陷在文山会海里，都为没有时间读作品而苦恼。文井当即接过我的话茬，笑眯眯地对我说："你过去不是对我也有这个意见么，现在也尝到这个味道了吧。"他这一句话，把我的思绪一下子拉回到1957年，那时正开展整风运动。我年轻气盛，头脑发热，不知天高地厚，在作协创委会的整风会上，不仅提名道姓地批评了乔木、周扬、默涵、白羽，还把矛头指向时任作协书记处书记、《人民文学》主编兼创委会研究室主任的文井，轻率而尖刻地批评他"不学有术"。这四个字的言外之意是文井虽有组织工作能力、有办法，但读书不多，没多少学问，对很多问题的看法不是照本宣科，就是老生常谈，缺乏自己独特的见解。针对我的批评，反右后，文井在批评帮助我的整风小组会上就作了回答："你对我的一句话，我不计较。不学，的确有点不学，但说一点不学，也不公平。"时隔二三十年，他对这件事还记忆犹新。可见我那句不近情理、带有嘲讽的话是多么深刻地烙印在他的心坎上。随着时间的推移，我越来越多地了解到文井早就养成彻夜苦读、持之以恒、中外名著涉猎甚广的习惯时，我愈加感到歉疚和不安。设身处地想一想：当年政治运动、文艺批判没完没了，他又身兼数职，杂务缠身，怎么可能坐下来从容地读书、研究作品呢。我慢慢地尝到组织工作的甘苦，对文井当年的处境又增添了几分同情和理解。我为自己不分皂白、信口雌黄而懊恼不已。

80年代中期，作协儿童文学委员会一度改为创作委员会下的儿童文学组。1986年，作协和文化部在烟台联合召开全国儿童文学创作会议。会后,作协主席团作出了《关于改进和加强少年儿童文学工作的决议》,决定恢复儿童文学委员会。书记处让我去看望文井,向他汇报烟台会议的情况。我第一次走进他新搬进的红庙北里文化部宿舍。那是四室一厅,比他原来住的三间平房宽敞了一些,但客厅、书房仍很小。当我向他谈起调整儿委会人选的设想,作协书记处真诚地希望仍然由他来挂帅时,他当即表示:如作协领导认为合适,他可以考虑接受,但有一个条件,即作协必须有一位实际负责人担任副主任,把担子挑起来。他还明确地提出,希望我担当这个工作。当我谈起自己不搞儿童文学创作,在儿童文学界,无论是资历、成就和声望都不够格时,文井回忆起50年代初作协编选第一本《儿童文学选》的情况。他说,王蒙的《小豆儿》,还是你发现后向我推荐,我才在序言中称赞了这篇作品。你后来还写了一些儿童文学评论,对儿童文学情况还是熟悉的。由于文井的举荐,从1986年开始,我作为他的助手,操办作协儿委会的日常工作。开头几年,凡是较为重要的事情和活动,我都听取他的意见,得到他的首肯,我才去组织、运作。我们合作得很密切、愉快。1995年10月,在文采阁庆贺文井的80华诞时,我满怀深情地举起杯来:"为我的第一个上级,至今依然带领我前进的文井同志干杯!"后来,由于文井年届耄耋,精力日衰,我向他汇报工作时,他拍着我的肩膀说:"沛德,今后一些事情你做主去办就行了,用不着征求我的意见。我们共事那么多年,我还信不过你啊!"1997年,我终于接过文井传递给我的接力棒,勉为其难地挑起了儿委会主任委员的担子。

为庆贺建国50周年,作家出版社编选一套展示新中国文学成就的《名作文库》,其中儿童文学卷由文井担任主编,我任副主编。真可说是一种缘分,50年代我协助文井编《儿童文学选》,时隔40多年,我又有幸同他一起编《名作文库》。我和出版社的白冰、石湾等去拜访文井。当石湾汇报这套书的基本构想、编选进度,提到"老束是副主编,前期工作已做好,列出了拟选篇目,还开了座谈会"时,文井目不转睛地看着我,对石湾称我为"老束",似乎很惊讶,因为在他心目中,我仍然是"小束"。我说:"小束已经 68 岁了,刚到作协时 21 岁,干了 47 年,去年已退休。"这时,文井又回忆起作协往事,再次谈起 1952 年他带着两个秘书来筹建作协的事。接着,他又问起:"前些日子看到你写的一篇文章,回忆刚到作协当秘书的事,提到三四个人,唯独没有提到我。"我马上告诉他:"我写的那篇《我当秘书的遭遇》,开头就提到你在中宣部同我谈话。刚才在车上我还向他们谈起你带我来作协的经过哩,怎么会不提到你呢?"石湾也赶忙为我做证。这时,文井又认真地重复了一遍:"就是没有。"后来,我推断文井看到的可能不是刊物上发表的全文,而是经过文摘报删节的摘要。文井原是个散淡的人,在这件事上那么较真,又一次教育我们:对待历史,对待重要事件,来不得半点含糊。写回忆录、传记等纪实文章,一定要尊重事实,以翔实的史实为根据,不能虚构,更不能胡编乱造。

近些年,我很少登门拜访文井老人了。但每逢过年过节,我还是会寄张贺卡或打个电话问候他。我出了不多几本书,书一出来,也总及时寄去求教。他也一直关心我这个老部下。90 年代初,当我在政治上、工作上一度处于困境时,他十分体贴地开导我:"不要有任何个人得失的考虑,把曾当过作协书记啊、不满 60 岁就不能工作啊等等这一些想法都彻底扔掉。根据自己的条件,订一个计划,读一点书,选一两个题目,研究一些问题,使精神有所寄托。不要急于拿出成果,一点一滴地积累。要尽可能保持心态平衡,精神愉悦,多到户外活动活动。"从思想、工作到生活、健康,方方面面都关照到了,真可说是无微不至啊!

再过几天,作协儿委会就要去南京、扬州开 2005 年年会。此时此刻,我多么盼望文井同志突然回到我们中间来,同久违了的儿童文学界朋友见面叙谈,再次倾听他那充满睿智、幽默的谈话,触摸他那纯真的、永不泯灭的童心。文井同志,回来吧!儿童文苑真需要你这样的领军人物啊!

2005 年 10 月

亦师亦友的沙汀

前些日子，我住招待所十多天，参加宋庆龄奖的评委会。评选工作一结束，回到家里，就着手处理半个月积压下来的、一些亟待回复的信件。第一封回信就是写给沙汀同志的。因为11月中旬，他让秘书代笔给我写了一封信，说是我寄去的文学评论集早就收到了，"肺部老毛病又犯了，一住院就是三个多月，整得人痛苦不堪。10月26日才出院，目前身体仍很虚弱，所以没有及时给你回信"。在这封信中，他还写道："最近秘书给我读报，有消息说多饮绿茶可以防癌治癌，我立刻想到你。我们中国茶文化的历史最长，饮茶可以说有百利而无一害。你不妨试试，多喝绿茶，对身体会有好处。"一个耄耋之年的老人在病中还如此关心我这后生晚辈的病后疗养，心中不由得升起一缕感激之情。我在回信中，恳请他在寒冬时节注意护理，多加保重，特别是对失去交往数十年、亲如手足的老朋友艾芜同志，务必控制自己的感情，千万不要因此过分悲伤而影响自己病后正在恢复的身体。我还随信附去前不久为一位青年文学评论工作者所著《跋涉与寻觅——沙汀评传》一书写的"代序"，想听听他老人家的意见。因为沙汀过去曾不止一次地提醒我，写文坛上的人和事，倘若写到他的时候，千万慎重，实事求是，掌握分寸。万万没有想到，我刚封上这封信，还没有来得及发出，就传来沙汀同志于当天凌晨逝世的噩耗。我顿时沉浸在无限悲哀和惆怅之中。面对着案头这封未发出的信，长时间地沉默和发愣了。我后悔没有早几天回信，把我的真挚的问候带给他老人家，让他再次感受到"忘年交"的情谊和温馨。我也后悔去年秋天出差在外,没能赶往绵阳参加祝贺沙汀创作六十周年暨沙汀作品研讨会,以更多地了解沙汀,学习沙汀。尤其让我后悔不已的是,我早已告诉他,打算趁明年 8 月去成都参加一次儿童文学研讨会之际,去看看他的新居,尝尝他最爱吃的川味菜肴,同他再一次海阔天空地聊天、谈心。他曾回信表示:四川变化很大,很值得来一趟。期待着你和你夫人到我家做客。如今,这一切都成了圆不了的梦,从此再也见不到我所熟悉的沙汀同志的音容笑貌了,再也听不到他在为人作文方面对我亲切而又直率的教诲了,我心里怎么能不感到痛苦呢?!

我结识沙汀同志是在 50 年代初。跨进文学门槛之后,我的第一个上级是严文井同志,第二个上级就是沙汀同志。1953 年 4 月中国作家协会成立创作委员会时,沙汀担任副主任,主持日常工作。我那时是个 20 出头的年轻人,担任创委会秘书,并编辑《作家通讯》,沙汀正是我的顶头上司。沙汀给我最初的印象是工作十分谨慎细致,一丝不苟,作风平易近人,没有一点架子。那时创委会每个季度要向作协主席团作一次创作情况汇报。沙汀总是同创委会秘书室的同志一起阅读作品,一起讨论当前文学创作的情况和问题,共同商量应当肯定哪些好的或比较好的作品,指出创作中存在哪些值得注意的动态和倾向。对我们起草的《创作情况汇报》,他在统改全稿时,总是要反复推敲,字斟句酌。《作家通讯》从创刊号到第 11 期,也是由沙汀负责终审的。至今,我的眼前还清晰地浮现着他当年坐在临窗的写字台前,聚精会神地用蝇头小楷仔细修改汇报材料或《作家通讯》稿件的情景。他那专注的神情,令人难以忘怀。

我还记得,创委会成立后的第一件事,是组织关于社会主义现实主义的学习。在京的四十多位作家、评论家和文学界的领导骨干参加这次学习,是作为全国文协(作协的前身)第二次代表大会的思想准备的。根据这次学习的结果和大家的要求,创委会又决定各创作组进一步展开具体作品的研究和讨论。当时建立了小说散文、诗歌、儿童文学、剧本、电影剧本、通俗文学等创作组,讨论了《三千里江山》《菊花石》《宋景诗》、诗的形式问题以及苏联作家安东诺夫的小说、波列伏依的特写等作品。沙汀作为各创作组活动的总调度员，带领创委会秘书室的同志作了浩繁的组织工作。有时，他还亲自出马组织作家发言，我就曾随他去北大校园约请吴组缃同志在《三千里江山》讨论会上发言。50年代初，自由讨论和争鸣还没有蔚然成风。讨论会上的一种观点、一种意见，有时被误认为代表会议主持者的态度。一两位同志在发言中指出了某部作品的缺点和不足，可能稍微偏激一点，有时又被说成是对整个作家和新的创作成绩的否定。在这种情况下，易激动的沙汀也不能不耐下心来倾听各种不同的意见，承受种种非议、指责的压力，并出面做协调、化解矛盾的工作，以引导讨论和批评的健康发展。凡遇比较重要的情况和问题，沙汀总是和荃麟同志商量，十分尊重荃麟的意见，这样，工作中一些难题大多也就迎刃而解了。

我与沙汀可说是忘年交，当我还是个二十一二岁的小青年时，他已是年近半百的准老人了。然而年龄的差距并不妨碍我们心灵的沟通。我们住在同一个院子里约有两年光景，可说是朝夕相处。有两段时间，沙汀的夫人不在北京，他成了寂寞的单身汉。那时我也还没结婚。每到周末傍晚或星期日，他常常闯到我的房间门前，用浓重的四川口音大喊一声"束沛德"，约我到饭馆去打牙祭。东安市场的"五芳斋"，西四的"恩承居"，新开胡同的"马凯"，都是我们光顾过的地方。边吃边聊，海阔天空，无所不谈，兴致勃勃。他不止一次地向我吐露：北京不是久留之地，自己也不适合做创委会的工作，还得争取早日回四川去深入生活，从事创作。我1956年底结婚时，沙汀已和我分处两地。后来他来京开会时，还特意补送我们一块绸料台布作为礼物。至今这块台布还覆盖在我家冰箱上哩。

从1955年初沙汀离开创委会回四川，三年多后我也调往河北工作，到1978年春沙汀又奉调来京，这中间二十多个春秋，我们之间除了偶尔通信，或在开会时见上一面外，就很少联系了。十年动乱的噩梦醒来，迎来了历史新时期的曙光。1978年春，我从报上刊登的全国政协委员会名单中,见到了沙汀的名字,分外喜悦,当即写了一信寄往政协会议秘书处转沙汀,没过几天就收到了他的复信。那时,我在河北一所工科院校做秘书工作。在"四害"横行的年代,我也由于一度当过周扬的业务秘书,写过几篇宣扬所谓"黑八论"的文章,而被看作文艺黑线的"危险人物""大红人""小爬虫",迟迟不予恢复组织生活,最后被踢出文艺界,打发到一所与我所学所长毫不沾边的机电学院去了。沙汀了解到我的处境,在回信中热情地勉励我找机会归队,回文学战线工作。后来经过他多方联系,在全国文联、作协恢复工作时,终于我又回到了文学岗位。从此,我们的接触和交往又频繁起来。我们有过多次自由的、无拘束的话题广泛长谈,当然谈得最多的还是文学创作问题和文艺界的信息、动态。

在 1984 年秋天的一次谈话中,沙汀向我谈起,最近正在思索建国 30 多年来,特别是"文革"前 17 年文艺工作的经验教训。他说:我反复考虑着一个问题,为什么很多富有经验的老作家建国后没写出多少有分量的作品?茅盾当了文化部部长,也就写不成小说了。巴金还是他以前写的那些中长篇。张天翼除了写了一点儿童文学,也没写多少。艾芜写得不算少,但写得好的,还是《南行记续篇》这类题材的作品。周立波情况稍好一些,写出了《山乡巨变》等。沙汀认为,之所以造成这种状况,有两点值得我们思考和总结:一是我们安排作家当这个"代表"、那个"委员",或者是当局长、主席,陷在文山会海之中,没有多少创作时间,加上各种运动、学习,作家不能深入到生活中去,在群众中扎根。照顾作家,主要不是让他们当代表、当委员,而是应当给他们提供较好的创作条件、生活条件,切实保证创作时间。二是在创作题材上,一定要贯彻百花齐放,坚持多样化。不能把写重大题材、现实题材,强调到不适当的程度,而忽略了其他方面。每个作家都有他熟悉的一个方面、一个地方,有他的优势和擅长,老舍写北京,李劼人写成都,艾芜解放后虽曾下鞍钢,但他的生活积累主要还是《南行记》时期的。让作家写新的生活、新的人物,只有在他真正熟悉并有了真切的感受、体验之后。沙汀还以自己的生活和创作实践为例,说是因为头脑中有不少条条框框,长时间不敢写自己熟悉的生活,不敢写反面人物——解放前夕到解放初期的恶霸、豪绅。一直到20世纪80年代,才冲破思想牢笼,放开手脚,写出了中篇小说《红石滩》。

沙汀说的这两点,是他的切身体会,是积数十年之经验作出的总结,确实值得我们深长思之。沙汀建国后自觉地服从党的分配,做了40多年文艺团体的行政组织工作。说实在的,这很难说是"用其所长"。他是一个作家气质很浓的人,一门心思要搞创作,既有生活经历,又有创作才华,如果及早把他从行政工作中解脱出来,让他从事自己所熟悉和擅长的题材的创作,也许我国当代文学的人物画廊里还会增添几个独特的、具有艺术魅力的典型形象哩。

在沙汀60年创作生涯中,无论是在敌后根据地还是家乡的苦竹庵,是在繁杂的行政工作岗位上还是疾病缠身住进医院时,他始终没有放下手中的笔。几十年来,他不仅写出了几百万字的作品,而且一直坚持记日记。1984年秋,他对我说:现在我掌握两点,一是不出头露面;二是集中精力写回忆录,整理自己的文稿、日记。我去看望他时,不止一次地见他戴着老花镜兴致勃勃地在阅读誊写出来的日记。他告诉我:过去的日记,今天读起来,依然觉得很有味道。周总理、陈毅副总理以及巴金、周扬、沈从文、张天翼、严文井、陈白尘等当时的一些谈话内容,在日记中都有记载,既有具体描写,又有对话,昨夜看到十一二点,还不想休息。读到有些地方,自己竟不禁放声笑了出来,甚至坐不住,跳了起来。他坐在一把竹制小椅子上,对我谈起这些情况时,依然兴高采烈,激动不已。

沙汀一再告诫我:要注意记日记,写散文、随笔。切不要小看这件事,干咱们这一行的,凡有所见、所闻、所感,就要记上一笔。并让我珍惜自己目前所处的岗位,把接触到的人和事随时记录下来;乃至把50年代参加作协工作以后,对文学界一些主要人物的言行及几次重大论争的情况,趁着记忆力强的时候,尽量记录下来。这些,以后也许都是最珍贵的历史资料。他还不止一次地提醒我:写文坛上的人和事,一定要实事求是,掌握分寸。当我 1985 年访问匈牙利归来后,他读到我在《人民文学》等刊物上发表的几篇散文,又从成都写信来鼓励我:"你写得不错……满怀信心地写下去吧。不一定都发表,哪怕每天写出几百字,应该把写作当做日课,一天不动笔就算缺勤。"他同冰心、巴金老人一样,主张讲真话,写真情实感,敢以肝胆见人。有一次,他谈到:有的同志对自己,光讲好的一面。一个人哪能没有缺点和弱点呢?巴金就不是这样,他在《随想录》《探索集》《真话集》里,就把自己的真实思想坦露在读者面前。沙汀说,自己在《敌后七十五天》一书中也是写了在敌后的思想情绪的,如想家,想老婆孩子,等等。他多次谈到自己没能在敌后坚持下来,是在一次严峻的考验中不合格。他描述自己写《敌后七十五天》的心情,有点像卢梭写《忏悔录》似的。沙汀这种严于律己、勇于自我解剖的精神,给我留下极为深刻的印象。

晚年的沙汀,可说是百病丛生。那年,已是春暖花开季节,我去看望他,只见面庞瘦削的老头,一个人孤独地坐在一张沙发上,室内温度较低,他穿着棉袄棉裤,着了棉鞋,还围着围巾。没有老伴照顾,儿女又不在身边,生活上困难真不少。他一再对我说:"你看,咋整啊!"当时北京订牛奶还有限制,作协机关开了信,也只能订一个月,沙汀不无牢骚地说:"就凭我这把年纪,也该让吃牛奶呀!"那时,他的级别还没定为副部级,有了病,不能进高干门诊检查。处于这样困难的境地,他不禁发出"人生七十古来稀,活到近 80 岁了,也快见马克思了"的感慨,同时他又不时激励自己:还是要花些时间认真治一治病,加强营养、锻炼,争取早日恢复健康,以便把一些没有做完的事情做完。可是到了 20 世纪 90 年代初,沙汀终因患青光眼,造成双目失明,不能看书读报,也不能写作了。当我听他发出"这下子可苦了"的哀叹时,我为他内心的极度痛苦而震撼。是啊,一个写了一辈子的人,把写作视为第二生命的人,一旦失去了劳动能力,被迫放下紧握了几十年的笔,怎能不感到心如刀割呢?!

每次见面叙谈之后,当我辞别的时候,尽管他步履维艰,颤巍巍的,但总要坚持送我下楼,或送到电梯门口。有一次,他一手搭着我的肩膀,边走边说,依依惜别,最后握别时,深情地说了一句:"好像见面的机会不多了,见一次少一次!"我见他眼眶湿润了,这时我竟说不出一句能给他以慰藉的话来。如今,他已驾鹤仙逝,我们真的再也不能见面,再也不能促膝谈心了。然而,当我翻开手边那本摄影家潘德润拍摄的《文学家艺术家肖像选》,凝视着那张我与沙汀在 305 医院病房里的合影,他那和蔼可亲的面容,那炯炯有神的目光,依然在激励和鞭策我在文学路上继续前行。

1992 年 12 月 30 日

我所敬重的荃麟同志

邵荃麟同志是文学战线上一位杰出的领军人物，一位学养丰厚的理论批评家。在我的心目中，他是一个完美的形象：一个宽厚的长者、温文尔雅的文化人。

荃麟这个名字，对我来说并不陌生。中学时代，在《中学生》杂志上就读到过他翻译的欧根·雷斯的《阴影与曙光》。战火纷飞的1948年，又从思想进步的同窗好友那里，得到从香港辗转而来荃麟主编的《大众文艺丛刊》，从中读到他写的《对于当前文艺运动的意见》《论主观问题》以及评介罗曼·罗兰、悼念朱自清的文章。

第一次有幸见到荃麟，是1952年冬天我跨进全国文协门槛不久。在东总布胡同22号后院楼上周扬主持召开的批评胡风文艺思想座谈会上。我和陈淼担任那次会议的记录。荃麟那清癯和蔼的面容，那条分缕析的谈吐，给我留下难以忘怀的印象。没料到，时隔不久，荃麟来全国文协担任党组书记，并兼任刚刚成立的文协创作委员会主任，和严文井等一起负责筹备召开全国文协第二次代表大会、着手改组全国文协为中国作协的工作。那时，我担任创委会秘书，兼任党组记录，因而也就成了荃麟麾下的一个小兵。我和荃麟之间，虽然还隔着沙汀、张僖、陈淼等好几层，但我仍然有很多机会接触荃麟，聆听他的亲切教诲。

创委会成立不久，就筹办会员内部刊物《作家通讯》。荃麟十分重视这本刊物，抱病写了《关于〈作家通讯〉》一文，署名编者，作为发刊词登在1953年6月出版的第1期上。在这篇短文中，他明确地提出："出版这个刊物的目的,是为了加强作家之间的联系,交流作家创作工作上的经验。"如今,《作家通讯》已出到 137 期,历经几十年岁月沧桑,人事更迭,但荃麟当初定下的办刊宗旨始终没有变。当时,我和陈淼、刘传坤等担负《作家通讯》的编辑工作。荃麟不止一次地对我们说:要同作家保持密切联系,在刊物上经常刊载他们的来信,报道他们深入生活的体会和经验,也要报道作家的创作计划及执行情况和创作过程中遇到的各种问题。这样可以使散处各地的作家互相了解,互相讨论,促进他们在创作上竞赛。他还希望刊物上及时报道创作委员会和各创作组组织会员学习、开展作品和创作问题讨论的情况以及全国文协的重要决定和有关文学刊物、出版、教育、研究的计划和情况,使所有会员能经常了解全国文协的工作动态。他特别赞赏在内刊上登载作家来信,当丁玲、巴金、艾芜、曾克等的来信以及沙汀与戈壁舟的通信一发表,他连声称好,并让我们想方设法把作家之间互相讨论创作问题的信件弄到手。他不仅提出这样的要求,而且以自己的实际行动支持我们的工作。《作家通讯》第 7 期刊载了荃麟《关于长诗〈菊花石〉给李季同志的信》。《菊花石》在《人民文学》发表后,创作委员会诗歌组先后召开了三次讨论会,荃麟也在会上发了言。后来当他看到李季来信,谈及对讨论会上一些发言的反应,觉得还是有些话要说,于是在百忙中拿起笔来,给李季写了一封文情并茂、长达两千多字的回信。他在信中对《菊花石》的成败得失作了具体的、有说服力的分析。这不仅给作者李季以启迪和帮助,同时也为作家之间以平等的态度互相探讨创作问题提供了一个范例。

《作家通讯》上刊登关于作品和创作问题的讨论情况,是作协会员最为关注、最感兴趣的。我还清晰地记得,1953 年 8、9 月间,创作委员会小说散文组先后召开了三次会,讨论杨朔的小说《三千里江山》。会上对这部作品的评价不尽一致,有的赞扬它是文学创作的新收获,有的却认为它是概念化的作品。荃麟参加了讨论会,并在第三次会上作了长篇发言。他对这部小说的题材、主题、人物刻划、细节描写、结构、语言等方面作了具体的、中肯的分析,既热情称赞了它所取得的成就,又实事求是地指出了它的缺点和不足。我们及时把荃麟的发言根据速记记录原原本本地整理出来,请他过目修改后与其他同志在讨论会上的发言摘要一并在《作家通讯》发表,以便让会员对讨论情况有一全面的了解,从中得到启迪。当时荃麟是作协一把手,担子很重,又是带病工作,我们真不忍心再三催促他校阅、修改发言记录稿,但他还是夜以继日挤出时间,赶在刊物发稿前把仔细修改过的稿子送到我们手里。荃麟登在《作家通讯》上的这篇发言已收入1981年出版的《邵荃麟评论选集》,题为《关于〈三千里江山〉的几点意见》。今天读来,依然觉得它是一篇说理透辟,有说服力的好文章。由此,我不禁联想到当今的文学批评,是多么需要提倡、发扬一种实事求是的、健康的批评风气啊!对具体作品,长处说长,短处说短,不作无原则的吹捧,更切忌炒作。从事文学组织领导工作,要像荃麟同志那样,坚持认真阅读作品;以一个作家、评论家的身份参加作品讨论,以平等的态度同作家促膝谈心,交换意见。对作品不是简单地、笼统地表示肯定或否定,而是进行深入细致、入情入理的分析,以理服人。这才是真正的领导艺术,也才能自自然然地体现出对创作的导引。

荃麟作为文学战线的领军人物,他身上具有很多优良品质、作风,值得后来者学习、发扬。比如,他忘我工作,不遗余力;勤于学习,勤于思考;严谨细致,一丝不苟;等等。给我印象最深的是他那亲自动手、亲自动笔的习惯。1954年下半年文坛进入多事之秋,批判《〈红楼梦〉研究》,批评、检查《文艺报》,批判胡适,批判胡风接踵而至。批判斗争情况和处理意见都要及时向中宣部并中央请示报告。我记得,这些请示报告大多出自荃麟的手笔。我担任党组记录,打印好的文件往往先由我校对一两遍,然后再由荃麟亲自校阅定稿。打字员不熟悉荃麟的笔迹,很多字句辨认不清,常让我呆在打字室帮助排难解惑。当时斗争很紧张,白天开会,荃麟往往开夜车起草报告,尽管他体弱多病,瘦骨嶙峋,但为了赶任务,有时不免通宵达旦地干。他又特别认真细致，一个文件修改两三遍，打印至三稿、四稿，是常有的事。由于校对任务在身，有时我得深更半夜守候在旁；回绝女朋友的周末约会也习以为常了。回过头来看，在荃麟身旁工作了一两年，身教言教，耳濡目染，对我后来能成为一个尚算称职的秘书，应该说是起了培训作用。也是从那时起，我更加重视学习理论和党的方针政策，更加注意丰富自己的文化知识，更加讲究文字的准确、规范。

荃麟对年轻干部的关心、爱护，我是感同身受的。我到全国文协时，刚满 21 岁，积极肯干，也算有一点工作能力、文字水平，因而很快得到领导的信用。然而好景不常，时隔不久，就被卷入反胡风斗争风暴。我因为所谓"严重泄密"而受到批判、处分。这不能不让我感到辜负了组织的信任，在荃麟等同志面前，一度抬不起头来。前些年，当作协老秘书长张僖读到我在《难忘菡子》一文中，谈及时任创委会副主任的菡子帮我修改请求减轻处分的报告一事，张僖告诉我，当年荃麟曾为你说了话：束沛德从学校出来不久，年轻，没有斗争经验，承认错误，从错误中吸取教训就好了！尽管是几十年前的事了，如今却仍让我深切地感受到荃麟关爱年轻人那份暖融融的情意。他是恨铁不成钢啊！

我最后一次听荃麟讲话，是在 1957 年 10 月底反右后，作协动员整改的大会上。他说："十年树人。我们要用革命的精神培养工人阶级自己的知识分子，特别是党员知识分子、青年知识分子。年轻人要到劳动中去锻炼，到基层工作中去锻炼；还要有志气，下苦功，多读书，多调查研究。"他的这番蕴含深切期待的话，深深刻印在我的心坎上。我自觉地、毫不犹豫地响应了党的召唤，报名下放农村劳动。即将下放之前，荃麟在办公大楼的走廊里碰见我，拍着我的肩膀，热情地鼓励我："下去好好锻炼，将来会成为有用之材！"

下放河北涿鹿、怀来一年半后，我调离作协，到河北工作。从此再也无缘聆听荃麟那轻声细语、情真意切的谈话了。20 世纪 60 年代批判荃麟提出的所谓"中间人物论"后不久，这个人物就从文坛上消失了。

荃麟同志为新中国社会主义文学的发展，呕心沥血，披荆斩棘，做了大量开拓性的工作。他可是一个不该被文学界、文化界遗忘的重量级人物啊！

2006 年 12 月 2 日

"老马可要识途哦！"

卓越的诗人、文艺理论家、鲁迅研究家冯雪峰同志离开我们已经四十年了。

第一次见到雪峰，是建国之初在复旦大学校园里。那时我读新闻系，选修了中文系许杰先生的"文学批评"、唐弢先生的"现代散文诗歌"，原本也想选修兼职教授冯雪峰的"文艺理论"，因为报名晚了，未能如愿，只好旁听。尽管已是六十多年前的事了，但当年雪峰讲授"文艺理论"的生动情景依然清晰地浮现在眼前。教室里座无虚席，慕名而来的有时得站在教室旮旯里或趴在窗户上旁听。青年学子一个个凝神屏息地聆听雪峰用浓重的浙江义乌口音讲文学艺术的特征、文艺与政治的关系。他强调文学作品首先得是艺术品，然后才谈得上具有政治性、思想性，这个观点至今深深烙印在我的脑海里。

在复旦，我就读过雪峰的《鲁迅和他少年时代的朋友》，觉得挺生动、亲切。离开校园，走上工作岗位前后，我如饥似渴地读到雪峰新出版的《回忆鲁迅》、《论文集》第一卷，这就使我对伟大鲁迅的人品、文品有了更深入、完整的了解；同时也情不自禁地赞叹雪峰的独特经历和文学才能。

真可说是一种缘分。1952年初冬时节，我跨进东总布胡同22号全国文协（作家协会前身）大门，就有机会近距离接触雪峰同志。当时作协党组成员有周扬、丁玲、冯雪峰、邵荃麟、萧三、沙汀六位。荃麟调来作协前，雪峰一度担任作协党组书记。我那时在作协创委会任秘书,兼任党组记录。这几位享誉文坛的党组成员,都是大忙人,白天各自忙自己的工作。为了凑到一起开会,党组晚上加班开会是常有的事。搞文艺批判、政治运动,晚上开会就更是家常便饭了。我常常在暮色苍茫中,站在22号作协大门口,迎候几位不在机关住的党组成员。最先迎来的往往是自喻为"笨鸟先飞"的雪峰同志。他不坐公家的车,从朝内大街人民文学出版社或家里,独自步行到作协机关来。每逢寒风凛冽或雪花纷飞,他则会自己雇一辆人力车赶来。当我看到年过半百、面容清癯、衣着素朴的他,从人力车下来自掏腰包付车费时,不禁引起这样的感慨:按职务、级别,他是完全有资格让单位派车的呀,可他依然保持艰苦朴素的作风,事事、处处严格要求自己。毕竟是经历过二万五千里长征磨练的老干部啊,真是让人感佩。

我记得,1953年春夏之交,为了做好二次文代大会思想、理论上的准备,全国文协组织在京四十多位作家、批评家和文学界领导干部学习社会主义现实主义理论。荃麟因病缺席,由雪峰代为主持。这次学习着重讨论了:对社会主义现实主义的理解及其和过去的现实主义的关系与区别问题、关于典型和创造人物的问题、关于文学的党性、人民性问题、关于目前文学创作上的问题。每个专题学习讨论结束时,都由雪峰作小结。我担任记录,会后我根据十四次讨论会上的发言和雪峰的小结,综合整理成一篇八九千字的《记全国文协学习社会主义现实主义》的报道。在《作家通讯》刊出前,我恳切地希望雪峰同志过目,他一再表示:"不用看了,你很细致,我相信不会有多少差错的。"他对年轻人的放手任用,我至今铭记在心。后来,我从《文艺报》上读到他写的《英雄和群众及其它》。这篇文章是他根据在学习会上的几次小结写成的,文中论述的英雄和群众、典型化并非"理想化"、否定人物的艺术形象、关于党性、关于讽刺等,都是学习会上集中讨论、存有争议或认识还不够深透的问题。雪峰从理论的高度加以概括,作了针对性很强、富有真知灼见的回答。这篇条分缕析、说理透辟的文章,比起我写的那篇学习情况报道来,在理论的系统化、深刻性、说服力上，真可说是有天壤之别。我由衷佩服作为文艺理论家的冯雪峰的智慧和才情；同时也激起我在思想、理论、业务上进一步学习提高的热情。

1953 年召开第二次文代大会，据林默涵说，原来准备请胡乔木同志作报告；后来毛主席说，还是由文艺界的同志来作为好。开头，冯雪峰接受了这一任务，起草出题为《关于创作和批评》的报告。他在报告中批评了当时创作中存在的公式化、概念化的倾向，结果却被认为"实际上是批评党的领导"。雪峰的报告被否定了，不能用。最终是由周扬在二次文代大会上，作了《为创造更多的优秀的文学艺术作品而奋斗》的报告。在二次文协代表大会上，则由茅盾作了题为《新的现实和新的任务》的报告；邵荃麟作《沿着社会主义现实主义的方向前进》的总结发言。雪峰的报告被否定，是不足奇的，这是与他一贯坚守文学的基本品质、强调文学艺术特征分不开的。1953、1954 年间，在作协主席团会议上，他不止一次地对配合政治、赶任务的公式化、概念化倾向，进行尖锐的、毫不留情的批评。对著名的非党作家老舍的配合政治任务、缺乏生活和艺术生命力的作品，如《青年突击队》等，他也直言不讳、一针见血地予以批评，以至招来了"影响党与非党作家团结"的指责。作为一个读者或文学工作者，我当时却不仅认同雪峰那鲜明的文艺观点，还十分赞赏他那倔强执拗的脾气、性格。

1954 年可说是文艺界多事之秋。10 月 16 日毛泽东主席写了《关于〈红楼梦〉研究问题的信》。紧接着，10 月 28 日《人民日报》发表袁水拍写的《质问〈文艺报〉编者》，严厉批评《文艺报》在转载李希凡、蓝翎的《关于〈红楼梦简论及其它〉》一文时所加的按语中，表现出来的对资产阶级唯心论的容忍依从和对于青年作者的资产阶级贵族老爷式的错误。作为《文艺报》主编的冯雪峰，首当其冲地被卷入批判运动的风暴之中，承受了巨大的压力，不得不公开发表文章《检讨我在〈文艺报〉所犯的错误》。就在对《〈红楼梦〉研究》批判展开后不久，雪峰心目中的良师净友、一位中央领导同志在北京饭店与他谈过一次话,他情真意切、语重心长地对雪峰说:"二马先生,老马可要识途哦!"此时此刻,1927入党、对党怀着深厚感情的雪峰,怎么能不感到有负于党和人民,怀有"深刻的犯罪感"呢。老马识途,他又何尝愿意迷失方向,走上歧路。他是多么渴望引领文学队伍走上一条康庄大道啊!

批判《文艺报》错误,解除了冯雪峰的主编职务。时隔不久,作协创委会秘书室负责人对我说:中宣部要研究冯雪峰的文艺思想,林默涵来电话要雪峰在社会主义现实主义学习会上的发言记录。让我立即把雪峰的几次发言整理、打印出来,上报中宣部。当时我预感到处在批判《〈红楼梦〉研究》风口浪尖上的雪峰,在众目睽睽之下,即将遭遇更加严厉的挨批挨整的厄运。

果然不出所料,在反胡风、反丁陈反党集团、反右派斗争中,把雪峰与胡风、丁玲、陈企霞都串连到一起,对他进行了火力越发猛烈的批判,明枪暗箭,终于把他击倒在地了。这时的我,由于反胡风斗争中犯了所谓"泄密"错误而受到批判、处分,已无缘近距离接触雪峰,也无缘目睹那剑拔弩张的批判丁、陈集团的作协二十五次党组扩大会了。

2016 年 12 月 15 日

团泊洼畔忆小川

两三个月前，正值深秋时节，我赴天津参加"童话与儿童阅读"研讨会，有机会在团泊洼温泉度假村小住。一踏上团泊洼的黄土地，就不禁想起战士兼诗人郭小川的名篇《团泊洼的秋天》《秋歌》。"战士自有战士的性格：不怕污蔑，不怕恫吓；/一切无情的打击，只会使人腰杆挺直，青春焕发。""战士的歌声，可以休止一时，却永远不会沙哑；/战士的眼睛，可以关闭一时，却永远不会昏瞎。""清清喉咙吧，重新唱出新鲜有力的战斗歌声……"这些激情似火、铿锵有力的诗句在我的耳畔缭绕不绝，我沉浸在对小川无尽的怀念之中。

我与小川同志相识，是他于1955年秋调来中国作家协会担任秘书长之后。我与他朝夕相处，只有短短的两三年时间。那时我在中国作协创作委员会工作，正因在反胡风斗争中犯了所谓"严重泄密"错误而受到批判、审查，尚未作出"与胡风集团没有组织联系"的结论，可说是处于一种极其尴尬的困境。我虽不在小川直接领导下工作，但他作为秘书长也不时关注创作委员会的工作。在办公室，在会议室外的走廊里，一有机会，他就会同我聊上几句，不时向我询问：最近读到哪些好作品，发现什么文学新人，年度作品选编得怎么样，组织作家写反映社会主义建设的特写进展如何，等等。1956、1957年，我发表了评欧阳山童话《慧眼》、评柯岩的儿童诗等文章之后，他都热情地给予鼓励："你爱动脑子，有一定的艺术鉴赏力，敢于提出问题，善于发现一个作家作品的独特之处，文笔也不错。""你很年轻，要多读点书，多动动笔，把基本功搞扎实，争取成为一个有胆有识的文学评论工作者。"他还不止一次地表示:"为少年儿童写作很有意义,但要写得让孩子爱看,并不是一件容易的事;今后有机会我也要试一试。"

在我的心目中,小川是一个大写的人,率真的人,一个心地善良、感情丰富、有血有肉、有棱有角的人。他有一颗火热的心,浑身充满青春活力,他的心永远与年轻人紧紧地贴在一起。在 20 世纪 50 年代,他唱响的时代强音《投入火热的斗争》《向困难进军》,像战斗的号角召唤了、激励了成千上万青年公民。至今我的耳边依然回响着他当年高歌的"斗争/这就是/生命,/这就是/最富有的/人生。""我要号召你们/凭着一个普通战士的良心/以百倍的/勇气和毅力/向困难进军"。这些热情澎湃、富于鼓动性的诗篇,当年对我这样一个刚挨了批判、一度抬不起头来的年轻人,曾起了难能可贵的点拨作用,重新点燃起我振作精神、继续前进的热情和勇气。在日常不多的接触中,从他的言谈话语里,我也深深地感觉到,他待人真诚,平易近人,没有一点架子,并没有因为我"待审查处分"这样一种处境而疏远、歧视我;相反还明显地流露出对一个在磨练中成长的年轻干部的理解、同情、关爱和期待。

1957 年春天,百花齐放、百家争鸣方针的贯彻,曾一度给文艺界带来新鲜、活跃的空气。整风运动开展后,中国作协派我到各地调查了解文艺界开展"鸣""放"的情况。出发前秘书长郭小川同我谈了话。他让我按照周扬在刊物编辑座谈会上鼓励鸣放、着重反对教条主义和对待科学艺术的官僚主义、行政命令方式的讲话精神去进行调研;并一再叮嘱我:每到一地,首先要听取当地党委和宣传部的意见,要多同作家协会分会领导交换看法和意见。正因为事前打了预防针,心里有了底,加上不久前在反胡风斗争中受过批判、处分,说话、办事都比较谨慎,这样才使我的东北之行适可而止,没有走得太远。我完成了郭小川交代的搜集材料,为作协编的《文学动态》尽快写出情况简报,供领导参考的任务。只是由于我过分积极,主动采写了《访长春几位作家》《东北文学界鸣放剪影》两篇通讯报道(一篇已在《文艺报》刊出,另一篇也已打出校样),从而在反右派斗争中,招来了"煽风点火于基层""替右派分子鸣锣开道"的严厉批判。到运动后期,包括郭小川在内的作协整风反右领导班子姑念我没有为"丁、陈反党集团"翻案的言行,也没有为自己在反胡风斗争中受批判、处分鸣冤叫屈,最后定为严重右倾错误而放我过关了。我之所以侥幸没有跌入右派的万丈深渊,细想一下,真还不能不感激小川在风雨袭来前的提醒和关照哩!

小川是一个勇于探索、敢于创新、在艺术上不懈追求的诗人。他追求民族化、大众化,但在形式上不拘一格。楼梯体、自由体、民歌体、新辞赋体,他都做过尝试,并都有自己的独创性。尤为难能可贵的,他的叙事长诗《深深的山谷》《白雪的赞歌》《一个和八个》等,在题材选择、主题开掘上敢于突破,敢为天下先,大胆触及爱情、人性、悲剧等当年十分忌讳的禁区,在艺术构思、人物形象塑造上,力求有新颖独特的创造。本来,创作上的这些探索、尝试,是很正常,理应得到鼓励的,但在"左"的思潮泛滥的情势下,它是不可能被允许、包容的。于是在1959年秋、冬之交,郭小川遭到"晴天霹雳"般的批判。

也就在这之前不久,1959年7、8月间,我结束在河北怀来的下放锻炼,即将调离中国作协去河北省文联报到前,在一个下午到黄图岗胡同6号院看望了郭小川。当我告诉他:县委书记对我说,按上级的精神,各级党委都要有自己的秀才。县里同作协商量,决定把你长期留下来;可你的行政、工资关系、人事档案由北京往县里转时,被河北省委组织部卡住了,说是决定调你去河北省文联。现在县报(《怀来报》)停办了,县里也只好放你走了。郭小川听后,不无惋惜地表示:作协创委会虽然撤销了,但创研室、《文艺报》等单位都需要人。放你走,也不知是谁定的?事已如此,也无法改变了,只好让你去河北了。我明显地感觉到,他表现出一种无奈的、爱莫能助的情绪。我了解,他是很爱才的,虽然我只是一个年轻的普通干部,多少有点组织能力、文字能力,算不上什么人才。

过了一段时间,听说他在作协反右倾整风中受到批判。实际上,他在 8 月份与我谈话的时候,已经对作协没完没了的批判、斗争和日常繁杂、琐屑的行政事务感到厌倦,要求调离作协到下面去工作。当然,在当时的背景、处境下,他还不便向我这样一个并非深交的年轻人表露自己的情绪和愿望。他仍然出于公心,为作协工作、文学事业着想,表达了不愿放走我这么一个多少还有点用处的干部的想法。他自己想离开作协而又想把我留在作协,这看似矛盾的思想、态度,在作为诗人、文学组织者的郭小川内心深处,同样都是真实的,并非虚情假意。小川就是这么一个真实的人,诚挚的人。

小川离开我们 30 多年了。十年浩劫、极"左"顽症摧毁了这么一个有理想、有追求、有作为、有才华的战士兼诗人。在团泊洼,同文友谈及小川其人其事,仍不禁扼腕叹息、悲愤交集。令人欣慰的是,随着岁月的流逝,时间的过滤,小川的名字和他的作品愈加光彩熠熠。郭小川,千万人民心中的诗、心中的歌。战友、文友不会忘记他,读者大众不会忘了他,文学史家也不会忘了他。

2010 年 1 月

难 忘 菡 子

　　我最初知道菡子这个名字,是建国之初在复旦大学读书的时候。那时星期天稍得空闲,喜欢到福州路逛书店。我囊中羞涩,只能用有限的零花钱选购几本自己心爱而又便宜的书。我记得,当时买回的多种特价书中,就有菡子最早的一本作品集《群像》,那是1948年东北光华书店出版的。从这本集子里我读到她那篇博得好评、荣获解放区文学奖的短篇小说《纠纷》。随后,我又从上海《解放日报》上读到她写的《棕丝事件》等作品。引起我格外注意的是,1951年以冯雪峰为首的中国作家访苏代表团,灿若群星的15位代表团成员中,菡子是唯一的女性。抗美援朝,她又是奔赴前线的为数不多的女作家之一。读了她从朝鲜战场归来写下的《和平博物馆》《从上甘岭来》等情真意挚、感人至深的散文,我深切地期盼有朝一日能结识这位从枪林弹雨中闯荡过来的女作家。

　　没想到,时隔不久,机缘来了。1956年早春二月,菡子调来中国作家协会担任创作委员会副主任,我当时是创委会秘书,她成了我的顶头上司。我在她麾下整整当了一年助手。这一年,菡子对我的激励、教诲,在我的人生之旅中留下了难忘的印痕。

　　菡子对散文情有独钟,她是富有艺术个性的散文家,也是散文小品的富于激情和识见的吹鼓手。1956年春天,陆定一同志在怀仁堂作了题为《百花齐放,百家争鸣》的讲话,给沉寂的文艺界带来了几分暖意。散文小品这条小溪也开始欢腾、喧闹起来。《人民日报》八版差不多每天都在头条位置发一篇加上花边的千字文。各报刊所发散文小品的长短得失,成了我们创委会同事饶有兴味的热门话题。菡子也不时参加到我们的自由讨论中来。她喜不自禁地向我们推荐新发现的散文佳作,特别赞赏何为的《第二次考试》、万全的《搪瓷茶缸》、筱石的《入学》等短小随笔式散文。她说,这些散文好就好在它们都是记述作者蕴蓄已久、感触最深的人和事,文中表达的真情是从心灵深处流泻出来的。她强调散文的基本特色是"由小见大"。在短短的一两千字中往往蕴含着耐人咀嚼、回味的思想内涵。情景交融、诗意盎然、精巧别致、清新流畅,是她所推崇,也是她所追求的散文的极致。她的这些艺术主张、见解,对我产生了潜移默化的影响,启迪我鉴赏作品时更好地把握"以情感人"的艺术特征,更细致地揣摩、品味诸多作者不同的创作风格和艺术特色。在她的点拨下,当年我写过一篇题为《打开了生活的窗子》的短文,评介何为的散文《两姊妹》《第二次考试》。稍晚一些时候,还写了一篇较长的题为《情趣从何而来?——谈谈柯岩的儿童诗》的评论文章。从我这些稚拙的文字所赞扬的"沁人心脾的诗意和美感""富有情趣的构思和想象"之中,不难找寻到菡子那些艺术识见的蛛丝马迹。这里,还有一件事不能不提到:50 年代中期,中国作协编选年度创作选集,最初是把散文、特写合为一卷的。进入 1956 年,由于散文小品创作的活跃、兴旺,在菡子的鼓吹、推动下,决定把散文小品与特写分开,由著名编辑家、翻译家林淡秋(时任《人民日报》副总编辑)终审并作序的《1956 散文小品选》,面对那些久违了的,而又十分熟悉的作品篇目和作者名字,不禁回想起当年在菡子主持下披沙拣金、精心编选的情景。这个至今仍不失为上品的散文选本,浸透着菡子多少深情和心血啊!

菡子本是个一身戎装的"三八式"女兵,坎坷的经历,困难的磨炼,战斗的洗礼,铸就了她顽强、坚毅的品格和气质。然而,童年的不幸,江南的山水,文学的熏陶,又赋予她心地善良、感情细致、极富同情心的女性特征。1956 初春时节,初次接触菡子时,我正处于受组织审查,静候处理的困难境地。那时还没有作出我"与胡风反革命集团没有组织上的联系"的结论。我背着思想包袱,灰溜溜的,抬不起头来,带着一种"不求有功,但求无过"的消极情绪应付着日常工作。在这种情况下,菡子没有疏远我,歧视我,而是以一种又是师长又是老大姐的亲切态度接近我、关心我、鼓励我。她一再诚恳地叮嘱我:"千万不要因为碰了钉子、栽了跟头而消沉下去,你还年轻,要朝前看,振作起来,积极投身到工作中去。""吃一堑,长一智,重要的是从错误中吸取经验教训,使自己变得更加聪明、坚强一些。"她在同我的倾心长谈中,动情地讲起《钢铁是怎样炼成的》中的保尔·柯察金、英雄母亲留芭夫·柯斯莫提绵斯卡亚所写《卓娅与舒拉的故事》、《把一切献给党》中的"保尔"式英雄吴运铎,用她由衷崇敬的这些英雄形象来激励、鞭策我,希望我自觉地接受严峻的考验,从困难和挫折中勇敢地闯过去。

在创委会的日常工作中,菡子仍然把我当做业务骨干使用,一次又一次地给我压担子,让我参与组织一百多位作家采访全国先进生产者代表会议代表;协同《人民日报》编辑部组织一批作家到全国各地旅行访问,创作反映社会主义建设的特写;她还让我负责一两种年度创作选集的初选工作;并提名我作为列席代表参加全国青年文学创作者会议。按作协当时的环境、氛围和我那种特殊的处境,菡子对我这样安排使用,自然难免招致一些非议。第二年反右整风时,就有人批评菡子让我充当"独当一面的角色",是"重才轻德""右倾"。好心的菡子,为了扶我重新站起来,承受了多大的压力啊!

从1955年5月到1956年9月,历时一年多,对我的审查总算有了结论:不是胡风集团在作协的"坐探","所犯泄密错误属于严重的自由主义"。我虽在审查结论上签了字,但对将要接受留党察看一年的处分,内心不免感到沮丧、痛苦,总希望能适当减轻处分,使我仍然可以履行一个正式党员的权利和义务。这时,菡子洞察我的心态,也考虑到我对错误已有了较深刻的认识,平时工作又积极努力,建议我向组织写个报告,请求适当减轻处分。她仔细看了我写好的"报告"，并动笔作了多处修改。如今我手边还保存着这份用作协信笺写的，颜色已经发黄的"报告"底稿，从上面可以清晰地看到菡子用钢笔修改的秀丽洒脱的字迹。她不仅给我加了"在沉痛中，也感到与党接近的轻松和愉快"这样表达心情、富于感情色彩的话；而且还增写了一句："现在离揭发我错误的时间已将近一年零四个月，离我比较彻底地承认错误的时间也已有一年多"，以更充分地申述请求从轻处理的理由。一个上级如此设身处地、无微不至地为部下分忧操心，是多么珍贵的同志情谊啊！尽管我那最终被减轻为党内严重警告的处分，随着胡风集团一案的平反，已在80年代初正式撤销了。但当年菡子帮我改"报告"的良苦用心，已深深地刻在我的记忆里，永远不会磨灭。在人生道路上，遇到这么一位古道热肠、善解人意的领导同志，也是够幸运的了。

菡子帮我闯过了反胡风、肃反这一关后，我那被"运动"延搁了许久的终身大事提到日程上来。当菡子了解到，我和我的女友相识已达十载，肯定恋爱关系也已有四年之久。我们的婚姻通过漫长的恋爱季节，又经受了斗争风雨的洗礼，应该说是水到渠成、瓜熟蒂落了。菡子对此表示充分的理解，热情支持我们尽快地办喜事。寒冬时节，我们简朴的婚礼在朝阳门外芳草地作协宿舍里举行了。由于我还背着刚受处分的包袱，我和我爱人达成了婚事"低调、低规格"办理的共识。除了我俩所在部门的同事外，连我们中学、大学时代的同窗好友也都没有邀约。新房是一间不足14平方米的简易平房，没有玻璃窗，只有一层可卷上卷下用以挡风的窗户纸。所有的家具都是从机关借用的，没有添置多少新的生活用品，只买了一台红星牌收音机。那天，薄暮时分，陆陆续续来了40多位宾客。菡子也冒着寒风来了。一间房挤不下，住隔壁的王景山兄又打开通向他家那套间的门。菡子带来一件古朴典雅的、白底黑花的陶瓷花瓶，上面贴着她亲手剪的大红的双喜字，表达她对我们的深情祝福。在一块粉红色的，印有喜鹊登枝、龙凤呈祥图案的签名绸上，菡子饱蘸酣墨签上了自己的名字。一束鲜花，一杯清茶,几把喜糖,欢声笑语,热热闹闹,两间小房里顿时洋溢着欢乐祥和的气氛。那情景,那场面,使原本强颜欢笑的我实实在在地感受到了人情的温暖。

42年过去了,菡子那亲切的"祝你们喜结良缘,白头偕老"的江南口音,依然萦绕在我的耳边。

1998 年 11 月 25 日

《思痛录》让我沾了光

韦君宜是一位出色的编辑家，也是一位以描写知识分子苦难历程著称的女作家。

韦君宜这个名字，对我来说，一点也不陌生，感到格外亲切。建国初，我在复旦大学读书时，在校团委会做了两年宣传、组织工作。那时，韦君宜主编的《中国青年》杂志，是我爱不释手的必读刊物。1952年初冬时节，我调到中国作家协会做秘书工作，同时担任作协共青团支部书记、党总支青年委员。第二年，韦君宜也调来作协，主编《文艺学习》。长期从事青年工作的韦君宜，特别喜欢与年轻人交流、沟通。也许正是这个缘故，把我和她联结在一起。在她主编的《文艺学习》上，先后发表了我写的一些评论、特写和短篇新作介绍后，她和黄秋耘都热情地鼓励我：你年轻，文笔不错，有潜力，业余时间多练练笔。她还希望我：最好能练就多副笔墨。

在反右斗争中，韦君宜犯了所谓严重的右倾错误，受到党内严重警告处分，1958年初下放到河北怀来。我在反右中，创委会也多次开会批判我严重右倾，和韦君宜同时下放到河北涿鹿。后来涿鹿并入怀来，我在县委所在地沙城编《怀来报》。这样，我和她之间见面叙谈的机会又多了起来。正是由于她了解我在反胡风斗争中受过批判、处分，这次又在反右中挨批判，对我似有一种特别的关切和同情，见了面，总会询问我的劳动、工作、健康情况。我对她这么一位正直的老干部，只是因为对在反胡风、批丁陈中挨整的干部说了几句公道话而受到处分，内心也不免隐隐地为之鸣不平。这也可说是同病相怜吧。

下放怀来期间，她曾与人合编了反映农村新面貌的散文特写集《故乡和亲人》。这本书尽管不可避免地刻有时代的烙印，但她确是满腔热情、心甘情愿地编选的。可到了20世纪80年代，怀来县文化部门有的干部想借文联、作协干部1958年去过怀来一趟，来给自己增光，往脸上贴金时，再三劝说无效，她就毅然决然婉拒了。你看，她就是这么一个是非分明、干净利落的人，不讲人情世故，不讨好表功，决不违心做那种虚夸、涂脂抹粉的事情。这是多么美好可爱的品格啊！

韦君宜对青年作者的关爱、扶持，是满怀热情、一以贯之的。我永远忘不了1956年在她主编的《文艺学习》上展开关于王蒙《组织部新来的青年人》的讨论，那种与人为善、各抒己见的自由论辩风气，至今还让人心驰神往。80年代初，在她担任人民文学出版社社长、总编辑任内，对青年作家张洁、莫应丰、竹林等的倾情扶持、帮助，充分显示了她作为一个文学编辑家的眼光与胆识。只要一有机会，她就会为青年作者鼓与呼，并对他们提出中肯的建议。

1982年9月，中国作协在西安召开了西北、华北青年作家座谈会。韦君宜根据自己的切身体会，饱含深情地对到会的汪浙成、路遥、贾平凹、陈忠实、凌力、铁凝等30多位青年作家说："作者要善于从纷繁复杂的生活中，从极端困难的境地里，发现、寻找生活中美好的积极的东西。写社会主义新人，要从生活出发，决不能瞎编，不能捏造，不能再来'高、大、全'。在深厚的生活积累基础上，具有比较敏锐的眼光，就可以从生活的真实中挖掘到美和善。"她这一席话，给予青年作家有益的启迪。会议期间，她和葛洛、李清泉等老延安还带领我们去参观了桥儿沟鲁艺旧址和当年周扬、周立波等住过的窑洞所在地。

认清形势，顾全大局，把文学事业、文学工作与国家的前途命运联系起来，认清时代赋予作家的职责和使命，这也是韦君宜经常思考、努力把握的重中之重。1986年初，在中国作协主席团的一次学习讨论会上,韦君宜十分恳切地谈道:我们一定要和中央领导同志同舟共济。我们是在同一条船上,如果哪一界,无论是新闻出版界、文学艺术界还是学术界、经济界,把船蹬翻了,那大家都掉进水里。她说,我们应当懂得改革的困难、形势的复杂,协助党中央帮助群众认识现实,看到光明。与会的主席团成员无不赞赏她的观点,深深意识到自己肩负的责任:"无论如何,我们不能给中央帮倒忙!"

在这次作协主席团会前不久,有一天上午,韦君宜特意赶来作协,向冯牧、唐达成和我谈起她写了一篇评论张贤亮的小说《男人的一半是女人》的文章,对这篇作品提出了一些批评意见。她希望作协党组联系当前的社会思潮全面考虑一下,当下《文艺报》发这样的文章好不好,发表了会引起什么反应。她还建议,可不可请张贤亮自己写篇文章来谈谈作品的成败得失,这样做是不是更稳妥些。她视野开阔,思维缜密,每当做一件比较重要或敏感的事时,总要与大局联系起来,权衡利弊得失,力求有利于文学繁荣、队伍团结,有利于实现四个现代化。我们深切感到,作协领导班子有这样一位贴心知己的好参谋,是多么幸运啊!

80年代,韦君宜担任中国作协文学期刊编辑工作委员会主任委员,她兢兢业业,殚精竭虑,做了不少甚得人心的实事好事,比如她倡议、支持的全国优秀文学编辑评选,至今依然为文学界朋友津津乐道。无奈好事多磨,1986年4月,她主持全国部分文学期刊编辑工作座谈会,在会议室突发脑溢血,病情危急。经急救,造成右半身偏瘫。她可真是倒在工作岗位上的啊,作协的同事不能不感到又焦虑又歉疚。可她即使在病中,也没忘了作协的朋友、作协的工作。大病初愈的第二年新年前夜,她给作协寄来一张贺卡:"今年我病倒了,不能去团拜,用我已残疾的右手,端楷写个贺年卡,以示汇报,并表示贺年之意。祝作协各位领导春釐!"字里行间充满了真情厚谊。

自韦君宜患病、退休之后,在80年代初,我和唐达成、谢永旺曾多次到她家里探望或向她拜年。每当我们听她说起,带着病躯之身,一面坚持锻炼,一面坚持写作,不禁感动不已。她右手神经坏死,用左手写出长篇小说《露沙的路》。特别是她在病中,用左手断断续续写完的那本勇于反思、发人深省的《思痛录》,发表出版后可真是风靡一时,赢得广大读者尤其是知识分子的热烈称赞。

这里,我得提到《思痛录》与我的一个故事。《思痛录》里收入的《我曾相信"反胡风运动"》一文,早在90年代初就在秦川主编的《精品》杂志上刊出了。在这篇文章里,韦君宜写了这么一段:"除了冯大海外,还挖出了一个严望,这人只是作协一个打打电话,管管事务的秘书。又挖出一个束沛德,这个人年轻老实,是各级领导从周扬到张僖都信任的人,一直让他在主席团和党组开会时当记录。忽然,据说主席团开会的秘密被走漏了,于是一下子闹得风声鹤唳,每个人都成了被怀疑者。最后查出来原来是他!这样'密探束沛德'的帽子就扣上了,记录当然就不能再当……"

我在反胡风运动中的遭遇,第一次由韦君宜在文章里、书籍里公之于众,立即引起原来不了解情况的文学界朋友的关注,连王蒙、张洁等也都感到惊诧。"原来束沛德还是个老运动员哩""本以为他一帆风顺,没想到他早就挨过整",诸如此类的议论,不断传到我的耳边。网络上一点击韦君宜、束沛德的名字,都会读到上述这段文字,一时之间,我这个在文坛跑龙套的角色,竟成了引人注目的"新闻人物"。在这种情况下,我才写了《我当秘书的遭遇》一文,记述了"又挖出一个束沛德"的来龙去脉。

韦君宜用我作为一例来反思那段不堪回首的岁月,我却因《思痛录》的问世不知不觉地沾了光,出了"名"。这是我和韦君宜交往四十多年结下的一个特殊的、难解难分的情结。

2017 年 3 月 8 日

倾情栽培的拳拳之忱

　　远千里告别人世已经 42 年了。在驾鹤西行的路上，他已经走得很远了。但他那原本目光炯炯、仪表堂堂的俊美形象，至今依然清晰地浮现在我眼前。

　　我和远千里相识于 20 世纪 50 年代末。那时候我结束在河北怀来的下放锻炼，由中国作家协会调到河北省文联文艺理论研究室。到河北后的头两年，参与了几次代领导同志起草有关文艺讲话、报告的工作，被时任河北省委宣传部副部长的远千里看上了，认为我有一定理论、政策水平，文笔不错，在 1961 年就被调到省委宣传部文艺处了，从而有缘在远千里麾下工作了五六年。

　　千里同志是抗日战争年代，在冀中战斗的大地上成长起来的一个富有激情的诗人；同时他又是一位熟悉业务、平易近人的文艺组织者、领导者。他著有诗集《三唱集》《古巴速写》和《远千里诗文集》，也写过一些短篇小说、文艺评论、随笔。他素谙文艺工作的基本规律和创作甘苦，从事文艺组织工作，他称得上是行家里手。他恪守"首先是战士，然后才是诗人"这一著名的准则，始终坚持把战斗的召唤、对事业的忠诚、品质的修炼放在首位。新中国成立后的 17 年，他全心全意而又无怨无悔地投身于河北的文艺组织工作，为文艺幼芽的出土、鲜花的绽放，倾注了自己的心血和汗水。五六十年代，河北文坛曾出现了长篇佳作迭出、创作兴旺的喜人景象，先后出版了梁斌的《红旗谱》《播火记》、田间的《赶车传》、李满天的《水向东流》、刘流的《烈火金钢》、徐光耀的《小兵张嘎》等；并涌现出韩映山、张峻、长正、申跃中、刘章、何理、浪波等一批生气勃勃的青年作者。创作的收获，新人的成长，都与远千里作为园丁、"作家公仆"在组织深入生活、成立创作之家上殚精竭虑、含辛茹苦分不开。一茬又一茬的河北作家、青年作者对默默耕耘、育花护花的远千里是心存感激的。

我调到宣传部文艺处后，省委及宣传部领导同志关于文艺的讲话、报告，我常常充当捉刀人。说实话，按我的兴趣、愿望，我更愿意做阅读、研究作品，写一点评论的工作。远千里了解我的心愿后，情真意切地对我说："文艺处的工作就是读书、看戏、写文章，这同你想搞文学评论并不矛盾；只要自己踏下心来，总会出成果的。"当我写的论文《提倡和鼓励文学创作的自由竞赛》和参与起草的社论《争取文学艺术的更大繁荣——纪念〈在延安文艺座谈会上的讲话〉发表二十周年》先后在《河北日报》刊出后，他拍着我的肩膀，恳切地说："给省报写一篇社论或评论员文章，省、地、县各级领导都会看，比你写一篇作品评论的作用和影响要大得多。"在这前后，我成了省委大院里小有名气的笔杆子，同事们也开始戏称我为"文件作家"了。

远千里对下属的关怀，我是感同身受的。为了帮我解决与妻子、女儿分居两地、无法相互照顾的问题，他亲自动笔给他的战友、中国青年报社党委书记写信，经过几番磋商，终于把我妻子从报社采访部调到报社驻河北记者站。这样，我们得以把家从北京搬到天津，结束了长达四五年之久的夫妻分离之苦。这虽是近半个世纪前的事，但我和老伴是永远铭记在心的。

在文艺处那几年，我成了远千里所宠爱、器重的业务骨干、得力助手。他主持起草的文件、讲话，我总是执笔人之一；他外出调研、考察，总要我随同前往；他抓参加华北汇演的重点剧目《战洪图》（话剧）、《园林好》（歌剧），也让我参与讨论；他参加"四清"，因健康原因，只能跑面不能蹲点，也让我仿此办理，尾随其后。甚至农村俱乐部座谈会、剧团"三好"经验交流会、革命歌曲演唱会，这些原来不属于我分工范围内、也非我所擅长的事,他也让我参与其中。远千里如此安排使用我,似有让我全面了解、熟悉文学艺术方方面面的业务,以挑起更重的担子之意。但我当时并不领情,因为我对文学情有独钟,对文学以外的戏剧、音乐、群众文艺等似没太大热情和兴趣。现在想起来,也许我是辜负了远千里的期望了。

在同事们心目中,我和远千里形影不离,如漆似胶,简直达到难以分割的程度。1964年春,我被华北局宣传部借调,作为华北区话剧歌剧观摩演出会的工作人员,参与了会议开幕词、总结报告的起草工作。可能是因为这次任务完成得不错,隔了一年,举办华北区京剧观摩演出会前,华北局宣传部又要借调我去参加会议工作。这时远千里一再强调工作离不开,硬是没同意我去。1965年冬,华北局宣传部发出商调函,要把我正式调到文艺处工作。远千里闻讯后很着急,实在不愿放我走,但又无可奈何,下级不能不服从上级啊。听说后来是通过河北省委主要负责同志从中斡旋,才把我留在了河北。还有一件难以忘怀的事是:1966年春,河北省委抽调一批干部到县里长期抗旱,协助工作,我也是其中之一,并决定派我到保定地区唐县县委办公室担任副主任。我自觉地服从组织分配,并做好长期在基层工作的精神准备。当我到保定地委组织部报到,并已把行李从车站托运到唐县后,在招待所里忽然接到省委宣传部干部处打来的电话,说是部里决定让我立即回机关,将另派人去接替我的工作。我急匆匆地从保定乘火车到唐县,取出托运的行李,就马不停蹄地折回天津了。回到机关,我才得知:部里商定抽调我去抗旱时,远千里出差在北京,没参加讨论。等他回来后,他强调当前文艺处工作繁重,人手少,执意换人,无论如何要把我调回来。我记得,从保定回来的第二天,一个大雪纷飞的日子,我去尖山红霞里省委宿舍看望远千里。远千里神色凝重、郑重其事地对我说:文艺方面的情况错综复杂,"兴无灭资"的任务很重,你要全身心地投入工作,保持清醒的头脑,加强对文艺领域情况、动态的分析、研究。当时,我真有点丈二和尚摸不着头脑,完全没有意识到已处于"山雨欲来风满楼"的严峻时刻。

曾几何时,"文化大革命"的风暴迅即席卷中华大地。失去理智、无法无天的动乱时代,容不得一个真诚、善良的诗人、战士,远千里悲壮地含冤而死。当我回望这位苦心栽培我的领导的不幸遭际、命运,不能不感到无限悲哀,我的心灵因此留下了深深的、无法愈合的伤痕。

2010 年 3 月

扶我上马的人

前些年，每逢同学聚会或三两好友在一起谈心叙旧，说起多年来各自的遭遇时，往往有人对着我说："你经历了文艺界几十年的风风雨雨，没有被打入深渊，还当了多年作协书记，戴上乌纱帽，算是个幸运儿了。"我的回答是："幸运儿也不幸运，在历次运动中也喝过几口水，只差没有淹没。要说幸运倒也是，赶上了改革开放的好时光，年过半百，总算也让我有机会尝了尝挑担子的味道。"

20世纪80年代初，党中央提出了干部"革命化、年轻化、知识化、专业化"的方针，要求把符合条件的中青年干部推上领导岗位。那时，中国作协的领导班子——党组的成员都是二三十年代的老同志、老作家，多半是来自延安、"三八式"的。在物色、选拔接班人中，我和唐达成、谢永旺有幸被选上了。当时我们的年龄在50上下，也不算太年轻了。但从作协党组来说，我们算是第一批进入班子的"年轻人"。

至今我也弄不清怎么会选上我的，也不了解哪位老领导推荐或哪个部门提名。我猜度：也许是由于我具有大学学历，是新中国第一批大学毕业生；在文学界工作了30年，算是有了点经验，加上我也经历了建国以来文艺界风风雨雨斗争的锻炼。这些因素综合在一起，可能我算是基本符合干部"四化"条件，在1982年正式被任命为党组成员，进入作协领导班子。

当时担任作协党组书记的是诗人、评论家张光年，即《黄河大合唱》歌词作者光未然。他是1927年参加革命的老同志，1982年被选为中顾委委员。那时他年近古稀,作为即将退役的一个文艺老战士,把选拔接班人、搞好班子的新旧交替,当作自己义不容辞的职责。在我走上党组这个岗位之前,光年曾约我谈过一次话。他情真意切地说:"新陈代谢是必然趋势,年轻的同志要更多地挑起担子。""作协党组应成为文学战线的神经中枢,责任重大,现在远没有起到这样的作用。要做好党组的工作,必须吃透两头,既要认真学习、领会中央的方针政策,又要很好地倾听、反映作家、文学工作者的愿望、声音。既要高瞻远瞩,又要从实际出发。""作为一个党组成员,眼睛不能光看到作协的小天地,要注视全国文学战线,意识到自己对文学事业的兴衰成败负有一份不可推卸的责任。"光年同志这一席话,顿时使我加强了使命感、责任感,深深地意识到自己将要挑起的那副担子的分量。"无论如何不能辜负党的期望",是当时萦绕于怀的唯一心愿。

从 1982 年至 1984 年,光年在任那几年,他是班长,我是班子里的一员。我们经常在一起开会、学习、谈心,交换意见,交流思想。我从他的一言一行中,深切地感受到他那诗人兼战士的气质和品格。他为改革开放的每一步进展、每一个成果和文学领域中出现的一切新事物、新景象而喜形于色,拍手称赞;又为社会前进、文艺发展中遇到的困难、障碍、挫折、失败而忧心如焚,坐卧不安。从风雨中走过来的光年,对害人害己的"左祸"深恶痛绝,对来之不易的改革开放、安定团结局面倍加珍惜。我细心地注意到,他考虑改进、加强作协工作的每一个方案、每一个举措,都是从维护大局、保护文艺创作的有生力量出发的。每当我在复杂的斗争中感到困惑的时候,光年总是提醒我:要顾全大局,把握中央的精神,了解人心的向背。这振聋发聩的声音一直萦绕于我的耳际。

我们几个中年人进领导班子后,光年就不断地往我们肩上压担子,放手让我们干。光年满怀深情和期望地对我们说:"谁让你们比我们年轻些!既然年轻些,锐敏些,就多辛劳些吧!"开头,让我从葛洛手中接过接力棒,挑起了创联部主任的担子。稍后又让我列席常务书记办公会,协助常务书记冯牧抓书记处日常工作的运转。筹备作协"四大",让我担负组织设计等任务。大会召开前夜,光年又提议由我担任大会副秘书长,并向理事会汇报代表大会筹备经过,在大会上作关于修改《作协章程》的说明。这一切都是为了给我出头露面的机会,让文学界更多的朋友了解我、熟悉我。光年扶我上马,可说是煞费苦心了。

扶我上马的还有党组副书记冯牧。他是一位才思横溢的评论家、散文家。在新时期,冯牧为文艺界的拨乱反正、发现扶持文学新人做出的成绩,可说是有口皆碑。80年代,我有幸同这位驰骋当代文坛的骁将在作协党组共事八年,不能不说是一种机遇、一种幸运。1982—1984,冯牧担任书记处常务书记期间,我作为他的助手,协助组织书记处的工作。这三年,是我和他接触最多,也是我获益最多的一段时光。冯牧以其丰富的阅历、正直的品格、广博的知识,给我上了一堂又一堂生动的课。

上的第一节课,可说是属于"入门须知""干部必读"一类的必修课。在一次会上,冯牧对我们几个新进领导班子的"年轻人"说:"要做好文学战线的组织领导工作,第一,要在思想上、政治上、行动上与党中央保持一致,不能有丝毫的动摇;第二,要了解、熟悉党的文艺方针、政策,在任何情况下,都要有勇气坚持马列文论的基本原理;第三,要时时刻刻、毫不懈怠地做深入细致的工作,促进老、中、青三代作家的团结。"他不仅从正面讲,而且还不止一次地在整党学习会、民主生活会上现身说法,解剖自己的长处和短处,恳切地希望我们扬其所长,补其所短。他谈起自己对文学艺术的基本规律有一点认识,有一点素养,但水平不高;对新事物比较敏感,对新涌现的作家、作品感情深,兴趣浓,但向老作家请教少,看望他们不多,有一种不健康的清高思想;十分重才、爱才,但有时容易轻信,温情主义,说我是东郭先生、伊索寓言里的农夫,都有一定的道理。他还讲起自己不会弹钢琴,当不了班长,不善于做行政组织工作,有相当浓烈的个体的自由职业者的书生气,对机关事务往往大而化之,心不在焉。冯牧的这幅近乎苛刻的自画像,不时浮现在我眼前,鞭策我严于律己,宽以待人,鼓舞我在工作上、事业上向高处登攀。

冯牧始终同文学领域生气勃勃的新事物、新生力量紧紧地联结在一起,热情地为之鼓与呼。他对当代文坛的动态、信息,可说是了如指掌。我们总是从他那里最早获知一些文学新人新作的名字、篇目和一些引起争议的作品、评论文章,然后急忙找来匆匆浏览一番。当我们几个新进班子的"年轻人"为日常事务缠身、没有时间读作品、写文章而叫苦不迭时,却不时以惊异的眼光注视着冯牧在报刊上发表的一篇又一篇很有见地、文采的文章。真不知道他是用什么分身术,挤出时间读完他所评论的那些篇幅浩繁的中短篇和长篇的!

同光年一样,冯牧以及我的老领导葛洛,都满怀热情地关注、支持中青年干部的成长。他们都真诚地表示,要使新上来的中青年干部有职有责有权,放手让他们独当一面地干,在干中增长才干。冯牧不止一次地对我们说:"你们不要妄自菲薄,有自卑感,总觉得自己没有几本书,没有名望;不要胆怯,要理直气壮地走上领导岗位,这个班接得越快越好。"他不仅热切地期望我们在政治上成熟起来,还希望我们在业务上有所建树。我永远忘不了在班子新旧交替时,冯牧对我说的一番语重心长的话:"沛德确是个秘书长的人才,对党组能起到拾遗补缺的作用。当然,要当好作协秘书长,不仅在行政上、组织上要很好地协调、运转,还要在方针政策上起到提纲挈领的作用。""沛德身上还有很多潜力可挖,希望你利用一切可能的条件,努力提高专业水平,在理论、学识、文学业务方面,力求具有更广泛、更深厚的素养,成为周扬所要求的那样的杂家,一个称职的、名副其实的文学组织工作者。"葛洛在一次交接班的会议上,也十分真诚地说:"如果可以拿编队飞行中长机与僚机的关系来打比方的话,那么,从组织创作、联络会员来说,今后束沛德就是长机,我是僚机。"他还热情肯定我的认真、执着、严谨、细致的长处;同时毫不隐讳地指出我有时不够果断、不够泼辣的缺点。冯牧、葛洛的一席话,以火样的激情激励了我,给了我挑担子的勇气、信心和力量。

　　岁月如流,如今我也交了班。但我永远忘不了当年光年、冯牧、葛洛等老同志扶我上马,送我一程又一程的深情厚谊。

2000 年 12 月

诗人兼战士的风采

在庆贺张光年八十五华诞的聚餐会上,寿翁不无欣喜地回赠与会文友一套新问世的《文坛回春纪事》(上、下两册,海天出版社)。这是继《江海日记》《向阳日记》之后,光年同志奉献给读者的又一部五十万字的日记体大著。

这部文学活动日记所涵盖的1977—1985年,是我国社会主义文学起死回生、青春焕发的新时期,也是光年同志自"文革"后复出,为拨乱反正、文学复苏奋力拼搏,至作协"四大"主动交班、退出第一线的一段非同寻常的岁月。书中记述的个人经历、见闻和文友交往情况,折射出新时期文坛最初十年风云变幻、潮汐起伏、繁花似锦、新人辈出诸多值得一记的侧面,为回顾、反思新时期文学工作的经验教训,提供了一份颇为难得的资料。

《文坛回春纪事》对新时期文学界所经历的批判"文艺黑线专政论"、筹备恢复文联作协、为蒙冤多年的作家作品平反、举办多项文学评奖、批判《苦恋》、反"清污"扩大化、召开中国作协第四次会员代表大会等重大事件,都留下了鲜明、清晰的印记。光年同志作为新时期文学战线的指挥员,置身于文艺漩涡的中心,对上述文学大事的背景、来龙去脉了如指掌,因而得以作出简明扼要而又真实可靠的记载,并且披露了一些鲜为人知的史实。读了这些日记,我深切地感到,"以团结兴业为重"似一条红线贯穿在光年同志组织、指导的全部文学活动和文学工作之中。从日记中可以看出,他最为关注的是维护来之不易的安定团结,解放长期被压抑、禁锢的社会主义文艺生产力,受过"左"的思想束缚、吃过"左"的苦头的光年,唯恐春回大地后好端端的局面又一次被根深蒂固的"左"的祸害断送了。因此,对于僵化保守的观念、不近情理的要求、简单粗暴的批评,不管是来自领导、权威还是同事、战友,他总是挺身而出,仗义执言,据理力争,化解矛盾,表现出一个老共产党员、老文艺战士应有的坚持原则、无私无畏的可贵品格。

从《文坛回春纪事》中,我还强烈地感受到,光年同志关注、扶持文学新人的满腔热情。为了搞好文学评奖工作,为了撰写总结新时期文学成就、经验的报告、文章,他利用一切可以挤出的时间,阅读了大量的文学作品,包括不少有代表性或有争议的中、长篇小说。在阅读过程中,他情不自禁地为新涌现的有才华的文学新人拍手叫好,并殷切期盼文学园地出现大批养花、育花、护花的热心人。1981 年 4 月参观洛阳牡丹公园写下的诗句:"姚黄魏紫诚可贵,/幼柏新松弥足珍。/都说洛阳春色好,/辛勤莫忘护花人。"最好不过地表达了他对精心育花、护花园丁的呼唤和礼赞。他自己就是一个出色的惜花护花人。对文学新人谌容、张洁、陈祖芬、周克芹等,一方面由衷称赞他们是"大作家的材料""才女""大有潜力的作家",热情肯定他们作品的成就和特色;另一方面又直率地、实事求是地指出他们某些作品的短处和不足。比如指出张洁的《沉重的翅膀》"议论过多";《方舟》"主观成分重,客观描写少"。日记中不少对作品三言两语的点评,言简意赅,切中肯綮。爱护青年作家的拳拳之忱,充溢于字里行间。

读了这部日记,也使我们约略窥见作为诗人兼战士的张光年的本色和情怀。

光年同志战争年代左臂伤残;新时期之初又遭癌症袭击,动了两次大手术。大病初愈,年届古稀,义无反顾地挑起作协党组书记的重担,为文学的发展殚精竭虑,不遗余力。"十载金光已浪掷,争分夺秒惜春时。"他怀着一种紧迫感,忘我地、超负荷地工作,经常搞得腰酸背痛,精疲力竭。当我们从日记中读到:"总觉得做事太少,写作尤少……不胜愕然。"年复一年,"干了些什么? 不胜悔愧。""这一个月,太疲劳了。……光年! 醒悟醒悟吧! 你确实干不了了!"我们不能不为老战士的那种老骥伏枥、志在千里、严于律己、顽强拼搏的精神所打动。

《文坛回春纪事》还生动地展现了光年同志物质相对匮乏而精神极其丰富的家庭生活。我们简直难以想象得到,一位 1927 年参加革命的老干部、著名诗人、评论家,家庭经济一度拮据到如此程度:70 年代末,三个孩子上大学,加上自己生病,每月入不敷出,负债累累,有时连菜金也短缺。80 年代初,家里还只有一台九英寸的黑白电视机;为了买下一台六百六十元的雪花牌电冰箱,向同事借了六百元。尤其令人百感交集的是,为祝贺阳翰老八十寿辰聚餐,竟因出不起凑份子的三十元而不得不托辞婉谢。唉! 知识分子的清贫、俭朴,在光年身上表现得够典型、突出的了。然而,处于困境中的光年依然执着地追求真善美,崇尚高雅、丰富多彩的精神文化生活。从日记所描述的试读新写诗作的家庭朗诵会、同小字辈开除夕谈心会、一遍又一遍地听女儿从海外捎回的漫谈学习、生活、郊游、见闻的磁带录音,找出儿子童年时代的照片来逗孙子等情景里,我们又一次地为温馨的家庭氛围和浓郁的亲子之情所感染。光年同志的诗人气质和坦荡荡的真性情在这里也充分显露出来。

光年同志挥洒自如地运用日记夹叙夹议、随感随咏的文体特征,在《文坛回春纪事》里既给我们录下了新时期文学发展历程的侧影,又让我们看到了他个人的人生足迹和心路历程。这是一本具有一定史料价值,又有引人生趣的可读性的好书,值得文学界同仁和关注文坛的朋友细细读一读。

1998 年 11 月 4 日

"普通一兵"的本色

我还清晰地记得,1989年初,严寒季节的薄暮时分,我和唐达成一起去协和医院干部病房探望患脑溢血的老作家舒群。当时舒群处于危急状态,左侧偏瘫,说话已不太清楚。他见到我们,颇为激动、十分吃力地说:"医院大夫是机械唯物论,不从实际出发,死活不让我出院,其实回到家里会休息得好,恢复得更快。"自信心很强的舒群终于没能战胜病魔,时隔不久,就与世长辞了。

1952年初冬时节,我跨进东总布胡同22号全国文协门槛时,舒群已从全国文联副秘书长、全国文协秘书长的位置上卸任,我与他擦身而过,无缘在他麾下当个小兵丁。但当时专业作家与我所在的创委会是一个党支部,因此曾有一段时间和舒群在一个党小组过组织生活。1955年批判"舒(群)罗(峰)白(朗)反党集团"时,我因为与胡风案的牵连处于受审查的境地,自然也就没资格参与对"反党集团"的战斗了。他被打成"反党分子"、打发回东北;我在反右后下放劳动,随后调往河北,从此也就天各一方、杳无音讯了。

我与舒群交往较为密切是在十年浩劫之后。1978年作协恢复工作,我们又先后从辽宁、河北回到作协。特别是80年代初我们同住一栋宿舍楼——虎坊桥甲15号,楼上楼下互为邻居之后,见面交谈的机会就频繁了。至今我的眼前还不时清晰地浮现出这样的情景:当我骑着自行车下班回到宿舍大门口,常常会见到舒群圪蹴在门前台阶上沉思默想,或凝视街头风景。每当这个时候,他总要同我聊上几句,或问起一些文友的近况,或议论文坛的一些热点和新鲜事。

有时他也约我到他书房里聊天谈心。交谈的话题极其广泛,可说是无拘无束,无所不包,从30年代左联到80年代文坛的论争,从获奖作品的成败得失到他个人的写作计划,话匣子一打开,往往就不容易收场了。有一次我对他谈起:我很喜欢他30年代的成名作、也是代表作《没有祖国的孩子》;小说所刻画的不甘当亡国奴的少年形象,他那苦难遭遇和坚强性格,至今深深地镌刻在读者的心坎上。不少儿童文学作家依然把它看作儿童小说的经典。当他的《少年 chen 女》获得1981年全国优秀短篇小说奖后,我真诚地向他表示祝贺,称赞他又成功地塑造了一个天真又敏感、忧郁又倔强、自尊心极强的少年形象,令人难以忘怀。在我看来,舒群的作品都蕴涵着对生活丰富而深刻的感受;善于刻画人物性格,并赋以鲜明的时代色泽;讲究文字语言,笔触洗练精致,在以情感人上下功夫。正是这些创作特色,使舒群的作品具有久远的艺术生命力。

舒群信奉并践行"生活是创作的源泉"这一颠扑不破的原则。1986年春夏之交,年届73岁高龄的舒群对我谈起:最近觉得身体状况还不错,有个"野心",打算下去转一转,准备到自己熟悉的辽宁本溪住一段日子,这样也许能写出一点新作品。时隔不久,他又来到我的房间,颇为激动地说:粉碎"四人帮"后,在同辈作家中,自己写得不算少,已写了中、短篇30多篇。"我70多岁了,还要求下去,理应得到支持。可是由于住宿费开支大等原因,作协办公室、本溪市文联似不是那么热情支持。"他还说,"我下去既不住宾馆,又不吃山珍海味,当然也不能去'送死',只要有必要的条件就行。"我当即表示真心实意支持他到本溪去走走、看看。第二天,我与书记处常务书记和作协办公室商量后,立即打电话告诉他:去本溪的旅差费包括住宿费报销没问题,放心地下去吧,不必有什么后顾之忧。

1932年入党、1935年参加左联的舒群,担任过延安鲁艺教员、文学系主任,《解放日报》副刊主编,亲历延安文艺座谈会,是名副其实的老党员、老干部、老作家。但他从不倚老卖老,没有一点架子。本来,在20世纪80年代,他除了曾一度担任《中国》刊物主编外,在作协没再担任什么行政领导职务。可他始终关注文学发展的大局,关心作协的整体工作。他多次与我和达成同乘一辆车去沙滩作协机关,参加全体工作人员大会或处级以上干部会,有时坐硬板凳,从头到尾一坐三小时。当我对他说"你年事已高,有些会就不必参加了",他的回答是:"我也是普通一兵,不能置身于文学队伍之外,来听一听,对我了解文学界实际情况也大有好处。"

作为一个老党员,他处处、事事以党员标准、党员行为准则严格要求自己,党性很强。有一次,他和我同车去作协机关参加作家支部的学习讨论会。他告诉我,今天学习讨论党的十二大文件,他已做了认真准备,写了发言提纲。他说:每次在支部大会、小组会上发言,都先写一发言提纲,至今还把这些提纲保存在手边。1985年整党学习后,舒群极其认真地填写党员登记表,一笔一划,写得非常工整。"简历"一栏,他写了25行,留下的空白,不够填,只好把近期的经历从简缩写了。对此他还特别说明:希望组织上审查时注意这个情况。对"收获和努力方向"这一栏,他也一点不马虎,真正是费了脑子、作了思考,力求用简洁的文字概括而完整地表达自己的看法和愿望。

1985年7月1日,迎来党的64周年生日,作协机关党委举行新党员入党宣誓仪式。在鲜红的党旗下,16位新党员庄严地宣读入党誓词。舒群作为老党员的代表在会上讲话。他说:我们党经过挫折、失败,千锤百炼,十一届三中全会以后,进入半成熟、成熟期。邓小平、胡耀邦说要经过一百年艰苦奋斗,我们国家才能真正进入世界强国之列。讲到这里,舒群十分激动地接着说:"良辰美景,我们这一辈是看不到了,希望我们的后辈能看到,至少能看到良辰的曙光,美景的影子。为此,我们要努力奋斗啊,使一百年缩短、再缩短一些。"最后他振臂高呼:中国共产党万岁!从舒群身上我们深切感受到了一个富有崇高理想信念,向往美好未来的共产党人的精、气、神。

舒群对后辈的关心、爱护,我更是感同身受,终生难忘。1988年初我遭癌魔侵袭,舒群得悉后立即打来电话表示慰问。他说,他已专门打电话给他的老战友、时任卫生部副部长的黄树则,向他了解鼻咽癌的治疗方法。他希望我和家属再多方面打听一下,在医疗上要有个总的计划安排。过了几天,年届75岁、身患多种疾病的舒群又亲自登门探视。我们所住的那栋宿舍楼没有电梯,他一级一级地登上我所住的五层楼已是气喘吁吁,面色铁青。由于患有体位性高血压症,他一进门就蹲在地上,仔细了解我的治疗情况;并再次表示必要时可介绍我和老伴去向黄树则请教请教,或请他介绍最好的大夫来会诊。他语重心长地对我说:"一方面,思想、情绪上无论如何要放松,想穿了,无非是一条命呗,不要坐立不安,心事重重;另一方面,对这个病又要认真对待,争取时间,抓紧治疗,不要耽误。"他一席恳切的话语像一股暖流涌入我的心房,增强我战胜疾病的勇气和力量。我的老伴也感动得几乎流泪。我们由衷感谢这位心直口快、古道热肠的老前辈。

2013 年 9 月 2 日

情同手足

唐达成是我共事多年、情同手足,可以彻夜长谈的老友。

我们相识于 50 年代初。那时他在《文艺报》当编辑,我在作协创作委员会当秘书。我们同在东总布胡同 22 号地下室的食堂用餐,同在贡院西街 1 号单身宿舍住宿,还同在一个共青团支部过组织生活,做团的工作。达成当年风华正茂,朝气蓬勃,上进心很强,曾被团组织评为优秀团员,又是申请入党的积极分子。我记得,时任作协党支部书记的陈企霞曾不止一次地叮嘱作为党支部青年委员、团支部书记的我:多接近、了解唐达成,尽早输送他到党的队伍里来。

20 世纪 50 年代中期,达成如愿以偿地加入了党组织,不久又被提为《文艺报》总编室副主任。正当他一帆风顺、踌躇满志的时候,却不由自主,也在劫难逃地被卷入那场众所周知的政治风暴。由于"为丁陈集团翻案",加上写了那篇富有理论勇气的、竟敢在太岁头上动土的《烦琐公式可以指导创作吗?——与周扬同志商榷几个关于创造英雄人物的论点》,他被斥责为《文艺报》编辑部右派思想的代表,"煽起了一场锋芒指向文艺界党的领导的激烈斗争",妄图"把《文艺报》办成资产阶级的'自由论坛'","走《文汇报》的道路"。经过上纲上线的批判,他被定为右派二类,差一点被开除公职,最后发配到柏各庄农场劳动改造。

冰化雪消,春回大地。达成被打成右派的错案得到改正。他又有机会回到自己钟爱的文学编辑岗位。从 29 岁被打成右派,到 51 岁落实政策回到北京,在漫长的 22 年中,他种了四年田,做了九年工,把一生最好的年华交付给了接二连三的政治运动、没完没了的批判检查、长年累月的抡镐挥锹,唯独不让他从事自己热爱而又擅长的编辑、评论等文字工作。面对这段不堪回首的岁月,达成除了偶尔发出"耽误了 20 多年大好时光,没能在学识上、业务上有所钻研、积累"的感叹外,倒也没有自怨自艾,被磨难、挫折所压倒。相反,他是以一种开阔的眼光、积极的态度来看待自己的坎坷遭际,从逆境、厄运中汲取于自己有益的养料。你听,80 年代中期,他在作协欢送赴安徽支援教育改革的干部座谈会上说得多么真切:"文艺界的风风雨雨,我虽未能幸免,但却使我有机会深入到基层,对劳动人民的生活和思想感情有了比较具体、深刻的了解。我在太原钢铁厂,作为一名普通工人和干部,和各个工种的工人朝夕相处了几年,他们的所喜所忧,所思所求,他们从事的艰苦劳动和俭朴的家庭生活,给我留下了终生难忘的印象。如今,产业工人在我脑子里不再是空空洞洞、不可捉摸的了,而是有血有肉、可亲可近的。""你们年富力强,风华正茂,身处大变革时代,能深入第一线,真是机会难得,过了这个村,就没有这个店。当你们到我这把年纪,回过头来看一看,就会深切地感到,这次下去一年,对自己的一生是多么重要!"这是他历尽风雨沧桑的肺腑之言。

20 世纪 80 年代初,随着中央关于干部队伍"革命化、年轻化、知识化、专业化"方针的贯彻,达成被推上了中国作协的领导岗位。我有缘和他在作协党组这个班子里共事达八年之久。在虎坊桥,在安外东河沿,我们又同住一幢楼,上下班同乘一辆车。这段时间,真可说是朝夕相处、形影不离、海阔天空、无所不谈了。我对他走上领导岗位后的思索和追求、忧虑和苦恼还是比较了解的。他并没觉得当上"作协一把手"有多风光,也没把自己当做文艺官员,而是深深地意识到自己肩负的责任,与自己的水平、能力和职务之间的差距。上任伊始,老同志一再鼓励他:"理直气壮地挑起担子,不要妄自菲薄。"而他总是谦逊地表示:"在思想水平、学识素养、文学成就和声望上,我同老一辈作家相比,同作协历届党组书记相比,都是不能望其项背的。"他兢兢业业、全身心地投入文学组织工作,力求全面贯彻执行党的文艺方针、路线。

达成原本是一个编辑家、一个评论家,淡泊名利,并不看重那顶乌纱帽。当初勉为其难地挑起担子,只是出于一种责任。如今卸掉领导职务,他倒没有什么失落感,相反地有一种如释重负的解脱感,以一颗平常心对待自己的荣辱得失。他的心情、处境,我是感同身受的。那些年,他磕磕碰碰地走过来,也真不容易。他任劳任怨,宽宏大度,遇到不称心、不愉快的事情尽量忍耐,但忍耐到一定限度就要爆发,就难免激动、急躁。我记得,他在同我谈心聊天时,曾多次毫不掩饰地宣泄了自己的苦恼、气愤之情:

"文艺界矛盾多,老一代从30年代延续下来的恩恩怨怨,至今纠缠不清,要化解这些矛盾,我无能为力;一些年轻作家自视甚高,气壮如牛,我也说服不了他们。"

"一位领导干部夫人颐指气使,动辄训人,真让你忍无可忍;还有一位作家夫人对其丈夫的工作安排说三道四,竟来干涉党组的工作,简直莫名其妙!"

"一个又一个作品研讨会、首发式,主办者不仅希望你参加,还非让你发言表态不可,有时连作品都来不及看,那就只能讲套话、空话,真是苦不堪言!"

这些谈吐极为真实地展现了达成一介书生的本色,也从一个侧面表露出他身为湖南人的辣椒性格。

1999 年 11 月

晓雪的成就来自勤奋

《晓雪选集》六卷,洋洋洒洒,360万字。我作为一个同他相识30年的老朋友,对这套书的出版表示由衷的祝贺和敬意。面对这么一套沉甸甸、精美、大气的书,真让人羡慕不已。我不禁赞叹:作为一个文化人、一个笔杆子,一生能有这样的成果,也该感到欣慰了。

晓雪是驰名诗坛、文苑的一位有突出成就的诗人、评论家,也是少数民族文学队伍中出类拔萃的精英。他有创作才能又有理论素养,富有创作激情又善于哲理思考,尊重传统又勇于创新。他是一个兼有诗人、理论批评家气质、素养的杰出人才。

晓雪并不是一个专业作家、诗人,退休之前一直是个业余作家。他之所以能奉献出数量可观、质量上乘的皇皇巨著,固然与美丽、神奇、丰富的云南山山水水的哺育分不开,也与他的天赋、才华分不开,但我以为更重要的在于他的勤奋、刻苦、毅力。他从小学六年级开始,数十年如一日地坚持记日记。无论处于什么境地,即使挨批判,或工作忙得不可开交,也坚持抓住一切时间读书写作,始终没有放下手中的笔。我和晓雪是同辈人,也有相似的经历和遭遇,比如:中学、大学时代爱编编写写;参加工作后,20世纪50年代挨过批判,在"反右"中被划为"中右",下放劳动;曾在党委宣传部门工作,当过多年"文件作家"……有趣的是我发现,血型也和他一样,都是O型。既然如此,为什么我在创作上、评论上就没有什么成就和建树呢?细细想来,这里也没有什么秘诀。以晓雪为镜子,对照自己,可以清晰地看出,无论是天分、学养、勤奋,我都自愧弗如。特别是缺乏那种辛勤耕耘、笔耕不辍的精神和坚持不懈、持之以恒的毅力。大科学家爱因斯坦说："在天才和勤奋之间，我毫不迟疑地选择勤奋，它几乎是世界上一切成就的催生婆。"晓雪在文学上的成就正来自勤奋、执着。

晓雪的文学成就是多方面的，在诗歌创作、评论上尤为突出。但不能忽略，他同时还是一个散文好手、能手。过去我读过他的散文集《雪与雕梅》《晓雪序跋选》。这次拿到《晓雪选集》，又饶有兴味地重新阅读了《散文卷》中有关故乡故人的若干篇章。

晓雪的散文，无论是写景状物，记人叙事，字里行间都跳跃着诗人那颗善良、炽热的心。他对乡情、亲情、友情、爱情的抒写和讴歌，充溢着真挚而自然的感情。这正是他散文的特色和魅力所在。

我特别赞赏晓雪写人的散文，即记叙亲人、老师、文友的那些篇章。他以深情的笔触写下的那含辛茹苦、心灵手巧的母亲，那一生坎坷、淡泊名利的二舅，那担任全家"总设计师"兼"总工程师"的"刀子嘴豆腐心"的贤妻，还有他那一见倾心、却比他大十岁、已经是少妇的初恋对象，都给我留下深刻的、难以忘怀的印象。晓雪善于把记人叙事与抒情结合、交融在一起，紧紧把握散文的抒情本质，因而通篇不乏以情动人的艺术魅力。

晓雪写他所熟悉和敬重的作家、文友，如写艾青、郭小川、冯牧、李乔、刘澍德的一些篇章，都是格调很高、情真意切的散文佳作。他的这些散文之所以令人铭记在心，一是在于他善于抓住一些生动、精彩、独特的细节，来勾勒人物的精神风貌。比如，在《他有一颗永远年轻的心——李乔印象》中，写李乔养成了每天按时锻炼身体的习惯，一次在"干校"开批判会，会议主持人要他揭发交代时，却找不到他了，原来他竟躲到远离会场的一棵大树下，从容不迫地做他自编的体操。又如写他在深圳创作之家攀登麒麟山的故事，77岁时因在山中迷路没能爬上去，时隔3年，到了80高龄，终于如愿登上山顶。寥寥几笔，一个执着、顽强的"乔公"形象就跃然纸上。二是这些写作家的散文，总能在为人、为文上给人以有益的启迪。晓雪是个有心人，同他所记叙的作家都有着密切的交往，常常促膝谈心，其中还多半有书信往来。下笔为文时,他从这些谈话、书信中信手拈来,都是有用的素材,不仅能勾勒出这些作家的面容、风貌,而且传递了他们对生活、对艺术的真知灼见。如艾青赞扬晓雪的《生活的牧歌》:"抓住了我的最主要的特点,我一辈子就是唱生活的牧歌。"又如,郭小川强调"要培养有高度的文化艺术修养,有独到的思想见解,有独特的气质、特点和风格的作家、艺术家","在文学这个领域里,要能站得住脚,就是说要赢得广大的读者,必须开拓一个新的天地,既是思想上的,也是艺术上的"。再如,刘澍德在与晓雪的谈话中,引郑板桥的题画诗:"四十年来画竹枝,日间挥毫夜间思。冗繁削尽留清瘦,画到生时是熟时。"所有这些记录、描述,不仅加深了我们对这些作家人品、文品、文学主张、艺术见解的了解,而且也为研究这些作家以至当代文学提供了鲜为人知、弥足珍贵的史料。

晓雪在散文创作上追求:"像诗那样洗练、简洁","'散'得别开生面,'散'得舒展自如,'散'得生动活泼,'散'得诗意盎然"。这可说是散文至高至美的境界。晓雪一直奋力向这个目标登攀。我真诚地祝愿年逾古稀的晓雪身笔双健,在写出更多诗歌、评论佳作的同时,继续写出更多好散文来。

2008 年 3 月 20 日

"您扛大旗我跑腿"

　　文坛宗师冰心先生走完一个世纪风风雨雨的人生旅程,用自己的生花妙笔写下了许多脍炙人口的名篇精品,在一代又一代读者心田里撒下了爱的种子,真、善、美的种子。

　　我有幸在50年代初同冰心先生相识。那时,我在中国作协创作委员会工作。冰心先生从日本归来后,同张天翼、严文井、陈伯吹、叶君健、贺宜、金近、袁鹰等一起,积极参加了作协儿童文学组的活动。我记得,1955年9月《人民日报》发表《大量创作、出版、发行少年儿童读物》的社论后不久,冰心在一次儿童文学作家会议上,作了题为《应该是赶紧动手的时候了》的发言;接着又在《人民文学》上发表题为《"一人一篇"》的文章,热烈响应为少年儿童写作的号召。她说干就干,精神抖擞地投入紧张的创作劳动,在一年多的时间里,先后发表出版了小说《陶奇的暑期日记》、通讯《还乡杂记》、小说《小橘灯》等深受孩子们喜爱的作品。1957年初,她又为《1956年儿童文学选》写了序言,对入选作品及儿童文学现状作了中肯的、实事求是的评析。我还记得,儿童文学组根据冰心的建议,邀约在京部分老作家和青年作者在一个阳光灿烂的日子泛舟于昆明湖上,午间在颐和园聚餐,于海阔天空、无拘无束的闲聊漫谈中,交流了创作经验,增进了同行情谊。那时,冰心先生在我这个年轻人的心目中,是一个和蔼慈祥、具有大家风范的文学前辈,令人肃然起敬。

　　有较多机会当面聆听冰心老人的教诲,是80年代中期作协书记处分工我联系儿童文学工作之后。我恭恭敬敬地给她老人家写去一信,表达了登门求教的心愿。我在信中自报家门,提及自己50年代曾在作协创委会工作,询问她老人家是否还记得我。她很快回复一信,说是:"我当然记得您,至少是您的名字,面庞也许记不清了,因为我多年没有出门了,行动不便,欢迎您来谈谈!"她在信中还谦逊地表示:"儿童文学,我也是外行,没写过戏剧、寓言、童话,说来惭愧。"

隆冬时节,一个天色阴沉的下午,我应约前往中央民族学院教工宿舍拜访冰心老人。进入她的书房兼卧室,只见她端坐在写字台前,精神矍铄,目光炯炯,衣着素雅。她放下手中正在阅读的一本《当代》杂志,让我坐到她跟前。她面带微笑地对我说:"噢,你长大了,真还认不出来了,在东总布胡同22号全国文协,你还是个年轻小伙子哩!"一句亲切温馨的话语,一下子就打破了后生晚辈拜见老前辈的局促拘谨,话匣子像闸门一样打开了。

"我从小就读您的《寄小读者》,您对母爱、童真的歌颂,对海上风光、日月星辰的描绘,至今深深地刻在我的脑海里。《寄小读者》和《爱的教育》是少年时代对我影响最深的两本书。"

"《寄小读者》是我出国留学时写给我的三个弟弟和他们的小朋友的信。我为儿童只写过这么几十封信,没有写过孩子们喜爱的童话、儿童剧,所以称我为儿童文学作家是很勉强的。"

当我插话说到自己"只是因为50年代写过几篇儿童文学评论,如今让我抓儿童文学工作,倒真是赶鸭子上架、滥竽充数"时,她幽默地说:"不是外行可以领导内行吗,那我们两个外行凑成半个内行,都来为儿童文学摇旗呐喊,出一把力!"我岂敢辜负她老人家的期望和嘱托,当即毫不犹豫地表示:"您扛大旗,我打杂跑腿吧!"

冰心老人一向热爱儿童,关注儿童文学,那天的话题就从当代少年儿童和儿童文学的状况说开了。冰心成竹在胸,颇为感慨地说:"现在的孩子理解能力、接受能力都很强。有些儿童文学作品太浅,没意思,孩子们不爱看。""对少年儿童,要热爱他们,尊重他们,理解和同情他们。一定要把他们当做朋友,平起平坐,同他们谈心,不要摆起架子教训他们。为儿童写作,不能带着创作计划到孩子中搜集素材,应当生活在他们中间,有了真切的感受再写。没有真情实感时,不要为写作而写作。否则,写出的作品,就难免虚情假意,矫揉造作。"她谈起自己写《寄小读者》,是旅居异国他乡时,想祖国,想故乡,想亲人,也想少年朋友,就情不自禁地拿起笔来给小朋友写信,同他们谈天说地。我饶有兴味地听了冰心老人这一席话,深深地意识到,作协的儿童文学工作,首先还得在帮助作者了解、熟悉孩子上多下功夫。

新时期以来,冰心老人为包括儿童文学在内的各种体裁、样式的文学新人大批涌现,特别是女作家人才辈出而欢欣鼓舞。有一次,我对她谈起作协第二届儿童文学奖的获奖作者中,中青年作者占80%,其中又有九位是 40 岁以下的青年作者,最年轻的才 31 岁;并有三位女作者获奖。老人得知这些信息,显得特别兴奋,连声说:"好,好,评奖就是要多鼓励青年作者、女作者。儿童文学发展的前途和希望就寄托在青年作者身上。"她详细询问了秦文君、程玮、谢华三位得奖女作者的创作经历、工作岗位等具体情况。然后,掰着指头一一点到王蒙、刘心武、叶文玲、张抗抗、王安忆、铁凝这些名字,说是他们过去也都写过儿童文学作品,应鼓励他们继续为孩子们写些作品。

冰心老人是作协历届儿童文学奖评委会的顾问。这位年届耄耋的顾问,可不是光挂个名,她还挺认真地出谋划策哩。她不止一次地说:"评奖一定要尊重小读者的意见。作品是写给孩子们看的,写得好不好,孩子们最有发言权;他们的眼睛是雪亮的,往往是最好的评论家。"她还具体建议,请几所重点和非重点的中小学老师,把列入备选篇目的作品当做作业布置给学生看,然后召开座谈会,听取他们的意见。你看,她老人家考虑得多么细致周到!以《寄小读者》驰名文坛的冰心,心中永远装着小读者。她深切关注城市与农村、边远山区与少数民族小读者群不同的阅读能力、欣赏趣味、语言习惯,真正把小读者的需求和利益放在第一位。

"给世界爱和美",是冰心老人遵循的创作原则,也是她信奉的人生哲学。她把毕生的心血和爱倾注在下一代的健康成长上。老人不仅用自己充满爱心的、富有艺术魅力的作品哺育了几代小读者;而且言传身教,鼓励孩子们做一个正直的人,一个道德高尚、情操优美的人。同老人的多年交往中,我从她质朴的谈吐、一点一滴的小事上,为她特有的玉洁冰清的人格魅力所打动。

近十年来,冰心老人由于腿疾,行动不便,不能像五六十年代那样深入到孩子中去。但她依然通过书信往来,同孩子们保持着密切的联系,感应他们的脉搏,倾听他们的心声。她告诉我:"小朋友常给我来信,我年轻时,他们称呼我为冰心女士,后来称我为妈妈,现在叫我奶奶了。小朋友的来信,我不能一一答复。我给他们复信,一是要他们不要写错别字,不会写的字查查字典;二是让他们不要用公家的信纸信封。"她回忆小时候总见到父亲的办公桌上放着两摞信:一摞是处理公事的;另一摞是私人信件。公私分得清清楚楚,不占公家便宜。"做父母的要从这些小事上注意教育孩子。贪污、腐败、不正之风,不正是从这里打开缺口的嘛!"老人这番语重心长的话,不是很值得为人父母的,包括我自己深长思之吗!

有一次,当我谈起培养独生子女的健康人格成了当今社会的热门话题时,冰心兴致勃勃、娓娓而谈她教育子女的体会:"在我们家里,我从来不拆阅子女的信件。有些事,他们倒是主动征求我的意见,甚至把他们的朋友领回家来让我看。我从不干预他们的事,让他们自己做主。"老人对子女的教育,既不是娇生惯养,也不是强制压服,而是晓之以理,同他们商量,让他们独立自由地发展。她教育子女从小热爱自己的祖国,长大成人,要热爱自己的事业,敢于讲真话,不信邪,不怕压。她告诉我:"我的三个儿女都懂得自爱,没有一个变成懒汉、流氓。他们虽然不是共产党员,但都热爱自己的本职工作。一个儿子、一个女儿通过差额选举,还被选为北京市人民代表。小女儿在人代会上,曾投过唯一的弃权票和反对票,说明她是敢于独立思考做出自己的抉择的。"说到这里,老人脸上露出欣慰的笑容。

我也打心眼里赞佩她老人家培养出这么三个爱国敬业、有作为、有出息的好儿女。

庆贺冰心老人92岁寿辰之际，有位朋友为她特制了一张创意新颖、富有喜庆色彩的名片，粉红颜色，香味扑鼻，正面用烫金双钩出一个醒目的寿字，背面印有冰心题签的"有了爱便有了一切"，共印了92张，象征92岁。老人把这数量有限的名片分送给自己喜欢的新朋老友，我也有幸得到编号为"43"的一张，上面老人一丝不苟地写着："沛德留念——冰心。"我接过这张名片，顿时觉得一股爱的暖流涌上心头。在辞别归来的路上，我反复咀嚼着冰心老人不止一次对我讲过的那些朴素而又蕴含人生哲理的话语：

"我虽不是共产党员，但我深深地爱祖国，爱人民。"

"我有许多好朋友，有党员，也有非党员，有老友，也有小友，我喜欢讲真话、爱憎分明、不争名争利的人。"

"我能活到90多，脑子还清楚，就是因为乐观，从不和别人争什么。"

"世界是属于年轻人的，要教育他们从小爱祖国，爱人民，爱大自然，爱亲人朋友……"

"我已这么一大把年纪，还有什么可怕的，我是真正的'五不怕'。"

冰心老人这些闪光的、掷地铮铮有声的话语，永远激励我们做一个堂堂正正、清清白白的人。这也是老人赠予孩子们的一份珍贵的、沉甸甸的礼物。

1999年3月8日

痴情的老园丁

在儿童文苑不知疲倦地耕耘了 75 个春秋的老园丁陈伯吹同志,告别他情有独钟、毕生为之奋斗的儿童文学事业,悄悄地走了。十多年前,在他年近八旬时曾郑重宣示:"尽我余年,全力以赴,全速前进,跑毕全程。"现在他犹如一个优秀的马拉松运动员,终于胜利到达终点。尽管他在从事儿童文学工作时间之长、涉猎儿童文学领域门类之广(兼及创作、理论研究、编辑、翻译、教学、组织工作诸方面,而创作又包括诗歌、童话、小说、散文、报告文学、寓言、剧本等多种体裁样式)上,都创造了前所未有的纪录,然而他一点也不愿炫耀自己的成绩。我们仿佛看到他一如既往地面露慈祥和蔼的笑容,十分谦逊地说:"我是当代中国文学大军中的一个小兵丁,做得还很不够,要向同志们学习!"这就是陈伯吹老人的本色,怎能不令我们这些后生晚辈肃然起敬!

我少年时代就读过北新书局出版的童话《阿丽思小姐》《波罗乔少爷》,但当时并不在意作者陈伯吹的名字。50 年代中期,我在中国作家协会创作委员会参与《儿童文学选》的初选工作,读到陈伯老的童话《一只想飞的猫》,曾情不自禁地为之拍手叫好。陈伯老出版于 50 年代末的《儿童文学简论》,更是我涉足儿童文学论坛之初细读过的一本好书。进入新时期,当陈伯老得知 1957 年发表于《文艺报》的《情趣从何而来?——谈谈柯岩的儿童诗》一文的作者舒需就是我时,显得特别高兴、亲切,一种同行、同志的情谊很快地把我们联结到一起。在 80 年代中期,作协书记处分工我负责联系儿童文学工作之后,我同陈伯老的交往就多了起来,经常有机会当面聆听他的教诲,并时有书信往来。

陈伯老为中国作协理事、顾问、儿童文学评奖顾问,一向热情关注、支持作协儿童文学工作,不时给予指点和导引。前些年,他不止一次地谈道,新时期儿童文学已经起步了,但真要腾飞起来,关键在于领导。他对文联、作协、新闻出版部门没有使足应有的力气来推动儿童文学的发展深以为憾,他大声疾呼:"这张有力的一翼该好好地鼓一鼓了吧。"他屡次给我写信,满怀热情地鼓动:"20世纪90年代快过去了,新的世纪即来,我们应努力向前,多跨进几步才是","世界各国、各地区都在动,我们也得加一把劲!""奋发有为,才能赶上形势"。他老人家寄希望于我和我兼职的作协儿童文学委员会。可是,我人微言轻,势单力薄,加上一些说不清、道不明的原因,始终没能干成几件有利于推动儿童文学发展繁荣的实事。至今我抱愧不已,深感辜负了陈伯老的热切期望。好在近些年在江泽民同志繁荣少儿文艺等"三大件"指示的鼓舞下,儿童文学创作、出版呈现活跃向上的态势,作家创作热情饱满,不少文学新人崭露头角,预示着儿童文学又一春的到来。我想,陈伯老与世长辞前,得知这些喜讯,当会感到无限欣慰的。

在陈伯老的创作实践和理论研究中,我们可以清晰地看出,他既强调对孩子思想品德的教育、性格情操的陶冶,又注重传播科学知识,培养科学兴趣,提高审美能力。我记得,1988年之夏我和陈伯老同在北戴河创作之家小住。一天傍晚在海滨边散步边漫谈,他不无忧虑地向我谈起,现在有些少年小说描写少男少女所谓的"朦胧爱情",尽管它可以占有一席之地,但热衷于此,搞过了头,未必有益于少年儿童的身心健康。他以极其鲜明的态度,斩钉截铁地说:"儿童文学虽是派生于文学的一个组成部分,但儿童文学又不能不受制于教育。"从这里我深切地意识到一个儿童文学老前辈关怀未来一代健康成长的社会责任感和历史使命感。

年届耄耋的陈伯老,他的思想观念与时代同步,紧跟科技迅猛发展的新时代。他在儿童文学界,是科学文艺热情的倡导者。早在1984年底中国作协第四次会员代表大会期间,他先在上海代表团的分组讨论会上就发展科学文艺作了发言,然后又连续两天清晨三点半起床,赶写出题为《在儿童文学阵地上,高举起科学文艺的旗帜》的书面发言让我转交大会简报组。他说:"历史大变革时代,应当重视智力开发和智力投资,使少年儿童在获得文学欣赏的美的享受的同时,又能不太费力地记取有用的科学知识和技术,使之从小就对科技有感情,有兴趣,日长月久,自然而然地爱科学、钻研科学、运用科学,成为四化建设的勇士和闯将。"我还记得,在80年代后期,陈伯老曾为一篇科学文艺作品在中国作协首届儿童文学奖中落选而仗义执言。他尖锐地批评作协那次评奖忽视了科学文艺的教育价值、认识价值,没有把它提到战略高度来认识、估量。一向谦虚平和的陈伯老,为了宣扬发展科学文艺的重要意义,捍卫优秀创作成果,直言不讳,毫不含糊。他那种顽强执拗的精神实在可敬可爱。

中国老一代知识分子都是安于清贫、严于律己的,陈伯老就是一个典型的代表。他平常省吃俭用,过着极其简朴的生活。但他在80年代初却毫不犹豫地把近60年来积蓄的稿费收入5.5万元拿出来,作为儿童文学园丁奖的基金。后来,由于货币贬值,利息有限,这项评奖几乎难以为继。他在1989年给我的一封信中说:"我的捐款,受通货膨胀的影响,愈来愈贬值……1980年我的捐款可购三幢房子,如今则半幢也买不到了,令人气短! 徒呼奈何。"当时我读着这封信,不禁潸然泪下。陈伯老为了鼓励优秀创作,奖掖文学新人,真是愁白了头、操碎了心啊! 所幸的是这项评奖——陈伯吹儿童文学奖在有关部门的帮助支持下一直正常运转、如期举行,至今已举办了十六届。陈伯老期盼的通过评奖促进作者写出高质量、具有国际水平作品的愿望,在不远的将来一定会实现,内容健康向上、富有艺术魅力的儿童文学精品一定会在亿万小读者心中生根、开花。陈伯老,您安心地、慢慢地走吧!

1997年11月7日

水仙花开怀郭风

　　辞旧迎新的春节假期,面对着窗台上亭亭玉立、婀娜多姿、散发着缕缕清香的水仙花,我情不自禁地想起了不久前与世长辞的郭风先生。前些年,每逢寒冬腊月,我总会收到郭风从福州邮寄或托人捎来的又大又壮的水仙球茎,一次又一次真切感受他寄寓的那份诚挚、温馨的情谊。如今,他老人家驾鹤远行,从此再也无缘与他鱼雁往返或促膝谈心,怎能不让我感到怅惘与哀伤呢!

　　20世纪50年代,我在中国作家协会创作委员会工作期间,分工阅读各地出版的文学书刊。当时,就曾读到郭风发表于1957年3月《人民文学》上的《散文五题》和散文集《搭船的鸟》《洗澡的虎》,童话散文诗集《蒲公英和虹》等。但是有缘"识荆"已是在20世纪改革开放之后的80年代初。

　　中国作协书记处分工我联系儿童文学工作后,我与郭风的交往就更密切了。每次他来北京参加作协代表大会、理事会、创作座谈会或工作会议,我们总有机会见面叙谈。虽然那时我还在工作第一线,常常由于繁杂的会务缠身而不能更从容、深入地和他谈心。但"心有灵犀一点通",我们只要一谈起儿童文学就滔滔不绝,关不住闸门了。他热情支持我做儿童文学的组织工作,希望我为鼓励儿童文学创作、发现儿童文学新人,多做些扎扎实实的工作,多写些"既富引导性,更具创见"的文章。他在赠我《郭风散文选》一书时,特别叮嘱我看一看这本书前言中说的一段话:"我想流露一点隐秘于心底的衷情:我,要是听见有同志称我为儿童文学作家,或赞我有志于儿童文学创作之道时,往往深感宠幸;心中正或生出一种儿时受母亲称赞一般的欢喜之情。真的有这种心情。我自己勉励自己,不要小视儿童文学作品,要多多为孩子们认真写出作品。我亦视温柔敦厚为美德。但凡有意贬损儿童文学者,我欲投以轻蔑。"他那对儿童文学钟爱、尊崇之情溢于言表,多么令人感到亲切、可敬可爱啊!郭风还特别赞赏施蛰存先生为《巨人》丛刊题词时写的一句话:"儿童是赤子,希望儿童文学作家笔下留神,不要损伤了赤子之心。"他说自己几十年来就是本着这种认识和精神来为孩子们写作的。从他的谈话和文章中,我越发深切地感悟到:对儿童文学重视还是轻视,爱护还是贬损,可说是衡量一个作家、一个领导者是否关爱下一代心灵成长的一把尺子,也是衡量一个民族、一个国家文明发展程度的一个标志。郭风的言传身教,使我在儿童文学工作中不敢稍有懈怠,该说的话一定直率地说,该做的事一定努力去做,力求不辜负郭风和同道、同行们对自己的厚望。

郭风是一位久负盛名的散文大家。他的《郭风散文选集》,曾与冰心、季羡林等前辈的作品一起,荣获首届鲁迅文学奖全国优秀散文杂文荣誉奖。我在工作之余,特别是退休前后,除了写点儿童文学评论外,也多少写一点散文。在散文写作上,曾不止一次地得到郭风的鼓励和指点。20世纪90年代初,我出了一本文学评论集。在这本书的后记中,我表达了自己投身文学工作40年,在创作上、理论上均毫无建树,不能不自惭形秽。同时抒述了自己年近花甲,即将"到站下车",却又遭癌症无情袭击,重病初愈后不能随心所欲地读书、做事而涌出的一丝悲凉情绪。郭风收到我题赠的拙著后,在回复我的信中写道:"拜读了'后记',既感到亲切、真挚,以为这是一篇好散文,也(让我)百感交集","其实,你的文学成就是很高的,只是你一贯谦逊,一直对自己有严格要求"。隔了一段时间,我又寄去拙作散文《相见时难别亦难》《两岸同窗情》《花不完的六十万》《怀念冯牧》等,向他求教。他在回信中再次给予肯定和鼓励:"我以为,您的散文,写得十分真切:真情、真感受;极朴实、朴素。此等作品,于若干散文作品中出现的浮躁之气,是一种'挑战',十分钦佩。"当他读到我写的《我当秘书的遭遇》一文后,又来信称赞:"大作一口气拜读了,引人深思。就文风而言,写得朴实、真挚,一如您的为人,更是感人。"我在这里之所以不避"王婆卖瓜"和似有借重名人抬举自己之嫌,一而再,再而三地引录郭风的来信,主要是为了说明郭风对拙作散文言简意赅的点评,不仅激励了我学习写散文的热情,而且坚定了我在散文写作上讲真话、抒真情,力求写得平实、朴素的信心。世纪之交,我陆续写了若干篇记述个人经历、师友风采、异域游踪的散文,都是向着力求感情真挚、文笔朴实这样一个标杆跨越的。这些文章后来汇集成我的第一本散文集《龙套情缘》。这本小书简要记述了我人生历程的若干片断,并约略勾勒了文坛风雨的某些侧影。此书问世后,得到了文友、读者的好评。此时,郭风又写来一封情真意切、倍加赞扬的信,读后实在让我汗颜:

沛德同志:

　　您好。

　　大札到后,过许多天才收到大著。用二天时间,拜读您的这部新著。觉得此书朴实、真切、亲切,自成散文之一格,自成一种难能可贵的个人风格,甚是钦佩。如说读《龙套情缘》,似读半部当代(中国)文学史,也许"过分",但我以为治中国当代文学史者,不可不读此书,文学界人士不可不读此书。谢谢。

　　握手

　　　　　　　　　　　　　　　　　　郭　风

　　　　　　　　　　　　　　　二〇〇一年九月二十四日

　　多年来,承蒙郭风垂爱,不仅在散文写作上不吝多次赐教,而且经常以新出大著相赠。在我的书柜上,如今整齐地排列着郭风题赠的散文、散文诗、儿童文学集子、选本,不下十五六册,从早期的《英雄与花朵》《你是普通的花》,到进入耄耋之年所著《汗颜斋文札》《八旬斋文札》,一应俱全。郭风在散文、儿童文学天地里苦心经营了 70 个春秋,在文体、表现形式、艺术手法上坚持不懈地探索、创新,取得了丰硕的成果。富于抒情性、乡土气息的散文诗《叶笛集》,颇具哲理性的随笔《晴窗小札》,把童话、散文、散文诗糅合在一起的童话体散文《松坊村纪事》《孙悟空在我们村里》等,都是有口皆碑、具有较为恒久的艺术生命力的精品力作。可以看出,无论他在体裁、形式、表现手法上怎么发展变化,"万变不离其宗",他始终把"思想欲求其深刻、新鲜,情感欲求其真切、出于自然流露,语言能准确表情意","具有时代特色、民族特色(中国气派)、乡土特色以及作家个人的艺术特色",作为自己毕生追求的艺术目标。

读郭风的散文,我读出了它的新鲜、真切、自然、平易,这是郭风的文品,也是郭风的人品。这也正是我在为人、为文上应当学习、追求的品质。

郭风不止一次称我为"我国儿童文学界重要的领导人之一,更是儿童文学理论建设的功臣","众所景仰的儿童文学评论家和有力的组织者"。这显然是过誉了,未免让我脸红。我与这些称谓、头衔、评价相距甚远,只能把它看作一个长者、前辈对后来者的鞭策和期许。我深知自己这么些年仅仅是在力所能及的情况下,为儿童文学的生存、发展呼喊呼喊而已。

我一向敬重的郭风先生走了。此时此刻,作为后生晚辈和忘年交的我,由衷感谢他馈赠我的冰肌玉骨、飘散淡淡清香的水仙;感谢他启迪我以从事儿童文学为荣,不要损伤赤子之心;感谢他鼓励我坚持真挚、朴实的为文之道;感谢他导引我始终关注青年作者的成长。永别了,郭风先生,您慢走!

2010 年 3 月 9 日

可亲可敬的任溶溶老兄

　　任溶溶是驰名文坛、成就卓著的儿童文学作家、诗人、翻译家。我和他相识相交已达三十个春秋。他比我大七八岁,在我的心目中,他是一位可亲可敬、名副其实的老兄。

　　20多年前,在南京秦淮河畔,我和任溶溶一起参加《未来》儿童文学丛刊编委会,同住一间房。我俩曾不止一次推心置腹地彻夜长谈,各自诉说个人的经历、遭遇、兴趣爱好,顿然感到我们的心灵是相通的。我为结识这么一位胸怀坦荡、生性幽默的好友而深感荣幸。从那以后,尽管见面不多,但一直保持联系,或通信、赠书,或一起参加会议。尤其难以忘怀的是:从秦淮河畔那次长谈后,他按期给我寄赠自己参与编辑的《外国文艺》,一直到他退休为止。每当我想起一位七八十岁的老人,二十多年如一日,亲自写名签,装信封,为我邮寄这本刊物,占用了他多少宝贵的时间,我怎能不感动而又不安呢!

　　十几年前,他赠我大著代表作选集《给我的巨人朋友》,扉页上的题签,在签名、赠书日期之后,特地写了一行:"我已七十岁了!"在一篇随笔中我曾写到这件事,并期盼在他八十岁、九十岁时还能得到他题签的赠书。真是有幸,一年前,我的梦想成真了。我在上海探亲期间,去他寓所拜望,如愿得到他面赠的译作诗集《什么叫做好,什么叫做不好?》。这次他在扉页上写的是:"束沛德老兄留念　任溶溶 2011.4.27　时年八十八"。年届耄耋的任溶溶依然思维清晰,精神矍铄。如今我又衷心期盼当他成了百岁寿星之际的赠书了。当然,这还要看我能不能等到那一天、有没有这个福分了。

任溶溶对儿童文学情有独钟,一辈子把自己的心血、精力奉献给了为小孩子写大文学的事业。改革开放之初,他年近花甲之时,就有一种时不我待的紧迫感,情真意切地表示:"人老了,时间少了,该为孩子和儿童文学事业多干点活。"近三十多年来,他又创作和翻译了多少为孩子们喜爱的优秀作品啊!步入望九之年,他仍"天天想写"。从《文汇报》《新民晚报》《文学报》等报刊上不时能看到他写的儿童诗和忆旧怀人的散文随笔。他不仅自己坚持笔耕不辍,而且继续以深挚的感情密切关注着儿童文学事业的发展。去年初冬时节,在给我的一封信中写道:"我如今关心的也只有儿童文学,希望大作品出世,好像也不容易。我只希望年轻的儿童文学工作者修养越来越高。儿童文学也是文学,文学修养不能降低。但是又怕把成人文学的一套照搬到儿童文学,失去儿童文学的特点。您看我是不是在折腾自己啊?"从这里可以清晰地看出,任溶溶老兄期盼的是富有文学品质、艺术魅力的儿童文学经典之作、传世之作的问世,关注的是年轻作者思想、学识、艺术素养的提高。他确实是无时无刻不在为儿童文学的发展、提高殚精竭虑啊!

我长期从事儿童文学的组织工作,由于年龄的关系,几年前从中国作家协会儿童文学委员会的岗位上退了下来。在一些场合,我曾向一些同事、朋友表示:今后将逐渐淡出儿童文苑。当任溶溶得知我这一想法时,当即写信诚挚地鼓励我:您可不该"淡出",应当继续为儿童文学鼓与呼。他向来重视儿童文学的组织工作。他对我说:"儿童文学界光有冲锋陷阵的虎将、猛将、大将不行,还要有摇羽毛扇的、诸葛亮式的人物。出主意,提建议,登高一呼,带领队伍前进。""做组织工作的,要懂行。如今一些文学团体的领导,往往只讲政治,很少谈文学。"他称赞胡德华、任大霖等自己能写,又热心地做了不少组织工作,不无感慨地说:"现在愿意牺牲自己创作的人太少,往往忙于写自己的东西,不愿做组织工作。"

去年5月,我赠以拙著《束沛德谈儿童文学》,他在回信中写道:"您一直指导并领导这一工作,是位内行,成绩有目共睹。但您总说自己'跑龙套','打杂',实在太谦虚,也可以说是太书生气。不管怎么说,我是真心尊敬您,感谢您的。我真高兴儿童文学有这样的好领导!更希望您继续关心儿童文学,出好主意,多提挈新人。"在这里我之所以不避借重名人抬高自己之嫌,倒不是真以为自己是什么"领军人物",做出了多大成绩,只是为了说明文学组织工作不可或缺,而且越来越得到作家的认同、理解和尊重。为了儿童文学的发展繁荣,需要有人心甘情愿来挑这个担子。

任溶溶多次谈起,上海理应为发展儿童文学多做点贡献,他希望我多关心上海的儿童文学工作。他还说起,您上世纪 50 年代,就写文章评论、推荐柯岩的儿童诗;对当今新出现的优秀儿童诗,也应该及时评介,为儿童诗的发展鼓鼓劲。是啊,尽管我不愿辜负任溶溶老兄的期望,但毕竟年届八旬,未免力不从心了。我是多么热切地期盼有更多年轻的有志者投身往往被冷落的儿童文学组织工作和评论工作啊!

2012 年 6 月

从儿童文苑看柯岩

柯岩是一个热情洋溢、才华出众的女诗人、女作家，是社会主义文学阵地的忠实守卫者。她恪守"首先是党员，其次才是作家"这一准则，把坚持正确的政治方向同坚持不断的艺术探索、追求很好地结合起来，在文学创作道路上一步一个脚印地向前迈进，取得了出色的成就。

她是文学领域里的一位多面手，几乎涉猎文学创作的各种体裁、样式，包括儿童文学、诗歌、报告文学、传记文学、小说、散文、影视文学，而且兼及文学评论。

发表于50年代中期的《儿童诗三首》《"小兵"的故事》，是柯岩的成名作。从那时到现在，经历了40个春秋，她始终怀着对未来一代炽热的爱和强烈的责任感，孜孜不倦地为孩子们写作，对当代少年儿童文学的发展，作出了独特的贡献。我以为，她对儿童文学的贡献，大致表现在以下三个方面：

一是以一批富有鲜明艺术个性的儿童诗，在儿童诗苑独树一帜，在当代儿童文学史上留下了灿烂的一页。她的儿童诗善于从儿童的日常生活中发掘富有情趣的事物，善于从行动中揭示孩子的思想性格，善于从生活出发，极其自然地赋予孩子的思想感情以鲜明的时代特征……所有这些，都曾经深深地影响了儿童诗坛。40年过去了，柯岩所刻画的那些栩栩如生的儿童形象，如那扯下帽檐扮水兵的哥哥和那个不接受假枪毙的弟弟，那戴上爸爸的眼镜梦想解决一切难题的小弟，那在自己背心上用红墨水涂上"9"号在梦里踢球的小弟……至今仍深深地刻在我们的记忆里。这些诗篇之所以具有经久不衰的艺术生命力,就在于它们把时代色泽、儿童情趣、艺术想象巧妙地交织在一起,把健康向上的思想内容与优美精致的艺术形式完美地结合起来。

二是她为我国儿童文苑提供了两部撼人心魄的、具有中国特色的"教育诗""塔上旗"。反映工读学校生活的长篇小说《寻找回来的世界》和反映普通中学生活的电视文学剧本《仅次于上帝的人》(改编为电视剧《红蜻蜓》),在题材的开拓上,作者抓住全球所普遍关注的青少年犯罪问题、中学生的教育问题,把目光、笔墨集中于拯救孩子的灵魂、重塑孩子的性格,唱出了一曲又一曲关于爱、同情、善良、人道主义的赞歌。两部作品所塑造的杜嵋、于倩倩这样的心灵崇高而美丽的社会主义新人形象,不仅成为吸引青少年学习、效仿的榜样,而且征服了广大成人读者和观众的心。在这两部作品里,深刻的教育内涵与浓郁的爱心诗情水乳交融,使文学的教育、认识、审美、娱乐诸功能得到和谐的统一。

三是她以一组具有独特的审美眼光和新鲜文风的儿童诗评,给儿童文学理论批评界带来一股清新之风,丰富了相对冷寂、单调的儿童诗评论。新时期以来,柯岩不仅根据自己创作实践的经验、体会,写出了具有独到见解的专题论文《漫谈儿童诗》,而且先后发表了评价当代最有成就和影响的几位儿童诗人金波、任溶溶、田地、圣野、鲁兵等的文章。这些文章把作文与为人、诗品与人品统一起来分析、评述。诗人评诗人,是同行之间的一种平等而亲切的艺术切磋、创作经验交流,娓娓道来,生动自然。柯岩的诗评写得活泼、洒脱,富有感情色彩,没有那种令人生厌的"评论八股"气息。这对我们改进儿童文学评论文风,具有启迪意义。

近年来,江泽民总书记不止一次地发出关于繁荣少儿文艺的指示。迎接儿童文学又一个春天的号角吹响了。儿童文学的老将新兵在"为了孩子,为了未来"的旗帜下迅速集合起来。我们深切企盼着柯岩这位当代儿童文学的排头兵、台柱子战胜疾病,早日恢复健康,尽快回到这支队伍中来,继续为跨世纪的一代新人纵情歌唱,精心画像!

1996 年 9 月 19 日

童年、母爱、大自然的歌者

金波是当代儿童文苑一位出类拔萃的诗人，一位儿童文学大家。这位年届耄耋的老园丁，在儿童文学园地里至今依然笔耕不辍，诗歌、童话、散文、小说、图画故事佳作迭出，成为文坛一道亮丽的风景。他的成就和造诣，尤其是诗艺精湛所达到的高度，堪称当代儿童文学群山中"林壑尤美"的一座峰峦。

我结识金波，开始关注并赞赏他的儿童诗，是在40多年前改革开放之初。他的组诗《春天的消息》、诗集《在我和你之间》《林中月夜》《我们去看海》先后获得中国作家协会第一、二、三、五届全国优秀儿童文学奖，我都是在场者，是该奖评委会的负责人。金波荣获1992年度国际安徒生奖提名奖，我曾作为该奖国际儿童读物联盟中国分会（CBBY）的语言顾问，写了题为《红线串着爱与美》的评论，向评委会作了推荐。这次中少总社出版《金波60年儿童诗选》（包括《白天鹅之歌》《萤火虫之歌》《红蜻蜓之歌》三册），使我又一次有机会全面、深入地了解金波对我国当代儿童诗创作所做的杰出贡献及其作品的思想、艺术特色。

尽管金波的创作成就和业绩兼及诸多儿童文学体裁、样式，但他首先是个诗人，本质上是一个诗人。他那诗人的情怀、气质、本色、才华浸透到他所有作品和创作活动之中。60多个春秋，他度过的文学人生、诗意人生，光彩夺目，令人赞赏和艳羡。

金波之所以成为一棵创作的常青树，保持永恒的艺术生命力，奥秘何在？他的灵感、激情、活力从何而来？

一是金波十分珍惜童年生活对自己的馈赠。

在他看来,永葆童心是生命的最高奖赏;全身心地回归儿童,那才是最美好的精神状态。他把童年的记忆看作"人的精神财富,它像一粒珍珠,经过岁月的磨砺,越发光辉璀璨。"金波的童年有快乐和温暖,也有寂寞和忧伤。正是这样的童年生活记忆,给诗人以灵感、想象和诗情。在《泥土的馈赠》一诗中,抒述儿时用泥土做玩具,联想到塑一头小熊,塑一匹小马,就能去北极探险,去草原驰骋。从泥土给一粒种子以绿色生命,情不自禁地歌唱:每一寸土地,都是生命的摇篮,它不仅教会我们创造,也培育了我们的忠诚! 捉蟋蟀、放风筝、采桑葚儿,都是我们童年时代沉浸其中、乐不可支的游戏。金波从这些游戏中捕捉到美丽的童心、童情和耐人寻味的人性美。诗人在《蟋蟀》一诗中描述爸爸惩罚孩子,摔碎了养蟋蟀的瓦罐,而有一夜,孩子又听见他熟悉的那只蟋蟀在叫,原来正是他爸爸捉回来的。由此诗人抒发了感人至深的父子情:那一夜,我在想:/是爸爸送还了我的蟋蟀,/还是蟋蟀送还了/我那可亲的好爸爸?《风筝》一诗描述一只断了线的风筝,是用一张得分不及格的考卷糊成的,而要寻找的风筝的小主人正是住在对面楼第三层的小邻居。(你别问,你别问,/我不想说出他的姓名。)/明天我要约他去春游,/还要还他这只风筝。/(当然,当然,/顺便还要谈谈别的事情……) 深情而又含蓄地表达了成年人对孩子的爱和理解,展现了美好和谐的邻里情。诗人善于把童年记忆与现实感受自然、巧妙地融合在一起。时代的光芒照亮了童年的记忆,赋予它以新的内涵和色彩,让小读者从中得到有益的感悟和启迪。

二是金波十分珍惜自然万物对自己的馈赠。

大自然是人类的母亲,是少年儿童的良师益友。让孩子感受大自然的千姿百态,亲近大自然,热爱大自然,拥抱大自然,与大自然友好相处,是包括儿童诗在内的儿童文学永恒的主题。诗人金波对大自然情有独钟,从他跨入儿童诗苑起,就满含深情地与风花雪月、花鸟虫鱼做伴。无论会飞的花朵、林中的鸟声、绿色的太阳,还是白天鹅、红蜻蜓、萤火虫,他笔下的自然万物都是有生命、有感情的小精灵。正是它们的声音、色彩、气息、味道,点燃了诗人心中的火花,让他情不自禁地向读者袒露自己的心灵世界、感情世界,与孩子们交流。他抒写鱼也想跳到岸上,走进春天的大地,和更多的新朋友游戏;写飞得很低的红蜻蜓,在寻找丢失的爱,那世间最珍贵的东西;写黑蚂蚁紧贴大树,谛听大树的心跳;写晚风藏在花丛里,想有个家,有个爸爸和妈妈。触景生情,托物言志,诗人通过与山水花鸟的对话,心灵的沟通,真挚地表现了热爱大自然的美好感情,不露痕迹、润物无声地传递了善良、温暖、和睦、友爱的感情,用诗的春雨秋露润泽了孩子的心灵。

三是金波十分珍惜母爱亲情对自己的馈赠。

母亲的光辉好比灿烂的云霞,永远地、永远地投射在儿女的心坎上。金波从小和他的母亲相依为命、相濡以沫的经历和命运,使他比别的孩子更早地懂得温存和体贴,懂得感恩和回报。在他的很多诗篇里,对博大无私的母爱作了生动、真切的表现。雨中期盼母亲送来红雨伞:红雨伞像亲情暖暖的火,/红雨伞像飞进心里的歌,/红雨伞是我永远不迷失的星座。抒写在饥荒的年代:我的饭碗变得很大,/妈妈的饭碗却变得很小。/至今我仍把那个粗瓷碗珍藏,/因为碗里盛着一个爱的海洋。儿子是母亲的心肝宝贝,母与子心连心,母亲对儿子的爱比海洋更宽广。孩子的心灵在母亲的抚慰、引导下健康成长。《如果我是一片雪花》《倾听》《乡音》《薄荷香》《给予》等,也都是讴歌母爱的情真意切的精品佳作。尤其感人肺腑的是那首用结构格律严谨的十四行诗写成的《献给母亲的花环》。我不止读过三遍五遍,每读一遍,都难免热泪盈眶,荡气回肠,一次又一次受到精神、心灵的洗礼。那丰富的内涵,真挚的感情,精巧的构思,优美的韵律,真让人一咏三叹,回味无穷。童年的"微笑和眼泪",人生的酸甜苦辣,借着生动的艺术形象,表现得淋漓尽致。正像诗人咏唱的:生活其实并非能永远的甜美,/在乳汁里,也会掺和着苦涩;我要把这个世界描绘得更美/用母亲的乳汁,用我的眼泪。诗人真实、深情地表达了长大成人的孩子无限感激伟大母亲养育之恩的心声。

童年、母爱、大自然，是超越时空、不分民族、国界的，它们是普天下少年儿童心灵能共同感受的东西。金波是天真无邪童年的歌者，是五彩缤纷大自然的歌者，是至纯至真亲情、友情、乡情的歌者。诗人脚踏新时代、新现实的泥土，满怀深情抒发蕴含在童年、母爱、大自然中的爱与美、绿色与温暖、向善与向上，因而使得他的作品经受住时间的检验，具有永恒的艺术生命力。

在这里，我还要向金波在诗歌领域里的特殊贡献致敬！金波的儿童诗确是能歌善舞的文字，富有音乐性，特别讲究韵律美，令人难忘的是，他还创作了不少优美悦耳的歌词；他率先把十四行诗引入儿童诗领域，从而拓展出一片新天地；他倾情于创作诗化童话，丰富了童话世界。所有这些，都是金波对我国当代儿童文学的独特贡献，是应当在儿童文学史册上写上一笔的，也是小读者和大读者永志不忘的。

2019 年 7 月 20 日

他一心扑在儿童文学上

樊发稼是儿童文苑成绩卓著的诗人、评论家,也是新时期儿童文学队伍的领军人之一。他是我可以推心置腹交谈的一位好朋友,也是同我在中国作协儿委会长期合作共事的老搭档。

几年前,我写过一篇文章,以"激情、胆识、慧眼、率真"八个字,评述他在儿童文学评论方面的成就和特色。在为人为文做事的精神、品格、作风等方面,他身上也有不少优点、长处,值得我们学习和赞扬,我把它概括为五个"赞":

一赞发稼一心扑在儿童文学事业上。他对儿童文学情有独钟。从 1955 年在《少年文艺》上发表诗作到现在,投身儿童文学已超过60 个春秋。特别是从他 80 年代初专业从事儿童文学研究、评论后,更是把儿童文学当做自己的终生事业,当做自己的责任和使命,专心致志,心无旁骛,锲而不舍,须臾不离。他真正、不折不扣地践行着自己的座右铭:"只要一息尚存,就要努力奋斗。"

二赞发稼又搞创作、又搞评论。他是一位视野开阔、学养丰富的作家,又是一位富有激情、诗人气质的评论家。搞创作,有评论家的眼光和修养,善于观察、发现生活中的美和诗情画意,更加懂得儿童文学的特征、功能,更加注重以纯真、善良、美好、崇高的感情陶冶孩子的心灵。搞评论,有诗人那种冰清玉润的赤子情怀,有创作实践的经验,更加懂得创作的甘苦,善于发现他人创作的优长和特色。我对兼具创作、评论才能的人,深表赞赏和羡慕。

三赞发稼手不释卷,笔耕不辍。他读书、写作都特别勤奋。至今已出版了各种著作 80 多本,可说是名副其实的著作等身。他参加了多少次文学评奖、创作研讨会,他又写了多少评论名人佳作、新人新作的文章。特别是他在岗位上,按照工作需要,还参与了《中国当代儿童文学史》《中华文学通史》中的儿童文学部分的撰写。这些工作、活动都是以阅读文本为基础,最后落笔为文的。他那刻苦勤奋、不知疲倦的精神,实在让人感佩。

四赞发稼目光四射,耳听八方。他不仅关注儿童文学现状、发展趋势,而且关注整个文坛和国内外大事。文情、国情全在他胸中,并敢于发表自己的看法和意见。他与文友、出版界的联系,都相当广泛、密切,因而能及时捕捉、掌握各种信息、动向。在网络时代,他与时俱进,很早就在网上开辟了自己的博客,让文友们在第一时间读到不少新闻、参考消息、文章、资料。没有对儿童文学的炽热的爱,没有对文友、同行的热情关切,是不能坚持不懈地这样做的。

五赞发稼严于律己,与人为善。他在思想、工作、生活各方面对自己的要求都十分严格。以中国作协儿委会的工作为例,他当了多年委员、副主任。从作品研讨到文学评奖,从编年度作品选、儿童文学年鉴到发展会员、培养新人,事无巨细,他都事必躬亲。一个编制不在作协、兼职的委员会委员,肯于这么花力量、下功夫,可说是罕见的。在工作、活动中,遇事与同事商量着办,既勇于提出自己的意见,又乐于吸收他人的意见。这么多年,我和他的合作,是挺愉快的。

前些日子,茅盾文学奖获得者、小说家张炜在一次会上说:一个作家要有两颗心,一颗童心,一颗诗心。过去张炜还说过:"一个好的写作者,首先是一个好的儿童文学作家,和一个好的诗人。"在我看来,发稼就是具备这种素质的好作家。

冰心老人说:"人生从八十开始。"真诚地祝愿迎来 80 华诞的发稼兄童心永驻,青春常在,长生不老!

2017 年 1 月 15 日

兼具童心爱心诗心的洪波

　　高洪波是新时期之初涌现出来的一个生气勃勃、富有鲜明艺术个性的诗人、散文家、儿童文学家。我与高洪波相识相知已三十多年了。在我的印象中，他是个敏锐而机智、活泼而幽默、勤奋而坚持的人。

　　他在文学创作上是个多面手，能娴熟自如地运用多种文体写作，诗、散文、随笔、儿童文学、评论，他都拿得起、放得下。而在儿童文学这一领域里，他又涉猎诗、散文、童话、小说多种体裁。他驰骋于成人世界与儿童世界之间，左右逢源，得心应手，确实难能可贵。

　　洪波从事创作40年，收获颇丰。摆在我面前的《高洪波文集》八卷，充分展示了他的创作实绩，可说是枝繁叶茂，繁花似锦。

　　洪波在创作上之所以取得如此丰硕的成果，与他相对丰富的阅历、相当广泛的爱好分不开，也与他腿勤、手勤，勤于采风、勤于挥毫分不开。

　　洪波是老三届，当过兵，当过记者、编辑，又做过多年文学组织工作。记者、编辑生涯，养成他嘴勤、腿勤、手勤、脑勤的好习惯。爱好足球，喜欢打乒乓球，爱养猫养狗，钟爱古玩收藏，丰富了他的业余生活。他是生活中的有心人，善于捕捉那些闪光的、有趣的事物，有所发现，有所感悟，随即诉诸笔墨。从他的文集中可以清晰地看出，他每到一个地方，或参加某项活动，几乎都留下了记录见闻、抒发感受的诗文。

　　去年初冬时节，在人民大会堂聆听胡锦涛总书记在九次文代会、八次作代会上的讲话,其中讲道:"特别是这些年来,在党和国家举办的一系列大事喜事、应对一系列难事急事的过程中,总有文艺工作者辛勤奔忙的身影,总有文艺工作者创新前进的足迹,总有文艺工作者倾心奏响的时代的乐章。"当时,我脑海里立即浮现出高洪波的身影。这些年来,在抗非典、抗击冰雪灾害、抗击汶川地震第一线,在作家走军营、走长征路、走进红色岁月的采风创作活动中,高洪波都没有缺席,总是身先士卒,走在队伍的最前列,表现了很高的贴近实际、贴近生活、贴近群众的自觉性。对此我是十分感佩的。我想,正是他想方设法同人民生活保持着紧密联系,他的创作灵感、激情才源远流长,永不枯竭。

在从事繁重忙碌的文学组织工作的同时,依然紧握手中的笔,坚持写作,不断发表新作。这不是每个人都能做到的,我们往往会顾此失彼,为会议、公文日常事务所缠,不得不暂时搁下笔来。而洪波在这方面做得相当好,既完成了自己承担的那份工作,又始终笔耕不辍,发扬自己的优势和长处,不间断地写一些散文随笔、诗、低幼童话等。在他看来,"坚持是一种美丽","文学创作不仅需要热爱,也不仅凭天才和才气,有时需要的是坚持和固守"。多少年来,他正是按照自己的信念,坚持不懈地边工作边写作。他现身说法,工作与写作并非不可得兼,而是可以两全其美。这不能不让我由衷地赞赏。

洪波是一个有自己的创作主张,并富有独特文学风采的诗人、作家。他一直主张儿童文学应当是"快乐文学",并努力把这一主张贯彻到自己的创作实践中去。"我希望自己的作品能愉悦孩子们的性灵,能启迪他们热爱大自然、小动物的爱心,能让他们幽默些、机智些、有情趣而不古板,能让他们生活得自由些、快乐些。"(高洪波:《发现儿童》)他的儿童诗《鹅鹅鹅》《我喜欢你,狐狸》《大灰狼,别怕》《懒的辩护》《爷爷丢了》以及幼儿童话中的不不兔、板凳狗形象,都写得幽默诙谐,情趣盎然,表达的确是作者"发自内心的智慧、机敏和幽默传达出来的快乐信息",是他的性格、气质的自然呈现。

　　尽管洪波也年届花甲，但在年届耄耋的老人面前他还是一个小弟弟。不久前他从作协领导岗位上退下来，今后可以有更多的精力、时间读书、写作。我祝愿也相信兼具童心诗心爱心的洪波在创作上一定会更充分地施展自己的才华，登上一个新的艺术高地。

2011 年 12 月 1 日

一本诗集联结了我们仨

前些日子,四弟告诉我:从百度搜索见到,地处山西介休市的三农书舍,开价200元拍卖一张我签了名的稿费收据。我上网一看,原来那是中国青年出版社1956年6月发给我的初审蔡庆生著诗集《告诉我,来自祖国的风》的审读费人民币六十元整。

正是这本诗集把天南海北、素昧平生的长正、蔡庆生和我紧紧联结在一起。

事情要回到一个甲子前的1953年说起。那年深秋时节,河北唐山工人作家长正作为中国人民赴朝慰问团的代表,随慰问团赴朝鲜前线东海岸的鱼隐山下。慰问团华北分团团长交给长正一本抄在日记本上的《战地诗抄》,说总团康克清大姐嘱托"一定要想法找到作者,给他一个回复"。这个手抄本诗集的作者,就是当年年仅19岁的浙江籍战士蔡庆生。长正去他所在部队寻访他时,正好他随文工团小分队下连队去了,失之交臂,他俩未能见面。长正回国后,从《战地诗抄》中挑选出《送行》《告诉我,来自祖国的风》二首,推荐给《人民日报》发表出来了;后一首还获得了中国人民志愿军文艺创作一等奖。从此,他俩鱼雁往还,谈文学,谈人生,相互关心、交流,有了深厚的友谊。改革开放以后,他俩曾有两次见面一叙的机会,但都擦肩而过。直到1986年,唐山地震十周年之际,蔡庆生偕老伴去长正寓所看望,他俩那双本该在33年前就握在一起的手,终于紧紧地相握了。

而我与长正的文字之交,也得回到20世纪60年代初。那时我在河北省文联文艺理论研究室,读了长正的中篇儿童小说《夜奔盘山》后,写了一篇《谈〈夜奔盘山〉的少年形象》,肯定了他塑造人物性格上的成就和特色。这本小说获得了全国第二届少年儿童文艺创作三等奖。十年浩劫之后,长正知道我从河北回到中国作协工作,来信索要我30多年前评论他小说的那篇文章。我当即寄去收有这篇文章的拙著《束沛德文学评论集》。从此,我与他也鱼雁往还,互赠新出作品,联系频繁起来。当我前些年收到长正寄来的诗文集《陌上黄花》,见到其中有一篇文章生动、具体地记述了他与蔡庆生相交相知的深情。我一见到"蔡庆生"这个名字,喜悦之情难以言表,情不自禁地立即给长正回了一信。我在信中这样写道:"让我特别感到亲切的是《霜重色愈浓》一文写到的蔡庆生。我虽没和他通过信,见过面,但我早就从文字上结识了这位年轻的战士、诗人,多年来牢牢地记住了他的名字。这是因为他的第一本诗集《告诉我,来自祖国的风》,我曾参与编选。我当时在中国作协创作委员会工作,中国青年出版社文学编辑室的张羽,让我在业余时间读一些书稿。蔡庆生这本诗集就是由我编选、初审的。我一直还保存着这本书。你看,真是无巧不成书,文字、写作把蔡庆生和你、我联系在一起了。蔡庆生至今未必知道我和他之间早就有这样的交往。你如和他通信,请代致真挚的问候。"

当蔡庆生从长正处得知我的工作单位、通讯地址、电话号码后,马上从东海之滨打来长途电话。尽管相距千里,但两颗心紧紧地贴在了一起。打这之后,隔上一段时间,我们就互通信息,互赠新著,彼此对读书、写作、生活的近况都大致了解。蔡庆生寄来《诗卷》,约我为之作序,我未敢从命。这是由于我这些年对诗歌创作现状不甚了了,确实难以下笔。但我还是直率地对他的《诗卷》谈了一点读后的印象和感受。这很快得到蔡庆生的谅解,他不愿让我做勉为其难的事。

长正、蔡庆生和我,我们仨,一个是工人出身的作家,一个是战士出身的诗人,而我则是学生出身的文学工作者。我们仨都是中国作协会员,文学队伍里的一员。正是对文学、对写作执着的、始终不渝的爱和追求把我们凝聚在一起;是以文会友的相互理解、尊重的真挚情谊把我们凝聚在一起;是一个甲子历尽艰辛的风雨人生把我们凝聚在一起。啊,多么期待着有朝一日年届耄耋的我们仨能欢聚在一起!届时可以自由、从容地聊天抒怀,诉赋闲情,说翰墨缘,话中国梦,议天下事,把满腔的所喜所忧、所思所想淋漓尽致地倾吐出来。

2014 年 12 月 29 日

新结识的匈牙利朋友

　　去匈牙利之前,对这个美丽可爱的国家,我只有一鳞半爪的了解。从电视、画报上,我看到过蓝色的多瑙河、著名的英雄广场、壮丽的国会大厦、景色如画的巴拉顿湖。从文学作品中,我结识了裴多菲、约卡伊、米克沙特、莫里兹、尤若夫这样一些出色的诗人、作家。在体育圈里,我还熟悉西多、高基安、别尔切克、约尼尔这些乒坛健儿闪光的名字。除此以外,我也没有忘记,1956年那个多事之秋,发生在匈牙利的一场政治风波,曾经引起多少中国人的忧虑和关切。我更不会忘记,以匈牙利伟大诗人光辉名字命名的"裴多菲俱乐部",后来又如何变成一道紧箍咒,刺伤了中国多少正直的作家、艺术家的心灵。

　　我带着这样一些杂乱无章的印象和感慨,踏上了匈牙利的国土。4月的布达佩斯,名不虚传,确是一个美丽的春城。那灿烂的阳光,清新的空气,那苍翠的树木,碧绿的草坪,那争奇斗艳的鲜花,水珠晶莹的喷泉,还有自由飞翔的鸽子,五光十色的房子……这一切让你感到仿佛置身在一个五彩缤纷的大花园里。透过鲜明、柔和的色彩,我强烈地感受到匈牙利人具有的那种充满青春朝气、活力的性格和对生活,对未来的坚强信心。

　　我们结识的第一个匈牙利朋友,是中文名叫谷兰的女同志。她是匈牙利作家协会为我们配备的翻译。在布达佩斯机场宽敞明亮的迎宾室里,我们初次见面,就谈得很融洽,她能讲一口清晰悦耳的中国普通话,比我这个在北方呆了30多年的江苏人的南腔北调好听多了。原来她50年代中期曾在北京大学学习了七年汉语和中国文学，吴组缃、王瑶教授都是她的老师。现在欧洲出版社当编辑，负责编辑关于东方各国的书稿，用匈文出版的王蒙短篇小说集《说客盈门》，就是她经手编辑的。

谷兰这个名字很雅致，让你联想到长在深谷里的幽兰，清馨的香气扑面而来。可她衣着朴素，不尚装扮，胭脂、口红、发油等化妆品似乎同她无缘。平时总穿色彩淡雅的衣裳，只有一个晚上陪我们到国家歌剧院去看匈牙利歌剧《邦首相》，她才换上了色彩斑斓的连衣裙。她岂止朴素端庄，还有点不修边幅呢。那双半旧不新、从来也没擦亮的皮鞋，很不合脚，走起路来，一点不利索，十分引人注目，然而她自己并不在意。相处一些日子，我们很快了解到，这是一个典型的知识分子，有很浓重的学者气质，一心扑在读书、翻译、写文章、做学问上，不愿把时间、精力花费在梳妆打扮，逛街，逛商店上。

谷兰对中国怀有深挚的友好感情。谈起在中国的那段学习生活，她常常沉浸在美好的、深情的回忆里。她是多么想念那些曾经朝夕相处的老师和同学啊！她满怀激情地诉说："我的第一个孩子生在中国，分娩后不能带孩子住校，在北大附近租了老百姓的房子居住。房东老大娘很善良，把我当做亲生女儿，包饺子给我吃，总是嫌我吃得太少。"一个远离祖国的年轻妈妈，在异国他乡，受到了素昧平生的中国母亲无微不至的照料。时间过去了20多年，当年呱呱坠地的婴儿，今日已长大成人、成家立业了。她又怎么能忘记好大娘的深情厚谊呢！谷兰到过南京、上海、杭州、长春、哈尔滨、重庆、武汉等地，对西湖、三峡的优美风光赞不绝口。她向往着再次访问中国，特别想去看一看兰州、敦煌。大西北的开拓与建设，莫高窟的壁画与雕塑，对她富有巨大的吸引力。

正因为谷兰对中国一往情深，加上没有语言的隔阂，因此我们能像老朋友那样推心置腹地交谈，很亲切随便。她告诉我："从60年代初到'文革'十年，我们的处境也很困难。在那多云转阴，阴转风雨的日子里，我们当然不能再为中国唱赞歌；然而我们对中国人民是了解的,打心眼里也不愿意批评、指责中国,只能保持沉默。现在烟消云散,天气晴朗了,我们可以自由交往了。等到这一天,真不容易啊!"这可以说是所有对中国友好的匈牙利人的共同心声。他们热爱中国,关心中国,以极大的热情和兴趣注视着中国大地上正在发生的历史性的变革,期待着中国在改革和开放方面获得成功。由此谈到匈牙利的改革,谷兰告诉我:从1968年开始进行的经济改革,近几年虽然遇到了一些困难,但人民的生活比过去毕竟是改善了。市场、商店里的食品、日用品很丰富,不少人有了自己的小汽车,在城郊还有别墅,周末能休息两天,应当说日子过得不错。谷兰陪我们逛过附近的南车站商场。我们亲眼看到,五光十色的橱窗里,货架上,各式商品琳琅满目。每样东西都标明了价格,顾客一目了然。比如,开膛鸡每公斤两元七八角,鸡蛋每只一角四分,牛奶每公斤三角五分至四角,苹果每公斤一元。按匈牙利职工人均月收入二百五六十元来计算,这些食品的价格就够便宜的了。谷兰还告诉我们,按全国平均,一个三口之家就有一套两间房的住宅,九至十人就有一辆私人小汽车,家家都有电视机,但彩电不算多。从我们看到的、听到的,得出一个印象:匈牙利人民的生活虽然不算很富裕,但似已接近我们所说的小康水平了。谷兰是50年代的青年,她的生活经历,文化教养,使她形成了自己的道德观念、价值标准。在她看来,还有比物质生活更重要的东西,那就是人总得有点理想、道德、情操。当她向我们谈起匈牙利改革后出现的一些年轻人缺乏理想、少数人只顾自己挣钱、社会风气和服务态度不好这一类现象时,她往往摇晃着头,摊开双手,表示出一种隐隐的忧虑和不安。她的这种心情,很容易为我们所理解。经济改革在人们思想上引起的变化,对意识形态工作提出的新课题,确实发人深思。如何在抓好物质文明建设的同时,切实抓好精神文明建设和思想政治工作,确是一个需要不断探索、总结的大题目。

离开匈牙利的前夜,谷兰执意要请我们到她家里做客。盛情难却,我们只好领情了。她的住宅坐落在玫瑰山的半山坡上,环境很优美、清静。据说,玫瑰山被人们叫做"干部山",因为这里大多是负责干部的寓所。当我们跨进谷兰的房间，好像进入一个中国作家的书房，书架上陈列了很多中国出版的文学、戏曲书籍和《辞海》之类的工具书，其中有不少是她50年代在中国上学时购置的。那些书籍的开本、封面、装帧，都是我所熟悉的。谷兰的爱人是个左臂有残疾的文弱书生，懂得英、法、德、俄好几国文字，从事翻译工作，是个自由职业者。她的小儿子在部队服役，那天正好休假回家。这是个漂亮的小伙子，高挑个儿，蓝眼睛，白皙的皮肤，见了中国客人还有点腼腆，顶惹人喜爱。谷兰为了使这次聚会给我们提供一个交流情况、交换意见的机会，还特别邀请了《说客盈门》一书的译者鲍罗尼和一位熟悉匈牙利文学现状的女批评家来作陪。可惜那位女批评家因为家里临时来了客人，没能如约前来。鲍罗尼也是50年代北大留学生，他除了翻译过王蒙的作品外，还翻译了高行健的剧本《车站》，正在译古华的小说《芙蓉镇》。他的中国话也说得很流利。在谷兰忙着准备饭菜的时候，我们自然而然就同鲍罗尼攀谈起来。他说，匈牙利的经济改革引起人们生活的变化，在小说、诗歌、剧本这些文学样式中并没有明显的反映，而在报告文学、散文中却表现得比较充分。他很坦率地说："中国同志不能按照自己的欣赏习惯，只注意小说、剧本，应当更多地注意我国的报告文学、回忆录以及像《生活与文学》《源泉》这样的同现实生活密切联系的刊物。"他还建议，中国翻译介绍西欧各国的文学作品，最好看一看东欧的批评家是如何评价的。因为我们地处欧洲，在传统、风俗习惯、生活方式上相近，对西欧作品中反映的生活更易于理解。

谈兴正浓的时候，餐桌上已经摆好了来自中国的白底蓝花的盆、碟、匙、碗，还有我们多日不见的中国筷子。谷兰还真能干，为我们做出了一桌地道的色香味俱佳的中国菜，有清蒸鱼、红烧鸡、香酥鸭、糖醋排骨、宫保鸡丁……拼盘上的小红萝卜还雕了花呢。当我们夸奖谷兰的烹调艺术时，她微笑着说："在中国，女同学教会了我做中国菜。现在我每次在家里请客，朋友们总让我做中国菜。"边吃边谈，话题很广泛，从中西餐的菜谱到筷子、刀叉的用法，从中匈两国的风土人情到文学作品的翻译出版,可说是海阔天空,无所不谈。当我们问起匈牙利一本书的出版周期时,鲍罗尼马上把"矛头"引向谷兰,不断地向她"开炮":"这要问谷兰,她有发言权!""你们问问她,《说客盈门》出书用了多长时间?"从他们的谈吐中,我们听出来,匈牙利尽管出版、印刷条件比较先进,但出书的周期也很长,一本书从交稿到出版,至少一两年。著译者对这种状况很不满意,但也无可奈何。

席间,谷兰的小儿子不断为客人斟酒。我不会喝酒,早已涨红了脸。这时,谷兰又高兴地谈起不久前两次看了内蒙古京剧团在匈牙利的访问演出,对京剧的表演程式和演员的精湛技艺极为赞赏。她是研究中国戏曲的,用匈文翻译的《元人杂剧选》已经出版,现正在研究《中国地方戏曲与民间文学》这个课题。我们知道她治学谨严、勤奋,频频举杯祝愿她为中匈文学艺术的交流做出新的贡献。

访匈期间,我们结识的新朋友中,还有一位中文名叫米白的同志。他思想敏捷,谈吐犀利,为人热情坦率,给我留下了深刻的、难以忘怀的印象。当我们刚到匈牙利,在作家协会的办公室商谈活动日程时,作协外事书记就告诉我们,不久前随匈文化代表团访问中国归来的米白,邀请我们去参观他所在的工艺美术博物馆,并请我们到他家里做客。我们的心弦被一位素不相识的外国朋友的热情好客拨动了。

风和日丽、春意盎然的布达佩斯,在4月底那几天,竟然一会儿凉风飕飕,一会儿细雨绵绵,一会儿又天空晴朗,阳光普照大地。无怪乎匈牙利有句谚语:剧变,像4月的天气。那是一个雨后的傍晚,米白驾着自己的小汽车来接我们到他家做客。他真诚地表示愿意通过自己的家庭,让我们更好地了解匈牙利知识分子的工作和生活。这正符合我们的心愿。米白,也是50年代初在北京中央工艺美术学院当研究生的,现在肩负着匈牙利工艺美术博物馆馆长的重任。他的家在一条幽静的街道旁的住宅楼里。他的书房相当宽敞,足有二十五六平方米。推开窗户,可以看到一个青草如茵、绿树如盖的庭园,令人心旷神怡,那是米白读书、写作之余休憩、散步的地方。书房四周都竖立着高大的、多层次的书架,雪白的墙壁上挂着齐白石、黄宾虹、吴作人的令人赏心悦目的中国画。书柜里、写字台上放着一件件精致的中国小摆设和工艺美术品。我们好像又回到祖国一个艺术家的家庭里。女主人——一位已经退休的女教师,温文尔雅,举止大方。她已经亲手为我们制作了外形美观、香甜可口的匈牙利点心,还准备了威士忌、啤酒、葡萄酒和各种饮料。米白风趣地称他的夫人为"米太太",他请米太太为中国客人的光临干了一杯。

米白是研究美术的,但涉猎的面很广,他的著述包括中国文学史、中国绘画史、中国工艺美术、绘画技巧等等。他还是匈牙利少有的几位翻译介绍中国现代文学的汉学家之一。他从书架上取下一本又一本关于中国的书,其中包括他翻译的郭沫若的《青少年时代》,老舍的《骆驼祥子》《茶馆》,曹禺的《雷雨》等。他还打开收录机,让我们倾听冯至、卞之琳等二、三十年代诗作的朗诵录音。显然,他很欣赏这两位中国诗人感情真切、艺术完整的诗篇。当谈起最近这次访问中国的印象时,他说:"见到了许多老朋友、老同学,感到中国有不少人思想很开阔,没有什么框框,过去同中国人交谈,总要有两句共同语言:一是打倒美帝国主义,一是苏联万岁。现在用不着这样了,可以按照各自的认识畅谈自己的看法。"他很神秘地问我们:"中国妇女有了变化,你们知道是什么变化?"我们的脑子还没有转过弯来,他自己带着欣喜的感情作了回答:"中国妇女有了乳房!"他搞美术,模特儿是他观察、描写的对象。他注意到现在中国妇女乳房丰满,更加健美了。米白在看到我国取得的成绩和进步的同时,也毫不客气地指出,现在中国有一点很不好,不仅街道上不那么整洁,环境卫生不好,而且社会风气和社会秩序也不是太好,有些人的思想不那么干净,可能是受了"左"的思想和外来思想的影响。我被他的这些肺腑之言深深地打动了,觉得他的心真是和中国人民的心连在一起的。一个外国人肯于如此直率地指出我们工作、生活中的缺点和弊端,这是多么难得的、珍贵的友谊啊!

当我们的话题转到中国在改革中实现干部"四化"时,米白高兴地告诉我们,他也有了自己的接班人,最近正在交接工作,将由一位40多岁的、从事新闻工作的同志来接替他的馆长职务。他的新岗位是工艺美术博物馆下属的东方博物馆。这样可以从繁杂的日常行政、组织工作中摆脱出来,集中更多的时间、精力搞研究。他把这种新旧交替看做合乎规律的正常现象,一点也不恋栈,也没有觉得担负低于原来职务的工作,有什么不光彩。米白倒是自觉地做到了能上能下、能官能民哩!

通过米白的家庭,我们约略了解到匈牙利知识分子的工作、生活条件。像米白这样学有专长,又担负一定领导职务的知识分子,虽说有自己的书房,但整个住房面积并不是很宽敞。他那辆小汽车也是老式的,半旧不新的,车身也很小。也还有一些年纪不小的知识分子,上班还得乘地铁或公共汽车哩。一个大学教授或一个刊物编辑每月工资收入大约为300至350元。他们一般都兼任一两项别的工作,加上学位补贴、稿费、编辑费、授课费等其他收入,总共为五六百元,比全国职工人均月收入高一倍。同一些发达国家相比,匈牙利知识分子的生活待遇不能说是很优厚,只能说是对复杂的脑力劳动给予了起码的、必要的补偿罢了。要知道,一人身兼数职,那是很辛苦的。劳动强度之大,工作节奏之紧张,都是非同小可的。

在米白家里,从傍晚一直畅谈到深夜,度过了一个愉快的、难忘的夜晚。米白很健谈,话题变换了一个又一个,真像开了闸似的,关也关不住。我们考虑到第二天早晨还要到外地去参观访问,不得不告辞了。走出楼外,雨又在淅淅沥沥地下个不住。五颜六色的灯光与似烟似雾的春雨交织在一起,闪闪烁烁,朦朦胧胧。此情此景,不禁勾起了一缕离情别绪。我们紧紧地握着手,依依惜别,不约而同地说出了"后会有期"。

再见吧,米白!再见吧,谷兰!愿我们的友谊像巴拉顿湖一样清澈见底,像扬子江一样源远流长!

1985 年 6 月 1 日

我的笔耕生涯

记少年时代读与写

多阅读勤练笔

我这大半辈子与文字工作结下了不解之缘,同少年时代酷爱课外阅读、喜欢耍笔杆子分不开。

从高小到初中,我学业成绩优秀,语文尤为突出,作文常被语文老师加圈加点,这就激发了我对文学的兴趣。课外时间如饥似渴地阅读了《寄小读者》《爱的教育》《鲁滨逊漂流记》《木偶奇遇记》这样一些中外文学名著。我清晰地记得,第一次读《三国演义》,是在我14岁的那个暑假。我被书中描写的桃园结义、过五关斩六将、三顾茅庐、草船借箭等富有魅力的故事所吸引,不论天气多么闷热,即使汗流浃背,也不忍放下手中的书,一口气把它读完。

我从小爱书如命,中学时代开始拥有自己的一个小小的书柜。我把自己收藏的三四百册书籍,分类编号,登记在册,并逐一盖上自己的印章。半个世纪前养成的这种有条不紊、完整无缺地保存书刊的习惯,至今依然如故。

我学习写作,是从初中时代给报纸写"学府风光"一类消息开始的。同时,给《开明少年》《中学生》《青年界》等杂志投稿,既体味到稿子变为铅字的喜悦,也不止一次地品尝过被退稿的滋味。由于写作热情不减,坚持勤奋练笔,一些取材于学校生活的散文、速写《灯下自修记》《张先生的病》等,终于在刊物上发表出来。从那时起,我暗自立下了当一名新闻记者或文学编辑的志愿。大学毕业后,走上文学岗位,总算是圆了少年时的梦。

我深切地体会到,不论你长大了从事什么职业,少年时代多阅读、勤练笔,得到的益处将会一生享用不尽。

1995 年 10 日

从写信入手

上小学四年级那一年,我写的《给妈妈的一封信》,经语文老师推荐,在县报上发表了。自己的作文第一次用铅字清清楚楚地排印出来,心里有着说不出的高兴。

写信,无论是写给爷爷奶奶还是叔叔阿姨,你总是想把自己日常生活中遇到的最新鲜有趣、最有意义的事情告诉他们,也想把自己心中最兴奋、激动或烦恼、气愤的情绪向他们倾诉。写自己的所见所闻,写自己的亲身经历,写自己的真情实感,这正是写好作文的最基本的要求。

书信是一种灵活、自由的文章样式,内容可多可少,篇幅可长可短。小朋友从写信入手来练笔,是提高作文能力的一条有效途径。

2003 年 9 月

从写日记起步

读完小学五年级的那个暑假,我和同班几位同学一起到孙老师家里补习功课。孙老师给我们布置的作业,除了做算术题,写大、小楷外,还要求我们每天写一篇日记。开头我很发怵,觉得日常生活平平淡淡,没什么好写的;勉强写出一二百字,往往像流水账,千篇一律,没有一点儿新鲜气息。孙老师针对同学们写日记存在的通病,亲切地教导我们:下笔之前,好好地想一想,刚过去的这一天,有哪些事让你感到高兴、有趣或苦恼、生气,从中挑选印象最深的事记下来,就会是一篇内容具体生动的好日记。按照孙老师的点拨,我努力从每天所见所闻中寻找新鲜、有趣、印象最深的事。我在日记中写和弟弟在一起捉蟋蟀、斗蟋蟀,和同学一起游练湖,摸小鱼小虾;也写爷爷催我给在外地工作的父亲写信,写到外婆家做客,小姨教我猜谜语,等等。一天一天地写啊写,我思路打开了,"窍门"找到了,再也不为找不到材料而发愁了。

有一次,我随一位家在城郊的同学去玩耍。他家的三间茅屋前,有好多大树和一方绿色的池塘。那天,他爸爸、哥哥正划着小船在池塘里采菱。在同学的搀扶下,我也小心翼翼地坐上一个大木盆,在水中晃荡,兴高采烈地学着采菱。当我连根带叶拽出一长串深红色、青绿色、有棱有角的鲜菱时,心里真是乐开了花。我回家后,弟妹们听说这件事,羡慕得直嚷嚷:下次一定带我们去! 在当天的日记中,我用"心花怒放""陶醉在大自然的怀抱里"来形容采菱的乐趣。孙老师在这些句子旁又圈又点,还写下"富有情趣,文字通顺"的评语。这次采菱的经历和孙老师的表扬,长久、深刻地印在我的脑海里。时隔近二十年,我的女儿出生,正是家乡江南采菱的时节。当我开动脑筋、苦思冥想为女儿取名字时,童年时代泛舟池塘采菱的情景,连同孙老师在日记上的批语,一一清晰地浮现在眼前。于是,我当即毫不犹豫地给女儿取了"菱舟"这个名字。前些年,女儿告诉我,她同事都称赞她的名字新颖别致、富有诗意哩。真没有想到,一次郊游,一篇日记,不仅指引我在学习写作的道路上起步,还带来"菱舟"这么一个博得好评的副产品。

2004 年 3 月

随手笔录

随笔是一种散文体裁,它篇幅短小,写法自由,形式灵活;可以抒情,也可以叙事,或夹叙夹议,不拘一格。初学写作,不妨试写一些随笔。我中学时代的习作《希望(外一章)》,就是试用随笔这种文体。

写随笔,必须有感而发,一定要有具体内容,借以抒发自己的真情实感。切忌空话连篇,空洞无物,无病呻吟。"有感而发",感从何而来?我写《希望(外一章)》,主要来自现实生活中的感受,同时也来自读书的心得体会,并试图把二者水乳交融地结合在一起。

我的中学时代,是在战火纷飞、兵荒马乱、民不聊生、民怨沸腾的国统区度过的。那时,我对现实不满,内心充满苦闷与愤怒,渴望自由,向往和平。我期待着也深信着:黑夜过去,就会看到一线曙光,黎明即将来临。面临千难万险,身处困境绝境,只要有一线希望,就要坚持,决不轻言放弃。有了希望,才会有追求,才有成功的可能,社会才能进步,人生才能快乐。这是我当时的真切感受。当我提起笔来,要写下这些感受时,脑海里闪现出英国诗人雪莱光彩熠熠的名言:"希望会使你年轻,因为希望与青春是同胞兄弟。"我很欣赏这句话,它不仅给我以激励和鼓舞,而且提升了我对"希望"的认识,使我把希望与青春紧紧地联结在一起,作出了"希望是属于青年的"这样简洁而概括的判断。并由此生发开来,自然而然地谈到青年人对未来应当满怀新的、无限的希望。

不言而喻,对中外名人、先哲的名言、格言,一定要细细咀嚼,用心体会。特别是要结合着自己的人生经历、生活经验,来把握它的精髓,领会它的真谛。在《时间》一文中,我紧紧扣住苏联大作家高尔基说的"奋斗,那么时间将是最珍贵的,最美丽的"这句至理名言,来抒述自己的切身体会。如前所述,当时社会一片混乱,校园里空气沉闷,自己在精神上、情绪上有不少忧愁和苦恼。正因为如此,就越发感到:时间稍纵即逝,无论如何不能浑浑噩噩过日子,一定要把握住每分每秒,努力学习,努力工作,来充实生活,充实自己。"奋斗"二字深深刻印在我的心坎上。

少年朋友们,生活有所感,读书有所得,就随手笔录下来吧!

2005 年 9 月 13 日

附:

希　望

(外一章)

雪莱说:希望会使你年轻,因为希望与青春是同胞兄弟。

希望,人们快乐的源泉。

在一个冷寂无际的沙漠里,客商们口渴了,希望得到一口清水;滂沱大雨以后,人们凝视着蔚蓝的天空,希望着虹的出现;一个寒风凛冽的冬天,穷人们希望着阳光的普照;一个受尽流离颠沛、战争折磨的苦痛的人,希望着和平的来临……这一连串的希望,都是人生快乐的源泉,假如希望兑现了,那么人们的生活,就充满了趣味与意义。

诗人雪莱说得好:"希望会使你年轻,因为希望与青春是同胞兄弟。"这句话,的确有它的价值。希望是属于青年的。青年人应该怀着无限的希望;无论是关于国家社会的,关于教育文化的,关于家庭幸福的,我们都应该建立新的希望。这样,生活才会有进步。

可是,希望与幻想不同,希望是循着一定的道路,以达到理想的目标。因此我们必须埋头苦干,沉着努力,以后,希望才会兑现。假如你只是沉醉于希望的幻觉中,那就是空虚渺茫的幻想,幻想的结果,会使你失望的……

诚挚的青年朋友们,快快建立形形色色的希望吧!

时　间

高尔基说:奋斗,那么时间将是最珍贵的,最美丽的。

"一寸光阴一寸金,寸金难买寸光阴。""光阴一去不复返"……光用这一串话语来歌颂光阴的宝贵是不够的,我们应该切实地把握时间,利用时间。

　　在人生的旅程中,由童年而少年,少年而青年,壮年,老年,这是多么悠长的一串日子呀!然而假如你能好好利用时间的话,那么一个人从呱呱坠地到寿终正寝,也许会觉得生命是太短促了!的确,浑浑噩噩地鬼混,不但生活是阴郁的,空虚的,而且内心里充满了烦闷与苦恼。

　　大文豪高尔基曾说过:"奋斗,那么时间将是最珍贵的,最美丽的。"这句话实在太好了!我们应该牢记在心头,作为我们生活的标识吧!的确,时间是最珍贵的东西,假如你能够努力工作的话;而且,我们要用创造的力量,丰富的知识,来充实生活内容,扩大生活领域,这样,时间才是最珍贵的,最美丽的。

　　朋友们,我们大家听着嘀嗒嘀嗒的钟声,把握住一分一秒时间,来充实生活、充实自己吧!

　　(作者附记:这是我中学时代的习作,写于 1948 年,发表在同年《东南晨报》上)。

好书对我的馈赠

　　书,在我的心目中,是永远诲人不倦的启蒙老师,也是可以百年偕老的终身伴侣。我从小与书为伴,随着年龄的增长,逐渐成为一个读书入迷、爱书成癖的人。跨进文学门槛,又一直同写书、编书、评书的人打交道。对书,可说是怀有一种如漆似胶、须臾不可离的亲密而深挚的感情。

　　童年、少年时代,就爱听大人讲故事,也爱看故事书。我记得,十二三岁的时候,父亲从上海给我捎回一套《历史人物故事丛书》,包括《四谋士》《四忠臣》《四将领》《四才子》《四美人》等十本。我拿到手,花了几个星期的课外时间,如痴似醉地从头到尾读了一遍,被书中描述的诸葛亮、岳飞、文天祥、唐伯虎、王昭君这些英雄人物或风流人物生动有趣的故事迷住了。在我幼小的心灵里,越来越清晰地划下了一条忠与奸、善与恶、爱与恨、美与丑的分界线。

　　在少年时代读过的书中,对我的性格形成影响最大的,是上初一时语文老师推荐的《爱的教育》这本小说。我从小舅舅那儿借来这本书,一下子就被吸引住了,深深同情书中那些小人物的遭际、命运,读着读着,有时竟情不自禁地流下泪来。半个多世纪过去了,至今我还清晰地记得,那个每天深更半夜悄悄地爬起床,替父亲抄写的《小抄写员》。小小年纪,就那么懂事,一心要挑起帮助父亲养家糊口的担子,并默默忍受着由于父亲误会而对他的批评、指责。儿子对父亲的这种强烈、深沉的爱,是多么纯真、高尚的感情啊! 我也难以忘怀,《万里寻母记》中所描述的那个年仅十三岁的马尔可,只身漂洋过海,行程万里,历尽千辛万苦,去寻找在异国当女佣的母亲。当我从书中读到马尔可穿过阿根廷首都一条又一条马路,找了一处又一处而碰了壁;又乘船、坐火车、搭马车、走山路,找到一座又一座城市,却一次又一次地扑了空。这时,我同小主人公一样心急如焚,未免感到沮丧、失望。而当马尔可忍受了长途跋涉的疲劳,疾病、苦役的折磨,终于找到生命垂危的母亲,并使他母亲重新点燃起生的欲望时,我不禁流下欣喜、激动的泪,并打心眼里佩服马尔可战胜一切艰难困苦的勇气和毅力。

一本《爱的教育》在我的心田里播下了爱的种子,真、善、美的种子,启迪、引导我从小爱父母,爱朋友,尊重老师,同情弱小。长大成人后也懂得与人为善,设身处地地为别人着想;在同事朋友之间讲友爱团结,重互助谅解。我从来没有疾言厉色地训斥、批评过他人,在历次政治运动中始终也成不了积极分子。在工作、写作上,我之所以对儿童文学情有独钟,甘愿在文坛这个常常被遗忘的角落做一点摇旗呐喊、拾遗补缺的事情,追根溯源,也同《爱的教育》的启迪分不开。我深切地体会到,像《爱的教育》这样富有启蒙价值和艺术感染力的优秀作品,对于塑造未来一代的心灵、性格,有着不可低估的潜移默化的作用。因此,从我涉足文学评论领域的那一天起,就乐此不疲地鼓吹儿童文学作家、作品,从不吝惜用自己的心血和汗水来浇灌儿童文学这片小百花园。

我读初三时,正是抗日战争胜利之日。我的家乡丹阳和我就读的中学所在地镇江都在沪宁线上,离上海不远,交通方便,信息灵通,接触各种报纸、杂志、出版物的机会和渠道比较多。开明书店、北新书局出版的文艺读物、知识读物逐渐进入我的视野。如叶绍钧、夏丏尊的《文章讲话》,朱光潜的《给青年的十二封信》,巴金的《家》《海底梦》,叶绍钧的《倪焕之》,钱钟书的《写在人生边上》等,都成了我爱不释手的读物。而《大公报》《中学生》《青年界》等报刊则成了我每天每月不可缺少的精神食粮。

1946年那个漫长的暑假,我居家消夏,养成了每天仔细读报的习惯。清晨起来,就期盼着邮递员送来当天的报纸。一份报纸拿到手,从国内要闻、国际新闻到文化、体育新闻,从副刊到书刊、影剧广告,都要聚精会神地逐版逐段一一细读。每天花费在读报上的时间差不多达两三个小时。日复一日坚持认真读报,使我对新闻、评论的写法、标题的制作、版面的编排日益发生了兴趣。于是又四方搜寻关于新闻学的书籍,先后找到了萨空了的《科学的新文学概论》、储玉坤的《现代新闻学概论》、赵敏恒的《采访十五年》等书和当时南京出版的《报学杂志》,囫囵吞枣地学得了一点关于新闻采访、新闻编辑的入门知识,初步了解了新闻学在现代政治、文化生活中占据的重要地位。从此我饶有兴味地学写起新闻消息、通讯报道来。在自由命题的作文中,我学体育记者的笔法,写了一则校内举办篮球比赛的新闻,语文老师加圈加点,倍加赞扬。我又写了一些学府风光、学校生活素描之类的稿子,投寄到报馆、杂志社,其中不少篇被采用了;随后还当上了两家报刊的通讯员,这就进一步激发了我对新闻写作的兴趣。

读高三时,学校按数理化和英语成绩分为文科、理科两个班,我被分到了理科。说实话,我是"身在曹营心在汉",学的是理科,爱的却是文科。我积极参加校内文艺研究会、时事研究会的活动,与爱好文艺的同学一起办壁报,编报纸副刊。通过《中学生》读友会以及《母》《被开垦的处女地》《王贵与李香香》《李有才板话》等作品,思想豁然开朗,使我窥见了一个新的世界,一群新的人物。对知识分子前进的方向也有了较为清晰的认识。随着时局的发展,国民党统治摇摇欲坠,老百姓怨声载道,我对现实的不满越来越强烈,这就更加坚定了我要当一名新闻记者的志向,决心用自己手中的一支笔揭露社会的黑暗丑恶,报道民间的疾苦,反映大众的呼声,做人民的喉舌。

共和国诞生的时候,我如愿考入复旦大学新闻系。读了三年,提前毕业,我服从组织分配,到文学团体做了秘书工作。在文学战线"打杂"四十七个春秋,一直做组织工作、服务工作,始终没有当上新闻记者,也没能做成副刊编辑。回顾自己走过的路,没能完全按照自己的志趣、爱好、个性发展,没能圆青少年时代的梦,不能说没有一点遗憾。然而,从另一角度细细一想,我又无怨无悔。因为正是中学时代多阅读,勤练笔,才使我较为熟练地掌握文字的基本功,得以胜任写报告、讲话、总结、言论的任务;也正由于爱上新闻学,才使我重视并保持关心时事政治、顾全大局、敏于发现新事物、乐于搭桥铺路等优点和长处。唯其如此,我由衷感谢中学时代勤于读书对自己的馈赠。

1999 年 3 月

得奖那一年，我 16 岁

双休假日，翻箱倒柜，终于找出了一包半个世纪前的习作旧稿。打开那本封面已发黄的《中学月刊》第七期(1947 年 11 月 1 日出版)发在第 19 页的那则《暑期征文揭晓》的消息中，"名誉奖"榜上印有一行："《一个最沉痛的日子》培得（镇江镇江中学）"。这是我第一次用文学样式写的作品，算是一篇小小说吧。在这以前，我只给报纸写过一些"学府风光"之类的消息。培得是我初学写作时用的笔名。

面对这本我熟悉而又久违了的《中学月刊》，我的眼前隐隐约约地浮现出 54 年前的暑期生活情景。那年我 16 岁，在江苏省立镇江中学读完高一，暑期回到距镇江 30 公里的家乡丹阳度假。炎炎夏日，酷热难忍，而时局动荡，战火纷飞。憧憬和平、自由而不可得的我，陷于烦躁、郁闷之中，只能靠读书看报来排遣漫长的苦夏。我陆续读了巴金的《海底梦》、茅盾的《三人行》、李健吾的《意大利游简》等。而经常与我做伴的刊物有：《中学生》《开明少年》《国讯》等。我还从外地一位朋友那里，辗转读到来自香港的《读书与出版》《新文艺丛刊》。至今难以忘怀的是，当年为了避开国民党的书报、邮件检查，把整本的进步书刊拆开来，分成若干沓，每四五十页卷成一卷，贴上邮票，当做印刷品互相传递，交换阅读。手头拮据的穷学生，花不起那么多邮费，不得不采用当时通行的一种节省邮资的办法，那就是寄发邮件时在邮票上涂上糨糊，收到邮件后用湿布擦去打在糨糊上的邮戳。这样，一枚邮票也许能用上十回八回。通过这个途径，我读到了高尔基的《在人间》、果戈理的《外套》、李季的《王贵与李香香》等作品。我为这些书中主人公的命运遭际所打动,联系自己在日常生活中的感受,不禁跃跃欲试,想拿起笔来写一写自己熟悉的人和事。

那年月,我耳边整天听到的是左邻右舍对贪官污吏、横征暴敛、通货膨胀、物价飞涨的抱怨;从报上读到的则是上海、南京等地的学生举行要吃饭、要和平的示威游行,杭州、无锡等城市贫民掀起抢米风潮的消息。面对如此社会现状,我心中充满了愤懑的情绪,并急于把它们宣泄出来。当我从杭州国立浙江大学教师同仁办的《中学月刊》上,看到以《一个最沉痛的……》或《一个最愉快的……》为题的征文启事后,就毫不犹豫地拿起笔来,写了一篇题为《一个最沉痛的日子》的小小说。我记得,那是骄阳似火的七月,没有一丝风,在小天井背阴的一角,我伏在一张骨牌凳上,左手不停地摇着蒲扇,右手握着一支铅笔,在一本用 16 开的报纸装订成册的草稿本上,一口气写出了一篇约有 1,500 字的习作。这篇习作描述一个小公务员的两口之家,生活穷困到揭不开锅的地步,夫妇之间不断发生争吵。机关即将增薪的消息曾一度给他们带来喜悦。当希望化为泡影时,小公务员觉得再也无脸面对自己的妻,终于走上服毒自杀的路。这可说是一个真实的故事,因为作品中所采撷的生活素材,在当时社会里可以信手拈来,我只是稍稍作了一点加工而已。

稿子寄出去,眼巴巴地等了三个多月,终于传来了获得名誉奖的消息,让我暗自高兴了一阵子。获奖的前三名作品,在《中学月刊》上逐期刊载了。我得的名誉奖,相当于佳作奖、入围奖吧,得到的奖品是《中学月刊》三期。我的习作没能变成铅字同读者见面,未免感到有点遗憾。但这次名誉奖对我毕竟是很大的激励,它鼓起了我写作的热情和勇气。从那时起,我利用课余时间和寒暑假勤奋地、不间断地练笔。在 1948 年这一年,我共写了小小说、散文、速写、随笔、诗等 40 多篇。其中《灯下自修记》《厄运》《张先生的病》《房客的悲哀》《井》《哀新生的孩子》《别友》等 20 多篇分别发表在《青年界》《中学时代》《文潮》《东南晨报》上;还有一部分刊登在学校的壁报上。

也是这次名誉奖，坚定了我当记者、搞文字工作的志向。流年似水，转眼之间，我已由一个稚嫩少年变成年近古稀的老人。同文字打了几十年交道，始终没当上记者、作家，在写作上没什么成就和建树，只是成了一个手艺平平的文字匠。尽管如此，我还是由衷感谢那次名誉奖对我的激励与扶持。

2001 年 2 月 1 日

附：

一个最沉痛的日子

培　得

夕阳的余晖惨淡地照着寂寞的大地，肃杀的秋风吹着扁豆的藤蔓，乌鸦一阵阵地掠过。刹那间，夜之神笼罩了整个大地。天空里除了几点黯淡的星儿外，只是一片似漆的黑幕。循例应有的明月，也躲在云堆里，始终不露出温顺的面庞来。宇宙间只有一种沉默郁愁的气氛。

WZ 踽踽地徘徊在院子里，面庞上显出一种忧郁的神色，额上皱起了生活劳碌的浅纹。她踱来踱去，自言自语："真奇怪，9 点钟了，他怎么还不回来？"

不用说，他，就是 WZ 的丈夫 TS。他在某机关做一个小公务员，每月的薪水还不能维持他俩这小家庭的生活。在他们之间常常会因为没有米、没有柴、没有……而发生口角争吵，因此夫妇间的感情也不十分融洽。而且他们结婚已将近三年，到现在还没有一个爱的结晶——孩子。他俩时常板着面孔，难得会有一丝微笑。

TS 在机关里服务,每天清晨 7 点上办公室,下午 6 点才回家,中午还要跑回家来吃饭,所以他非常辛苦。白天工作繁杂,晚上又得不到一点儿安慰,消极郁闷极了,常常会产生厌世的念头。然而,她也不去理会他。今天,他俩家里的米又吃尽了,晚饭不能成炊。她,呆了,独自徘徊在院里,等待着他的归来。可是,9 点多了,还看不见他的人影,她更愁了。

这时候,夜深了。灿烂的星星闪闪烁烁,皎洁的月光仿佛象征他俩未来的光明。她抬起头来,从心底发出一种愉快的痴笑,不用说,她陶醉在甜蜜的遐思与幻想里。正在这当儿,她清晰地听到石阶上嗒嗒嗒的皮鞋声。她想,一定是她的丈夫回来了。TS 一进门,低着头默默地笑着,心底似乎有着说不出的愉快。他虽然看见她死板着的面孔,可是仍嗤嗤地笑着。她开口了:"没有米,没有柴,有什么可乐的?"

他沉默了。

"你不要骗我了,连饭都吃不上了,还有什么安稳可言!"

"你不要不信。"

"我当然不相信。"

"你听我说,今天回家这么晚,是因为机关里开了一个会,会上宣布的消息太让人高兴了!"

"什么会议?什么消息?"WZ 迫不及待地问。

"公务员要增薪了,而且明天就发薪。"TS 喜不自胜地说。

"真的吗?"

"我还能骗你吗?"

WZ 立刻收起满脸的愁容,再也不埋怨她的丈夫,沉浸在愉悦的氛围里。TS 也高兴地喷着烟,显得很安逸自在。她越想越激动,情不自禁地投入丈夫的怀抱,两人紧紧地相拥在一起,他俩兴奋得连没吃上晚饭也忘了,带着无限的希望与憧憬度过了这一夜。

第二天清晨,TS5 点钟就起床了,马马虎虎擦了一把脸,就怀着满腔热望急匆匆地走向某机关。刚走到门口,只见一群职员簇拥在告示牌前。他三步并作两步走向人群,只见布告牌上写着:"……增薪事暂缓,9 月份薪金仍按上月标准照发……"

TS 一次又一次地看了好几遍,他简直不敢相信。可是事实终究是事实,他也只能长吁短叹了。这对他简直是一个晴天霹雳。他失望,他烦恼,他一想起家里无米下锅,觉得无脸面对自己的妻,简直不想再活下去。最后,他悄悄躲进卫生间,服来沙尔药水自杀了。等到同事们发觉时,他已经永远离开这黑暗的、令人诅咒的世界,留下的只有他面庞上刻下的沉痛的皱纹和户外秋虫唧唧唧的哀鸣。

1947 年 7 月

记中学时代办壁报

前些日子收到中学时代同窗好友严川兄从美国宾夕法尼亚州布特勒尔城航寄来的一个厚厚的邮件，打开一看，是一本装订成册的《东南晨报·三六周刊》复印件。扉页上题写着："50年前的热情和脑汁，万多里的流浪和奔波，虽是破旧的纸和粗浅的呻吟，却是永恒的友情和忆念！"凝视着那久违了的《三六》刊头、文章标题和一个个又熟悉又陌生的笔名，还有当年我那稚嫩的习作，我的思绪一下子拉回到半个世纪前的镇江中学校园。

那是战火纷飞的动荡年代。在国统区，民不聊生，怨声载道；校园里死气沉沉，令人窒息。青年学子对校方"加重课程，统治思想"越来越不满，精神上的苦闷、愤懑无法排遣。1947年深秋的一天傍晚，我们高二甲班同寝室的八个同学在校园里边散步边聊天，爱舞文弄墨的严川提议："我们一起动手办份壁报好不好？"我们八个年轻人虽然性格、脾气各异，政治认识、志趣爱好也不尽相同，但似乎有着一个共同的愿望：活跃课外生活，使自己在精神上有所寄托，寻求同学之间的相互理解和沟通。七嘴八舌，议论一阵，很快取得了一致意见：由我们八人成立一个社团，以办壁报为主，同时也举办一些时事座谈会、专题讨论会，参加球类比赛等。因我们八人同在学校大食堂第三十六桌就餐，大家决定把社团名称定为三六社，并推举严川为社长，正音为《三六周刊》总编辑。

经过不长时间的筹划，占了半面墙、极其醒目的《三六周刊》创刊号就与同学见面了。这是一张综合性的壁报，分为新闻网、知识界、文化线、文艺谭、影剧城、体育圈、趣味园、通讯箱八栏。三六社的八个成员按照各自的爱好、擅长分别负责编辑一个栏目。壁报的编辑工作有条不紊。每星期五晚上开一次编前会,检讨上一期壁报的长短得失,确定下一期主要内容、版面安排;报头、标题、插图,则共同商量、设计,分头制作。大家的工作态度都挺认真,相互间也能展开诚恳直率的批评,有时为一篇文章或一个标题竟争论得面红耳赤。

壁报上刊登的稿件,开头大部分是自己动笔写,或从报刊上摘编。后来本着"从同学中来,到同学中去"的原则,也积极组织、吸引三六社以外的同学写稿。壁报的内容力求反映同学的所思所想,所喜所爱,与同学的思想感情、学习生活打成一片。我记得,那时召开过"女子要不要回到厨房""巴勒斯坦与以色列犹太复国主义"等问题的座谈会。每次会后把大家的看法和意见摘要发表在《三六周刊》上,以引起进一步的讨论。壁报与同学的思想、生活贴近,也就引起他们的关心和兴趣。刚创刊时传到耳边的那些"闲得无聊""尽做傻事""好出风头"等闲言碎语也就烟消云散了。

办《三六周刊》,使我结识了一拨感情相投的朋友,给原本显得沉闷冷寂的生活增添了生气和活力。同时,也锻炼了我编编写写的能力,使我越发喜欢、向往新闻记者、编辑的工作。抗战胜利,我正读初三,成为《开明少年》《中学生》《青年界》《大公报》等报刊的忠实读者,还不断写些《镇中花絮》《校园剪影》之类的稿子投寄到报馆杂志社。参加三六社后,又接触到一些思想进步的同学,有机会读到自香港辗转而来的《读书与出版》《大众文艺丛刊》《小说月刊》等杂志,也读到了高尔基的《母亲》、肖洛霍夫的《被开垦的处女地》、李季的《王贵与李香香》等作品。这就在我眼前打开了一个新的天地。我那满脑子由巴金的《家》《春》《秋》、陶行知的"生活教育"、《大公报》的"小骂大帮忙"、国民党正统观念组成的"思想大杂烩",好像加进了酵母,顿时发生了新的变化。我在茫茫黑夜,一次又一次地默默吟诵雪莱的诗句:"冬天来了,春天还会远吗?"

在学习写作上,我也跨出了小小的一步。原来我热衷于写一些学府风光、春花秋月的东西。我有一篇题为《插秧》的散文在文学刊物上一发表,《三六》好友正音就一针见血地指出:"你是站在城墙之上看劳动人民!"《中学生》杂志读友会的一位朋友,在和我通信中也曾指出:"你似乎存在超政治、为艺术而艺术的观点。"在同窗好友的真诚帮助下,我的视角逐步转向关注人民大众的疾苦,试图揭露现实社会的黑暗丑恶。我写了《房客的悲哀》《厄运》《安家费》《教师活不下去了》《哀新生的孩子》这样一些多少还有点意思的散文、速写,发表在《三六周刊》和其他刊物上。此时我更加坚定了献身新闻事业的志向,决心用自己手中的笔忠实地报道民间的疾苦,大胆地为人民大众说话,切实地负起"人民喉舌"的责任。

《三六周刊》以壁报的形式在校园里出了半年多。1948 年暑假后作为镇江《东南晨报》的一个副刊出了 15 期,由于时局的急遽变化,也就寿终正寝了。大军渡江,镇江解放,三六社同窗好友各奔东西,天各一方了。

流光如逝,转瞬之间,50 个春秋过去了。半个世纪前中学时代办壁报的情景至今依然清晰地浮现在眼前。我和身处异国他乡的严川兄一样,多么希望有朝一日三六社好友能在母校镇江中学欢聚一堂、重叙旧情啊!

1998 年 3 月 3 日

附:

房客的悲哀

骄阳满地,没有一点儿风,草木没精打采地呆立着,蝉拉长了喉咙,时断时续地唱着,天气闷热得很。

懿民的妈妈坐在方桌旁,不住地摇着破蒲扇,仿佛在想什么似的,面庞上布满了忧愁。她才三十多岁,已是四个孩子的妈。她早已失去了青春的美丽与活力,额头上刻有生活劳碌的皱纹,整天总是板着脸,没有一丝笑容。今天,她又在沉思默想了。

"啊! 后天是七月一日,又是星期天了!"懿德——懿民的弟弟,翻着壁上的日历高兴地说着。

"七月一日……"懿民的妈妈默默地唠叨着。

这显然又激起了她的愁思。月底了,什么电费、自来水费……还有五斗米的房金,一连串的债,怎样来偿还? 她想着、想着,简直发呆了。

"五斗米的房钱,三千万一石,三五一十五,还要一千五百万哩(指解放前使用的旧币)。"她独自划算着;再想到房间的狭窄简陋,她更加气愤了。

的确,这间房屋也太差了,空气既不流通,光线又不充足;墙壁上的石灰也剥落了,地板更是不平。在战前就算每间五元,按生活指数来计算,现在也不过五百余万元,哪里值五斗米呢?

再说懿民的爸爸,在 C 埠绸布号里做一个账房,上个月的收入是二千万元,虽说这个月可能是增薪了,可是家里的柴米油盐……开门七件事又要花费多少呢? 还有子女的教育费,自己的零用……无论怎么节俭,还是入不敷出。前天懿民爸曾写信来,信上这样写着:

懿民儿:

上次给你的信,大概收到了吧! 你校中快放暑假了吧? 成绩怎样?

暑假里要好好用功,不要贪玩,希望你将来做一番大事业,替没用的爸爸出一口气!

爸爸在外一切都好。最近商号将要发六月的薪水了,日内可能汇家一笔款,容日往你舅父处取可也。

天气渐热,望你的妈妈和弟妹等保养身体为要!

此问,近好!

父字六月二十五日

现在懿民的妈妈又想到这封信了,她顿时愉快起来,干黄的面庞上,浮上了一丝难得的微笑。她在想着,一笔款,也许是三千万元、五千万元……但是她仍旧不能放心,于是带了懿华——懿民的小妹妹,走向她的弟弟——懿民的舅父家里去。

在那里,弟弟告诉她:"懿民的爸爸并没有款子汇来,而且早晨来信说,最近也没有余款,六月份的薪水还没有发;房金可以和房东商量,过几天给他。"同时,他暂借给她一百万元,叫她先买点柴草。于是她带着满腔的失望,走回家去。

晚上,房东李先生来催房金了,懿民的妈妈含糊地答应明天设法筹款,于是李先生也就悄然地走开了。

第二天,天气依然很闷热。

房东李先生又来催房租了。这次他再也不像昨晚那样的客气,死板的面孔上布满着愤怒,来势汹汹的,确有点吓人。

"叶嫂嫂! 房钱可以付了吧!"

"啊,李先生! 对不起! 懿民的爸爸还没有寄钱来……"她用温柔的语气说着。

可是不等她说完,李先生又抢着说:"不,无论怎么说,这个月的房钱,限你在明天晚饭前送来。"

"李先生! 你总得帮帮忙。你先听我说,懿民的爸爸还没有寄钱来,还得请李先生通融一下,下星期一定照付给你。"

这时候,李先生更加愤怒了,摆出房东的架势,狠狠地说:"这不行,你每月拖欠,没有一个月能按时送来。而且我还需要这笔钱买一石西瓜哩,无论如何在明天送来!"

"李先生! 我实在没有办法。"

"那么只有请你搬家了,并不是我和你为难。"

李先生说出这最后两句话,尤其是那硬邦邦的"搬家"两字,深深刺激了她的心灵,她烦躁极了。

"搬家,怎么能够?"她不禁这样想。

天气更加热了,门外传来一阵叫卖声。

"西瓜要哇!"

"棒冰! 冰淇淋!"

这时懿华、懿德飞也似的跑回家来。

"妈妈,我要吃西瓜!"

"买一根棒冰! 妈妈!"·····

懿民的妈妈正当怒气冲天的时候,再也按捺不住地责斥孩子:"还要吃西瓜! 连房子也没得住了!"

于是孩子们哑然了……

"大钞漫天飞,物价涨无止境,生活真过不下去了!"她唉声叹气,自言自语。

(作者附记:这是我中学时代的一篇习作,写于 1948 年,曾在《青年界》杂志新六卷第三期上发表。)

难解难分的情结

——我与《文汇报》

　　共和国诞生的时候,我正在复旦大学读新闻系。第一学年选修了许杰先生讲授的"文学批评",囫囵吞枣地学得了一点关于文学批评的 ABC 之后,就斗胆拿起笔来,学着写一点评介性的文字。当我怀着惴惴不安的心情把这些不像样的习作寄给《文汇报·磁力》("笔会"的前身)时,估量这些稿件的命运十之八九是石沉大海。没有料到,时间不长,这些习作竟一篇接一篇地见报了。后来我了解到当时《磁力》的主编,正是我的老师唐先生。那时,他在复旦开了"现代散文诗歌"一课,我也选修了。当唐先生知道署名"缚高"的那些评介性文字出自我之手时,热情地鼓励我:多练笔,可从写短篇新作的读后感入手,然后再学着写些文艺短论、随笔。他还不止一次地提醒我,要言之有物,从创作实际出发,不发空泛性的议论,努力把自己的真切感受写出来。在唐先生的指点下,我又试着写一些评论文章。往往是在他讲完课,夹着黑色公文包即将离开教室的时候,我多少有些羞涩地把新写出的稿子交给他。他总是面带微笑,操着浓重的浙江口音连声说:"好,好,有啥意见,我会很快告诉侬。"就从这时候起,我同文学评论结下了不解之缘。一年前问世的拙著《束沛德文学评论集》,其中写得最早的一篇文章《把文艺批评提高一步》,就是1950 年 1 月在《文汇报·磁力》上发表的。唐先生可说是我学写文学评论的引路人。离开复旦,我和唐先生近 30 个春秋没有见面。80年代初,我们又在北京重逢时,他还记得"缚高"这个初学写作者。

以后他每次见到我,总是亲切地以"缚高"相称,而不呼我的本名。

我学写思想杂谈,是从《文汇报·社会大学》起步的。当年我在复旦团委会、学生会做宣传工作,根据平素了解的学生思想情况,写了几篇同年轻朋友谈心的思想杂谈,在《社会大学》发表后,素不相识的编者来信相约,让我为《社会大学》写一专栏。专栏的名字是"思想改造学习随笔",从1952年6月5日到8月2日,前后不到两个月,共发了32篇,差不多隔日就有一篇五六百字的短文刊出。为了使这个专栏不中断,有时我还得挤出课余时间把赶写出的稿子直接送到圆明园路149号报馆所在地。这些短文发表时署名高沛,文章标题有:《反对思想懒汉》《自满与自卑》《不要把改造思想简单化》《紧密联系实际》《不破不立》《虚心倾听群众的意见》《既要尖锐又要诚恳》《有则改之,无则加勉》等等。回过头来看,这些稚嫩的文字既不犀利,又少文采,如果说有什么优点的话,那是一事一议,针对性很强。但毋庸讳言,片面性、简单化的毛病也不少,总不免带有那个时代的印记,对知识分子的思想改造操之过急。姑且不论文章的成败得失,如今依然令我激动不已的是,《文汇报·社会大学》编者对一个初出茅庐的、不知名的年轻作者的热情扶持。要知道,那时报刊舆论还没有鲜明地提出打破铜墙铁壁,重视培养新生力量哩。报社编者愿为我这么一个20岁的年轻人提供版面,开辟专栏,不能不说是表现了支持小人物的热情和勇气。

岁月匆匆,一眨眼,40多个春秋过去了。我由一个毛头小伙变成一个年逾花甲,即将加入退休行列的人,《文汇报》仍是我爱读的报纸之一。一年前,我老伴离休时,一家人七嘴八舌,各抒己见,在众多的报纸中选择、比较,最后由我拍板,自费订阅了一份《文汇报》。这样,我从《文汇报》50年代的一个老作者,变成了《文汇报》90年代的新订户。同《文汇报》真还有着难解难分的情结呢。

1993年1月1日

我也当过"炮手"

我这个一向被某些人看作患有"右倾顽症""在大风大浪里总是向右摆"的人,在"左"倾思潮泛滥的时候,也曾当过"炮手",写过三篇火药味很浓的大批判文章。批判的锋芒又是指向我所熟悉、赞赏的三位作家、评论家,他们是丁玲、黄秋耘、刘真。这件事乍一看来,似乎有点蹊跷、不可思议,但追溯到那信奉"斗争哲学"的年代和我那"跟跟派"左右摇摆的特征,也就不足为奇了。

我是在一种什么样的气候、心态下参与大批判、大讨伐的呢?

1957年春天,我和知识界、文艺界的许多朋友一样,为百花齐放、百家争鸣方针的提出和开始出现思想活跃、热烈争鸣的生动局面而欢欣鼓舞;并响应党的号召,积极热情地投入文艺界反对教条主义、宗派主义、官僚主义的斗争。没想到一场急风暴雨般的反右派运动在全国范围内轰轰烈烈地开展起来了。作家协会也掀起了批判"丁玲、陈企霞反党集团"和其他右派分子的斗争。我则由于写了两篇反映东北文学界鸣放情况的报道和在作家协会创委会整风鸣放会上的一次发言,而处于四面楚歌、岌岌可危的困境。我只好老老实实地接受群众的批判,真诚地、沉痛地检讨自己的严重右倾错误;同时抱着将功补过的心情,积极而又不那么理直气壮地投入批判右派思想、右派分子的斗争。这一年7月、9月,我在《文艺报》先后发表了题为《刺向哪里?——评秋耘的〈刺在哪里?〉一文》《〈记游桃花坪〉和〈粮秣主任〉——丁玲的自我颂歌》两篇批判文章,就是典型的闻风而动、赶浪头之作。

丁玲、秋耘都是与我同一单位——中国作家协会的老作家、老干部。我刚跨进文学门槛——全国文协时，丁玲还兼任着文协党组书记。会上会下，她那率真、有时多少有点尖刻的谈吐，给我留下深刻的印象。她那荣获斯大林文学奖的长篇小说《太阳照在桑干河上》和散文集《陕北风光》《跨到新时代来》《欧行散记》等，都是我当时爱不释手的读物。秋耘那时担任《文艺学习》常务编委、编辑部负责人，我作为该杂志的一个年轻作者，曾经过他的手发表过评论《不能简单地了解人的生活和感情》、特写《把病人放在最前头》以及一些短篇新作评论。他那笔锋犀利、一针见血的文艺随笔《不要在人民的疾苦面前闭上眼睛》《锈损了灵魂的悲剧》，我刚一读到时，真是感同身受，像是说出了埋在自己心里的话。可以说，我当时是十分尊重这两位作家的，虽谈不上有什么深交，但也没有什么积怨；一句话，不存在个人之间的恩怨。然而，政治风标一转向，当丁玲、秋耘成了众矢之的时，我这个反胡风斗争中犯过"右倾麻痹"错误、在整风鸣放中表现"右倾"的人，唯恐再犯大的错误，迅即转变立场，投入反右斗争。

对秋耘《刺在哪里？》一文的批判，我是走在前头的。那时中宣部文艺处辑印、供批判用的《黄秋耘言论》还没发下来。由此可见我"嗅觉敏锐""行动积极"之一斑。秋耘在他的文章里尖锐地指出，我国文学界的肉里"埋着一根刺"，"这刺，就是教条主义、宗派主义带来的害处"。而"教条主义对文学创作最主要的有害影响就表现在提倡粉饰现实、反对真实地反映生活这个问题上面"。他大声疾呼："必须拔掉长在自己身上的像豪猪一样的刺。"本来，秋耘对文学界现状和症结的剖析是有的放矢，击中要害的。他的一些基本观点，我也是认同的，只是觉得他把文艺界的形势估计得过于严重了。我批判他，可说是同病相怜，也可说是以五十步笑百步。我在批判文章中仍然口口声声称秋耘为同志，把他的错误当作"文学队伍中的右倾思想"来批判，然而我又身不由己地站到反右斗争前列，极其轻率、武断地认定秋耘的右倾思想"是和前个时期那股反党反社会主义的逆流汇合在一起的"。这就把他推到敌我矛盾的边缘,只差戴上令人不寒而栗的政治帽子了。我把批判的调子定得很高,虽无哗众取宠之心,也无邀功请赏之意,但那里面确实掺杂着表白自己与右倾思想决裂的私心杂念。

我写批判丁玲两篇散文的文章,是在作协党组历时三个半月、开完二十七次批判丁、陈反党集团的扩大会议之后。这时丁玲已被钉在"反党"的耻辱柱上,报刊上声讨、批判她的文章连篇累牍。我主动加入"墙倒众人推"的批判行列,同样反映出我是多么急于从"严重右倾"的困境中挣脱出来。当我听到郭沫若、茅盾两位文学前辈在批判丁、陈反党集团的会议上说:"《莎菲女士的日记》中的女主人公莎菲的性格,是丁玲自己的性格"(茅盾),"《我在霞村的时候》中的女主人公贞贞,是丁玲的自画像"(郭沫若)。又听到周围的同事在议论:丁玲近两年的作品全是以个人为中心,每篇散文都离不开"我"。于是,我自告奋勇地投入战斗,按照上述框框,抓住《记游桃花坪》《粮秣主任》这两篇散文大做文章。我用鸡蛋里挑骨头的方法,戴着有色眼镜在字里行间找问题,寻章摘句、牵强附会地断定丁玲"以自我为中心""不断的自我扩张",在描写社会主义普通劳动者的名义下宣传自己、歌颂自己。从丁玲抒发的个人感情上纲上线到世界观,挖根子,戴帽子,什么"道道地地的惟我主义世界观""惟我独尊、不可一世的腐朽气息"啦,什么"妄自尊大,目中无人,轻视群众的个人第一主义""贪党之功为己功,贪人民之功为己功,俨然是一个救世主"啦,等等,等等,不一而足。当我今天重新面对这篇判决书式的文章时,不能不为自己也曾挥舞过棍棒而感到羞惭。

批判刘真的小说《英雄的乐章》,是在 1959 年党内反右倾和文艺界批判修正主义思潮的政治大气候下进行的。那时我刚调到河北省文联文艺理论研究室工作。刘真和我在同一单位,专业从事文学创作。我知道刘真九岁参加八路军,从小就在部队担任交通员、宣传员、文工团员。她那些以自己的童年生活为题材、描写少年儿童在革命战争中锻炼成长的小说《我和小荣》《长长的流水》等,以撼人心魄的故事和真挚纯朴的感情深深地打动了小读者和大读者。我也是积极赞赏的一个读者。但刘真根正苗红的小八路经历和在文学上的出色成就并没有能成为她的救身符、保护伞。她那篇记述一对少男少女在动荡的战争年代结成友谊、爱情和悲欢离合故事的小说《英雄的乐章》，照样无可逃遁地成了当时正在掀起的文艺上"反对修正主义""批判资产阶级人性论、人道主义"的靶子。我在很短时间里写出题为《是英雄的乐章还是私情的哀歌》的批判文章，固然有"奉命写作"、完成领导交给的任务的客观因素，但主要还是由于自身的迎合政治气候、赶潮流的旧疾复发。我那篇文章的基调是紧跟当年党的文化工作会议批判文学上的修正主义的精神的。我粗暴地判决《英雄的乐章》"是用资产阶级人道主义观点描绘战争生活和人与人之间关系的一株毒草"；斥责它"把个人幸福与革命战争对立了起来，把个人命运与祖国命运对立了起来"，主人公"对往日恋情的痛苦回忆，实际上变成了对革命战争的一种诅咒和抗议"。我在批判文章中死死抓住作者对革命战争的态度大加挞伐，真可说是"攻其一点，不及其余"。如此粗暴、蛮横地摧残作家的创造性劳动，伤害作家的心灵，当时我竟以为是在充当一名忠于职守的文艺哨兵，捍卫社会主义文学的纯洁性哩。这是多么可笑又可悲啊！

　　跨进历史新时期，拨乱反正之后，回顾我在文艺批判运动中三次当"炮手"的这段经历，怀有一种深深的负疚感。同时，我也从中悟出了一点教训：私心杂念不可有，看风使舵不可取，违心之事不可为，明辨是非最可贵。

2000 年 6 月 9 日

"文件作家"的甘苦

　　文坛上有诗人、小说家、散文家、报告文学家、剧作家、儿童文学家,还有理论批评家、翻译家、编辑家,从来没听说过有什么"文件作家""材料作家"。可我从 60 年代初开始,就被同事们戏称为"文件作家"。

　　50 年代末,我在河北省文联文艺理论研究室工作,参与过几次关于文艺方针政策文件的起草,省里主管文艺的领导发现我擅长于理论思维,逻辑性比较强,写出的文章有条有理,文笔也流畅。于是就把我调到河北省委宣传部文艺处去了。这样一来,给省委及宣传部领导同志起草有关文艺问题讲话、报告的任务就往往落在我的头上;有时还要代省报《河北日报》撰写文艺方面的社论。凡我执笔或参与起草的文件、材料,常常较顺利地通过领导的审查,颇受同事们青睐,"文件作家"的称号不胫而走。在省委机关里,算是个小有名气的"秀才""笔杆子"了。

　　前几年,我出过两本文学评论集,有的老友、同事收到我的赠书,开玩笑地说:假如把你起草的讲话、报告都收辑进去,也许能出四卷五卷哩!由于我所处的岗位,这么些年,我捉刀的、带有工作职务性的文章确实不算少。岁月无情,时过境迁,这些带有时代印记的文字,能经得起时间检验、还能站住脚的,可真是寥寥无几。然而当年受命写作前后的一些情景,赶任务的那股热情、干劲,至今记忆犹新。

　　1962 年 5 月 23 日是毛主席《在延安文艺座谈会上的讲话》发表二十周年的日子。5 月初,省委宣传部决定组成一个包括我在内的三人写作小组，为《河北日报》赶写一篇纪念《讲话》发表二十周年的社论。那时正值三年经济困难时期，粮食不够，辅之以瓜、菜、代（食品），机关也生产小球藻、"人造肉"等代食品。肚子里没有多少油水，经常是饥肠辘辘。我记得，每人每月有一张点心票。我买上六两点心，从食品店走回办公室，在路上不到十分钟，就吃得一干二净。肚子像个无底洞，怎么也填不满似的。领导上为了给写作小组的同志增加点营养，在河北梆子剧院借了一间房，作为我们的写作场所，这样中午、晚上可以到邻近的河北宾馆用会议餐。那时的会议伙食倒真是标准的"四菜一汤"，没有多少荤腥，几大盆菜端上桌来，不一会儿，就一扫而光，大家也顾不上吃相难看了。吃饱了肚子，自然就得抖擞精神加油干。开头是分工执笔，三易其稿，最后由我统改全稿，一篇六千字的题为《争取文学艺术的更大繁荣》的社论算是如期完成了。领导上显然很满意，主管文艺的宣传部副部长远千里拍着我的肩膀说："省报的一篇社论比你写一篇作品评论的影响大多了，你以后在宣传毛泽东文艺思想和党的文艺方针政策上多下点功夫吧！"

写作毕竟是绞尽脑汁的艰苦劳动，尽管领导上想方设法在写作、生活条件上给予照顾，但写完上述那篇社论，我还是患上了神经衰弱症，头晕、心动过速、失眠，闹腾了很长一段时间。随着战胜三年困难，经济形势好转，我的身体才慢慢地好起来。

会议开幕词、闭幕词、大会总结这类文件的起草，往往是要日以继夜突击完成的紧急任务。养兵千日，用兵一时，能不能迅速拿下"碉堡"，全看你平时练就的本领了。在我的记忆里，从60年代到70年代，我曾比较干净利落地打了两个漂亮的"闪电战"。

1965年2月，华北区话剧歌剧观摩演出会在北京举行，我被抽调到大会秘书处工作。刚一报到，在住处安顿下来，华北局宣传部文艺处处长就找上门来，说是：观摩演出会的开幕式上，除了原来定的由邓拓同志代表华北局讲话外，现临时决定还要由宣传部部长黄志刚致开幕词。让我立即投入战斗，连夜写出一篇概述当前文艺的形势和任务、繁荣话剧歌剧的要求、对戏剧工作者的期望等内容的开幕词来。没有商量余地,没有任何退路,我只好勉为其难地接受任务。好在不久前我刚为《河北日报》写过一篇题为《沿着革命化民族化群众化的道路奋勇前进——祝华北区话剧歌剧观摩演出会开幕》的社论,对有关话剧歌剧的情况和问题做过一些了解和思考,手边也有一点参考资料。我锁上房门,聚精会神地奋战了一夜,当曙光照进房间的时候,我终于写出了一篇四千字的开幕词。会议期间,我还参与了黄志刚同志在观摩演出会上所作《总结报告》的起草。可能是由于写文件材料"有功"吧,我获得了一次破例的、分外的奖励。观摩演出会闭幕,党和国家领导人刘少奇、彭真等在人民大会堂接见与会的一千三百多名代表。合影时在第一排就座的,除党和国家领导人外,还有华北局及中央宣传、文化部门负责人、华北区各省、市、自治区代表团团长。出人意料的是,我也被安排在第一排靠边的一个座位。论职务,按级别,是怎么也轮不到没有乌纱帽的我呀。对这种额外照顾,我有点忐忑不安,坐在那个位置上,觉得不大自然。

还有一次漂亮的"闪电战"是在1979年11月打响的。第四次全国文代会进入第五天;第二天,作家协会第三次会员代表大会就要开幕了。晚十一点多,看完会议安排的两部电影,回到西苑宾馆,在走廊上,作协筹备组负责人李季迫不及待地对我说:刘白羽同志同意明天在作代会上致开幕词,你开个夜车,赶写一下,明天一早交给我。面对这个紧急任务,我倒没有慌张。因为从这一年的2月到10月,我一直在文代会文件起草组工作。起草组搬了七次家,从一个宾馆到一家旅社,从一个招待所到另一个招待所,天天用会议餐,有时晚上还加夜餐,八九个月下来,我的体重竟由五十二公斤增加到六十一公斤。体质增强,精力充沛,开个把夜车,不成问题。特别是那段时间,起草组的同志经常在一起学政策,议形势,在吃透中央精神、吃透文艺界情况上,做了比较充分的准备。加上我又参与了提交第三次作代会的《工作报告》的起草,因而对拟写的开幕词应当说点什么,可说是成竹在胸了。思路清晰,按照立下的框架,写起来比较顺手,天亮之前，一篇两千多字的开幕词就写成了。经李季、刘白羽过目，没作什么修改，就在开幕式上同与会代表见面了。我算是又交了一份合格的答卷。

当了几十年文字匠，甜酸苦辣都尝过。要写好讲话、报告这类文字，似也没有什么诀窍，无非平时要认真学习党的方针政策，注意收集有关资料，广泛吸取多方面的知识，努力提高自己的理论、文化素养。

2000 年 4 月 13 日

"一定要把写作当作日课"

20 世纪 50 年代初,我跨进中国作家协会门槛后,第一个上级是严文井,第二个上级就是沙汀。

当今的年轻读者对沙汀这个名字也许已相当陌生。沙汀是我国现、当代文学史上一位著名作家。他以严谨的现实主义方法描绘旧中国四川农村的风俗画,擅长深沉含蓄的讽刺,作品富有浓郁的乡土色彩。短篇小说《在其香居茶馆里》、长篇小说《淘金记》等都是他的代表作。50 年代初沙汀担任作协创作委员会副主任期间,我任创委会秘书,是他麾下的一个助手。十年浩劫后,沙汀曾担任了三四年中国社科院文学所所长;1982 年调到中国作协,专业从事创作。他是中国作协副主席之一,我在作协创联部、书记处岗位上,不时有事需要登门求教。加上他是我的老上级,又是忘年交,每聚到一起,往往无拘无束,推心置腹,无话不谈。

80 年代初,沙汀年届八旬,身体、精力每况愈下,日见衰老。但他依然笔耕不辍,陆续写出中篇小说《青枫坡》《木鱼山》等。1984 年初,他在战争年代患下的胃病突然发作,多次吐血,被抬进协和医院病房,确诊为胃溃疡,动了手术,胃被切去五分之三。病情渐趋稳定,他又被送进了 305 医院疗养。4 月初的一天上午,我去医院探望沙汀。进入他的病房,只见他穿着白底带蓝条纹的病号服,戴着老花镜,聚精会神地伏案修订《木鱼山》。桌上还放着一本 32 开的练习本,上面一行挨一行写着密密麻麻的小字,那就是记录他 40 年代在国统区生活的《睢水十年》原稿。我询问了他的健康状况后。话题很快转入他近期的写作安排上。他不无兴奋地告诉我:《睢水十年》这部回忆录,两年前就写出40节了,有6万多字。毕竟是自己熟悉的生活,可以放开手写,好像用不着花多少力气。我不仅想记下那十年的生活经历,还想写下那段时间所写主要作品的写作过程,使它兼有创作回忆录的特点。想写进的东西似乎还很多,许多作品中的人物、场景都接连不断地浮现在眼前,真有点文思泉涌的势头哩!谈到这里,他问起我最近有没有写文章。我面有愧色地告诉他:进入领导班子后,会议多,工作头绪多,常常为没有时间读作品、写文章而苦恼。除了写报告、总结外,文章写得很少,只是偶尔写点书评。他极其认真、严肃地告诫我:在文学界做组织领导工作,不写东西,是站不住脚的。他又一次对我说:一定要把写作当作日课,一天不动笔就算缺勤。要注意记日记,把所见、所闻、所感,随时记下来,哪怕每天写上几百个字。工作再忙,挤出时间写点散文随笔还是可以做到的。

正当我和沙汀谈兴正浓的时候,《新观察》摄影记者、装帧艺术家潘德润推门进来。那时,全国政协六届二次会议即将召开,沙汀是全国政协委员,潘德润是来为沙汀拍摄政协会议代表证上用的半身照的。沙汀穿着病号服不宜照相,而病房里又没有留下他自己合适的上衣。我当即脱下自己身上穿的那件深灰色涤卡上衣,让沙汀穿上,潘德润为他拍了半身照。随后,潘德润又为我和沙汀拍了一张合影,沙汀穿的仍是我那件涤卡上衣,而我自己穿的是一件手工编织的开口毛衣。这张照片后收入潘德润拍摄的《文学家艺术家肖像选》。

沙汀建国以后历任全国第一、二、三、四届人大代表,全国第五、六届政协委员。从政协即将开会,他又一次不无感慨地说:让作家当代表、当委员,有机会参政议政,固然是好事,但如果陷在文山会海里,那是会影响创作和深入生活的啊!沙汀就是这么一个淡泊名位、一心扑在文学写作上的人。

2013年7月31日

一次坦诚的作品座谈会

初冬季节,西双版纳阳光明媚,温暖如春。在绿树掩映下的孔雀山庄会议室,召开了一次坦诚的、别具特色的作品座谈会。这次座谈会的议题是讨论我的散文集《岁月风铃》。

说起这次座谈会的缘起,2006 年,我年届 75,学习写作将届 60 周年。有的同事、朋友有意为我搞点什么活动以示祝贺。由于我始终给自己定位为一个文学组织工作者,虽然业余多少写一点评论、散文,但没写出什么像样的东西,严格说来算不上一个作家,因而我当然不会同意举办鄙人"从事写作 60 周年"之类的活动。恰好 2006 年底,中国作协儿童文学委员会拟在西双版纳举行一年一度的年会,于是就有了一次"顺路搭车"的机会:在年会期间,插空举行一次"束沛德《岁月风铃》座谈会"。这样,既淡化了祝贺、纪念的气氛、色彩,符合我的心愿;又省事、省钱,简化了研讨会的组织工作。事情就这么定了下来。

我跨进文学门槛半个多世纪,也不知参加或主持过多少次作品座谈会、研讨,但所有这些会都是讨论他人的作品。我自己的作品被研讨,真还是破天荒第一次。以往,我每次参加会,多半是会前准备了发言稿或发言提纲,在会上不揣冒昧地抛砖引玉;而这次却是聚精会神地洗耳恭听,还在笔记本上认真记录诸君的发言。两相比较,个中滋味迥然不同,似觉得又新奇又喜悦。我很庆幸也很珍惜有这么一次倾听朋友们批评意见的机会。

参加这次作品座谈会的都是作协"儿委会"成员,是我多年的同事、朋友。会上，除参加"儿委会"的朋友外，没有另请有关领导，也没请媒体的朋友。会议没发"审读费"，也没发"车马费"；桌上不摆名签，不排座次，随意入座。与会的朋友事前都认真地读过《岁月风铃》，对我的为文和为人都有程度不同的了解，用不着组织发言，也不必安排发言顺序，一个个争先发表自己的看法和意见。大家都是有备而来，有感而发，没有客套话、敷衍话，也没有令人昏昏欲睡的照本宣科，唯有坦诚相见的心与心的交流和宽松、无拘无束的自由讨论。

会上，与会者对《岁月风铃》这本书有赞扬有批评，也有期望和建议。朋友们都是把文和人联系起来评说，认为我这本自传性很强的散文，体现了中国传统知识分子的精神风貌，展示了"人格的魅力"。有的说从中看到了"时代的影子"，看到了"骆驼精神、龙套精神、求实精神"；有的说从中听到了"久违的风铃声，没有悲愤，没有狂喜，从容自如"。有的赞扬我"沉稳的性格"和"文静的气质"；有的肯定我"平和的心态"和"自省的精神"。对朴实的文风也鼓励有加，认为"真诚、平实地抒发了自己的情怀，很自然，没有伪感情，没有修饰、雕琢"，"是从肺腑深处流出来的心语，展现了真性情"。

对《岁月风铃》的缺点与不足，朋友们也坦诚、直率地指了出来。有的说"文质兼美，质胜于文"，"不是那么才气横溢，写得过于朴实，略输文采，应力求更生动，更感人"，"似还存有些拘谨的成分，感情可以流露得更饱满，在细节、气氛描写上，还有很多发挥的空间"。有的认为"对历史的记忆要更丰富地呈现，对历史的反思则可以更松弛一点"。不少朋友认为按照我的人生阅历，今后可以更放手地多写一些散文，"沛德见证了当代文坛的历史，创作资源还没有充分挖掘出来"，建议"用朴实的文笔，写出更多有史料价值的东西"。

座谈会开得生动活泼，气氛和谐融洽。有的朋友诗兴大发，情不自禁地当场赋诗相赠。为了充分反映座谈会的气氛、特色，也为了便

于揽镜自照,不断鞭策自己,在这里,我不避王婆卖瓜之嫌,抄录下朋友们饱含真情的诗作:

风中有铃铃有风,沧桑无语任倥偬。
平中见奇说往事,最难境界是从容。
——高洪波《赠束沛德》

东湖夜读枕波涛,版纳研讨叶未黄,
文道统一见性情,岁月风铃传四方。
——王泉根《读〈岁月风铃〉》

握住《岁月风铃》
便握住了岁月的光芒
每一个光芒都将是一个指针
校正我人生的航向

握住《岁月风铃》
便握住了时代的航向
每一个音符都将是一个鼓点
在我人生的道路上擂响!
——王宜振《握住〈岁月风铃〉
——赠束沛德老师》

鞠躬尽瘁七五春,青山踏遍见精神。
大树欲静偏风口,岁月如歌铸金铃。
大道齐天贵龙套,沛德立地有园丁。
最喜化泥护花处,新人辈出尽繁星。
——董宏猷《读束沛德先生〈岁月风铃〉
——呈束沛德先生》

座谈会从上午 9 点开到下午 1 点,整整四个小时,中间也没休息,到会的 20 多位朋友无一例外地发了言。最后,主持会议的高洪波以"一个人与一本书"(即束沛德和《岁月风铃》)、"一个会与一项事业"(即《岁月风铃》座谈会和儿童文学事业)、"一个集体与一个社会"(即作协"儿委会"这个集体与建设和谐社会)为题作了小结。轮到我发言时,由于时间的关系,已经不能畅所欲言了,只能用最简短的语言对大家的鼓励、肯定与期望表示由衷的感谢。

这么一次真诚、坦率、讲真话、抒真情的作品座谈会,将会深深镌刻在我的人生记忆里,永远难以忘怀。

2008 年 10 月追记

自白与共勉

夏秋之交,天气依然闷热。朋友们在三伏天来参加这个会,我心里实在感到过意不去,由衷感谢大家的深情厚谊。

召开这次束沛德儿童文学评论座谈会,与其说是对我从事儿童文学评论工作、组织工作的肯定和鼓励,不如说是大家对儿童文学评论乃至儿童文学事业的热情关注与呼唤。

我这本《束沛德谈儿童文学》所选文章,时间跨度长达 55 年;文体包括评论、述评、散文、随笔、报道、总结,不少是职务性文章。文章篇幅长短不等,长的一两万字,短的三五百字。书名用《谈儿童文学》而不用《论儿童文学》,是经过一番推敲的。这样量体裁衣,更切合实际。同样,今天的会议名称叫座谈会不叫研讨会,也显得更亲切自然些。

我向一些朋友赠书时曾说,如能抽出时间翻一翻这本书,或可约略窥见我几十年来在儿童文学舞台上跑龙套留下的脚印。我是当秘书出身的,历来有开会做记录的习惯。收入这本书的文章,包括开幕词、会议小结、序言等,都是出自本人之手,不存在别人捉刀代笔的情况。因而,也可说这本书是我在儿童文苑耕耘多年的一份记录。这份记录承载着一个老园丁的一份情意、一份承诺、一份期待。

我的评论文章,如果说有什么特色的话,那唯一的特色就是与文学组织工作紧密相连,与当前的儿童文学创作实践息息相关,书中的文章大多是按照工作需要而写的急就章,评论对象基本上是新作品、新作者、新现象。这些评论文字,确实说不上有什么学术含量、理论色彩,仅仅是个人怀着真诚与热情为儿童文学鼓与呼罢了。

回望自己的评论生涯,在儿童文学领域里我一向提倡、强调的,主要有以下几点:一是对儿童情趣的赞美和倡导;二是对艺术创新的鼓励和支持;三是对小读者的关注和尊重;四是对儿童文学走向的观察和把握。这些理念、观点是我始终用心思考、着力弘扬的;至于在文章中表述、体现得怎么样,也许并不那么清晰、充分。这不能怨别的,只能怨自己笔底下功底不够。

尽管我一向给自己定位为儿童文学评论队伍里的散兵游勇,不是专业评论工作者,但不管怎么说,毕竟与儿童文学批评打了多年交道了。对这项工作,多少还是有些体会的,这就是我在《谈儿童文学》一书序言中写到的,后来又在南京召开的全国儿童文学创作会议上谈到的三点:一要丰富学养,不要不学无术;二要厚积薄发,不要急功近利;三要有胆有识,不要畏首畏尾。这可说是我一直努力追求的目标,但如今实际达到的可能相距甚远。

改善文学批评生态,树立良好批评风气,已成了当今文坛的一个热门话题。我向往、赞美与人为善、实事求是、入情入理的文学批评。在这次座谈会筹划之初,我曾向会议组织者提出:热切希望这次会直率地谈谈我在儿童文学评论上的成败得失,即不光谈成就和特色,也要谈欠缺和不足;并期望这次会能对发扬优良的批评和自我批评的风气有所促进。我感到,会上对我鼓励、赞扬的话还是多了点,不讲情面、直言不讳的批评还是少了点。也许这是对我这样一个逐渐淡出儿童文苑的八旬老人笔下留情,留有余地。相信我吧,我还是有着倾听尖锐批评的雅量的。竭诚欢迎朋友们会内会外、当下或今后继续不吝批评指教。谢谢!

2011 年 8 月

谈谈我自己和我的散文写作

同在座的朋友素不相识,今天有缘相会,我得先自报家门,给自己画个像。

1952 年我毕业于复旦大学新闻系,算是新中国第一代大学毕业生。我的成长,我的挫折,我的欢乐,我的痛苦,都与人民共和国的命运血肉相连,息息相关。在我的身上,可以清晰地看到时代、历史的投影和折光。

当人民共和国的大船航行在阳光灿烂、风平浪静的日子里,我不时沉浸在喜悦、欢乐的氛围之中,尝到了人生的温馨、幸福。大学毕业,分配到作家协会,如愿从事自己喜爱的文学工作;干部"四化",班子新旧交替,使自己有了挑担子、发挥潜力的机遇;年近花甲,战胜吓人的癌魔,赢得更多的工作、读书、写作时间;与老伴相知相爱,风雨同舟,携手向金婚日子靠近……,所有这些,都是让我激动不已、难以忘怀的事情。

当人民共和国的大船航行在乌云密布、狂风恶浪的日子里,我也遇到过麻烦、挫折,尝到了人生的艰辛、痛苦。投身于建国以来的历次政治运动、文艺斗争,犹如在大风大浪中学游泳,前前后后,我在漩涡中喝过几口水:从"反胡风"、反右派到"文革"都因这样那样的问题,有过迷茫和挫折。

在风风雨雨中,我屡屡碰钉子,栽跟斗,挨批评,受处分,同打入万丈深渊的"胡风分子""右派分子""走资派"相比,虽算不上历尽沧桑、命途多舛的受难者,但也不是一帆风顺、平步青云的幸运儿。

我的经历可说具有一定的代表性,相当典型地反映了当代中国普通知识分子的遭际、命运。我记得一位伟人说过,人有一张嘴巴,嘴巴的作用一是吃饭,二是说话。几十年来,我之所以不断出错,问题多半出在这张嘴巴上。年轻气盛,无所顾忌,敢于说话,爱提这样那样的意见。随着年岁的增长,虽多少收敛了一点,但有话依然憋不住,遇到适当的气候、土壤,就要顽强地表现自己。真是"江山易改,禀性难移"啊!

如何从自己的挫折中总结经验教训?我以为,独立思考,敢于说话,敢于批评,敢于争论,讲真话,实话实说,这还是应当努力学习、追求的品格和作风。不能因为顾虑"言多必失"而三缄其口。该说的话还是要说,该提的意见还是要提,只是不能不考虑讲话的时机、场合和方式。近些年,我不断提醒自己:在当代中国的环境、气候条件下,你可不要犯"民主急性病"啊。

七十初度,我写下生日感言:凡事讲究一个"真"字,一切都求真务实,做事要认真,待人要真诚,为文要真实。这是我的人生信条,也是我毕生努力登攀的目标。

说起我的写作经历,如果从在报刊上发表处女作算起,到现在已有54年了。写作上虽没有什么成就,但倒可说是"写龄"不短、资历不浅。

在中学时代就开始练笔了。建国以前,不仅在《青年界》《中学时代》及报纸副刊上发表过一些诗、散文、随笔、小小说;还在上海出版的一个文学刊物《文潮》上发表过两篇抒情散文。我记得,当时一张省报的副刊编辑还曾把我抬举为"青年小品作家"哩!建国之初,我在大学时代偶尔还写几首诗,但已开始转向学写文学评论,并结合自己做学生工作、团的工作,写了不少思想杂谈。《文汇报》为我开辟了一个《思想改造学习随笔》专栏,不到两个月,连续发表了我写的30多篇短文。因此当年我在复旦校园里还小有名气哩。参加工作,跨进文学门槛,就同"秘书"这个专业结下了不解之缘,报告、讲话、总结、报道成了我日常写作的主要文体。各种各式的公文、应用文捆住了我的手脚,除了偶尔写几篇评论文章外,再也没有写过抒情叙事散文之类的作品,可说是与创作绝缘了。

从50年代初到90年代初,在我专心致志从事文学组织工作的40多年里,除了写过几篇海外记游外,几乎没有再同散文打交道。只是前些年从一线退下来、摆脱了日常行政组织工作之后,在一些老同事、老朋友的鼓励下,才又鼓起勇气,重新拿起笔来,试着写一些记录作家侧影或个人某些经历的散文。"老来学皮匠",要咬破自己构筑的"报告八股"的茧,找回写散文的感觉,又谈何容易!

我深知自己缺乏文学禀赋、才能,艺术细胞不多,没什么想象、虚构的本领。在性格上又较为内向、拘谨,不是那种热情奔放、活泼潇洒型的人。加上我是学新闻出身,新闻学讲究的真实性——事实的真实,反对"客里空",对我的影响可说是根深蒂固。因此,我写散文,往往拘泥于忠实记述真人真事和自己亲历的生活情景、遭际,不善于抒发内心的感受和情绪,感情色彩似不浓,文采也嫌不足。近两年,有的老同学、老同事读到我写的《我当秘书的遭遇》《难忘菡子》《我的良师益友》等篇散文后,倒认为"感情真挚,文笔朴实",鼓励我多写一点这类文章,"为文坛多留几帧真切的史影"。看来,不虚饰,不渲染,朴朴素素地抒写自己的切身经历和真情实感,是我应当努力保持和发扬的擅长和特色。我新出的这本《龙套情缘》,就是抱着这样一种态度来写的。至于成败得失如何,那就得请读者来评说了。此时此刻,我的耳边回响着冰心老人"生命从八十开始"的人生格言。迎着新世纪的曙光,我愿像一个蹒跚学步的幼儿,在学写散文的道路上一步一个脚印地向前行进。更勤奋一点,更从容一点,力求写出一些多少有点意味、不是滥竽充数的篇章来。

回顾我70年走过的人生的路、写作的路,我相信下面这个公式:志趣+勤奋+毅力=成功。我这大半辈子,没能完全按照自己的兴趣、爱好、个性发展,又缺乏勤奋读书、钻研、写作的精神和百折不回、持之以恒的毅力,因此,在事业上,在创作和评论上都没有什么成就和建树。然而,我还是由衷地感谢生活,感谢青少年时代爱读爱写、多读多写对自己的馈赠;感谢三年大学生活,做学生工作、团的工作对自己的馈赠;感谢党的十一届三中全会后落实政策,改革开放,干部"四化"给予我挑担子的机会;感谢历史的机缘,让我与儿童文学难解难分;感谢亲人、朋友、同事、领导的激励、鞭策,为我把关定向,使我始终走在一条正道上。

2003 年 3 月 14 日

附记:本文摘自作者 2001 年 8 月 22 日在《蓝夜书屋》首发式暨读者见面会上的谈话。

聊以自慰的收获

——回望笔耕 70 载

  中学时代,我就爱编编写写,写过一些散文小品、通讯报道,也写过诗,在《青年界》《中学时代》《文潮》《东南晨报·三六副刊》等报刊上发表。如从 1947 年 11 月我写的一篇小小说《一个最沉痛的日子》获《中学月刊》征文荣誉奖算起,到今年 10 月我新出版一本散文集《爱心连着童心》为止,1947—2017,屈指算来,我与文字打交道,已整整七十个春秋。写作资历可谓不浅,但写作成果却乏善可陈。

  我是一个文学组织工作者,长期以来一直在文学团体、宣传部门做秘书工作、组织工作和服务工作。从 20 世纪 50 年代初担任中国作协创委会秘书到 80 年代初担任作协书记处书记,在工作岗位上始终离不开笔杆子。写报告、讲话、发言、总结、汇报这类应用文、职务性文字,几乎成了家常便饭。如把这类文字叠加在一起,也许能编选成四五卷。因此,原本不是作家的我,在 60 年代,就被同事们戏称为"文件作家"。

  说到散文、评论写作,尽管我在中学、大学时代就起步了,但产量极少,质量平平,没写出多少有分量和特色的文章,在写作上说不上有什么成就和建树。写儿童文学评论,多半是结合工作需要。我担任作协儿委会负责人长达 20 年,主持创作会议,致开幕词或作小结;主持作品研讨会,致开场白和结束语,有时还率先发言。这样日积月累,儿童文学评论成了我写作的主项。至于散文写作,那是世纪之交,金波先生为北京少年儿童出版社主编《蓝夜书屋》

丛书,组织七八位当前活跃的、有影响的儿童文学作家写自己的人生故事、写作故事,约我也加盟这套丛书的写作。我一再婉谢:我不搞创作,不是儿童文学作家,参与其中,恐不合适。金波说:正需要有你这样独特经历的角色加盟,才会使这套书的内涵、色彩更丰富。推脱不了,我就勉为其难而又兴致勃勃地上阵了。在不长的时间里,集中精力写出了近20篇自叙人生故事的散文,编成《龙套情缘》一书。至今我还对金波心存感激,若没有他的鼓励和推动,点燃我的写作热情,我还未必会打开记忆的匣子,去写那"少年记者梦""青春秘书缘""半百乌纱运"呢。这可说是我写散文的一个新起点,在这以后,就常常跃跃欲试动笔写点记叙成长历程、师友风采、异域风情的散文。

我算不上一个作家,充其量是个业余作者,这倒不是谦虚,事实正是如此。我年届花甲时才出了第一本文学评论集。从那时到现在,20多年,我先后出版了15本书,评论集、散文集各半,也有两本评论、散文合集。这些书的字数加在一起,也就三四百万字。这么一点产量,与一个多产作家相比,真是微乎其微,不值一提。如要找理由原谅自己,那只能归之于退休前一心扑在工作上,写得很少;退休后自由支配的时间多了,又没能做到专心致志、心无旁骛,依然没能写出多少像样的东西。每想到这一点,不能不自惭形秽。

作为一个老园丁,在文学园地上笔耕了70个春秋,从没尝到硕果累累的喜悦,只是偶尔有过一点聊以自慰的收获:

一是留下一篇多少有点影响的"代表作"。

我26岁时写的、发表于1957年《文艺报》的《情趣从何而来?——谈谈柯岩的儿童诗》,至今仍被论者和文友认为是一篇"充满创见""在50年代卓尔不群""深深影响了一代儿童文苑"的重要理论之作。这篇文章先后被收入《中国儿童文学大系·理论》《中国儿童文学六十年》等10多种选本。几年前,柯岩逝世后,没想到在她的生平中也正儿八经地写上:"儿童文学评论家束沛德当时就对柯岩的儿童诗给予了很高评价"。对此,我是一则以喜,一则以忧:喜的是总算留下一篇经受时间检验、还没被遗忘的文章;忧的是写了大半辈子,竟再也写不出一篇超越少作的文章。这未免让我沮丧。

二是有幸分享了一次坦诚的、风清气正的拙作座谈会。

2006年我出了一本自叙人生旅程的散文集《岁月风铃》。那年我年届75,学习写作将满60周年。作协儿委会的朋友有意搞点什么活动表示祝贺。正好赶上作协儿委会在西双版纳举行一年一度的年会,于是"顺路搭车",在年会期间,抽空举行了一次《岁月风铃》座谈会。这次座谈会可说是风清气正。会议参加者除儿委会成员外,没另请相关领导,也没请媒体朋友。会议没发审读费,也没发车马费。会议室里不摆名签,随意入座。朋友们的发言把我的为文与为人联系起来评说,各抒己见,畅所欲言,有情深意切的赞扬,也有直言不讳的批评。既肯定这本书"折射了中国文坛的风云变幻","展示了作者的人格魅力",也指出它"过于朴实,略输文采","有些拘谨,没完全放开"。这样一次以文会友、坦诚相见、感情交流、心灵碰撞的会,深深镌刻在我的记忆深处,永远难以忘怀。

三是为中国作协提供了一本"个人化的别样'会史'"。

从1952年跨进中国作协门槛,到2007年告别作协儿委会,我在作协工作了大半辈子。作为一个"老作协",记录下自己走过的文学路,并为作协乃至当代文坛留下几帧真切的史影,一直是我萦绕于怀的一个愿望。2015年《我的舞台我的家——我与中国作家协会》问世,算是稍稍了却了我的心愿。论者、文友肯定这本书"具有独特和丰富的文学史料价值,同时又是一部平实质朴的个人心路历程的回忆录","真实抒写曲折而'典型'的人生","'我'的精神世界堪称共和国时期一代文学组织者的典型个案","为当代文学史留下了大量第一手材料"。这些评价也许是过誉了,但我相信朋友们热切呼唤撰写一部中国作协会史的声音是真诚的。

写到这里,我不能不想到,谈自己写作上的成败得失,不能光说收获、成绩而讳言过错、失误。我不会忘记在文坛风风雨雨中也当过

"炮手",也不会忘记在"大跃进"年代,主编县报宣扬过浮夸风。更不会忘记在不堪回首的动乱岁月,违心地写过斗私批修的大字报和检查材料,而在评论、散文写作上却颗粒无收。写作历程上留下的这些脚印是无法抹掉的,是一辈子都要引以为教训的。

回望自己70年的笔耕历程,永远忘不了我的老师、领导对我的指点和教诲。初学写作时,《青年界》主编赵景深先生就鼓励我写自己熟悉的校园生活,多读一点中外文学名著。大学时代,唐弢教授不止一次提醒我:要言之有物,不发空泛的议论,努力把自己的真切感受写出来。走上工作岗位后,几位老领导更是语重心长地告诫我:"不要急于拿出成果,一点一滴地积累"(严文井语);"要把写作当作日课,随时记下所见、所闻、所感,一天不动笔就算缺勤"(沙汀语);"无论工作多忙,都要坚持读作品、写文章,否则,会员不会承认、接受你这个文化官员"(张光年语)。

正是在这些前辈名家的指引下,我这个学新闻出身、长期当秘书的文学爱好者,养成了记日记、开会作记录、读作品写札记、走访作家作笔记的习惯,平时也注意搜集报刊、书信、文件、简报等资料,这就为我写纪实作品、评论文章提供了有用的素材,打下较为扎实的写作基础。

写了这么多年,说不上有什么体会、经验,但我在写作上始终恪守真诚与勤奋这两条:

我相信真挚比技巧更重要,天真比才华更重要。讲真话,抒真情,向读者敞开心扉,是我在散文写作上的追求。与人为善、实话实说、有胆有识、入情入理,则是我在评论写作上的追求。

我还相信勤奋比天赋更重要,勤能补拙。写作是快乐又艰辛的劳动。一分耕耘,一分收获。一定要手脑并用,勤于观察,勤于思考,勤于学习,勤于练笔,不惜付出心血和汗水,懈怠、懒惰是绝不会有成果的。

2017岁末,面对文友、同事"身健笔健"的美好祝愿,年届耄耋的我,似已感到力不从心,不是那么信心满满。但在辞旧迎新的日记上还是写下一句勉励自己的话:珍惜 70 年来与文字结下的情缘,只要力所能及,不轻易放下手中的笔。

2017 年除夕

我的亲情家风

安静又好动

——童年琐记

我的家乡在沪宁线的一个小站——丹阳县的城里。我6岁那年，抗日战争的烽火燃遍了大江南北。我的童年、少年时代，整个是在"八年抗战"的动荡岁月里度过的。每当我回忆儿时的生活，最先浮现在眼前的，往往是这样一些难以忘怀的情景：

我站在家门口，注视着热血沸腾的青年男女组织起来的抗日救亡宣传队，迈着整齐的步伐，唱着悲壮激越的"起来，不愿做奴隶的人们……""大刀向鬼子们的头上砍去……"，走向街头巷尾。

当我和邻居家的孩子正在庭院里拍皮球或踢毽子的时候，忽听到敌机袭来的声音，马上仓皇地逃遁回家，来不及钻防空洞，祖母让我赶快钻到覆盖着好几条棉被的八仙桌底下。家乡沦陷前夜，我们一家人也随着大批逃难的人群，藏身到乡村一个远房亲戚家。我和姑母在紧挨着牛棚的那间房里打了地铺，天蒙蒙亮，牛的犄角就从门缝中顶了进来。

从乡村回城的那天，第一次见到在城门口站岗的日本兵，握着上了刺刀的三八枪，凶神恶煞地盘问每个过路行人有没有"良民证"，把人们随身携带的行李、包袱翻了个底朝天。在我幼小的心灵上，就这样蒙上了一层战争的阴影。正是在这种紧张、恐惧的氛围中，我迈进了小学的大门。

在小学时代，我是个典型的"五分加绵羊"的学生，听话，用功，斯文，腼腆。在班上，各门功课成绩优秀，参加年级或学校的速算、书法比赛,总能拿个好名次。四年级的时候,我写的一篇作文,题目是《给妈妈的一封信》,被选登在当时的县报——《新丹阳报》上。我的习作第一次用铅字排印出来心里美滋滋的。我还不止一次地领到"品学兼优"的奖状,并被选为"模范儿童"。不过,在二、三年级,期末拿到的成绩单上其中"操行"一栏总写着一句评语:"安静欠活泼。"这可说是准确地勾勒出我小时性格上的弱点。至今我还清晰地记得这么一件事:我的大弟比我小三岁,和我在同一所小学里上学。大弟右耳上长了一个豌豆似的肉疙瘩,圆嘟嘟的,顶惹人喜爱,大人小孩见了,往往怀着好奇的心理轻轻地抚摩它。有一次,他班上的同学轮番揪他耳上的肉疙瘩,揪得他生疼,终于放声哭个不停。他的同学跑到我教室,让我去"救驾"。我见到满面泪水的大弟,既说不出一句安慰他的话来,也不会疾言厉色地训斥欺负他的同学,显得束手无策,不声不响地站在那里,竟然情不自禁地跟着我大弟流下了眼泪。事后,大人们知道了,都说我:"太老实,不中用!"

可是,孩子毕竟是孩子。爱玩、好动是儿童的天性。即使像我这样文静、怯弱的孩子,也禁不住那些充满乐趣的郊游、体育比赛等活动的诱惑。在小学五、六年级的时候,我们十多个同班同学每天散学以后就急匆匆、兴冲冲地聚集到学校附近的一个同学家,把两张八仙桌拼起来赛乒乓球。有时采用淘汰制,有时采用循环制,每天非决出个雌雄不可。在赛场上,一个个全神贯注,奋力拼搏,不仅打得满头大汗,有时还为一个有争议的球闹得面红耳赤。后来,我们还别出心裁地成立了"友联社",刻了个木头图章。每次比赛结束,发给冠军、亚军、季军的奖状上,都郑重其事地盖上"友联社"的大章。大伙还把节省下来的零花钱凑起来,买了铅笔、练习本、乒乓球,作为奖品发给优胜者。我的乒乓球打得还不错,就是在这两张八仙桌上练出来的。

当我在课外看了连环画《鲁滨逊漂流记》这类书之后,就产生了漫游、历险的渴望。有一次,班上几个比较顽皮的孩子在一起商量,为了逃避第二天将要举行的《自然》课考试,决定瞒着老师,悄悄地结伴到城郊练湖、桑园去游玩。我虽有几分犹豫，但终为好奇和探索自然奥秘的心理所驱使，还是加入了这个逃考的行列。那天风和日丽，我们玩得痛快极了。在湖畔摸小鱼小蟹，爬上桑树摘桑葚，吃得满嘴乌紫，一直玩到天色灰暗才回家。这次"逃考"行动，气坏了教《自然》课的傅老师。她声色俱厉地批评我们不求上进，不守纪律。特别还走到我的课桌前，带着一种惋惜的口气对我说："你怎么也跟着他们逃考呢？"我低着头，沉默不语。唉，傅老师！你怎么就不理解一个循规蹈矩的好学生，同样蕴藏着一颗拥抱大自然、向往新事物的火热的心呢！

真是"本性难移"啊！从小铸就的内向而多思、文静而执着的性格，至今在我身上依然烙有深刻的印记。也许正是这种性格特征，才使我既长期安于平凡的工作，又勤于在事业上，文字上有所追求、探索的吧。

1993 年 5 月 4 日

童 年 记 趣

游戏伙伴小昆虫

我从小就喜欢小昆虫。萤火虫、金铃子、叫哥哥、蛐蛐儿、蚱蜢、知了,都是我童年时代的游戏伙伴。那鲜活的小生命,带给我无限的乐趣和遐想。

我四五岁的时候,闷热的夏夜,同祖母一起在院子里乘凉。湛蓝的天空星儿闪烁,祖母指着明亮的星星,教我的第一首儿歌就是:"天里一颗星,地下一颗钉,叮叮当当敲油瓶,油瓶漏,吃颗豆……"。当萤火虫闪着晶莹的光芒从我们眼前掠过时,祖母又唱起:"虫、虫、虫飞,飞啊飞上天,夜夜红,亮晶晶,好像天里许多星……"同时扳着我的两个食指一张一合作飞翔状。当我好奇地问祖母:"萤火虫为什么发光啊?"祖母不假思索地回答:"那是打着小灯笼给走夜路的人照明哩!"小星星、萤火虫、小灯笼,连同那韵律优美的儿歌,从那时起就深深地镌刻在我幼小的心灵里。

我上小学那几年,家住鱼巷,靠近小县城的新北门。家门口一条青石板铺成的小路,通向城墙下一片开阔的空地。那里野花盛开,杂草丛生,是我和小伙伴捉花蝴蝶、红蜻蜓、叫哥哥、蛐蛐儿的好地方。约摸七八岁,我和大弟玩搭积木,摆来摆去,就那么几种图形,觉得没什么意思。于是别出心裁,玩出了新花样:用积木搭成几条长长的通道,把我们从草丛中捉来的蚱蜢、螳螂分别放在各个通道口,让它们沿着通道向前爬,看谁先到达出口处。然后按照比赛成绩、名次,分别把它们放入用积木搭成的形状各异、规格不等的小屋里。

捉蛐蛐,斗蛐蛐,那是最有趣的游戏了,有时简直痴迷到废寝忘食的地步。哪里有蛐蛐曜曜曜的叫声,我们就蹑手蹑脚地跟踪到哪里。入夜之后,打着手电筒或小火把,到潮湿的石板、水缸底下或墙缝里去寻觅、搜索。有时,小姑姑、小表叔也加入捉蛐蛐的队伍,帮我们捉那叫声洪亮而又藏匿得极其隐蔽的蛐蛐。斗起蛐蛐来,那全神贯注、较真儿、不服输的劲儿,真是又可笑又可爱。有一次,我那只背上有两个红点、连胜十多仗的"常胜将军",终于败在表哥的"红头大王"脚下,而且被咬伤了一条腿。面对败局,我闷声不响,难受极了。当表哥慷慨答应把"红头大王"送给我时,我又露出羞涩的笑容。

小戏迷

我小时候还是个京戏迷。

40年代,我们县城里只有一个丹光大戏院。戏院经常邀请外地的戏班子来演出,门口张贴出重金礼聘"梅派著名青衣""麒派著名老生"领衔主演的海报。临街那面墙还挂着红底白字的长方形木牌,上面写着演员的姓名、行当,谁挂头牌、谁挂二牌,一目了然。也许正是一种"追星族"的心理吧,那时我总想尽早一睹挂头牌演员的风采,尤其崇拜文武老生。

下午放学回家,丹光大戏院是必经之地。我们几个小戏迷在戏院门口,探头探脑,东张西望。日场戏快要散场,检票员也就高抬贵手放我们进去了。时间一长,同检票员混熟了,我们竟有幸成了白看压轴戏的常客。我记得看过的剧目有:《打渔杀家》《徐策跑城》《四郎探母》《八大锤》《九更天》《群英会》《失、空、斩》《玉堂春》等。当时,我还特别爱看武打戏,对擅长于翻跟斗、大劈叉、舞刀耍枪花样翻新的武生演员,可说是佩服得五体投地。我同狂热的观众一起连声叫好。一出《长坂坡》,让我对智勇双全的赵子龙赞叹不已。散戏之后,归家路上就不禁哼起:"长坂坡,救阿斗,杀得曹兵个个愁……"

戏看多了,手也痒痒起来,先是找来一根竹竿当金箍棒,对着镜子耍起来。春节手头有了几个压岁钱,到庙会上买回木制玩具大刀、长矛和画着京剧脸谱的假面具。我和大弟戴上假面具,一个舞刀,一个耍枪,对打起来。我还学武生演员从八仙桌加椅子的高处往下跳。正当我们玩得痛快时,引来了祖父的厉声斥责,也就只好草草收场了。

从小看京戏、听说书、读《三国演义》,给我上了有关历史人物、传统文艺的生动一课。

体育发烧友

我爱好体育,是从在小学里拍皮球、踢毽子开始的。两张八仙桌拼成乒乓球案,练就了一手好球。直到我年过半百时,上高中、爱打乒乓球的儿子,依然是我的手下败将。这不能不归功于少年时代打下的基本功。

上初中时,每年学校里都要举行春、秋季运动会。县里隔上一两年也要举行一次全县运动会。我是这些运动会的热心观众和积极的啦啦队员。我总是从头到尾看完比赛的全过程,不到拉下帷幕,不愿离开赛场。

我最喜欢看撑竿跳高和三级跳远比赛。那凌空一跃、越过横竿的优美姿势,那一踮一跨一跳、奋身向前的巧妙动作,真是妙不可言,令人赞不绝口。

我身材矮小,体质又弱,自知不是一块田径运动员的料。但这丝毫也打消不了我那跃跃欲试的劲头。在学校里轮不到我练,就把家里后院那块狭小的荒地当作田径场了。开头先练掷铅球,选一块圆形的石头当铅球。我和大弟轮流上阵,每掷一次,用皮尺丈量,记录下成绩。十天半月下来,记录被多次刷新,心里乐滋滋的,劲头就更足了。我们又自己动手用废木料制成跳高架,用一根较粗的晾衣裳的竹竿作为撑竿。没有沙坑,竟在平地里练起撑竿跳高来。功夫不负有心人,我的成绩达到了 1 米 45,超过自己的身高了。要知道,当时校运动会冠军的成绩也还超不过 2 米哩!

我对体育的爱好,从小到老,长盛不衰。上高中时,我的 100 米成绩为 13.9 秒;在绿茵场上,是三六队的门将。读大学时,篮下投篮,一分钟能投入 30 多个;我还是团委会篮球队的队长哩。参加工作后,60 年代初,为了观看第 26 届世乒赛的一场半决赛,我从天津专程赶回北京,看了松崎君代对高基安的那场扣人心弦的比赛,就无可奈何地提前退场了,因为体育馆门口还有另一位球迷在等着我这张票看下半场呢。

如今我年届古稀,每逢田径、球类大赛,仍聚精会神地坐在电视荧屏前收看现场直播,也算得上一个体育发烧友了。

2001 年

爷爷逼我读两本书

《鲁滨逊漂流记》(连环画)、《寄小读者》、《爱的教育》、《历史人物故事》这些书,是我童年时代爱不释手的读物。这些书中描述的人物、故事,深深地刻印在我小小的脑袋里,对我性格的形成,起了潜移默化的影响。除了这类文艺书,还有两本应用性、工具类的书,成了我童年时代的亲密朋友,一本是《日用杂志》,一本是《尺牍大全》。这两本书都是爷爷逼着我经常读、反复读的。

去年秋天,我带着几分怀旧的心情,踏着江南家乡的青石板路,走进小巷深处我童年时代住过的几间老房子。一进庭院,眼前立即清晰地浮现出小时候在天井里拍皮球、堆雪人的情景。跨进坐北朝南的那三间房,首先忆起的是爷爷让我在一盏煤油灯下记家庭日用账的往事。那时我十一二岁,读小学五、六年级。爷爷已是年过花甲的老人,赋闲在家。每天薄暮时分,吃罢晚饭,妈妈刚洗好碗筷,爷爷就催促我:"快把今天的账记上!"我打开那印着红格子、分上下两栏的旧式账簿,上栏记载收入项目,下栏记支出项目,都是用毛笔竖写。妈妈坐在我身边,一边想,一边报账。我在账簿上逐项记下"青菜五分""毛豆八分""豇豆一角二分""鲫鱼三角五分""肥皂两角四分""开水两分"等等。有时碰到我一时写不上来的生字难字,如荸荠、藕、三瓣头(野菜名)、鳝鱼、簸箕等,爷爷就让我查《日用杂志》。这本《日用杂志》编得好极了,蔬菜、水果、鱼虾、服装、日杂用品……分门别类,还配有插图,查找起来很方便,不消半分钟,就可一一找到答案。天天、月月与这本书做伴,几年下来,我把收集在内的各种食物、日用品的名字背得滚瓜烂熟,增长了不少生活知识,而这些都是小学课本里没学到的。

爷爷是个很古板、很严肃的人。他不仅让我天天记账,还要求每天核对收支是否相符。我拨动算盘珠,打了一遍又一遍,有时仍对不上。即使差几分钱,爷爷也得让妈妈再想想,再想想。妈妈左思右想,实在想不出来。这时奶奶走到我跟前,贴着我的耳朵,悄悄地说,写上零用或零食花了多少吧,对爷爷打了个马虎眼。我从小受到省吃俭用、勤俭持家这种家风的熏陶,几十年如一日,不管是手头拮据还是略有余裕,都坚持量入为出,精打细算,从没有大手大脚、挥霍浪费。

爷爷逼我认真读的另一本书《尺牍大全》,也就是《书信大全》。牍是古代书写用的木简,用一尺长的木简写书信,所以叫尺牍。那时,我爸爸远离家乡,在外地就业。每逢接到爸爸来信后,隔上一些日子,爷爷就催我写回信。开头我对书信的格式一点也不摸门,读了《尺牍大全》,才知道该怎么起头,怎么落款。于是,也照猫画虎地写起:"父亲大人,膝下,敬禀者",结尾写上:"敬请福安! 儿沛德叩上"。熟能生巧,常常动笔写信,逐步掌握了书信这种应用文体的特点,我对写信一点也不发怵了,而且有了兴趣和热情。从那以后,不管是在中学、大学读书,还是东跑西颠,在外工作,我一直勤于给亲人、朋友、同学写信,因而被弟妹、儿女戏称为"写信积极分子"。

《尺牍大全》不仅教会我写信,更重要的是在思想、品德、修身治家上,给了我可说是刻骨铭心的影响。我记得,上小学五年级时,学校里开运动会,表演团体操,要求同学做统一的运动服。我回家向妈妈要钱,妈妈死活也不答应。她担心叠罗汉时我从高处摔下来。加上当时家里也不太宽裕,要花这笔额外的钱,她也怕爷爷那里通不过。那时我不理解妈妈的心情和难处,又哭又闹,奶奶、姑姑怎么劝我哄我也不行,甚至连晚饭也不吃了。后来还是妈妈悄悄地答应掏出她的私房钱来交制运动服的款,这场小风波才算平息下来。过了些日子,爷爷针对这件事耐心地教育了我。他翻开《尺牍大全》,与我一起读曾国藩给二儿子纪鸿的一封信,其中有一段写道:"凡仕宦之家,由俭入奢易,由奢返俭难。尔年尚幼,切不可贪爱奢华,不可惯习懒惰。无论大家小家、士农工商,勤苦俭约未有不兴,骄奢倦怠未有不败。"爷爷语重心长地对我说:"你要记住,由节俭变奢靡容易,由奢靡再变为节俭就难了,从小可要养成勤劳、节俭、朴素的作风啊!"从那时到现在,六十年过去了。如今我的脑海里依然不时闪现出"由俭入奢易,由奢返俭难"这些字。它成了我日常生活的准则,做人治家的座右铭。

2003 年 1 月 21 日

父子一夕谈

我的父亲读过多年私塾,平生爱好书画艺术,写得一笔好字,也喜欢吟诵古典诗词。我清晰地记得,我读小学四年级的时候,父亲已届而立之年,他在房间里挂上了自己的一帧放大了的半身照片。照片下面写有一首《自题小像》的五言诗,表达他青年时代的壮志豪情。相片一侧还挂着父亲用隶体手书的条幅,上面写着"勤能补拙"四个字,这可以说是他的座右铭。每次我抬头瞧见那相片和条幅,父亲那炯炯的目光,那刚正端庄的书法,好像时时刻刻在鼓励我:勤奋刻苦地学习,不要懈怠。

抗战胜利后的第一个春天,我离开家乡到镇江去读初中。家里在为我准备行囊时,父亲特地给我买了一只新的帆布箱。特别让我高兴的是,父亲还请江南颇有名气的金石篆刻家周梅谷老先生为我刻了一枚名章。在洁白的宣纸上,我第一次郑重其事地盖上自己的图章,然后贴在帆布箱背面的中心位置。有了这枚图章,有了这只帆布箱,我顿时觉得自己长大成人了。我即将告别家乡、告别父母,独立地面对生活,独立自主地做事情,成为一个真正的小小男子汉。父亲送给我的这两样东西,伴随我走过半个多世纪的人生道路。如今,那只帆布箱已经破旧了,但那朱红色的钤印还没有褪色。那枚名章还完好地保存在我手边。我不时赏玩着周梅谷老先生在印章四周镌刻下的:"笔下不难风秀,难于古朴中仍带秀气;结字不难整齐,难于疏落中却又整齐;运刀不难有锋芒,难于光洁中仍有锋芒;竖书不难于直,难于似直而曲、似曲而直。此种妙印,唯汉印有之。"这闪闪发光的文字,不仅让我稍稍懂得了篆刻艺术的真谛,更重要的是随着岁月的增长,帮我逐步领悟到充满辩证法的人生哲理。

我父亲悔恨自己青年时代没有机会进洋学堂读中学、大学,没有技术专长,不能成就一番事业。他怀着实业救国的理想把希望寄托在儿女身上,热切期盼我学有所成,有一技之长,能出人头地,报效祖国。在我上中学时,父亲就不惜花钱给我购置了《代数大辞典》《几何大辞典》《三角大辞典》等工具书,还不断地向我提供《十万个为什么》《少年电机工程师》《少年化学实验手册》等科普读物。他一心要把我引上学理工的路,鼓励我读机械、电机、土木或纺织工程系。而我虽然数理化成绩还不错,从高二起又被分在理科班,但我早就对编编写写有兴趣,一门心思扑在文学、新闻学上。这样,父子之间在究竟是学工还是学文上产生了分歧和冲突。

我记得1948年暑假,一个炎热的夜晚,我和父亲在院子里乘凉,满天星斗,没有一丝风。父亲不停地摇着蒲扇,不无忧虑地说:时局动荡,百业凋零,维持生计越来越困难,能不能供你上大学也成了问题。他直截了当地问我:假如能上大学,你打算报考什么院系?我又一次毫不犹豫地、坚决地表示:读新闻系,将来当一个为大众说话的记者。父亲严肃地说:文人耍笔杆子,不仅容易惹是生非,而且大多生活清贫,有时连养家糊口也困难。还是学点技术好,有了真本事,将来才好找一条出路。我多少有点激动地、毫不含糊地回答:这些我都认真地考虑过,当记者,生活会比较苦,也可能遇到麻烦,但这动摇不了我早已定下的志向。这些年,亲眼看到国民党的穷凶极恶,腐败无能,横征暴敛,对现实社会的不满,越发坚定了我要当一个记者的志向。我不是羡慕"无冕之王"这顶桂冠,也不是幻想通过办报来升官发财,而是要用自己手中这支笔报道民间的疾苦,反映大众的抗争。父亲听了我这番话,既没有表示赞同也没有反对。他知道要改变我的想法也很难,只是不胜感慨地说:记者这碗饭可不好吃,在现时的环境下,要喊出民众的呼声,谈何容易!

夜深了,天上星光闪烁,有一点风吹来,心情为之一爽,我和父亲的话顺畅自然地深入下去。我又告诉父亲,这两天我正在写一篇题为《教师活不下去了!》的速写,反映省里各中学教师为生活所迫,决定总请假的情形。我谈起:"我们学校里的一位体育主任,月薪84元,上了一趟街,买了20斤白薯、10斤芋头、一包香烟,洗了一把澡,就把一个月的薪水花光了。另一位英语教师,月薪72元,买不了三斗米,八口之家,一日三餐喝稀粥也维持不了。""教师总请假的前夜,我的级任导师在最后一堂课上,用低沉忧郁的语调对同学们说:'诸位,明天我们就要暂别了,是逼不得已的事情。本来,我们只想获得政府有限的帮助与社会的同情。可是,真令人失望,政府只知道前线第一,根本不考虑负责培植下一代的教师的生活,漠视我们的呼吁和起码要求。因此,我们不得不暂时卸下神圣的职责。我的心情是十分沉重的,希望同学们能理解、原谅我们。'"

父亲凝神屏息地倾听着我的诉说,按捺不住心中的愤懑,气愤地说:"真不像话,总不能让教师吃粉笔灰、喝西北风啊!"他当即让我把写好的稿子拿给他看看。当他读到我文中引用的《省中教师告家长书》中的"每天两餐薄粥,啃白薯芋艿聊以度日,眼看着自己的父母子女饿死冻死,天下宁有此人?……虽沿门求乞,在所不计"时,我看到父亲的泪水夺眶而出,他满怀深情地对我说:"这是教师生活的真实写照,说出了教师的心里话,是一篇饱含血与泪的控诉。"

从此父亲不再向我提起学理工的事,似乎默默认同了我的志愿。一年之后,我报考了复旦、燕京、社会教育学院三所大学的新闻系,都录取了,最后选择了复旦。

2000 年 4 月

好儿女志在前方

　　每当我耳畔响起激越悲壮的《共青团员之歌》，眼前便立即浮现出 50 年前复旦园里热血青年投身抗美援朝运动的动人情景。

　　那是一个初冬的夜晚，多少已有几分寒意，但年轻人的血是热的，胸中燃烧着抗美援朝、保家卫国的熊熊之火。3000 复旦人集会于 421 室，控诉美帝国主义者侵略朝鲜的罪行。会场里灯火辉煌，热气腾腾。"年轻人，火热的心，紧紧跟随毛泽东前进""再见吧，妈妈！别难过，莫悲伤，祝福我们一路平安吧"的歌声此起彼伏，扣人心弦。青年学子一个个义愤填膺、慷慨激昂地控诉美帝国主义者的残暴行径和精神毒害，共同发出"不看美国电影，不听美国之音，全力支援抗美援朝"的呼喊。我记得，农艺系的十多位同学坚决表示要参加志愿军，到战火纷飞的朝鲜前线去抗击美帝国主义者。新闻系、经济系的几位女同学带头捐献，当场摘下金戒指、绿宝石项链。他们勇敢、高尚的行为感人肺腑，激起了一阵又一阵暴风雨般的掌声、口号声。全复旦人都卷入高涨的爱国主义热潮之中。大家都真心实意地要为最可爱的人——人民志愿军献出自己的一份爱心，捐款、献血、写慰问信、做棉手套……表达了广大同学捍卫祖国的拳拳之忱。

　　在反美侵略控诉大会上，一位平素文静、内向，表现并不那么积极的女同学，声泪俱下地讲述自己勇敢地丢掉家庭包袱、坚决要求参加志愿军的事迹。她的爱国热忱深深地打动了我。我情不自禁地连夜写下了一首题为《写给妈妈》的诗：

　　　　妈妈，亲爱的妈妈！

去年的夏天，
我准备好了行李，
要随军向大西南进发，
您的哭哭啼啼，
压抑了我的革命热情，
我在您的泪水里，
停住了刚要迈开的步伐。

妈妈，我亲爱的妈妈！
今年的初秋，
我要独个儿到东北去上学。
您舍不得您的独生女儿，
要我紧贴您的怀抱；
那时，我真是太懦弱，
又无奈地放下了扛起的行囊。
妈妈，我亲爱的妈妈！
您的懦弱的女儿，
今天，勇敢庄严地宣誓：
"我要到前线去杀敌！"
妈妈，您一定会伤心地哭吧?!

妈妈，亲爱的妈妈！
谁不愿意过安逸的日子，
谁又愿意远离自己的双亲，
可是，美国强盗来了，
它的大炮正敲打我们的国门，
它的飞机正轰炸我们的家园，
战火正在我们身旁燃烧，
威胁着千万个妈妈，

千万个儿女，
妈妈，您说我们能不闻不问吗？

妈妈，亲爱的妈妈！
我是妈妈的好女儿，
我也是毛主席的好孩子，
我衷心热爱自己的妈妈，
我也热爱千万个像您一样的妈妈！

妈妈，亲爱的妈妈！
苏维埃的好女儿丹娘，
中国人民的好女儿郭俊卿，
为了保卫祖国和人民，
曾勇敢无畏地打击敌人。
今天，李蓝丁医疗队的儿女们，
已经开到战火纷飞的朝鲜前线，
妈妈，您的女儿怎么能偷生苟安、裹足不前？！

妈妈，亲爱的妈妈！
您的女儿虽不是共产党员，
也不是青年团员，
但我是人民共和国的女儿，
为了保卫我们的祖国，
为了世世代代的妈妈和儿女，
我要参加抗美援朝的志愿军。

妈妈，亲爱的妈妈！
请别牵挂也别悲伤，
女儿的意志像钢铁一般坚强，

英勇无畏地奔向朝鲜战场，

等到彻底打败美国野心狼，

幸福美好的生活，

将永远属于我们！

这首朴实无华的诗记述了那位女同学真实的故事，也抒写了我自己发自内心的真情实感。它在 1950 年 11 月 25 日华东《青年报》上一发表，引起了不少青年朋友的共鸣。

差不多也就是在写上面这首诗的同时，我又挤出时间，满怀激情地写了一封长信寄给住在家乡——江苏丹阳县的父母。在那封信里，我开宗明义地写道：战火已烧至鸭绿江边，抗美援朝运动在复旦校园里如火如荼地展开了。我是学生会执委、新闻系学生会主席，是学生干部，也是青年团员，当祖国需要的时候，我随时随地准备奔向前线。我在信里如实地叙述了自己要求参加志愿军所经历的激烈思想斗争：我舍不得远离亲爱的父母和弟妹，舍不得远离可爱的故乡和校园，也舍不得抛下自己热爱的新闻专业，但为了捍卫祖国，为了保卫和平，我不得不告别温馨的家庭、可爱的学校，不得不暂时放下当新闻记者的美好理想。我们的祖国正处在生死存亡的关头，个人的欢乐与忧患无不与国家的命运息息相关，个人的前途、兴趣、爱好不能不自觉服从祖国的前途和需要。在信的结尾，我真诚地请求："亲爱的爸爸妈妈，理解你的儿子、支持你的儿子吧！"

这封信送到父母的手里，可说是一石激起千层浪，极大地震撼了他们以至祖父母、外祖父母的心灵。尽管事情过后，父亲还曾当面称赞我："这是你写得最好的一封信，晓之以理，动之以情，很有说服力、感染力。"但当初他们可没有一点精神准备，万万没有想到自己的儿子、孙子就要远离祖国、奔赴前线啊！

我的妈妈少年时代曾就读于著名画家、美术教育家吕凤子为校长的私立正则女子学校；年轻时还专门学过刺绣，是一个心地善良、性情温顺的家庭妇女。她平素对子女的关爱、体贴无微不至。

儿是娘身上的肉,她怎能舍得自己最钟爱的大儿子离开自己身边、奔向前线呢?! 面对我写去的那封信,她心急如焚,坐立不安,以为我马上就要告别学校、踏上征程了。她决心要赶到上海同我见上一面。

这时候,祖国发出了动员青年学生、青年工人参加各种军事干部学校的号召。复旦园里立即掀起了报名参干的热潮。学校的各个角落贴满了红红绿绿的标语,悬挂着醒目的红底白字的横幅,上面书写着:"热烈响应祖国的召唤!""保卫我们祖国神圣的天空、土地和海洋!""年轻人,让我们的青春更美丽!""报名去,让祖国挑选!"鲜明有力的标语口号鼓起的爱国热情,在每个人心中激荡。短短的十多天,就有682人走进张灯结彩的光荣门,在报名簿上庄重地写下自己的名字。我也走在新闻系队伍的前列,勇敢地、毫不犹豫地报了名。各系报名参干的同学组成了"毛泽东战斗队""陈毅战斗队""保尔·柯察金战斗队""丹娘战斗队""马特洛索夫战斗队"……整个校园沉浸在一片富有英雄气概的战斗气息里。

正当我满怀豪情等待组织批准参干的时刻,我的妈妈在外公的陪同下,乘火车急匆匆地赶到了上海。他们一个电话打到学校,让我去武定路鸿庆里我舅舅家同母亲见面叙谈。我记得,那天晚上,母子一见面,再也按捺不住激动的情绪。妈妈目不转睛地凝视着我,泪水簌簌地流了下来。我细细地向妈妈诉述自己报名参干前后的思想历程和学校里一些同学说服家长、教授鼓励爱女参干的典型事例,一再表示"好男儿要把祖国的需要放在第一位""我爱妈妈,但我更爱祖国"。母亲默默地倾听着,既没有鼓励我,也没有责备我,只是千叮咛、万嘱咐:"一定要把学校领导和老师的话放在心里","不管走到哪里,都不要忘了给家里写信","在外要当心,注意自己的身体"。我情不自禁地投入母亲的怀抱,激动地说:"妈妈,您放心吧!"

学校最后批准283位同学光荣参干,我因学生工作需要,加上左肺部有一钙化点,没能如愿走上国防建设岗位。但通过抗美援朝运动,我经历了一次严峻的思想斗争,如同经受了血与火的洗礼,摆正了个人志趣与祖国需要、个人利益与人民利益的关系。送走参干同学不到两个月,我就被批准加入了中国共产党。

2000 年 3 月 12 日

相见时难别亦难

——居京琐记

送走今夏家里来的最后一批亲戚，顿时觉得松了一口气。我回到多日被临时挪作卧室的书房，坐在写字台前，打开台灯写日记，恢复一个多月来多少被打乱的生活秩序。

自从在北京有了个落脚点，特别是近几年住房比较宽敞之后，每年总要接待几次来自远方的亲友。赋闲在家的老人，比如我的父亲、姑母、舅父母，都挑选春暖花开的4、5月或秋高气爽的9、10月来京旅游；而尚有上学孩子的亲戚则别无选择，只能在热浪滚滚的暑期携儿带女逛北京。

今夏我家又迎来了一个待客的小高潮，从6月底到8月上旬，一个半月光景，先后接待了四批亲戚：先是年逾古稀、业已退休的内堂兄自中原来。随后，我的弟媳妇带着小学刚毕业的儿子从江苏老家来。接踵而至的是我的一个在太原刚参加完高考的外甥女。最后，是我的小姨子从遥远的乌鲁木齐来。我和老伴深知，他或她，来一趟北京真不容易，不仅跋涉千里，一路辛苦劳顿，而且要准备一笔相当可观的车旅费和令人咋舌的参观游览费。靠死工资过日子的，早几年就得为逛北京积攒盘缠了。小字辈的来北京，更是他们翘首以待、向往已久的事。几年前，我回老家时，就听到四弟对他的儿子许了愿："等你小学毕业，带你上北京旅游。"我的妹妹也曾对女儿说："各门功课都考80分以上，就让你上北京大舅舅家去玩一些日子。"对我的侄儿、侄女、外甥、甥女来说，逛北京等于是从父母那里领了一次高规格、高档次的奖赏,确实是机会难得。正因为如此,我和老伴虽年逾花甲,在盛夏酷暑,不堪家务重负,但还是一心一意,尽力使远方来客在饮食起居上称心满意,玩得开心。

好在我们住京多年,待客已有经验,特别是6年前有过同时接待4家12人的经验,如今接待三五位零散来客,可说是成竹在胸、游刃有余了。多少年来,我家的几个成员自然而然地形成一种井然有序的分工,各司其职,各尽所能。儿子负责送往迎来,逢上星期天,还要充当一两次导游。他自封为接待科长,这两年又戏说该晋升为礼宾司司长了。我凭借多年做文学组织工作的经验,责无旁贷地协助安排参观游览日程,按着《北京市交通游览图》,指点乘车、换车路线。我还自告奋勇担任采购员,每天清晨下楼散步、做操时,顺便到附近的农贸市场选购新鲜的菜蔬。老伴则专司掌勺、整理内务。女儿、女婿有时也来帮一手,按照菜谱,照猫画虎,做一两道时新菜肴,换换口味。新来的客人饱览京都风采之余,也忙里偷闲,帮助我们家搞卫生。勤快、能干的弟媳妇、小姨子、外甥女,又擦地板又擦玻璃,旮旮旯旯儿都打扫得干干净净,还把油渍麻花的瓶瓶罐罐擦洗得透明锃亮。我开玩笑说:“家里来了两支卫生大军,一支是来自江苏的东路军,一支是来自新疆、山西的西路军,两军协同作战,攻克所有的死角,使我家迈进了‘清洁户’的行列。”

亲人相聚,推心置腹,谈天说地,其乐无穷。交谈的话题极为广泛,从子女侄甥的升学、就业到亲朋好友的出国、下海,从物价、股市的涨落到住房、医疗制度的改革,从家乡丹阳入选全国百强县到新疆边境的中哈贸易,从彗木相撞到世界性的酷热,可说是天上人间,无所不谈,真是一次方方面面的信息大汇总、大交流。谈吐中有喜有忧,酸甜苦辣,五味俱全。甥女不无欣喜地谈到她的爸爸妈妈今年同时晋升为高级工程师,但又不无忧虑地诉说父母所在的国有企业经济效益极差,今年已有两个月发不出工资。弟媳妇谈起我的几个在家乡的弟妹家中都安装上了程控电话,最近又筹措款项买下了自己的住房,但各家几乎都动用了全部积蓄,有的还欠下了一笔不小的债。内堂兄诉说不久前回乡办理落实私房政策的遭遇,怒不可遏地抨击当今办事非得找关系、走后门、请客送礼不可的腐败现象。他翻开《宝应历代县志类编》一书"教育类"第三章第四节,指着刘启勤的名字,对我老伴说:"我们家是书香门第。你祖父是清朝末代举人,他漂洋过海,到日本留学,宣统三年,即1911辛亥革命那一年,毕业于明治大学法政科。如果他老人家还健在,一定会运用法律的武器毫不留情地惩治那些利欲熏心的腐败分子。"

茶余饭后,远方来客你一句我一句畅谈自己对北京的印象。我弟媳妇感慨地说:"同我1980年来京旅行结婚时相比,首都面貌大不一样了。那时只有前三门矗立着一排高层宿舍楼,如今举目一望,北京四郊高楼大厦林立,立交桥四通八达,黄色'面的'满街奔驰,确有一个大都会的气派了。"说到这里,我的12岁的侄儿竟冷不丁地插了一句:"也不过如此!"原来,他小小年纪,却见多识广,不止一次地去过南京,到过上海,苏州、无锡也都游览过,加上电影、电视、刊物、画报,多种现代传播媒介所展示的大都市景观,对他来说,已是司空见惯。在他眼中,不管南方北方,高楼大厦,亭台楼阁,无非是一堆房子,看来看去,"也不过如此"。当我问他:"你这次游北京,最感兴趣、印象最深的是哪个景点?"他不假思索地回答:"最有趣的是在天文馆里看彗木相撞;最过瘾的是在石景山游乐园玩原子滑车、急流勇进。"少年儿童的兴趣、心理和视角,毕竟和成人存在很大的差异,我们做爷爷奶奶、爸爸妈妈、叔叔阿姨的,是不是都能很好地理解他们的精神需求呢?!

在品尝了北京烤鸭、美国肯德基麦当劳之后,我又有意识地问小侄儿:"你在北京,最爱吃什么?"答案又一次出乎我的意料,他毫不含糊地回答:"炸酱面,味道好极了!"应他的要求,大伯母为他做了三次炸酱面。他仍不满足,临走前又让他妈妈买了六袋六必居的甜面酱带回老家去。说是要存放在冰箱里,隔上一段日子,吃一次炸酱面,细细品尝。而生长在北方的小姨子、外甥女却对我按家乡传统烹调法制作的家常菜——毛豆、青椒炒茄丁情有独钟,赞不绝口,说是一定要把这道菜引进新疆和山西。看来,吃的艺术、饮食文化也是需要相互借鉴,南北大交流啊!

天下没有不散的筵席。热热闹闹、乐乐呵呵了一阵子,山南海北的亲戚一个个告辞离别了。这时,我和老伴既有一种从忙碌、烦乱中解脱出来的轻松感,同时心中又不禁升起一缕"相见时难别亦难"的依依之情。

1994 年 8 月 14 日

难得大团聚

今年国庆、中秋两个节日喜相逢,是个家庭大团圆的好日子。我们这一家,经过历时半年的筹划,终于在家乡——江苏丹阳实现了老老少少28人的大团聚,了却多年来梦牵魂绕的一个心愿。

还是38年前,1963年春节,我们兄弟姐妹8人都回到家乡,同父母一起,共叙天伦之乐,并到照相馆留下唯一的一帧弥足珍贵的合家欢。从那以后,母亲在"文革"中含冤而死;父亲好不容易熬到噩梦醒来是早晨,又突发脑溢血而撒手人间。学有所成、刚挑起重担的大弟也英年早逝。留下我们兄妹7人,天南海北,各处一方,再也没有找到机会来一次全家团聚。今年10月2日,即农历8月16日,正好是我母亲90诞辰纪念日。二弟倡议趁这个日子举办家庭聚会,既可对已故的父母亲表示深挚的怀念之情,又可借以增进我们一家祖孙三代的亲情交流。我和弟妹们都举双手赞成二弟的这个倡议。

节日前夜,我们兄妹7人携儿带女,从北京、上海、太原、马鞍山等地分别乘火车、小巴或飞机按时赶到家乡。除旅居国外和个别因工作实在不能抽身的外,能来的都赶来了。这是一次空前规模的家庭大团圆。38个春秋,对于历史老人来说,只是弹指一挥间。而人的一生又能有几个38年呢?!我们一家人,特别是我们兄妹7人,怎能不为这次难得的大团聚而激动无比又感慨万千呢!

久别重逢,兄弟姐妹间、姑嫂妯娌间,真有诉不尽的离情别绪,说不完的知心话儿。一个话题接着一个话题,谈得最热烈的还是家乡面貌、家庭生活的发展变化。就拿我们家来说吧:1963年的10口之家,已繁衍为当下的 15 个小家庭,人口翻了两番。祖祖辈辈住了几十年的老房子已无影无踪,在那地皮上修成了一条宽阔的、贯通城市东西的新民路;绿草如茵的市中心人民广场即将呈现在眼前。在家乡工作的三个小弟妹,旧宅拆迁之后都住上了三室一厅的居民楼,电视、空调、煤气灶、卫生间一应俱全,再也不用为生炉子、倒马桶发愁了。我还记得 38 年前团聚时,刚度过三年经济困难,物质极度匮乏,什么都凭票证供应,我从天津带回几斤高价"高级点心高级糖",都觉得很稀罕。这次家庭团聚,两次到饭店聚餐,美味佳肴应有尽有;还到老字号金鸡饭店品尝了水晶肘子、蟹黄包子、鳝丝面等富有家乡传统特色的早点,实实在在地感受到了当下物质产品的丰富。说起通讯联络,多少年来,我们兄弟姐妹一直保持书信往来。如今家家都安上了电话,大多用上了电脑,子、女、侄、甥辈还都有了手机,平时长途电话、"伊妹儿"穿梭往来,谈心聊天,方便快捷,连我这个素以勤于写信著称的大哥也懒得动笔了。当年团聚只能到照相馆拍上一张合家欢,这次我女婿却可用摄像机真实而生动地录下家庭聚会的全过程。社会的发展进步是多么迅猛啊。每个普通人家确实都得到了改革开放的实惠。

家庭是社会的缩影,时代变革的大潮也无一例外地波及家家户户。我们这一家同样是机遇与挑战、希望与隐忧并存。一说起下岗待业、集资购房、学费过高这些沉重的话题,我的两个弟妹和一个小妹就不免露出忧虑的神色。她们不到 45 岁,由于所在单位不景气,不得不提前办理退休,或面临一次买断工龄的威胁。面对困难,她们没有怨天尤人,而是起早贪黑、含辛茹苦地去打工,或在自己家里照管一个来自农村的中学生的食宿,千方百计地攒一点钱,以供给儿女上大学或重点中学。在外地工作的哥哥姐姐,一听到小弟妹有困难,马上毫不犹豫地伸出援助之手,想方设法,一齐凑钱,以救购房、缴纳大笔学费的燃眉之急。这些年来,尽管父母早早离开我们,但家里并没缺了主心骨。血浓于水的亲情把我们兄弟姐妹紧紧地联系在一起;那如胶似漆的凝聚力,是什么东西也分离不开的。我们心连心、手拉手地迈过人生路上一道坎又一道坎,同甘共苦地走过来。亲朋好友、左邻右舍都情不自禁地赞扬我家兄妹、姑嫂团结互助、亲密无间。

在缅怀父母的追思会上,我不无激动地谈起我们兄弟姐妹恪守祖辈、父辈言传身教的"奉公守法""勤能补拙""量入为出""和衷共济"的做人准则,努力做一个正直的人、勤奋的人、俭朴的人。热切期望全家人发扬光大家庭的传统美德,把它当作传家宝一代又一代地传下去。我的一席话引起全家老少的共鸣。古老又清新、强劲又温馨的门风、家风,连同浓浓的手足情、父子情,深深地刻印在亲人们的心灵深处。

2001 年 12 月 12 日

尝到了家乡味(外一章)

临近春节,弟妹偕同侄女从家乡来,捎来极具家乡特色和风味的荠菜馅与炒和菜,顿时勾起我长久以来萦绕于怀的回家过年的愿望。

我的家乡在运河畔、长江边、沪宁线上一个县城里。按家乡的习俗,大年三十,早晨吃汤圆,中午吃馄饨,晚上吃年夜饭。三弟用野生荠菜和肉末调制而成的馅,可以包馄饨,也可以包汤圆,其味道之鲜美,真是令人叫绝。说起野生荠菜,我的思绪一下子拉回到70年前。六七岁时,日寇入侵,故乡沦陷,到乡下避难。冬去春来,与邻居家的小女孩一起,挎着小篮子,到田埂塘边挑荠菜。当我们见到那一片片匍匐在地面又鲜又嫩的荠菜时,情不自禁地欢欣雀跃。敌机掠空而过,也置若罔闻。我多么期盼有朝一日再回家乡,同孙儿们一起到田野去挑荠菜,体味那随岁月流逝了的童趣童真。同儿时一样,除夕能吃上两大碗荠菜馅馄饨、八只荠菜馅大汤圆,那是多么开心啊!

三弟精心制作的炒和菜,虽不是什么山珍海味,却是一道既普通又精致、色香味俱佳的素菜。说它普通,在于它是用红萝卜、胡萝卜、芹菜、豆芽菜、香菇、金针菇、木耳、百叶、花生仁、毛豆仁这些常见的蔬菜搭配起来的。说它精致,在于要把红萝卜、胡萝卜斜切成薄片,再切成细丝,很讲究刀工;而各种蔬菜,红绿相间,色泽鲜丽。炒好出锅前淋以香油,就有了一种与众不同的、鲜美的味觉效果。春节期间,鸡鸭鱼肉,荤菜吃腻了,吃上一点清淡的炒和菜,感到特别可口。

我也试做过多次,可至今做不出那种特有的味道来,看来还得虚心向三弟取经哩。

今年又没能回故乡过年与弟弟、妹妹、侄儿、外甥和孙子辈的亲人们团聚,心里有几分惆怅。但大年三十总算能品尝到久违了的家乡风味,也就心满意足了。

2006 年 1 月

早　市　好

如今,我家的餐桌上能摆上青煸鲜蚕豆、青椒毛豆炒干丝、盐水虾、茭白炒肉丝这样一些富有家乡风味的菜肴,不能不感谢农贸市场开辟了早市。

过去菜市场、副食店的作息时间,与我们单位同步行进,上午8点开门,下午5点关门,我们双职工常为没有买菜时间而叫苦不迭。自从离家不远的那条冷僻胡同里有了早市,就再也不必为此发愁了。

无论春夏秋冬,我每天清晨下楼散步,做完健身操,顺便去逛一趟早市,就把当天要买的菜蔬提溜回来了。每天不到6点钟,早市上已是人来人往,熙熙攘攘。窄窄的胡同两旁,一个摊位接一个摊位,摆满了各色各样的新鲜蔬菜,红彤彤的西红柿,鲜嫩嫩的黄瓜,水灵灵的生菜,偶尔还有活蹦乱跳的鲫鱼、青虾,真令人目不暇接。当我寻觅到家乡常有、北方少见的荠菜、苋菜、豌豆苗、蒿子秆儿等菜蔬时,心里不免乐滋滋的,思乡之情也油然而生。

在早市很少见到在国营菜市场、副食店常见的那种不爱搭理人的、冷冰冰的面孔。摊主们叫卖声不绝，主动、热情地招徕顾客。菜蔬一般分成一、二、三等，依质论价，任你挑选、比较，绝不会遭到白眼。早市一端放着公平秤，加上有的老大娘兜里还揣着弹簧秤，所以也不用害怕摊主会缺斤少两。

　　每次我提溜着一篮子新鲜菜蔬离开早市，心中总是情不自禁地、默默地称赞：方便，便宜，称心，早市真好！

1992 年 7 月 8 日

弥足珍贵的亲情

金色的收获季节,天高云淡,秋风送爽,在家乡的大地上迎来又一次家庭聚会,这是一件十分令人高兴的事情。

2001年秋,我们曾有过一次难得的大团聚。从那时到现在,又过去整整十年。十年间,国家面貌、社会生活都发生巨大的变化。家庭是社会的缩影,我们家同样有了很大的变化。与上次团聚相比,这次参加聚会的人数更多了,由原来的28人增为47人。十年又增添了五个小家庭,小家庭数由原来的16个增至现在的21个。人丁兴旺,十年新添了9个婴幼儿,第四代小字辈由原来的两个增为现在的11个。在年龄结构上,参加聚会的,从刚满百日的小毛头到80岁的老头儿、老太太。从籍贯和出生地看,除江苏丹阳外,京、沪、皖、晋、粤、闽、吉、川……东西南北中,遍布中华大地,还有出生在新加坡、加拿大、美国的。从职业来说,工程师、会计师、教师、律师、公务员、工人都有,而以从事教育、财会、医药工作的居多。随着时间的推移、年龄的增长,21个家庭总共51个成员中,已有14人先后离退休,占总人数的27.4%。有的退下来后,还在不同的岗位上忙碌地工作着。家庭的幸福、和谐、文明程度是与社会的经济发展、道德风尚和文化教养紧密相连的。经历了百年沧桑,回顾我家的总体状况,可以自豪地说,我们是生活在一个向上、文明、和睦的大家庭里。

这次家庭聚会的主题是纪念束启钧、张汉玉诞辰100周年。我们兄弟姐妹八个的父母是辛亥革命的同龄人。他们是国家求独立、人民求自由的见证人,也是兵荒马乱、天灾人祸的亲历者。他们的一生是勤奋劳碌的一生,含辛茹苦的一生。在纪念辛亥革命百年之际,越发牵动了我们对亲爱的父母怀念之情、感激之情。

在我的心目中,父母亲心地善良,做事认真,为人厚道,生活俭朴。这些美好的精神、品格、作风,是他们留给子孙后代的宝贵的、永恒的精神财富,是我们世世代代应当学习、继承和发扬的。

今天我们纪念父母百年诞辰,要牢记父母的教诲,进一步加深我们兄弟姐妹之间的亲情。亲情包括父子、母女之情,夫妻之情,祖孙之情,兄弟姐妹之情,婆媳之情,姑嫂妯娌之情,叔伯与侄儿、舅舅与外甥之情,堂兄弟姐妹、表兄弟姐妹之情等。亲情是由血缘、家庭传统、乡土风俗人情凝结而成的一种血肉相连、至亲至爱的美好感情,是人间最亲密、最珍贵的感情。对父母的浓浓的亲情像一根红线把我们兄弟姐妹八个紧紧地联结在一起。我们要满怀热情地珍惜它,百倍小心地维护它,倾心倾力地发展巩固它。今后我们要更好地发扬孝敬父母、尊重老人、关爱兄弟姐妹,精心培育下一代的好传统、好家风。

为我们的大团聚干杯!

为大家的健康、快乐、幸福干杯!

期待着有朝一日在家乡再团聚!

2011 年 10 月 3 日

八十抒怀

三伏天刚过迎来了我的 80 岁生日。生日前夕和当天先后收到诸弟妹、侄、甥和几位老友发来的 E-mail，或打来电话，祝贺我的生日。特别是二弟还写了一篇情真意切的短文，四弟则精心编选了有关我的照片专辑发在网上为我的生日祝福。生日那天晚上，全家人在江苏大厦聚餐，分享生日蛋糕。席间我们欢声笑语，频频碰杯，小孙子举杯"祝爷爷活到 100 岁"，气氛极为欢乐和谐。

几天前，我在致一位老友的信中谈及流光如逝，58 年前我迈进全国文协（中国作协的前身）门槛的情景犹历历在目，转瞬之间，我竟已跻耄耋老人之列。回眸往昔，我原本体质单薄瘦弱，中学时代一度染上肺结核，20 世纪 80 年代末，又曾遭癌魔袭击，走过的人生路也不算太平坦。我想，之所以能活到这把年纪，除医疗保健条件改善外，一是自己一直坚持手脑并用，始终没有闲着。在职时勤于工作，勤于思考；退下来后，也还保持多少读点书、写点短文、参加一些活动、做一点力所能及的事。二是生活比较有规律，饮食起居，定时定量，不吸烟，不喝酒，不暴食，没有不良习惯，保持着普通人健康的生活方式。三是性情平和，遇事冷静沉着，一般能保持心态平衡，不急躁，不激愤，少计较，少抱怨。四是长期从事儿童文学工作，多少还保持几分天真，没有完全失却纯真的童心。往往用孩子的眼光看人、看生活、看世界。正因为如此，经历了几十年政治运动、文艺斗争、社会变革风风雨雨的我，如今对周围的一切人和事，对世界风云的变幻，都想得比较开了，对鲜花、掌声、头衔、座次、名利、地位乃至生死，都看得比较淡了。

我依然把冰心老人的"人生自八十开始"作为激励自己继续前进的动力。毕竟老了，我没有什么雄心大志，也没有什么豪言壮语，我将怀着一颗平常心，从容地读一点想读的书，量力而行地做一点愿做的事；与几十年风雨同舟、在最艰难的时刻始终不渝支持我的老伴携手并进，力求把晚年生活安排得更闲适自在一点。在没有走完的人生路上，我将踏踏实实、一步一个脚印地走下去。抵达终点的时候，回头一望，如果还算得上是一个认认真真做事、清清白白做人、朴朴实实为文的人，那也就问心无愧了。

2010 年 8 月 21 日

让我欣慰的 2011 年

台历翻到最后一页，又到了年终盘点的时刻。即将告别的 2011，对我来说，可说是双喜临门、怡然自得的一年。

让我喜悦、欣慰的，主要是这么两件事：一是圆了兄弟姐妹八家在家乡大团聚的梦；二是在真挚、温馨的友爱氛围中度过了 80 岁生日。

十年前，我兄弟姐妹连同儿、女、侄、甥辈建立的小家庭，曾有过一次难得的大团聚。随着时间的推移，当年的 16 个小家庭如今已发展为 21 个，家庭成员也由原来的 42 人增至 51 人。我家今年真是喜事连连，从春到秋，我三个最小的侄女、侄儿和外甥女先后步入婚姻殿堂，成家立业。八兄妹趁金秋时节回家乡参加外甥女婚礼的大喜日子，实现了梦寐以求的、空前规模的家庭大团聚。51 个家庭成员中，除因病住院的大弟妹和旅居新加坡的大侄女一家三口没能回来外，其余老老少少 47 人都赶回来了。从年逾八旬的老头、老太到刚满百日的小毛头，分别从北京、上海、广州、珠海、太原、马鞍山乘飞机、高铁或自驾小轿车回到阔别多年的家乡大地。

今年的家庭聚会有个鲜明的主题，即纪念我们兄妹八个的父母百年诞辰。我们的父母是辛亥革命的同龄人。他们是国家求独立、人民求自由的见证人，也是兵荒马乱、天灾人祸的亲历者。在纪念辛亥革命百年之际，越发牵动了我们对亲爱的父母怀念之情，感激之情，深切缅怀他们心地善良、为人厚道、做事认真、生活俭朴的美好品格、作风。亲情是血肉相连、至亲至爱的感情，是人间最纯真、最珍贵的感情。对父母的浓浓的亲情像一根红线把我们八兄妹紧紧地串联在一起,并形成相互关爱、团结互助、一方有难、八方支援的好传统、好家风。至纯至美的亲情也渗透到姑嫂、妯娌、连襟、叔侄、舅甥、堂兄弟、表姐妹之间。大家相聚在一起,说说笑笑,亲密无间,知心话、家常事,还有共同关注的住房、看病、教育子女、理财、反腐等话题,真是三天三夜也说不完。

这次聚会办得像模像样,井然有序。座谈、合影、游园、聚餐,还打印了在追思会上的发言和家庭成员通讯录,编选、制作了录入几百张新、老照片的家庭电子相册。一件精致的水晶石纪念品,上面刻有"谁言寸草心,报得三春晖"的诗句。按照大家的建议,二弟、四弟还在编选一本题为《大井头6号——一户普通人家写照》的纪念文集,内容包括:"团聚纪实""追忆亲人""兄妹剪影""家园拾叶";准备自费印刷、分送亲友,留作永恒的纪念。这次情深深、意浓浓的家庭大团聚,将永远镌刻在老老少少亲人的心坎上。

说起我的80岁生日,按照家乡"做九不做十"的习惯,去年虚岁80时,儿女、弟妹已为我做过生日,我还写了一篇《八十抒怀》的短文。今年我80周岁生日的前夜,恰逢安徽少年儿童出版社出了一本《束沛德谈儿童文学》。这是我50多年来所写儿童文学评论的一个选集。这本书问世后,热心的朋友倡议召开一次关于我的儿童文学评论座谈会。我想,如能直率地谈谈我在评论上的成败得失,有好说好,有坏说坏,真正发扬良好的批评风气,那我还是乐于接受的。事前我再三表示,最好不要把座谈会同祝贺我的生日挂钩,尽量淡化生日色彩。可朋友们的盛情难却,最后还是定格为"束沛德先生80华诞暨儿童文学评论座谈会",我无可奈何,也只好听其自然了。在座谈会上,朋友们说了不少鼓励和赞扬的话,比如:"他是一只大家愿意紧紧握住的引领者的大手",他"纵横交错地描绘了一幅中国新时期以来儿童文学的立体地图","他懂政治,更懂文学","智慧地平衡了政治的原则和文学的原则","我们需要一个感谢他的机会",等等。对我的这些评估,显然是过誉了,但我相信朋友们的真诚。

座谈会后,没想到又在中少总社的儿童阅读体验大世界继续举行欢乐、有趣的庆贺活动。两个造型新颖的大头娃娃从舞台上走下来同我紧紧握手,向我献花,美丽的姑娘一个个端着点亮的红蜡烛夹道欢迎。我和朋友们一起徜徉在琳琅满目的书的世界里,在"红袋鼠"咖啡座分享生日蛋糕和"变变变"饮料。置身于这样一种热烈、温馨、童趣盎然的氛围里,我喜不自胜,真有点不知所措。我心里明白,朋友们举办如此精彩、别致的庆贺活动,并非我个人在文学评论上有多大成就和贡献,而是借此表达对跑龙套角色的肯定和尊重,认同儿童文学这个"小儿科"确实需要有人热情地为之鼓与呼。干了大半辈子文学组织工作,得到这样的肯定和认同,我也就心满意足了。

2011 年岁末

我赢得 25 年美好时光

搬来安外东河沿 8 号楼已将近 25 年了。搬家前三四个月,我被协和医院确诊患上令人忧虑的鼻咽癌。

1988 年 1 月 11 日,那是严寒季节一个阴暗的日子。在耳鼻喉科门诊室,面对主治大夫在我的病历上写下可怕的"ca(癌)"字,我的身心就被笼罩在癌魔的阴影之下。我努力说服自己,要"勇敢面对""处之泰然";同事、朋友也劝慰我:"放开,不要有负担,把一切置之度外"。然而,当我想起只差三年半就到退休年龄,本可以从容地读点书,写点文章,偏偏在这即将"到站下车"的时刻遭到癌魔的无情袭击,心中不免有几分悲凉情绪。

大病初愈,不敢有很高的期待,心里暗自许了一个愿:先争取 3 年、5 年的存活期吧。没料到,8 年、10 年、15 年、20 年,一个一个坎都平安顺利地迈过来了。如今我已闯过 25 年大关。看来可以骄傲地说:我已彻底战胜了癌魔。

其实,我与癌魔搏斗,也没什么妙法绝招,只是老老实实、认认真真地坚持了老生常谈的三条:一是切实遵医嘱,放疗 6 周,服中药两三年,这段时间按中医大夫说的不吃螃蟹和无鳞鱼;无论如何不乱投医,不乱用什么偏方。二是少生气,少埋怨,少攀比,保持平和乐观的心态,遇麻烦事力求心理上的平衡。三是休养四五个月,就照常上班,适当掌握工作、生活节奏,避免过于劳累;多少参加一点体育锻炼,学过气功,做做自编的健身操,坚持散散步。

从 1988 年 1 月到 2013 年 1 月,我整整赢得了 25 年美好时光。

25年,在历史长河中是短暂的一瞬间。而如果按平均寿命75岁来算,那25年就相当于人生旅程的三分之一;即使按长命百岁来说,25年也占了漫漫人生路的四分之一里程了。25年,对人的一生来说,可是无比重要、宝贵、不可多得的啊!

回望逝去的这25年岁月,且不说国际风云的变幻、中华大地的沧桑,单看我个人的经历、遭际,也可说是三生有幸。

这25年,我在文学工作岗位上超期服役7年,直到67岁才退休;特别是在儿童文学组织工作岗位上又当了10多年义工,主持了多次儿童文学评奖和作品研讨会,76岁才挥手告别中国作协儿委会。在年逾古稀之际,还得了一纸奖状——宋庆龄儿童文学奖特殊贡献奖。

这25年,我坚持边工作边读书,边思考边练笔,先后出版了10本评论集和散文集。尽管这些文章质量平平,没多少特色,但总算留下了一份有点个性色彩的人生记录和读书札记。在我75、80生日前后,作协儿委会、中少社还分别为我召开了散文集《岁月风铃》座谈会和"束沛德儿童文学评论座谈会",让我这样一个业余老作者,有幸当面聆听到朋友们对自己笔耕成果的批评意见。

这25年,由于出访、开会、探亲、旅游,我有机会多次走出国门,在意大利、泰国、缅甸、加拿大、美国留下自己的脚印。在职时一心投入工作,不止一次放弃了游览名山大川的机会。退下来以后终于得以补补课,先后游历了黄山、庐山、武夷山、峨眉山、张家界、鼓浪屿,并登上美丽的台湾宝岛。外出走走,呼吸点新鲜空气,开阔了眼界,增长了知识,愉悦了身心。

这25年,我与老伴同甘共苦、相依为命,手拉手、心连心地一起度过60、70、80生日和金婚纪念。年过70后,先后抱上两个孙子,尝到含饴弄孙之乐趣。我兄弟姐妹八个,加上儿、女、侄、甥辈,如今已组成21个小家庭,家庭成员总共51人。2001、2011年,在家乡丹阳有过两次难得的大团聚,深深体味到至诚至纯的亲情的温馨和欢乐。

25个春秋,自然也遇到过一些不称心如意的事,但我确实应当知足了。试想,如果25年前癌魔夺去了我的生命,那我就不会有前面所说的那些人生阅历,也就品尝不到那些聊以自慰或值得庆幸的人生滋味。不用说,那样,我会带着不少遗憾、悔恨撒手人间。如今我年届82,思维也还清晰,步履还算稳健,还没显出龙钟老态,偶尔还动动笔,日常生活也能自理。保持如此生存状态,我是心满意足了。即使明天闭上眼睛,似也死而无憾了。此时此刻,我由衷感谢社会的进步、生活的馈赠,由衷感谢亲人、朋友、师长、同事的理解和关爱!

2012 年 12 月

情系丹阳大井头 6 号

读完二弟、四弟编选定稿的《大井头 6 号——一户普通人家写照》，亲人面影、家庭往事历历在目，不禁让我百感交集，思绪万千。

编印这本书的初衷，是为了让家庭成员和子孙后代了解我们的父母及其子女——我们兄妹八个的经历、工作、生活、家境和家风。家庭是以婚姻和血缘关系为基础的社会单位，包括父母、子女和其他共同生活的亲属在内。它是社会的一个细胞、一个基本单位，是社会的缩影。家庭的兴衰枯荣，家庭成员的遭际、命运，往往是与社会的变迁、发展紧密相连、息息相关的。从我们这一家的经历、遭遇中，同样可以清晰地看出历史的、时代的投影和折光。就这个意义来说，这本书不仅是给子孙后代提供一本必读的家史；同时也是为现、当代"社会调查"留下一份真实的、有一定史料价值的记录。

以家庭住址、门牌号码——大井头 6 号作为书名，表达了我们对家园和亲人的眷恋之情、怀念之情。呼唤亲情，赞美亲情，珍惜亲情，弘扬亲情，是这本书的主题和基调，它像一根红线贯穿全书从头到尾的字里行间。不久前我在《新民晚报》发表过一篇题为《让我欣慰的2011》，文中写到去年圆了兄弟姐妹八家老老少少 47 人在家乡大团聚的梦。多位朋友来信赞扬我家的怡怡亲情，其中一位谈道："你的家庭就是中国一段历史的写照"，"这样和睦的大家庭以后在中国会越来越少了"；另一位写道："如果我们国家的每个家庭都能如此，那就真的进入和谐社会了"。收入《难忘亲情》的不少文章，从不同角度、不同侧面反映了家庭成员彼此之间的亲密关系，颂扬了血浓于水、难以割舍的亲情。和睦家庭是和谐社会的基石。讴歌亲情，就是为了更好地培育、弘扬和谐精神。

善良、认真、勤俭、正派，是祖辈、父辈留给我们后辈弥足珍贵的精神财富。它的价值是万贯家财、金玉满堂所无法比拟的。固然，我们的思想观念、精神道德要与时俱进，要跟随时代的步伐发展变化。但万变不离其宗，无论如何，我们要把"温良恭俭让"这样的好传统、好家风作为传家宝一代一代地传下去。

《大井头6号》这本书是集体创作的成果。家庭成员中的成年人都为它的问世付出了自己的心血和精力。特别是二弟、四弟，对此书的策划、组稿、撰写、编选、印制，真可说是费尽心机、不遗余力了。我深切期盼每个家庭成员以及子孙后代珍惜这份来之不易的劳动成果，好好地利用它，保存它。

2012年2月4日（龙年立春）

美在方寸

　　集邮是一项富于人文内涵和高雅情趣的业余文化活动,它有益于陶冶性情,开阔眼界,增长知识,愉悦身心。

　　我四弟建德在少年时代就涉足邮苑,至今已有 50 多个春秋。他从事集邮写作,也有二十六七年,算是辛勤耕耘于邮苑的一个老园丁了。

　　我一向相信:"志趣+勤奋+毅力＝成功"这个公式。建德弟之所以能在集邮上有所作为,稍有成果,正由于他对此情有独钟,怀有炽热的感情和浓厚的兴趣;又勤于练笔,勤于钻研,坚持不懈,持之以恒。他原本只有中学文化程度,而通过收集研究邮票,阅读集邮专著,获得文学艺术的滋养,逐步提高了自己的文化素养。我也一度热爱集邮,特别赞赏我国花鸟题材和匈牙利体育题材的邮票。但由于缺乏锲而不舍的精神,没能坚持下来,至今还引以为憾哩。

　　多年来,建德以前辈集邮家郭润康为榜样,坚持走"收集、研究、写作"之路。他满怀热情,在力所能及的范围里积极收藏各种邮票,主要是新中国邮票和邮资封片。他的脚步不止于收集,更着力于"方寸世界"的探索、研究,力求揭示它的思想、艺术之美,不断提高鉴赏力。尤为可贵的是,他把学习、研究的心得、体会及时写成文章,与广大集邮爱好者交流。他的集邮写作,不限于自己动笔为文,还主编了《郭润康集邮书信选》《郭润康集邮剪影》等书,并主编《邑丹邮刊》。他心系邮苑,与时俱进,在网络集邮新时代,早在 2006 年就在新浪网开辟了自己的博客"云邮天下"。博客成为他练笔的空间,他勤奋耕耘,写邮人、写邮事,持续不断发表博文 1200 多篇,熟能生巧,如今他已成为一个集邮写作的行家里手。

置于我案头的这本《美在方寸——束建德集邮文选》,正是他多年来集邮写作的结晶和缩影。我以为这是一本有品位又有趣味,有知识又有感情的邮书。它有以下几个鲜明特色:

一是选题新颖,题材内容广泛而又重点突出。

这本书的取材,可说是古今中外,无所不包。历史人物、名胜古迹、山水花鸟、体育运动、民俗节日、十二生肖……从小小邮票这个"方寸"窗口,可以清晰窥见色彩斑斓的大千世界。而书中浓墨重彩描述的集邮家郭润康及丹阳邮人的集邮生涯和业绩,更是独特的,别具特色的,对读者有很大的吸引力。

二是知识性与趣味性结合。

每枚邮票、每件邮品背后都蕴含独特的内涵和丰富的知识。无论是对人物的介绍或对名胜的解读,作者都力求用简洁的笔触把相关的生平、历史、价值、特点勾勒出来,尽可能使读者得到不少新鲜的知识。作者采用多种文体,如散文、随笔、游记、书评、日记来写邮文。《带着邮票游广州》《走进邮票中的宏村》等,把集邮写作与旅游结合在一起,情景交融,娓娓道来,引人入胜。《世界之最》这一辑里的文章,也都既有知识含量,又引人生趣。

三是图文并茂,雅俗共赏。

作者的文笔简练清新,不少文章配以各式构图精巧、特色鲜明的邮票或封片,从而更增强了可读性,观赏性,给人以艺术享受和美的启迪。在我看来,建德弟这本书也是践行郭润康"大众化集邮理念"的一个尝试。通俗易懂有助于向集邮爱好者普及集邮知识。而书中有关集邮文献的篇章,对集邮研究者、集邮行家也不无裨益。作者追求的雅俗共赏,是值得称道的。

我把建德弟出版的这本《美在方寸》看作他集邮写作的一个新起点。真诚地祝愿他今后有新的开拓,新的收获,写出更多美文佳作。

2017 年 2 月 15 日

同 窗 情 深

每逢大年初三,是我中学时代同班同学聚会的日子。从 1979 年到现在,已坚持了 15 载,可说是成了一个传统的节日。能有这样自由欢乐的聚会,不能不说是大气候由阴转晴的产物。

一年一度的聚会,由在京的 9 位同学轮流做东。初三那天,十点前后,同窗好友,鱼贯而入,嘘寒问暖,欢声笑语,不大的房间里顿时洋溢着一片温馨祥和的气氛。老同学聚到一起,促膝谈心,海阔天空,直抒胸臆,宽松舒畅。每年的话题常变常新,从海湾战争、苏联东欧演变到出国、下海、股票热,从工资、物价、住房、医疗制度改革到知识分子待遇、退离休后的生活安排,侃起来滔滔不绝,有声有色。每侃到下午三四点,似意犹未尽,欲罢不能。

尽管每次去做客的学兄学弟一再关照"一切从简,千万别围着锅台转,腾出更多的时间谈心聊天",但东道主往往热情有加,总要在烹饪上露一手,做出有特色的菜肴或点心来请大家品尝。下决心改革聚餐方式,已嚷嚷了好几年,但囿于习惯势力,至今收效甚微。由此不禁引起诸学兄的无限感慨:可见经济、政治体制改革之艰难。不过,在改变聚会日期上,总算达成了共识:从去年开始,由正月新春改至九月金秋。这样,既免除了春节假日挤公共汽车之苦,又避开了可能碰上的春寒料峭、风雪交加之日。

今年的聚会,又别有一番滋味。夏秋之交的一天清晨,房间里的电话铃响了。我拿起话筒一听,是十分亲切的乡音。原来是海峡彼岸的一位老同学随农业技术考察团来大陆访问,住赛特饭店。他的行程安排得很紧,只能在北京呆两三天,深切地希望在京期间能与阔别46年的诸位老同学晤面叙旧。我们当即商定当天下午三点来寒舍聚首。这样,没等到天高云淡、菊黄蟹肥的金秋时节,一个电话就把我们今年的聚会提前了,而且打破了轮流做东的顺序,我这个被戏称为同学会秘书长的,又一次临时充当了东道主。十年八年前,京城家用电话尚未普及,要搞成这么一次"飞行集会",是很难的。如今,老同学家里都安上了程控电话,不到一小时,就都联系上了。除有一位出差在外,其余同学都放下手边的工作,或推迟了别的约会,欣然同意准时前来。

时针指向三点,一个期待已久的、激动人心的时刻来到了!被海峡隔开近半个世纪的一双双手又紧紧地握在了一起,真令人有一种说不出的感触与欢愉。来自海峡彼岸的 C 君丰采依旧,只是平添几根白发而已。他情不自禁地连声感叹:"今日能欢聚一堂,真是前世修来的缘分。"我们这群年逾花甲、大多当上爷爷奶奶的准老人,霎时之间,似又回到风华正茂的青年时代。一个个充满深情地回忆当年在煤油灯下埋头苦读,在绿茵场上骁勇驰骋,在黑板上写令人发噱的打油诗,在音乐老师背后学她的口头禅,以及在教室门框上置放扫帚或黑板刷巧打女生脑袋的恶作剧……C 君还饶有兴味地探寻我和老伴中学同窗时在爱情上未露蛛丝马迹,后来又如何结为伉俪的秘密;并力图揭开在座另一位女同学当年从事地下活动的神秘面纱。谈笑风生,欢乐开怀。真是"欢笑情如旧,萧疏鬓已斑"。

46年杳无音讯,恍如隔世。话题很自然地集中到各自在风雨人生中走过来的路及家庭状况中来。C 君当年就是我们班的班长,学业成绩好,善于辞令,有组织才能。如今,仍是口若悬河,侃侃而谈其苦读、自我奋斗的经历。他家境并不富裕,当年是听从父亲的安排,随哥哥去了台湾的。刚到台湾,举目无亲,人地生疏,生活没着落,打过工,当过小职员。第二年夏天,凭优异成绩考进台湾一所名牌大学,专攻农业经济。毕业后留系任助教,由于导师的提携,曾两次去美国进修,分别获得硕士、博士学位。不惑之年,升为教授。他不无得意地说:"教了一辈子书,当过系主任、农学院院长,只差没当过校长。"说起婚姻来,那就不是一帆风顺了。50年代,台湾女人一般都不愿嫁给来自大陆、无根无底的男人。只是在他学有所成,拿到博士学位,并出版了专著、有了版税收入之后,才找到合适的伴侣,步入洞房时已三十大几了。说起夫人和子女来他又不免流露出几分欣喜:"我爱人是安徽人,学医的,人挺贤惠,长相也还过得去,下次来大陆一定带她来拜见诸位学兄学姐。"他们有二子一女,都是大学毕业。女儿赴美深造获经济硕士学位,并已结婚。长子在美一所久负盛名的高等学府进修,次子在台湾就业。C君今年已满65岁,一个多月前刚办理退休。讲到这里,他感慨系之:"如今家里只剩下愚夫妇二人,相依为命。"

谈起两岸统一这个敏感的话题,C君毫不隐晦自己的观点:"我是一个大中国主义者,也是一个乐观主义者。随着经济的发展,政治上的开明,沟通、交流的日益深入,两岸总是要走到一起来的。'和为贵',双方都要大度一点,宽容一点。"听君一席话,更深切地感受到那血浓于水的骨肉同胞之情,我们的心贴得更近了。

万没想到的是这次聚会竟也一波三折。C君刚到我家时,就感到胃部不适。谈话中间,腹痛一阵一阵加剧,他的脸色一下子变得又黄又白,额角渗出细细的汗珠来。这时,我们面面相觑,束手无策。有的同学建议马上"打的"送医院急诊室。我老伴急中生智,想起了同楼住的汪大夫,随即请她来为之诊治。汪大夫仔细了解C君发病的经过和过去的病史后,诊断为饮食不当、休息不好引起的胃痉挛,当即让C君服了一片强痛定、两片普鲁本辛。在沙发上躺了半个多小时,腹痛逐渐缓解。一小时后,C君面露笑容,精神又好起来。汪大夫的三片药终于挽救了我们这次难得一见而又几乎夭折的聚会。同窗好友的交谈又继续下去。C君谈兴不减,又大侃其"简单化、原则化、系统化"的教学经验。我们都劝他少说为好,保养精神,且听一听生活在大陆的同学用浓缩了的语言简略介绍一下个人的遭际和家庭生活。

晚上聚餐时，我们和 C 君频频为久别重逢干杯，为割不断的同窗情谊干杯，为火热的中国心、两岸情干杯。C 君风趣地说："今天没能尝到嫂夫人的手艺，是我没有福气。但嫂夫人特地为我准备的家乡风味的盐水煮毛豆、北京特色的王致和腐乳、两碗又白又香的大米稀饭，胜过山珍海味，使我终生难忘。"

1994 年 9 月 21 日

从同窗情到钻石婚

"纸上谈情"的成功

我和导涓在中学时代相遇相识时,还是年方二八、生气勃勃的少男少女,如今已是年满八五、两鬓斑白的耄耋老人了。时间呀,飞速前进,一眨眼,我俩已在一起度过 70 个春秋。

1947 年夏秋之交,导涓从兰州女中转学到镇江中学,从此我俩在一个班级同窗两年。那个年代,男女同学之间的交往还不是那么活跃潇洒,个别接触、交谈是很少的。我和导涓也就是在办壁报、参加时事研究会和班级组织的春游、秋游活动中,相互留下了一些美好的印象。我觉得她单纯、热情、开朗、向上,而她对我的印象是:真诚、勤奋、肯钻研、有志向。也许正是这种感觉、印象,埋下了爱的种子。难忘的同窗情,仅此而已,与一些朋友、同事想象的"早恋"、谈情说爱还不沾边。

解放大军渡江,镇江解放,我和导涓就分手了。她满怀革命热情参加了工作,从南京二野军大到二野《后勤导报》,随军抵达重庆,后又调到《新疆日报》。而我抱着一心要当记者的愿望,进入复旦大学新闻系,毕业后分配到中国作家协会。从 1949 年 5 月在镇江分别到 1953 年 4 月在北京重逢,我俩分处两地整整有四年光景。她在重庆、迪化(乌鲁木齐),我在上海、北京,持续不断的上百封书信往来,终于使爱的种子生根、萌芽、开花了。"纸上谈情"的成功,不能不感激语言文字的神奇魅力。

开头在信中彼此谈学习、工作、写作、家庭情况,谈各自的优缺点、兴趣爱好、人生追求。我抒述在抗美援朝中报名参干,为《文汇报》写"思想改造学习随笔"专栏;她告知赴南疆麦盖提参加土改,到八一纺织厂、钢铁厂采访报道。过了一段时间,就一步一步更多地在信中抒发彼此想念的感情了。

"你的来信和照片扰乱了我的心"

从友情到爱情的突破,是由于我勇敢地迈出第一步,主动寄给她一张在复旦大学德庄宿舍门口的照片引发的。我在寄去照片的那封信中表达:"在镇江中学,你给我留下一个美好的、永不磨灭的印象。我们的情谊是深厚的,是建立在一致的方向与共同的目标上的。你现在做报纸工作,而我的志愿也是做一个有作为的新闻工作者。如今与我同学、同志、同行、同伴的,就只有你一个。希望我俩真正成为亲密的同志、朋友和伴侣。"

她喜欢那张照片中的我,欣赏我的清秀、文雅、青年学子的朝气。后来她在一封信中坦率地表白:"你的来信和照片扰乱了我的心。我的心开始被你占据了一个很重要的位置,初恋的爱在我幼小的心灵上生了根,它是稳固而有基础的。""由我不懂得爱情和开始懂得爱情时,我只爱过一个人,那会是谁呢? 亲爱的沛德,就是你。我向你公开了我的秘密,你知道我的心在跳动,我的脸在发烧吗?"她回赠我一张在文艺宣传队伍里打腰鼓的照片,让我越发觉得她纯真明朗、活泼可爱,更坚定了我与她相恋相爱的决心。

20 世纪 50 年代初,根本没有 E-mail、微信、iPad,连打个长途电话也很困难,通讯联系的唯一方式是写信。而一封航空信从乌鲁木齐寄到上海或北京,在邮途中要耽搁十天八天。发出一封信,要等到对方的回信,至少得半月二十天。从 1952 年秋到 1953 年春,是我和导涓热恋的一段日子。那时,常常扳着指头算日子,盼望、期待远方来信的那种急切的心情，真可说是望眼欲穿。随着相互了解的加深，爱情的火花也越发强烈、绚丽地迸发出来。信中的称呼不断升温，从沛德、导涓到亲爱的沛德、导涓，亲爱的哥哥或妹妹。信的结尾从握手、紧握你的手到吻你、亲吻你、紧紧地拥抱。真是"一在东来一在西，你想我来我想你"。

1953年初春时节，我和导涓正式肯定了恋爱关系。接着就面对一个如何调动到一起的问题。我在致导涓的信中真诚地表示："我关心祖国边疆的建设，热爱边疆人民，也同样热爱每一个参加建设边疆的干部，当然啦，我也是爱你的。"导涓也在复信中回应："如果我们一旦晨夕与共，该是多么的幸运。我记忆着江边的别离，也热情地等待着我们在天山脚下会面的一日。"当年支援边疆建设是干部分配的大趋向，我俩是真心实意想一起在新疆工作的，没有奢望相聚在首都北京。然而，当我向上级严文井提出要求调往新疆时，得到的回答很干脆：正在加强中国作协的工作，人手很少，不可能放你走的。他让我把导涓的所在单位和简历写给他。后来，中宣部干部处给新疆分局组织部打了电话，商调导涓来京。过了一个多月，这事就办成了。

在接受批判、审查那段日子里

我还清晰地记得，导涓从乌鲁木齐乘汽车到兰州、西安，又转乘火车到北京，一路上风尘仆仆，折腾了半个多月。她到达北京的当天傍晚，我到石碑胡同中宣部招待所去看她。她披着一件列宁式的棉上衣，桌上放着一本正在阅读的苏联郭尔巴托夫的小说《宁死不屈》。离别了四年，一旦相逢，那喜悦、激动是难以用语言比拟的。

调到一起头两年，我在中国作协，她在《中国青年报》报社，工作、学习、生活，一切都还称心如意。星期日、节假日，只要不加班，总是约会相聚在一起。北海、景山、颐和园、中山公园，都留下我俩谈情说爱的甜蜜记忆。阅读文学作品是我俩的共同爱好，特别是俄罗斯和苏联的作品,从屠格涅夫、契诃夫到肖洛霍夫的《静静的顿河》、尼古拉耶娃的《收获》,都是当年我俩经常的、饶有兴味的话题。

导涓来北京后不久,我才写信告诉家里和她相恋相爱的事,并在信中附去一张我俩在北海五龙亭的合影。那张小小的四方形照片是用莱卡相机拍的,年逾古稀的老祖母戴上老花镜也没能看清楚未来的孙媳妇是什么模样。结婚前半年,导涓借去江、浙采访之便,路过我家乡江苏丹阳时,第一次去探望公婆和我的弟弟妹妹。她还清晰地记得,我母亲讷于言辞,不善交际,特地把我的外婆请来负责接待。外公、外婆请导涓到中华老字号丹阳金鸡饭店用早餐,品尝了丹阳肴肉、蟹黄包子、鳝丝面。我母亲在家里烹饪了红烧狮子头、清蒸鳜鱼、肉丝腰子汤,也让她品尝了家乡味。导涓用随身携带的相机给小弟妹们留了影。我的相册里至今还保存着那些老照片呢。丹阳之行,情深深,意浓浓,外婆的热情、干练,母亲的亲切、善良,弟妹们的活泼可爱,家庭的温馨和睦,都给导涓留下难忘的印象。

然而好景不常,在反胡风斗争中我遇到了麻烦,因为所谓"泄密"错误而受到批判。审查了一年多,才得出:与胡风集团没有组织上的联系,犯了严重自由主义错误的结论,并给予我党内严重警告处分。在我接受批判、审查那段日子里,我和导涓的联系一度中断。在1955年国庆前夜,导涓所在单位的领导给她打招呼:节日期间不要和束沛德见面,避免把问题搞复杂了。报社有的好心的同事甚至劝说导涓和我分手,幸好导涓很坚定,她相信我的为人,在爱情上没有动摇。

婚事"低调、低规格"

反胡风斗争尘埃落定,我和导涓被"运动"耽搁了很久的终身大事才提到日程上来。我的上级、时任创作委员会副主任的女作家菡子了解到,我和导涓相识已达10载,肯定恋爱关系也已有四年之久。我俩的婚姻通过漫长的恋爱季节,又经受了斗争风雨的洗礼,应该说是水到渠成、瓜熟蒂落了。菡子对此表示充分的理解,热情支持我们尽快地办喜事。

1956 年 12 月 5 日,寒冬腊月,我和导涓到朝阳门外芳草地派出所领了结婚证,在芳草地中国作协宿舍里举行了简朴的婚礼。由于我还背着刚受处分的沉重包袱,我和导涓达成了婚事"低调、低规格"办理的共识。除了我俩所在部门的同事外,连我们中学、大学时代的同窗好友也都没有邀约。新房是一间不足 14 平方米的简易平房,没有玻璃窗,只有一层可卷上卷下、用以挡风的窗户纸。所有的家具都是从机关借用的,没有添置多少新的生活用品,只买了一台红星牌收音机,临时从作协对面的供销社抱回一条红绸被面的棉被。举行婚礼那天薄暮时分,陆陆续续来了 40 多位宾客,菡子也冒着寒风来了。一间房挤不下,住隔壁的同事王景山、李昌荣夫妇又打开通向他们家那套间的门。菡子带来一件古朴典雅的、白底黑花的陶瓷花瓶,上面贴着她亲手剪的大红的双喜字,表达她对我和导涓的深情祝福。在一块粉红色的、印有喜鹊登枝、龙凤呈祥图案的签名绸上,菡子和诸位来宾饱蘸酣墨签上了自己的名字。一束鲜花,一杯清茶,几把喜糖,欢声笑语,热热闹闹,两间小房里顿时洋溢着欢乐祥和的气氛。那情景,那场面,使原本强颜欢笑的我实实在在地感受到了人情的温暖。

六十年过去了,菡子那亲切的"祝你们喜结良缘,白头偕老"的江南口音,依然萦绕在我的耳边。老领导沙汀从四川来京开会,补送给我俩那块绸料台布,前些年还覆盖在我家冰箱上哩。

我所有文章的第一读者

1956—2016,整整一甲子。半个多月前,我和导涓迎来了人生难得的钻石婚。在异国他乡的儿子一家和我的弟妹侄甥们,先后打来电话或发来微信表示祝贺;还有几位热心的朋友为我俩精心制作了音乐相册。女儿、女婿送来鲜花,为我俩的健康、幸福干了杯,并拍了几帧照片留念。钻石婚纪念日就这么未加张扬而又欢乐开怀地度过了。回望60年走过来的路,可说是还算顺利、幸运,但也尝到不少酸甜苦辣,不禁让人感慨系之。

在事业、写作上,没有什么成就和建树,但数十年如一日,认真负责地做了力所能及的工作,在这一点上我俩是问心无愧的。我长期从事文学组织工作,也做了点为儿童文学鼓与呼的实事,还出了十几本评论集、散文集。导涓担任《中国青年报》驻浙江、河北记者多年,在新闻战线也参加过一些重要的采访活动;她还和一位同事合出了一本散文集。我写文章、出书,大多是导涓在电脑上一字一句敲出来的,她成了我的老秘书,也是我所有文章的第一读者。我南腔北调,拼音不准,也就懒得在电脑上敲键盘了。

在历次政治运动、文艺批判中,我碰过钉子,栽过跟斗;在大风大浪里学游泳,不免喝过几口水。导涓也在反右斗争中遇到过麻烦,入党没能按期转正,延长了一年预备期。但相比而言,我俩毕竟没被戴上什么帽子,算不上命运多舛。

在家庭生活上,可说是和谐、美满的。我和导涓一直心心相印,相濡以沫。在家务事上,从来是共同操持,没让导涓一人围着锅台转。管儿女,带孙子,也是同甘共苦,各尽所能。80年代末我战胜癌魔的袭击,至今赢得了29年美好时光,也是与导涓的温馨体贴、悉心照料分不开的。我还记得,大病初愈,作协领导让我去北戴河创作之家短期休养,导涓还带着小电炉、药罐子,天天给我煎中药哩。

我俩对家庭的关心照顾,也算是尽心尽力。从20世纪50年代初到80年代初,一直从微薄的工资中抽出钱来资助家用,为弟妹们上学助一臂之力。80年代初,家里的老房子拆迁,拿到两万多元拆迁费,在弟妹们分这笔钱时,我俩和大弟、大弟妹毫不犹豫地放弃那应得的一份,使在家乡的弟妹可以多分到一点。孝敬老人、关照弟妹、省吃俭用,是我家祖辈、父辈留下的好传统、好家风啊。

分离之苦与团聚之乐

当然,在改革开放前,从 1958 年下放到十年浩劫,这 20 年间,我俩也尝够了两地分居、离多聚少之苦。我永远不会忘记,每当报社派导涓到外地采访,周末我得从天津返回北京,匆匆赶到青年报幼儿园时,往往只剩下我女儿一人。她那张小脸紧贴在窗户玻璃上,眼巴巴地等着家人来接。面对这个情景,我的眼泪几乎夺眶而出。

1963 年河北发大水,导涓到永年县采访,被洪水围困在县城里,与报社也失去联系。这时我恰好在北戴河、秦皇岛参加河北省委宣传部召开的地、市委宣传部部长会议,把不到六岁的女儿留在天津大营门幼儿园。周末没人接,老师只好把她带回自己家里去。想起当年各处一方、杳无音信的那种焦急不安的心境,至今还不免心有余悸哩。

"文革"头几年,我在宁晋河北省委五七干校,导涓在河南潢川团中央五七干校,只好把九岁的女儿和两岁的儿子留在保定,让保姆照料。一家分处三地,怎么能不让人牵肠挂肚呢。

写到这里,我不禁想起改革开放 30 多年来,我们阖家团圆,享天伦之乐,那是多么温馨、欢乐、幸福!

2001、2011 年,我们大家庭在故乡大地有过两次难得的大团聚。新世纪初的团聚,参加聚会的 28 人,隔了十年再次聚会时增加为 47 人。浓浓的亲情把我们兄弟姐妹八家紧紧地联结在一起。导涓和我一样,深深体会到至亲至爱的兄弟姐妹之情、姑嫂妯娌之情。每当面对那张在家乡绿树成荫的万善公园拍的合家欢,照片上那三代人个个眉开眼笑,精神饱满,真让人心旷神怡。

从 80 年代到 90 年代,我俩的儿女都先后成家立业,并在古稀之年尝到含饴弄孙之乐。小孙子早就会喊爸爸、妈妈、奶奶,唯独不会喊爷爷。没想到,正月初一,他喊出第一声"爷爷",像是为了向爷爷拜年似的,真让人高兴。我和导涓曾两次到加拿大蒙特利尔儿子、儿媳处小住；一年前又去他们在美国新泽西州新安的家住了五个月。同时，我女儿、女婿也去美国旅游。我们一家老少又有幸在美国大团聚了。尤其难忘的是祖孙三代，一行八人，从加拿大温哥华到美国阿拉斯加乘豪华邮轮作海上七日游。一路上，观赏了近在眼前的冰川和在海上跳跃的大鲸鱼。停船时上岸观光，我俩虽年届耄耋，但精神还好，能跟上队伍，一个码头、一个景点都没有错过，对此不能不聊以自慰。

分离之苦与团聚之乐，今昔对比，怎能不让人感慨万千，又怎能不由衷感激多彩生活的馈赠呢？！

度过钻石婚，又站在一个新的起点上，我俩将手拉手，心连心，力求平稳地、一步一个脚印地走完漫漫人生路。

2016 年 12 月 25 日

别致的网上祝寿

　　几天前,度过了我的九十岁生日。本来早在一年多前,儿女们、弟妹们就相约在今年夏秋之交相聚于北京,祝贺我的生日。这个情深深、意浓浓的美好计划,无奈被冷酷无情的新冠肺炎疫情打破了。在外地、在国外的亲人们都来不了北京。好在我这个耄耋老人还会上网络、发微信,别无选择,亲人们只好通过视频方式来庆贺我的生日了。

　　生日那天,从早到晚,祝贺我生日的微信纷至沓来,络绎不绝。清晨6点,首先收到二弟一封感情真挚、娓娓道来的微信。他代表几个弟弟妹妹,热情肯定我几十年来辛勤工作、写作取得的成绩和勇于进取、甘于奉献的精神;称赞我几十年来对弟妹们无微不至的关心、帮助,引导他们一直在正道上前行;深情祝贺我在向一百岁挺进的道路上健健康康,顺顺当当。

　　接着在iPad上持续不断地收到弟弟、弟妹、妹妹、妹夫和侄、甥、女儿、女婿、儿子、儿媳和孙子发自丹阳、苏州、上海、马鞍山、太原、珠海、广州、贵阳和美国、新加坡的微信,总共有四十多封。他们都满怀深情地祝愿我:"生日快乐""健康长寿""永葆童心""青春常驻"……每封微信的结尾都选用了"生日快乐"的图案,或一束鲜花、一个生日蛋糕。二弟、四弟还分别精心编选了《大哥和我们在一起》影集、《大哥文学活动和家庭生活照片选辑》,发在网上。面对这些微信和照片,那情景,那气氛,那亲切、温馨的亲情,让我觉得亲人就在我身边,无比兴奋和感动。

下午三、四点,祝贺的微信接近尾声时,我情不自禁地想到用视频方式致答谢词,由衷感谢大家对我生日的真诚祝贺,并像谈心、聊天似的讲了自己的九十感言:

九十年我走过一条平凡而又独特的人生路。顺利如意时,要虚怀若谷,不能趾高气扬;遇到挫折、坎坷时,要勇敢面对,冷静、沉着地挺过去。

永远要有一种追求、一种爱好,我始终不渝地爱好文学,尤其是对儿童文学情有独钟。

要坚持动脑又动手,勤于思考,勤于练笔,一辈子默默地与文字打交道。

生活要有规律,养成良好的生活习惯,早起早睡,按时作息,一日三餐,粗细搭配,日常生活力求简朴勤俭。

家庭和睦,夫妻恩爱,相互关心帮助,相互理解支持,是健康长寿的坚实基础。

我几分钟的视频谈话转瞬之间引来亲人们拍手叫好,"鼓掌""真棒""为你喝彩"等表情符号接二连三地出现在微信上,有的夸我"思维清晰""精神矍铄",有的赞我"童心不泯""宝刀不老"。神通广大的视频一下子缩短了我和亲人们的距离,把我们的心紧紧联结在一起。正像四弟说的:"不管我们相距多远,但我们的祝福和思念却不会被遥远的距离冲淡。"他说:"当今流行网购、网络会议、网上教学……今天我们举行的网上祝寿,畅叙亲情,亲切、温暖,特别有意思!"

夜幕降临,我在阳台上踱来踱去,回味刚度过的这一天,沉浸在愉悦、幸福之中。踱到阳台左边,抬头忽见难得一现的昙花绽放了三朵,美丽、芳香、洁白如玉,笑容满面。哈哈,它也赶来祝贺我的生日了!

2020 年 8 月

我的夕阳时光

终点又是起点

超期服务了几年,三年前,年满六十五,终于摆脱了日常事务,从一线退下来。又过了一年半光景,拿到了退休证,开始领退休工资,名副其实地成为退休大军中的一员。

退休前夕,我曾服务多年的中国作家协会创作联络部,为我和另一位退休女干部开了一次欢送会。欢送会是在京郊清河中国石化长城润滑油集团公司宽敞明亮的会议室里举行的。那天,创联部的同事应诗人、作协会员孙毓霜之邀,到他任老总的长城公司去参观。走出机关,到四化建设第一线,呼吸点新鲜空气,精神为之一爽。欢送会上,大家从容地、无拘无束地交谈,气氛和谐融洽。与我共事多年的朋友说了一些溢美之词,表达了依依惜别之情。我也不胜感慨地表示:"打杂"大半辈子,在创作、评论上没一点聊以自慰的成果;如果说还有什么可以问心无愧的话,那就是从来没有讨价还价,自觉服从组织分配,在文学战线上老老实实地做了一些服务性的工作。我还自作多情地现身说法,喋喋不休地期望创联部的年轻人多读作品,多练笔,多同会员交朋友。

从清河归来,心情一时平静不下来,躺在床上,不禁思绪万千,往事一幕幕映现在眼前:

1952年初秋,中宣部干训班在西单舍饭寺大磨盘院简陋的礼堂举行迎新会,欢迎我们这一群刚迈出大学校门的新学员。这是我的人生路上的一个新起点。从迎新会到欢送会,从大磨盘院干训班起跑,到清河长城润滑油公司冲过终点线,我用了整整46年跑毕全程。

我乘坐的那趟人生列车,从故乡江苏丹阳出发,途经镇江、上海、北京、天津、保定、石家庄等大站,还有涿鹿、怀来、昌黎、宁晋等小站,最后到达终点站北京。列车在我学习、工作、劳动过的这些地方停靠的时间或长或短,长则八九年,短则一年半载。20世纪六七十年代先后经历了四次举家大搬迁。

在悠悠岁月中,群众团体、党委机关、报社、学校,都留下过我的足迹。我当过文艺哨兵也当过园丁,当过下放干部也当过五七战士,当过秘书也当过书记。在人生风雨路上,我磕磕碰碰地迈过"反胡风""反右""文革"等几个坎儿,挨过批评,受过处分。我这个伴随《卓娅与舒拉的故事》《古丽雅的道路》《普通一兵》成长起来的新中国第一代大学生,也不是什么幸运儿,尽管没有被大风大浪所刮倒和淹没,但也喝过几口水,尝到了海水的苦涩味。

回头看我68年的人生历程,也留下了不少遗憾和悔恨,其中最难以释怀的有这么几件事:一是未能满足父亲"再次上北京住些日子,到故宫、美术馆细细欣赏历代书画艺术和当代美术作品"的愿望。20世纪80年代初父亲来北京时,祖孙三代挤一间半房里,那时囊中羞涩,也没舍得让父亲品尝一下北京烤鸭。等到我分到三居室,手头也稍稍宽裕时,父亲已在不久前患中风猝死。每当想起这件事,我都会隐隐地心痛。另一件事是在我的老领导葛洛临终前,他的女儿打来电话,说是她爸爸急切地希望我去见一面,似有什么事要交代。那时天色已很晚,我答应第二天一早就赶往医院。谁曾料到,没等到天亮,葛洛与世长辞。他究竟要对我说些什么,成了一个永远解不开的谜,这不能不让我深深地感到遗憾。同上面这两件事相比,我更为悔恨的是年轻时读书太少,古今中外、文史经哲方面名著涉猎太少,更谈不上苦读深钻,没有什么学问,文化素养不高,始终像是水面浮萍,没有根基,只能是块"打杂"的材料,很难有什么作为和建树。真是"少壮不努力,老大徒伤悲"啊!

从参加工作到退休,是把自己的才华、精力奉献给人民的最佳时期,是人的一生中有所作为的、最为重要的阶段。从工作岗位退下来,是人生一个阶段的终点,又是另一个阶段的起点:开始进入余热发光、夕阳红的时期。如今,我快满69,真正是年近古稀了。虽然在耄耋之年的老人面前,还是个小弟弟,但即使按发达国家的标准,65岁算年轻的老人,或把退休年龄推迟到65岁,无论怎么计算、划分,我也可以名正言顺地进入老年人的行列了。只是在心态上,倒真有点像冰心老人说的:"'天真'到不知老之已至的地步!"至今我不爱看《中华老年报》《老年文摘》,却爱看《中国青年报》《儿童文学》,从来也不收看《夕阳红》《金色时光》这类电视节目,而收看世界乒乓球锦标赛、世界杯足球赛、奥运会等体育节目,仍不乏年轻时的那股激情,可以通宵达旦地守在电视机旁。乘坐公共汽车或电车,当售票员招呼"给老同志让个座"时,我一点也没意识到是要照顾我。很多场合,我还没有把自己与"老"字挂上钩。这也许像有的朋友所说:由于从事儿童文学工作,至今童心未泯吧。

然而,岁月毕竟不饶人啊!退下来之后,每天清晨去地坛散步,有心"多识于鸟兽草木之名",认真地、专心致志地记住沙枣、油松、洋槐、银杏、合欢、云杉、白皮松、金银木等树名,可没过几天,有的树名怎么也叫不上来了。有的生僻字,读不出音,不止一次地查过字典,隔上些时日,又忘得一干二净。记忆力日益减退,是不可遏制的啊!我手边有一张65岁生日时为同事、家人切蛋糕的照片,光亮的秃顶暴露无遗,真是惨不忍睹。面对这种状况,又不能不服老。好比跑了上万里程的汽车,油快耗尽了,发动机、轴承等部件也需要上点长城润滑油了。那就让我在清河长城公司这一站加足油,从新的起点继续向前奔驰吧!

2000年4月

退休 23 年来辞旧迎新日记

（1998—2020）

1998.01.01（星期四）

翻开新的台历，迎来了 1998 年元旦。过去的 1997，我国人民的政治生活中，经历了邓小平逝世、香港回归、党的十五大胜利召开等大事。

在过去的一年，我开始过一种与以往的工作、生活节奏不完全一样的生活。不参与作协的日常工作后，参加会议就少了，大部分时间可以自由支配。

一年之中，可记上一笔的有以下几点：

一、上半年去江苏、安徽，下半年去湖南、江西，外出共四次，每一次一周至十天，主要是参加儿童文学界的活动或有关青少年写作的活动。第一次游了黄山、岳阳楼、洞庭湖、大小三峡和小青山、龙虎山。

二、写了八九篇文章，包括《中国新时期幼儿文学大系》序、《当代儿童诗丛》序以及《花季·雨季》《我要做个好孩子》的书评。

三、主持召开换届后的中国作协儿童文学委员会第一次全委会，制定作协 1997—1999 儿童文学工作计划。

四、接受丹阳电视台《丹阳人在北京》专题采访和北京有线三台《健康乐园》的采访。

五、9 月下旬由我和刘崑主办镇江中学在京同学的聚会。8 月份接待乃德弟一家来京旅游。菱舟、小卫装修房子，9 月下旬至 11 月下旬住在我们这里。

六、11 月中旬参加作协机关组织的体检,我和刘崑除原已发现的老毛病(如我前列腺肥大、血栓性痔疮;刘崑血压偏高、轻度白内障)外,未发现其他异常。

在 1998 年,将尽量把读书、写文章、参加文学活动与锻炼身体安排得更合理一些。自发现患鼻咽癌至今已整整十年,从今年起将停止服用三种中成药。如有适当机会,将争取到过去没有走过的地方走一走。

下午 2 点半至 6 点到和平里看望于雁军、关木琴,在她们那里,分别聊了一个多小时。陈万义、吴文霞、光华妹、张昌俊先后打来贺新年的电话。作协老同事章郇让小保姆送来雀巢奶粉并附贺年信。晚我给唐达成打了了贺年电话。

晚收看《1998 年新年音乐会》。

1999 元旦(星期五)

又是一年过去了。1998,对我来说,可记一笔的有这么几件事:

一、8 月正式办理退休,领到退休证,结束了为期 46 年的干部(公务员)生活。经我本人提出,作协书记处同意我不参加作协第四届全国儿童文学奖评选工作。

二、一年来,多次、长时间地为湿疹、牙痛、感冒等疾病困扰,身体状况欠佳。9 月底复查 EB 病毒,一项为 1:40,另一项为阴性,还是应当定期复查,不能麻痹。

三、3、4 月份写了近 10 篇关于儿童文学的书评。写了两篇散文《我当秘书的遭遇》《难忘蒄子》,反映较好。

四、除了 8 月去北戴河参加作协儿童文学委员会第二次全体委员会议外,一年之中没有外出。

五、花了三万九千元买下了现在安定门东河沿 8 号楼所住的四间房子。

六、竞鸥、张瑞经面试、体检后,取得作为技术移民赴加拿大留学的资格。

七、刘崑和柯小卫、菱舟于 11 月间去泰国、香港旅游 11 天。

八、基本做完《50 年文学名作文库·儿童文学卷》的编选工作。

在新的一年,要注意锻炼身体,在力所能及的情况下,读一点书,写一点文章。

下午 5 点,外甥女殷欣、黄澄泓先后来,和我们一家(我、崑、菱舟、小卫、竞鸥、张瑞)共进晚餐,并一起聊天。收看《第五届"康佳杯"音乐电视大赛颁奖晚会》。甥婿贺朗平由广州出差归京,9 点赶到我处。晚 10 点殷欣等先后告辞。滋德弟、光明妹分别打来贺年电话。

2000.01.01(星期六)

昨晚 10 点多就寝,我和刘崑都睡不着,11 点 45 分起床,收看了《首都各界迎接新千年庆典》,听了江泽民发表的 2000 年贺词;看到他在中华世纪坛点燃中华圣火,迎来了新千年的第一年——2000 年。

零点 30 分,竞鸥从蒙特利尔打来电话致以新千年、新的一年的祝贺,并对我的病情表示关切,我和刘崑同他对话。

告别了 1999 年,告别了 20 世纪,迎来了千载一遇的 2000 年。我疾病缠身,不禁思绪万千。回顾过去这一年,我和我家有这么几件事值得记上一笔:

一、竞鸥、张瑞 5 月份去加拿大蒙特利尔,竞鸥如愿进大学读工商管理——管理信息系统专业硕士研究生,张瑞在读法语班,也拟进大学补习会计课程,他们旅外生活初步安定下来。

二、编选了我的散文集《文林掠影》,交未来出版社;去年编选的《50 年文学名作文库·儿童文学卷》于 10 月问世。

三、随作家代表团访问了缅甸,并有机会到以前从未去过的青岛、长白山参观访问。

四、与阔别 50 载来自美国的中学老同学、《三六》文友陈训相聚于北京。

五、书房里增添了三个书柜,读书、写作环境、条件有所改善。

六、9 月份体检,我和刘崑均未发现什么新毛病。

七、小卫离开了彩虹广告公司,今后的工作还没有定下来。

八、12 月上旬我患前列腺肥大,尿频尿急症状明显,就医服药疗效不大,折腾了 20 多天,至今未见好,有待进一步治疗。这段时间对我来说,可称之为"灰色的 12 月"。

面对新世纪,还是充满希望的。当好好安排自己的生活,把健康放在第一位,并注意讲究生活质量。

上午 9 点半亲家张昌俊、苏玉兰来探视,聊了两小时。昌俊已于年底办理退休。晚 7 点 3 刻郝兴潮来访,也聊了一个多小时,谈及新建现代文学馆的一些情况,并议了议作协恢复工作以后历届领导班子的长短、得失。

杨志儒、光华妹、建德弟、陈万义、乃德弟先后打来电话祝贺新年,弟妹们关心我的健康状况。

刘崑上午 11 点半去邮局排队购买打上纪念 2000 年邮戳的信封,花费了一个半小时。上午 8 点多我写一信给竞鸥、张瑞,将托张瑞朋友于本月 10 日带往蒙特利尔。昨晚未睡好,只睡了 3 个多小时。凌晨 2 点左右,前列腺又疼痛。体温为 36 度 4—36 度 5。晚收看新年音乐会片断。

2000.12.31(星期日)

20 世纪的最后一天即将度过,新的一年、新世纪、新千年的第一天就要来临。站在世纪之交的门槛上,回望过去这一年,我和我家生活中较为重要的事情有以下几件:

一、7 月份编写了一本以自己的经历为题材的纪实散文集《我在文坛跑龙套》(即《龙套情缘》),交北京少年儿童出版社。

二、5 月在全国儿童文学创作会议上致开幕词。

三、10—12 月先后赴皖、浙、苏、闽参加安徽儿童文学创作会议、作协儿委会 2000 年会、金曾豪少年小说研讨会和长乐、武夷山生活基地揭牌仪式。

四、我和刘崑度过了 69 周岁生日。刘崑于今年 7 月起不再接受

《中华工商时报》返聘,两人都过上退休生活。我的身体状况还算好,坚持服药,前列腺增生症已基本控制,年底体重达 64—65 公斤。刘崑的身体也还不错。

五、竞鸥、张瑞 7、8 月份从蒙特利尔回北京度假,9 月初返加拿大继续上学。

六、8 月上旬,光明妹、乃德弟和小涓在太原参加欣宇的婚礼后来京小住几天,并为我祝贺 69 岁生日。9—10 月,倬云兄、鲍群嫂和刘丽妹先后从贵阳、乌鲁木齐来北京观光、游览,住了一个月或20 天。

七、吴如勤和侯怀信于年初来清华紫光药业工作,光华妹、吴琦来京的机会更多,我们见面叙谈的机会也随之增多。

八、滋德、桂莲、明华已先后于今年办理退休,王槐青、杨继红也于前一两年办理内退。

九、去年底交稿的《文林掠影》仍搁浅在未来出版社社长兼总编那里,可能由于印数太少而不能顺利问世。

光华、建德、乃德和昌俊、杜禹等于昨、今日先后来电话祝贺新年好。竞鸥也于 23 点打来电话。

菱舟、小卫来家团聚,共进晚餐。晚上边收看电视节目,边作方城戏。

在响亮的钟声中迎来了新年、新世纪、新千年,元旦凌晨 1 点半才结束方城戏。

给倬云、刘丽各发去一信。

2001.12.31(星期四)

今天是新世纪第一年的最后一天。回望过去的一年,就我个人的经历来说,可以留下一笔的有以下几件事:

一、散文集《龙套情缘》一书于 8 月出版,问世后获得一些好评。

二、10 月国庆、中秋节日回家乡丹阳,实现了兄弟姐妹七家 28人的大团聚。

三、10 月底、11 月上旬经香港去台湾参加在台东师院举行的海峡两岸儿童文学学术研讨会,第一次踏上祖国宝岛台湾的土地。

四、12月中旬参加作协主席团会、全委会和第六次作代会,因年龄原因,不再进入作协领导机构——全委会、主席团,被推举为全委会名誉委员。

五、与老同学李岚清取得联系,8月份寄了《龙套情缘》等两本书给他,12月在七次文代会、六次作代会全体代表合影时见了一面。

六、我和刘崑度过70岁生日,两人身体状况都还算不错。

七、年初为作协起草了《关于进一步加强儿童文学工作的决议》,由作协主席团审议通过。9月下旬去上海主持了作协儿童文学委员会2001年会。

八、7月去威海参加第五届全国优秀少儿读物奖评选,10月在北京参加第五届国家图书奖复评,并担任评委会副主任,负责少儿读物组。此外,还参加了第五届中国作协优秀儿童文学奖的初评工作。

九、竞鸥、张瑞从9月份开始在蒙特利尔各自找到了一份工作,竞鸥获硕士学位,在蒙特利尔公共卫生处任统计分析师。

新的一年,还是要注意锻炼身体,保持生命的活力,切忌懈怠,要做一些力所能及的事情。多读一点书,经常动动笔。总之,要到户外活动,多开动脑筋。

菱舟、小卫下午5点多来家,共进晚餐。饭后作方城戏,到10点10分结束。

2002.12.31(星期二)

又是一年过去了。2002,在我的人生之旅中,在异国他乡留下了几个深深的脚印。

一、我和崑为期140天的加拿大蒙特利尔之旅,和儿子、儿媳团聚,过了一段没有精神负担、没有什么干扰的休闲生活。

二、在加期间,先后游览了多伦多、尼亚加拉大瀑布、渥太华、魁北克和美国的纽约、费城、大西洋城、伯灵顿、蒙彼利埃等地。

三、作协儿童文学委员会8月换届,我和高洪波担任主任委员,12月召开新一届儿委会全体会议,即2002年年会。

四、《新景观 大趋势——世纪之交中国儿童文学扫描》一文在今年1月1日《文艺报》上问世。该文被收入《走向新世纪的中国文学——理论批评文选》一书及《2002中国儿童文学年鉴》《新时期中国儿童文学研究》等书。

五、2月22日《文学报·大众阅读》选了我《龙套情缘》一书中的两篇文章,并配发了肖复兴写的评介文章。包括《龙套情缘》在内的《蓝夜书屋》丛书获第十三届中国图书奖。

六、上半年编选《2002中国儿童文学年鉴》。配合中国作协第五届优秀儿童文学奖颁奖活动,为《文艺报》写了《更多关注儿童文学》。年底被聘为宋庆龄儿童文学奖评委会主任。

七、这一年身体状况平稳,基本上没有跑医院,但体重有所下降。

八、6月份去加拿大前,8号楼1401室换了塑料窗,前后阳台作了清理。

除了上述几点外,似也没有更多的值得记载的了。

读完《根鸟》,计14.3万字。续读《小船飘摇》,又读了30页。

菱舟、小卫下午4点后先后来家,共进晚餐,互祝新年好。晚餐后作方城戏,10点半结束,竞鸥10点打来长途电话祝新年好。

2003.12.31(星期三)

一年又一年,真是流年似水。过去的一年有三件喜事值得一记:

一、金秋10月,竞鸥、张瑞生了个男孩,取名嘉晖(瑞蒙),我和刘崑在年逾古稀后抱上了孙子。

二、获宋庆龄儿童文学奖首次颁发的特殊贡献奖。

三、《守望与期待——束沛德儿童文学论集》于年底出版。

除此而外,这一年还参加了《"五个一工程"·一本好书》的专家论证会和第六届国家图书奖的评选工作。第四季度,本打算去安徽黄山参加大自然文学研讨会、去浙江青田参加作协儿委会2003年会,后因身体不适,未能成行。7月份痔疮发作,10月份感冒发烧,12月份因肺部炎症,多次跑医院检查,年底又闹牙痛、口腔炎。看来,年龄真是不饶人,还是要很好掌握生活节奏,适当加强锻炼才好。

上半年在抗击"非典"的紧张气氛中度过,心情难以轻松。竞鸥从7月份起因项目负责人调离,到年底,还没有找到新的工作,这是让我和崑忧心、不安的一件事。小卫也一两年没有固定工作了,医疗、养老保险没有着落,也是让我们发愁的另一件事。真是每家都有一本难念的经!

寄《守望与期待》一书给郭风、任溶溶、海笑、晓雪、汪习麟、柯岩、江晓天、张锲。

钱俊下午打来电话,说是经社里商量,我拟购买的《守望与期待》200册,作为样书送给我了,不收钱了。我表示,这样做,不合适,望他再与白冰商量。

下午4点后,菱舟、小卫先后来家,共进晚餐,共贺新年的到来。饭后作方城戏,10点半结束。

2004.12.31(星期五)

今天是2004年的最后一天。回顾过去这一年,对我来说,较大、较重要的事情和活动有以下几点:

一、11月上旬和刘崑一起第二次来到加拿大蒙特利尔,肩负起协助鸥、瑞照料家务、照管孙子的担子。

二、竞鸥在失去第一份工作后,总算又找到一份工作,12月又换到一个更为合适的单位,这才使我们稍稍宽心一些。

三、10月底、11月初参加深圳召开的全国儿童文学创作会议,在会上作了题为《让儿童文学走进小读者》的发言。

四、第一次到山城重庆,参观、游览了诸多名胜景点,参加幼儿诗歌朗诵研讨会暨《幼儿诗歌朗诵选》首发式。

五、写了《加拿大风情》之一、二、三和《84小时的美国之旅》等记游文章,在《少年月刊》陆续刊出,反映尚好。

六、今年以来《中国图书商报·书评周刊》《文艺报》《人民日报·海外版》《中国儿童文学》等报刊,先后发表文章评介我去年底出版的《守望与期待》一书。

七、应湖北少儿出版社之约,担任该社将陆续出版的《百年百部中国儿童文学经典》系列的高端选编委员会成员。

八、6月间几次检查P. S. A，数值偏高，达9.3、10.2，作了CT、核磁共振等检查，除诊断前列腺增生外，未发现其他问题。10月份检查P. S. A，降至4.6，大夫让注意观察，定期复查，以便及时发现是否患前列腺癌。

九、老同学、老朋友刘果生、孙幼军、刘惠珊近三四个月先后患脑梗、脑瘤等疾病，这都发出了"务必注意老年保健"的警报。

即将迎来2005年。看来，我和刘崑在秋季之前将呆在蒙特利尔，继续担负协助鸥、瑞料理家务的任务。但愿我们能保持身体健康，精力较好，不要在异国他乡生病。

近中午近12点，竞鸥驾车去蒙城西郊波音特·克莱尔购物中心逛了两小时，下午3点才回到家。瑞蒙自己行走时，摔倒在地，鼻子碰破了一点。

晚上做了干贝三丝、清蒸桂花鱼等菜肴，一家人举杯共祝新年好。9点多先后打电话给菱舟、建华妹，问新年好。

2005.12.31（星期一）

今天是2005年的最后一天，流光如驶，一年又过去了。一年来，值得一记的事有以下几点：

一、从2004年11月到今年8月，我在蒙特利尔住了九个月，至8月上旬回到北京，崑则住满一年，11月初回京。

二、在蒙特利尔期间，于7月份又去美国旅游一次，到了芝加哥、底特律、水牛城、波士顿等地。

三、10月份编出散文集《岁月风铃》。昨晚收到这本书的二校稿，估计明年一季度能出书。

四、8月至11月先后在南京、聊城、深圳、南京、扬州，或参加会议，或参观访问。8月去南京期间，顺便回丹阳住了10天。

五、11月去南京、扬州主持召开了作协儿委会2005年会；年底湖北少儿社出版的《百年百部中国儿童文学经典书系》第一批25本出书，我写了一篇评介文章。

六、竞鸥工作有了变动,于 11 月去美国波士顿哈佛大学医学院癌症研究中心,任高级分析师,做数据分析处理工作。他和张瑞分处两地,张瑞妈 11 月下旬赴蒙特利尔帮同照料家务。

七、瑞蒙已满两周岁,逐渐习惯幼儿园生活,说话、唱歌、认知水平都有了提高,身体也健康。

明年将迎来我和崑 75 岁生日和金婚纪念。

下午 4 点多菱舟、小卫来,共进晚餐,互祝新年好。晚饭前作方城戏,10 点半结束。

开始校阅《岁月风铃》书稿,今天校了 50 多页。

晚 11 点半接竞鸥从波士顿打来的长途电话,表达新年的祝愿,并告知:张瑞将从蒙特利尔开车来,帮他搬家,并接他回蒙城休假两天。零点,迎来新的一年才就寝。

2006. 12. 31(星期日)

过去这一年,喜庆的事比较多:

一、我和刘崑双双度过了 75 岁生日。8 月 18 日,金炳华、高洪波等来家祝贺我的 75 岁生日。

二、我俩携手度过金婚纪念日。

三、《岁月风铃》出版后获得一些好评,并在西双版纳召开了有关这本书的座谈会。

除了这三件事外,还有以下一些事值得记下一笔:

一、参加七次作代会,继续被推举为全委会名誉委员。

二、一年间先后去武汉、苏州、上海、北戴河、昆明、西双版纳开会、参观访问,其中西双版纳是过去没走到过的。

三、参与编选的《百年百部中国儿童文学经典书系》第一、二辑 50 册已先后问世,第三、四辑 50 册也已发排。

四、写了陈伯吹、张天翼、邵荃麟百年诞辰的纪念文章。

五、我和崑的工资从今年 7 月起分别增加了 750 元、940 元。

六、身体状况还算平稳,我除前列腺增生、崑除高血压外,都没有增加什么新毛病。

放心不下的,主要还是竞鸥在波士顿、张瑞在蒙特利尔,分处两地,不能相互照顾。张瑞又要工作又带孩子,比较累。

另,小卫没有固定的工作,血糖高等病缠身,这也是让人操心的。

整天阴沉,有时下小雪。下午7点小卫、菱舟来共进晚餐,迎来新年,作方城戏至11点。他们走后,我和崑收看电视节目至元旦凌晨零点40分。

2007.12.31(星期一)

2007年的日历已翻到最后一页,即将迎来中国举办夏季奥运的2008年。

过去的一年,我和家人的生活有以下值得记下一笔的事:

一、在12月23日,我终于从担任了20多年的作协儿委会负责人的位置退下来。

二、11月,明天出版社出版了我的《追求真善美——跟少年朋友谈谈读与写》一书。

三、2月上旬应《儿童文学》杂志社、小作家协会之邀,去广东东莞、香港、澳门参加中小学生征文赛颁奖活动,这是我第一次去澳门。

四、参加作协第七届儿童文学奖的评选工作。从初评到终评、颁奖大会,前后历时四个月。作协七届评奖,其中六届(一、二、三、五、六、七届)我都担任评委会负责人。

五、9月初去江苏昆山参加儿童文学基地挂牌仪式暨儿童文学创作研讨会,顺便回丹阳看望弟妹。

六、竞鸥在11月初由哈佛大学癌症研究中心跳槽到美国银行波士顿总部客户分析部任经理,仍做数据分析与处理工作。由医学、卫生转到金融领域,对此,小鸥较为满意。

七、张瑞参加美国注册会计师的考试,最后一门课,考了三次,终于在本月28日获悉已及格通过,这也了却了我和崑的一个心愿。

八、小卫写出一本《陈鹤琴传》,江苏教育出版社已同意出版,预计明年3月能问世。

九、竞鸥偕同瑞蒙、张瑞4月、6月先后由蒙特利尔回京探亲,各住了半个多月,瑞蒙则在京呆了将近两个月。

十、我于 12 月 24 日被铁锅里的油烫伤。崑从 12 月 26 日开始发烧,直至 31 日仍未退烧。两人或病或伤,生活上带来诸多不便,幸好菱舟元旦前后有三天假,可来家帮助料理家务。

在新的一年——2008,除了继续关注儿童文学的发展,努力做一个小百花园的守望者,争取写一点有关文坛的人与事的回忆文章。另,期盼竞鸥、张瑞能调到同一个城市(波士顿)工作,家庭生活可安定下来。

崑试了几次体温,早晨为 36.8 度,上午 9 点、12 点分别为 35.7,36.4,但下午 4 点、晚 9 点又上升到 37.2 度,仍服泰偌、头孢。正好碰上几天假日,不知医院何日停诊,挂急诊又怕不给挂(发烧未达 38 度),因此迟至今日未去医院,真怕并发肺炎而未及时就诊,心里颇为不安。

中午 12 点半离家去积水潭医院烧伤科换药。左手食指表皮全部脱落,不知何日才能长出新皮来。菱舟 5 点多来家帮助做饭,7 点半离去。接韩静慧、余雷等打来贺年电话。近半个月来,先后收到近 20 位友人、同学寄来的贺年卡。

2008.12.31(星期三)

即将告别 2008,迎来 2009。过去的一年,战胜雨雪冰冻、地震灾害,成功举办奥运,神七升空,两岸实现"三通",留下了一个又一个令人激动或震撼人心的历史印记。

我在过去这一年,值得记上一笔的有以下几件事:

一、我和崑 4、5 月份的杭、沪、丹、宁、马鞍山之行,在创作之家休息半月,又一路探亲访友,心情挺好。

二、8 月中旬竞鸥回京观看奥运。8 月底,张瑞带瑞蒙回来,由于张瑞到上海工作,瑞蒙在北京进了幼儿园。这样,我和崑既尝到含饴弄孙之乐,也增添了不少烦恼。瑞蒙在身边,对习惯于清静的我来说,一时还难以适应。

三、为改革开放 30 年,写了《30 年中国作协的儿童文学工作》

《30年儿童文苑十二景》两篇文章,并担任新世纪出版社出版的《改革开放30年儿童文学金品30部》的顾问。

四、春天、秋天分别编好《多彩记忆》(散文集)、《为儿童文学鼓与呼》(评论集),基本上已落实出版单位,有望在明年问世。

五、8月份花费了不少时间,从电视上收看奥运新闻、比赛实况,还观看了奥运会开幕式彩排,充分享受体育竞赛的乐趣。

六、10月、12月先后到苏州、常熟参加儿童文学界的活动,第一次去常熟,颇有新鲜感。

七、11月下旬,查P.S.A,又升高至8.34,这是历次检查中位居第三的超高值,不能不引起注意,拟过两三个月再去复查。另,睡眠也不好,近几个月,差不多每隔一两天就服用一片舒乐安定。这与竞鸥、张瑞的工作、生活、孩子的安排,始终找不出一个妥善的办法有关,不免令人操心。

新的一年,我和崑年届78,已接近80了,还是要把保健放在第一位,读书、写作只能量力而为了。

晚收看中央三台《综艺盛典》。

2009.12.31(星期四)

还有两个多小时,新年的钟声就要敲响了。即将跨入2010年门槛之际,回望过去这一年,国际国内大事、要闻一桩桩、一件件清晰地浮现在眼前:喜庆新中国六十华诞,经济增长率保八胜利在望,海峡两岸和平发展初见端倪,全球金融危机阴云不散,甲型流感在世界各地猖獗,哥本哈根气候谈判难以达成共识……所有这些,令人喜忧参半,难以忘怀。

就我个人经历和家庭情况来说,2009,值得记上一笔的,略加梳理,似有以下一些事情:

一、出了两本书:一本是《为儿童文学鼓与呼》(二十一世纪版),是我继《儿童文苑漫步》《守望与期待》之后的第三本儿童文学评论集;另一本是《多彩记忆》(中少版),则是我以少年读者为对象的一本散文选。收入这本集子的新作不多,大半系旧作炒冷饭。

354

二、参与了三种向人民共和国六十华诞献礼的儿童文学图书的编选工作。一种是《共和国儿童文学金奖文库》(30 本,中少版),由我写了序言;另一种是《中国儿童文学六十周年典藏》(4 卷 6 册,外研社版),其中散文选《遥远的歌溪》由我作序;再一种是《中国儿童文学六十年(1949—2009)》(上、下卷,350 万字,湖北少儿版),其中收入我写的评论文章、职务性文章、相关文件计 19 篇。

三、在纪念人民共和国成立六十周年之际,获得中国作家协会颁发的从事文学创作六十周年的荣誉证书和纪念章。我深知自己写龄虽然不短,但在创作、评论上都没有什么建树,拿到这张证书,只能说是一段历史的记录罢了。

四、今年除先后去桂林、京郊、天津参加儿童文学理论研讨会、幼儿文学六十年研讨会、《童话王国》创刊十五周年暨"童话与儿童阅读"研讨会外,没有出远门到其他地方去。本来,我和老伴刘崑曾有去承德、北戴河、东莞的中国作协创作之家或生活基地短期休息的机会,都因家里离不开而放弃了。10 月,为中国作协举办的新干部培训班作题为《甘为繁荣文学跑龙套》的演讲。

五、阳春三月,应一位已退下来的中央领导同志之约,参加了一次十多位复旦老同学的餐叙。同窗情深,当年在复旦一起做学生工作、团的工作的老友,阔别多年,一旦相逢,回忆往昔,畅叙当下,有说不完的话题,无拘无束地自由交谈,十分亲切愉快。另,复旦新闻系同班同学在五一节后也有过一次聚会,应到 15 人,因事因病缺席 6 人,开始呈现七零八落之势。而持续了 20 多年的、一年一度的镇江中学同学聚会,这两年已组织不起来,似已溃不成军。岁月不饶人,毕竟老矣,不禁令人感慨系之。

六、今年 4 月又添了一个小孙子,取名嘉星(凯文)。8 月底儿子竞鸥、儿媳张瑞携嘉星由波士顿、蒙特利尔举家回到北京。大孙子嘉晖近一年多一直在我们身边,每天去幼儿园。阖家大团圆,我和刘崑既尝到含饴弄孙之乐趣,也不时尝到小家伙淘气、吵闹,令人不得安宁之烦恼。

七、我和刘崑身体状况平稳,对各自所患慢性老年病,仍坚持常年服药,不敢掉以轻心。我还不时为睡眠状况不好所困扰。除此而外,幸好没增添什么新毛病。刘崑忙中偷闲,操持家务之余,今年也在《北京青年报》发表了《夕阳芳草碧连天——中国作家协会老作家支部往事琐忆》等文。

八、小卫(女婿)从事陶行知、陈鹤琴等教育思想研究,担任中国陶行知研究会理事、北京市陈鹤琴教育思想研究会常务理事。2008年出版长篇传记文学《陈鹤琴传》,并发表多篇传记文学作品;今年出版了《当代北京餐饮史话》,另一本《当代北京剧场电影院史话》即将出版;现在又开始写作新一本史话作品。

还有一个半月将步入虎年,按虚岁算,届时我和刘崑都是八旬老人了。此时此刻,我的耳畔又一次响起冰心老人"人生自八十开始"的至理名言。在新的一年,在注意保健、生活自理的前提下,还是要力争能坐下来更从容地读点书,多少写一点文坛忆旧、作家剪影之类的文章。如有需要和可能,愿继续为儿童文学敲敲边鼓。

下午5点左右,菱舟、小卫先后来家。大家一齐动手做了几样富有家乡风味的菜肴。老少三代、一家八口围坐在圆桌旁,频频举杯,"祝新年快乐!""祝身体健康!""祝事事如意、岁岁平安!"欢声笑语不断,气氛活跃和谐,共享天伦之乐。

2011.01.01(星期六)

迎来了21世纪第二个十年的元年元旦。除了大学时代曾在上海度过新年元旦外,这还是我参加工作后第一次在上海迎新年。

回顾刚过去的2010年,我的生活中有以下几项值得记上一笔:

一、编选了两本书:一本是散文随笔集《红线串着爱与美》,另一本是评论选集《束沛德谈儿童文学》。

二、两次去江西:一次是参加二十一世纪出版社在南昌、婺源举行的儿童文学芳菲之旅;一次是参加中国作协在庐山举办的作家国际夏令营。

三、4月、8月和老伴崑一起先后去杭州、北戴河中国作协创作之家休息十天。

四、12月赴南京参加中国作协第八届全国优秀儿童文学奖颁奖大会暨全国儿童文学创作会议。

五、在南京参加会议后,先后去江苏丹阳、上海,与家人团聚,参加弟妹、儿女庆贺我和崑80(虚岁)生日的餐叙。

六、随着张瑞(儿媳)工作的变动,竞鸥、张瑞8月在上海租了房,安了家;大孙子嘉晖入了上海市实验小学,小孙子嘉星进了鹤琴文艺幼稚园。

七、崑偶尔也动动笔,继去年发表《夕阳芳草碧连天——中国作家协会老作家支部往事琐忆》后,今年又发表了《我的京剧缘》《从茅盾的信到胡耀邦讲话——亲历1979年文艺界的一次重要会议》等。

八、柯小卫今年加入中国作协,又先后出版了《当代北京剧场影院史话》《当代北京环境卫生史话》等书。还选编了陈鹤琴著《写给青年》。菱舟随单位组织的代表团于10月底、11月初去法国、德国参观访问半个月。

九、8月体检时发现直肠有一个小息肉,作结肠镜检查时已切除;另发现有室性前期收缩(早搏),待进一步检查。

新的一年,在注意保健的前提下,量力而为,多少做点力所能及的事。看来,在帮同竞鸥、张瑞照料家务上,还得花点力气和时间。特别是崑去年10月至12月一直在沪帮同照料,短期内似难以脱身。

晨7点至8点,和崑一起散步至儿子住处附近的川杨河桥畔。晚全家在一起涮锅,共庆新年。

2011.12.31(星期六)

又过去一年,即将迎来2012,我也进入80岁以上老人行列了。

8月16日,中国作协儿委会、北师大儿童文学研究中心、中少社联合召开了庆贺束沛德80华诞暨儿童文学评论座谈会。8月18日,李冰、杨承志等来家祝贺我的80生日。

几天前写了一篇《让我欣慰的2011》,主要记述了家庭大团聚和

我 80 岁生日两件事。除此以外,应当记上的还有:

一、我出了《束沛德谈儿童文学》《红线串着爱与美》这两本书。

二、三次外出参加儿童文学活动:4 月在常熟参加《儿童文学》十大青年金作家颁奖会,5 月去武汉参加《城南旧事》出版 50 周年研讨会,10 月去厦门、鼓浪屿参加海峡两岸儿童文学论坛。厦门、鼓浪屿,我是第一次前往。

三、11 月参加作协八代会,会见了不少文友,在会上继续被聘为全委会名誉委员。

四、两次去上海竞鸥、张瑞处,小住两三个月,帮同照料家务,刘崑在上海,前后住了近半年。

五、崑于 5 月在菱舟陪同下前往贵阳看望大哥嫂倬云、鲍群。

六、体检发现患有室性早搏,坚持吃药,病情尚稳定。

七、年底接连传来亲人、文友、同学病故或病重的消息,柯岩走了,老同学王嵩英患中风卧床,光华妹被诊断患有肺腺癌……不免令人哀伤或忧虑。

写有关老臣小说研讨会的发言要点。

晚收看中央台《启动 2012 文艺晚会》,没看完,10 点半就寝。

2012.12.31(星期一)

台历又翻到最后一页,2012 即将过去,2013 就在眼前。

回望过去这一年,日子过得很平常,没有什么特别的惊喜或伤痛。

一、一年之中,基本上没外出,仅在 6 月份到杭州中国作协创作之家小住 10 天,然后去上海竞鸥、张瑞处住了近 20 天。

二、逐渐淡出儿童文苑,参加儿童文学界的活动日益减少,写书评也很少了。应《中国儿童文化》之约,史伟峰写了专访《乐此不疲地鼓与呼——束沛德先生访谈录》。此文《文艺报》已于 7 月份先刊出。另外,还参加了四五次儿童文学作品研讨会,写了几篇书评。

三、编选出《情趣从何而来——束沛德自选集》《龙套情缘》(增定本),即《在人生列车上》,于 2 月底、8 月中旬分别交湖北少年儿童出版社、现代出版社。何时能问世,尚不得而知。

四、年底为东河沿 8 号楼春节《新风尚论坛》墙报写了一篇《我赢得 25 年美好时光》;向家人、同事、朋友祝贺新年时,同时附上此文。几天内有 20 多位朋友回信,对我做人做事给予肯定和鼓励。

五、入秋以后,开始写一点有关回忆文坛往事的文章,已写出《忆 50 年代作协创委会》《一个记录者眼中的周扬》两篇。

六、滋德、建德弟编选出《大井头 6 号——一户普通人家写照》一书,我写了序,自费印刷,分赠亲友。

七、我和崑身体、精神还算好,生活能自理;我俩还乘公交车先后探望了几位在病中的老同事、朋友。只是崑作肺部 CT 检查后,发现肺部有微结节,大夫建议定期复查。

在新的一年,还是要把保健放在第一位,量力而为,多少写一点文坛忆旧的文章。

晚收看央视"天涯共此时 · 启航 2013 元旦晚会"。11 点半就寝。

2013.12.31(星期二)

2013 台历,又翻到最后一页,明天就迎来 2014 年。过去的一年,值得一记的事,简述如下:

一、出了两本书:《情趣从何而来——束沛德自选集》《发出自己的声音》,前一本已到手,后一本也即将问世。

二、去年秋季写的《忆 50 年代的作协创委会》《一个记录者眼中的周扬》已先后在《作家通讯》《纵横》《新文学史料》上刊出。今年又写了一组《难忘的文学名家剪影》和《作协四次青创会杂忆》等。另外,也写了几篇有关儿童文学的书评、序言、导读。

为中国作协举办的新来干部培训班作《乐于当作家的服务员——谈谈文学组织工作》的演讲。

三、今年除春夏之交去上海竞鸥处住了半个多月,8 月份去雾灵山创作之家住了 10 天外,没有去其他地方。

四、健康状况经历了两次"有惊无险":一次是 3 月 P.S.A 升高至 11.46,泌尿科大夫让做了穿刺检查,诊断为良性前列腺增生,排除了患前列腺癌;另一次是 10 月体检,再次发现室性早搏(频发),又犯了一次头晕、手麻、出冷汗,心率过缓(44—47 次),经 24 小时动态心电图检查,也未发现太大问题。

五、陈训夫妇自美国回大陆旅游,在京的四位中学同学与他俩叙谈、会餐甚为愉快。在沪,我和崑也看望了老同学刘果生。大学时代的同学原有 17 位,如今健在的只有 11 位了,因病因事,今年未能组织成一年一度的餐叙。

六、竞鸥、张瑞和瑞蒙、凯文今年 7 月离沪去美国纽约附近的短山镇居住。张瑞仍在邓白氏公司工作,竞鸥依然从事金融、理财。瑞蒙、凯文分别入了小学、幼儿园。菱舟已于今年 10 月办理退休。小卫为编书、讲课,经常外出。他和菱舟共同编选出版了《陈鹤琴教育箴言》。

七、崑身体情况如旧,仍坚持服降压药。她今年也写了《我与〈小说选刊〉》《忆丁望在〈工商时报〉的日子》等文章。

八、2010 年在丹阳买了两间房子,原打算我和崑每年回去住一段日子,由于医疗报销等无法解决,看来这两间房也用不上,年底已将此房售出了。

九、6 月初与滋德弟、迅舸、菱舟一起去苏州天灵公墓为父母扫墓。

面对新的一年,还是要把保健放在第一位,争取生活能自理这种状况延续更长的时间。读书、写作、参加文学活动、朋友交往均掌握量力而为,避免过累。

滋德、光明打来电话贺年,我也打电话给建德、光华。晚 10 点 3 刻竞鸥来电话,互祝新年好。

晚收看《启航 2014·新年特别节目》,没有看完,到 10 点就关机了。

2014. 12. 31(星期三)

又是一年过去了,明天将跨进 2015 门槛,按虚岁已 85 岁,实足

年龄也进入 84 岁。2014 年,值得记上一笔的有以下几点:

一、8 月编选了一本《我的舞台我的家——我与中国作家协会》,12 月已校阅了校样,预计明年上半年能出版。另一本《在人生列车上》,交给现代出版社已两年多,一拖再拖,今年 10 月出版社又告知,此书仍放入《百年中国儿童文学名家点评书系》,已发排,尚未见到校样。

二、一年之中写了十篇八篇文章,有:纪念作家百年诞辰的,记述我与作协、《文艺报》关系的以及有关儿童文学的书评,还没停下笔,但才思已不那么敏捷。

三、外出两次:春夏之交和崑一起到杭州中国作协创作之家休息 10 天;11 月份去浙江上虞参加金近百年诞辰活动。

四、健康状况,除前列腺增生、室性早搏坚持服药外,近年来还不时为痔疮、便秘、湿疹、睡眠不好所困扰。总之随着年龄增长,精神、体力均下降,心态上也趋老了。崑血压高,坚持服药。我俩生活基本上能自理;菱舟退休后对我们可以多照顾一些。

五、竞鸥、张瑞 7、8 月在美购置房子后,又陆续添置一些家具,现大体上已安排就绪。

六、兄弟姐妹中,建德、亦平一家随着亦平、李玲工作的调动,在苏州安了家,光华妹坚持服靶向药,病情尚稳定。

2015 年,我和崑计划在 4、5 月份赴美竞鸥、张瑞处住一段日子。但本楼(8 号楼)开春之后将装修(楼外加隔热层,室内要换水管子),能不能成行,尚定不下来。年逾八旬,出远门,顾虑也多了。看来,还得把保健放在首位,生活能自理至关重要。读书、写作当量力而行。

今日先后给刘果生、杜禹、陈万义、滋德、光华、倬云、刘丽打去贺年电话,光明、竞鸥打来贺年电话。

读李东华《少年的荣耀》,已读了三章,60 多页。

2015.12.31(星期四)

还有七个小时,就进入 2016 年。在这辞旧迎新之际,回望过去

的这一年,似也没有多少值得记下的。我想了一下,主要有两件事可记下一笔:

一是顺利完成长达五个月的赴美探亲之旅。5 至 10 月,我、崑、小卫、菱舟先后去美国,与竞鸥、张瑞及瑞蒙(嘉晖)、凯文(嘉星)团聚了很长一段时间,享天伦之乐。同时,几次外出旅游,除重游蒙特利尔、渥太华、华盛顿、纽约外,第一次游了达拉斯、拉斯维加斯、洛杉矶、旧金山、安科雷斯、西雅图、巴尔的摩、里奇蒙特、夏洛特、亚特兰大、田纳西、纽哈纹等地。乘邮轮从温哥华到阿拉斯加的海上七日游,别具风味。

二是今年 2 月先后出版《我的舞台我的家——我与中国作家协会》《在人生列车上》两本书。对前一本书,李学斌、陈辽、刘绪源曾先后撰文在《光明日报》《文学报》《文艺报》上予以评介。

除此以外,我和崑身体、精神还算好,日常生活还能自理。以 84 岁高龄顺利完成赴美长途旅行,也是聊以自慰的。自然,随着年龄的增长,老年病也不少。今年上半年,我被湿疹、痔疮所困扰,赴美后才逐渐缓解;便秘、失眠仍不时影响生活质量。11 月下旬和 12 月中旬,崑和我先后在路上摔倒,幸未造成骨折等严重症状。但没料到的是:柯小卫 12 月中旬在江苏金湖摔倒后膝盖髌骨骨折,住院动了手术,今上午刚出院。

瑞蒙、凯文分别上了初中一、小学一,滋德出了一本回忆录《锁住记忆》,光华妹病情稳定,也该记上一笔。

2016 年,我和崑将迎来 85 岁生日、钻石婚纪念。还是要坚持把保健放在第一位,尽可能到户外散散步、活动活动,力求保持一个好心情。晨 6 点半离家去协和医院,挂口腔外科号,拔了一个前牙,10 点回到家。

今日光华、光明先后打来贺年电话,我分别给于雁军、杜禹、刘丽打去贺年电话。打电话给刘果生、陈万义、张景,都没联系上。晚张景打来电话。

2016.12.31（星期六）

过去的这一年,我和崑度过了85岁生日;12月5日又度过人生难得的钻石婚;6月崑和召明合作出版了散文集《同心走笔》。这都是家中的喜庆日子。

2016,我参加了作协第九次代表大会,继续被聘为名誉委员。

5月、8月,和崑一起到杭州、北戴河作协创作之家作短期休养。

年底基本编好题为《感激多味人生》(或定名为《爱心连着童心》)的散文集。12月13日至26日,集中精力写出回忆冯雪峰、韦君宜、田间的文章和一篇《从同窗情到钻石婚》。

今年5月21日在苏州,我和崑、菱舟、小卫及弟妹侄甥供28人,先在建德、亦平家聚会,后又到文天饭店共进午餐,并准备了生日蛋糕,为我和崑的85岁生日干杯。由苏州返回北京途中,曾去崑家乡——江苏宝应走了一趟,这是我第一次去宝应。

8月18日,钱小芊等来家祝贺我85岁生日。

一年之中,只参加了三四次儿童文学作品研讨会和老作家百年诞辰纪念会。总的说来,这一年,我和崑身体状况还算平稳,没有增添什么新查出的病。

今上午将改定的《从同窗情到钻石婚》一文发给《北京青年报》陈国华,文长5,500字。下午3点多,菱舟、小卫来,作方城戏,共进晚餐。晚一起收看《启航——新年音乐会》。今晚菱舟、小卫住在1403室。

2017.12.31（星期日）

还有六小时,就迎来2018年。辞旧迎新,迎接新时代,适应新时代,开启新征程。

过去的这一年,2017,是我笔耕满70年(1947—2017)的年代,也是我和崑相遇相识70年的年代。

7、8月间,崑、小卫、菱舟和竞鸥一家到中欧、西欧(瑞士、德、法、荷、比、卢)旅游半个多月。随后,竞鸥一家又回北京住了近一个月。我因腰腿疼,未能去欧洲,但和他们一起去了一趟阔别多年的保定。

10月,我的散文集《爱心连着童心》出版。从3月起,应广西师大出版社之约,徐德霞和我共同主编《儿童粮仓·童话馆》。这套书已收到30位作者来稿,至今还没有一本印出来。年底写了一篇《回望笔耕七十年》,简要地记述了自己的写作经历。

建德弟出版了《美在方寸——束建德集邮文选》,我为该书作了序。

我和崑身体、精神还算好,日常生活还能自理,只是记忆力、精力、体力又有所衰退,走路也不如前两年灵活了。今年我闹过腰腿疼,痔疮不时犯,睡眠也不好,差不多隔一天就要服一片安定。老毛病前列腺增生,仍坚持服保列治。崑血压高,也坚持服降压药。12月她在公交站摔倒过一次,幸好未骨折。

今日刚获悉,弟妹程桂莲因血管堵塞,心脏搭了支架;滋德弟在家门口摔倒,造成髌骨骨折,正在休养中。

这一年,作协老同事柳萌走了,还有我熟悉的文学界老师、朋友钱谷融、屠岸、范伯群、高深也都走了。这些信息传来,不能不让我越发感慨:老之已至。

今日先后与滋德、光华、建德、光明作视频对话,互通近况,互祝新年好。在"束家热络群"也发了新年贺词。

上午9点多,与竞鸥视频对话后,和崑一起到农商行办理养老卡激活事。

下午6点,菱舟来,共进晚餐,互祝新年好。晚7点收听习近平新年贺词,接着收看央视《启航2018》。

在新的一年,但愿身体能保持健康,心情能从容愉悦;只要精力许可,不放下手中的笔。

2018.12.31(星期一)

2018年过去了,即将迎来2019年。

回望过去的一年,一直处在梳理、总结改革开放40年的氛围里。一周前参加了首都文学界庆祝改革开放40周年座谈会。这两天,也浏览了《改革开放四十年大事记》。

明年是人民共和国成立70周年。一年多以前起步的、我和徐德霞为广西师大出版社主编的《儿童粮仓·童话馆》在 10 月份问世，年底可能出来 10 多本。

一年来，又多次参与策划《共和国儿童文学光荣榜书系》，已落实由王泉根主编，现代出版社出版。出版社聘我担任该书顾问。

今年 8 月、12 月，我和崑分别度过米寿（虚岁 88）生日。7、8 月竞鸥一家回京时，在中国照相馆拍了"合家欢"照片。

这一年竞鸥曾两次回京探亲，2 月是他一人来；7、8 月份他和张瑞、瑞蒙、凯文一起来家住了一个月。

7、8 月份，我曾多次去医院，做了加强 CT、核磁共振、前列腺穿刺等多项检查，幸好未发现新的大毛病。但近一个多月不时闹腰腿疼，睡眠也欠佳，一些老年退行性疾病似难以摆脱。崑除血压高外，也有过牙疼、便秘等症状。

2018 这一年，又走了多位老同事、文友，亚方、张胜友、雷达、海笑、邱勋、刘绪源等都先后逝世了，小卫母亲陈秀云也逝世了。每次听到这样的信息，总不免感慨。

在新的一年，希望继续做一点力所能及的事，身体状况能保持平稳，日常生活基本自理。力求保持一个好心情，从容、宽松一点。

下午 3 点多，菱舟、小卫来，作方城戏近 3 小时。自己动手做了几样菜，共进晚餐，互祝新年快乐、健康。晚收看央视一台《启航2019 音乐盛典》。从 8 点收看到 11 点半，没看完，就睡觉了。

2019.12.31（星期二）

日历又翻到最后一页，2019 过去了，即将迎来 2020，进入 21 世纪 20 年代。2019，人民共和国成立 70 周年，举国欢腾，难以忘怀。对我和刘崑来说，也是颇为欣慰、充实的一年。刘崑获中共中央、国务院、中央军委颁发的庆祝中华人民共和国成立 70 周年纪念章；我则获中国作家协会颁发的从事文学创作 70 周年荣誉证书。

三卷本《束沛德自选集》9 月由作家出版社出版，笔耕 70 年算是做了一次回顾、梳理、小结。

与徐德霞共同主编的《儿童粮仓·童话馆》《儿童粮仓·小说

馆》到年底已出来50多本,有可能在明年完成共出70本的计划。

参与策划、编选(顾问)的人民共和国70年《儿童文学光荣榜书系》,由现代出版社出版。该书系已出版和即将出版的共75本,其中也有我的一本散文集《多彩记忆》。

今年也是中国作协成立70周年、《文艺报》创刊70周年,写了两篇纪念文章;并把一套完整的《文艺报》(1949—2019)捐赠给该报编辑部。

为中国作协举办的新干部培训班作题为《为灵魂工程添砖加瓦——谈谈中国作协的历史、任务和职责》的演讲。

4月和崑一起去杭州中国作协创作之家休息。在那里,应老同学李岚清之约,在杭州汪庄畅谈两小时,并共进晚餐。返程路过丹阳,与弟妹们团聚。

8月中下旬,和崑一起,在菱舟、竞鸥陪同下,从上海出发,乘邮轮赴日本旅游。先后在东京(横滨)、静冈、大阪、京都、高知等地参观游览,并在邮轮上度过我的米寿生日。

这一年身体、精神还算好,基本上没有跑医院,只是仍不时被腰腿疼、痔疮、睡眠不好所困扰。记忆力、视力、脚力都有所下降,已逐渐感觉到在走向衰老。

崑10月曾参加《中华工商时报》创刊30周年纪念活动。菱舟、小卫11月曾赴葡萄牙参加侄女(柯欣的女儿)婚礼。小卫出版了《陈鹤琴现代儿童教育学说》一书,并多次到外地讲课。竞鸥一家8月、10月曾先后赴英国、意大利和多美尼加旅游。

还有六小时,新年的钟声就要敲响了。我将以从容、平和的心态跨进年届89的门槛,量力而为地读点书、做点事。

2020.12.31(星期四)

即将过去的2020年,是极不平凡、令人亦喜亦忧的一年。喜的是我国全面建成小康社会,实现第一个百年奋斗目标胜利在望。忧的是冷酷无情、令人惶恐不安的新冠肺炎疫情,至今仍在全球蔓延。竞鸥一家身处疫情严重的美国,不能不让我和老伴牵肠挂肚。

疫情阴影笼罩下的这一年，我基本上足不出户，活动范围方圆不超过三五公里。利用这段相对平静、较少干扰的时间，坐下来从容地做了几件事，其中最主要的是在老伴的协助下编选了三本书：一是《我这九十年——文学战线"普通一兵"自述》；二是《儿童文苑纵横谈——束沛德文论选》；三是为将收入长少社"百年百部"书系的《在人生列车上》，在篇目上作了一些调整。前两本书所选文章大多是已发表、出版的，每本字数约 30 万字左右。

9 月间，先后三次接受中国现代文学馆"文学名家音像资料片"的采访、拍摄，概略地叙述了我和中国作家协会、我和儿童文学以及我的成长历程。另外，还接受凤凰卫视有关抗美援朝文学创作情况的一次采访。

今年是我 90（虚岁）生日。按过九不过十的传统，分散在沪、苏、皖、晋等地的几个弟妹以及在美国的儿子一家原计划来京祝贺的。由于新冠疫情肆虐，都未能如愿成行，只好通过视频方式庆贺了。我写了一篇短文《别致的网上祝寿》，记述了这难忘的一天。

尽管我和老伴日常生活基本上还能自理，但毕竟年届九旬，记忆力、体力、精力下降越来越明显。近年来腰腿酸痛加剧，行走已不太稳当利索，儿女、弟妹都一再劝我外出挂拐杖，真是不能不服老啊！

这一年，老同事、文友张凤珠、邵燕祥、刘传坤、樊发稼等先后撒手人间。老伴的大哥、竞鸥的岳父也与世长辞。每当听到这些信息，不禁哀伤和感叹。

新的一年——2021，将迎来建党 100 周年的伟大节日，并开启全面建设社会主义现代化国家的新征程。我个人也将跨进入党 70 年，年满九秩的年份。此时此刻，我对未来一年怀有三个小小的愿望：一是上述编好的三本书能顺利问世，为笔耕生涯画上一个句号；二是春暖花开或秋高气爽时节再回家乡一趟，与儿女、弟妹们再次大团聚；三是第十次作代会如按期召开，只要名誉委员仍作为当然代表，而自己健康状况又许可，我将争取到会，从而成为一个除 1949 年全国文协成立大会外,连续九次作代会的亲历者。

　　但愿顺利、圆满实现这些愿望,从容、平稳地走好最后一段人生路。

年终岁末致老友

传坤、开基兄：你们好！

2013 的台历只剩下最后几页没翻过去，

即将迎来 2014。岁末年初，向远在西北的你们，致以深情的祝福，祝新年快乐，阖家安康！

一个多月前，作协人事部让我到作协新进人员培训班讲一讲：《作协的职责和文学组织工作》。当我走进会场，看到几十张年轻的、生气勃勃的面庞，不禁想起 61 年前我跨进作协门槛时，是个 21 岁的年轻小伙子，如今已两鬓斑白，跻身耄耋老人行列，不能不发出岁月无情的感慨。

过去的一年，日常生活平平淡淡，似乏善可陈。由于你们不用电脑、手机，平时不能通过 E-mail、发短信保持经常联系，一年四季很少沟通交流。因此，想借写这封信的机会，把我各方面的情况较为详细地告诉你们。

我的健康状况，2013 可说是经历了两次"有惊无险"：一次是 3 月份 P.S.A 升高至 11.46（正常值要求<4），泌尿科大夫疑为前列腺癌，斩钉截铁地让我做穿刺检查，幸好最后诊断为良性前列腺增生，算是躲过又一次与癌字沾边的厄运；另一次是 10 月份体检又发现室性早搏（频发），在这之后不久，有一天早晨突发头晕、手麻、心率过缓，后到医院做了 24 小时动态心电图，检查结果除心律不齐外，也没发现太大的问题，又算躲过一劫。总之，毕竟 82 岁了，体力、视力、记忆力与前几年相比，都有所下降，手拎十斤八斤东西登上过街天桥已

感到吃力。但脑子还不糊涂,步履也还稳健,日常生活能自理。今后几年,若能继续保持这种状态,我就心满意足了。

再说说参加文学活动和读书、写作的情况。自从 2007 年底不再担任作协儿委会负责人后,近些年可说是逐渐淡出儿童文苑了。除了有时碍于情面,偶尔写几篇书评、序言、导读之类的短文,或参加几次作品研讨会外,没有再做什么。今年下半年,先后参加过老作家、老领导舒群、张光年、陈荒煤等的百年诞辰纪念会,有的还在会上发了言,或写了忆念文章。

有些朋友不止一次地向我建议,应根据自己长期从事文学组织工作的经历,把有限的精力用到写点文坛忆旧、作家剪影之类的文章上来,可以留下一点有用的资料。由于自己的怠惰,缺乏持之以恒的韧性,写得也不多。继去年冬天写了《忆 50 年代的创委会》《一个记录者眼中的周扬》(分别刊于今年出版的《新文学史料》《纵横》)外,今年又写了一组《难忘的文学名家剪影》《四次青创会琐忆》等。还有几个题目,至今没有理出头绪来,迟迟没动笔。今年倒有机会出了两本书:一本是《情趣从何而来——束沛德自选集》,另一本是《发出自己的声音》。前者包括理论批评和散文随笔两辑,可说是浓缩了我几十年边跑龙套、边笔耕的收获;后者列入《新视野中国儿童文学理论研究书系》,是在我 2003 年出的那本评论集《守望与期待》的基础上调整篇目,修订而成。两本书皆系旧作炒冷饭,收入的新作不多,因此也就不打算寄赠求教了。

读书看报可说是日常生活中重要的、不可或缺的部分。几份日报,一份《参考消息》,加上《文艺报》《文学报》《作家文摘》《中华读书报》等,每天拿到手,大致翻一翻,总得花上一两个小时。平时读的书不外乎有关现、当代文学的回忆录、传记、儿童文学新作和当前引起热议的图书,如《故国人民有所思》等。这些书大多是同事、朋友和出版社赠给的。对大部头长篇作品,不免望而生畏,已缺乏坐下来从容阅读的耐心。无论读书或写作,都量力而为,掌握节奏,把它当作一种休闲的方式。

在这里，我还想把近一年探亲会友的情况扼要地告诉你们：50年代作协创委会在京的几位老同事，早就想找个机会聚在一起叙叙旧、谈谈心，但从春到冬，历时一年，由于健康、天气等方面的原因，至今未能兑现。我大学时代的同学，在京的原有 17 位，如今健在的只有 11 位了。改革开放以来，坚持了 30 年的、一年一度的聚会，今年也因病因事凑不到一起而化为泡影。我和刘崑中学时代的同学，在京的原有 9 位，现也只剩下 4 位了。正好今年春暖花开时节，有一位中学同学夫妇自大洋彼岸回祖国参观游览，从而使在京中学同学有了一次难得的聚会。短短几小时推心置腹的谈心、聊天，感受了"有朋自远方来，不亦乐乎"的激动与"今宵离别后，何日君再来"的依依惜别，那缕感情实在是既深挚又复杂。

我的两个儿女，女儿已于今秋退休，有更多时间帮同照料我们的生活。原在加拿大的儿子、儿媳，在上海工作了四年，今夏又带着两个孩子回美国了。春夏之交，我和刘崑曾去上海住了一段日子，与儿孙共叙天伦之乐。

拉拉杂杂写了三页纸了，就此打住。今日冬至，进入数九寒冬，深切期盼你们保重身体，颐养天年。新年、春节接踵而至，遥祝事事如意、岁岁平安！

弟沛德

2013.12.22

发自蒙特利尔的"伊妹儿"

（一）

弟妹们：

2004 即将过去，2005 就在眼前。祝你们在新的一年诸事顺利，阖家安康！

过去这一年，对我们来说，最大的一件事就是再次来到蒙特利尔，担负起协助竞鸥、张瑞料理家务、看管孩子的任务。这对年逾古稀的我们来说，确实不是一件轻松的活。好在我们身体、精神都还不错，迄今为止，可说是已经逐渐适应这种整天同锅盆瓢勺、奶瓶尿垫打交道的生活了。

竞鸥从 12 月 8 日到新单位（挂靠在蒙特利尔大学的一研究所）上班已有三周，现在仍处在逐渐熟悉新的业务的阶段。他每天乘地铁上、下班，单程半个多小时。张瑞驾车上班，接瑞蒙就由她独自承担了。一般他们下午 5 点半就回到家。但刚度过的圣诞节，是西方（包括加拿大）最盛大的节日。12 月 24 至 27 日竞鸥、张瑞休息了四天。

圣诞前夜，我们一家去市政府参加圣诞新年联欢会。排了半小时队，瑞蒙与圣诞老人合了影，还领到一份礼物（玩具熊）。我们一家还凑热闹，与市长及其夫人合了影。市长从中午 12 点到下午 6 点一直站在市府会议厅，与排队等候的市民一一合影。这也算是亲民、联系群众的方式吧，够他辛苦的。节日那几天，我们去一家餐馆聚了一次餐,在家里做了几道菜加餐一次,又涮了一次火锅;张瑞还试做了一次意大利式的馅饼。可说是中西结合,丰富多样。

瑞蒙每天从托儿所回来,又喊又笑,又唱又跳,情绪挺好。他学步一个多月,现在已完全能走了,晚上在家里几个房间来回转圈。近来已会喊爸爸、妈妈、奶奶,唯独不会喊爷爷。虽然他同爷爷挺亲,老要爷爷抱。蒙特利尔虽三天两头下雪,但还不算太冷,室外曾到零下二三十度,但室内温度达二十三四度,一点也不冷,我们穿一件长袖T恤,最多加一件马甲即可。从 12 月 31 日至 2005 年 1 月 2 日,元旦加双休日,鸥、瑞等又能休息三天,我们可能到市中心、购物中心等处逛一逛。再见! 祝你们

平安愉快!

刘崑、沛德

2004.12.30 中午 12 点(蒙特利尔时间)

(二)

弟妹们:

中国最盛大的节日——春节即将来临,祝你们节日快乐,万事如意,阖家幸福!

流光如驶,不知不觉我们来到蒙城已将近三个月。近十天来,竞鸥、张瑞照常上班,瑞蒙照常入托,日常生活进入正常有序的轨道,我们也就不觉得负担很重了。在这之前,1 月上中旬,我们曾度过两个"艰辛的 11 天",第一次(12.23—1.10)因瑞蒙扁桃腺发炎,不能送托儿所;第二次(1.13—1.23)因托儿所老师享受年假,去古巴旅游,又不能入托。这样,我们既要带瑞蒙,又要忙做饭,一天下来,确是很累人的。今后只要小家伙不闹病,我们的负担就不会太重。

我们来加三个月,眼看着瑞蒙一天天在成长,目前他正处在蹒跚学步,咿呀学语的阶段,他的一举一动,一颦一笑,挺逗人喜爱。每当

收录机播放《小燕子》《我们荡起双桨》《卖报歌》等他所熟悉的歌曲时，就情不自禁地按着节拍又摇又摆，手舞足蹈，他喜欢模仿大人的举止，比如模仿奶奶打哈欠，可说是有声有色，惟妙惟肖。他还会模仿鸡、鸭、老虎的叫声。小脑袋记性也不错，一提起老虎，他会马上给你指出画片、挂图、书本、玩具、地板革、围嘴上等五六处画有老虎的形象。只是发起小脾气来，也让你没办法应对。

正值冬季，我们除了偶尔去超市、商店外，平时出门较少，在家里除了看电视、网上新闻外，还有几份免费赠阅的中文报纸——蒙城华人报《华侨新报》《加拿大生活周报》《新周报》等可以翻阅。同亲友经常通 E-mail，也成了我们日常生活的一部分，除了给你们发信外，还有两三位儿童文学界的朋友和两位中学同学（其中一位在美国）保持 E-mail 往来。这样，使得相对单调的日常生活，多少增添了一点色彩。我们第一次在异国他乡过春节，这里不放假，华人会按中国传统习俗，吃年夜饭，吃元宵，包饺子，我们祖孙三代在一起欢度春节，是一次很难得的团聚。

1—2 月份本应是蒙特利尔最冷的时节，但今年确实是暖冬，至今不算太冷，已有十多天没有下雪了。再会！

向你们拜年！祝新春康乐！

沛德、刘崑

2005.2.3

（三）

弟妹们：你们好！

自春节期间给你们打电话至今，又过去一个月，谅你们近来都平安、健康。今天同时收到滋弟、建弟发来的 E-mail，《家庭邮苑》（1—2）也都收读。欣悉亦平侄去广州不到一个月，已找到一份专业对口的临时工作。看来，还是要支持年轻人到外面闯荡，即使碰些钉子，迟早总会闯出一条路子来的,祝愿他一步一个脚印地走下去,能逐渐进入佳境。另,还得知光华妹已返丹工作,乃德弟已迁入新居,祝你们安居乐业,一切如意。

这段日子我们一直没闲下来。瑞蒙春节后又闹过一次感冒,是在托儿所里感染上的,先后在家呆了十多天才痊愈。3月初刚恢复入托,没料到,托儿所老师于3月6日在雪后的路上滑倒,摔伤骨折,可能要疗养,休息两三个月才能恢复工作。这样,就只能把瑞蒙放在家里,由我们来照管了。这里的家庭托儿组,一个老师带五六个孩子,老师一有事或病,孩子就不能入托了,管理托儿组的社区也表示要帮助家长安排孩子入托。但何时能找到合适的托儿组,或条件更好的幼儿园,就难说了。因此,我们已做好“长期作战”的思想准备。好在瑞蒙现已行走自如,不需要抱了。只是老得有人看着、跟着,太拴人。原来,他不会喊爷爷,有趣得很,正好是大年初一,他喊出第一声“爷爷”,像是为了向爷爷拜年似的。现在他整天嘴里都挂着爸爸、妈妈、爷爷、奶奶四个词,还把这四个词编成歌来唱,最有趣的,他常常把我们一个个从沙发或椅子上拉起来,同他一起,踏着CD播放出的节拍唱和跳。

张瑞将离开她工作了两年多的冰球运动器材公司,3月14日后到一家规模不大的会计事务所工作,新单位离家近一些,工资待遇也略有提高。相对来说,这里会计工作岗位多一些,好找一些。而小鸥从事的数据分析与处理,工作就难找一些。这里房租较贵,是日常家用中最大的一笔开支,差不多要占鸥、瑞两人月收入的六分之一,肉、蛋、牛奶等食品,比较起来,不算太贵,但比两年前我们来加时,也涨了一些。

先写这些,以后再谈吧。望建德接信后转告光华、乃德、小华。祝健好!

刘崑、沛德

2005.3.11 于蒙城

（四）

弟妹们并诸侄儿、外甥：你们好！

从上月发信至今，这期间，收到滋弟、云枫、欣宇发来的 E-mail，特别是看到滋弟的《清明扫墓》文，欣宇发来小晨萱的一组照片以及与远隔重洋的云枫通电话，感到分外亲切。乃德弟搬家后，电脑恢复使用了吗？

我们申请护照延长的报告，已于上月中旬递上去，估计要到本月底或下月初才能得到回复，如获同意，即可推迟半年，到 11 月 6 日前回京。我们打算，过了中秋节（10.17）和瑞蒙两周岁生日（10.18），于 10 月下旬回国。

瑞蒙入托事，至今没有解决，他整天呆在家里，开头我们有些顾虑，怕力不胜任，一个月下来，虽然我们寸步难离，辛苦一些，但比预料的情况好，还不是那么难以应对，毕竟瑞蒙将满一岁半，对他说些什么，他多半都听明白了。近半个月，"鹦鹉学舌"的积极性很高，大人说什么，他也学着说，什么"晚安""灯笼""机器猫""干干净净"……，都能说上来了。"姑姑""阿姨"等称号也发音较准了。比较难办的，一是只要妈妈在家，往往盯住妈妈；二是他想要什么，干什么，你如不答应，他就大声嚷嚷。在家一个多月，吃和睡都比在托儿所时要好，近来明显地壮实了，体重已达 26 磅（11.8 公斤）。

鸥近来工作较忙，但回家来也不用加班。瑞又一次跳槽成功，在一家会计事务所干了半个多月，从本月 11 日起又将到一家规模较大的美卓公司会计部工作，工资、福利待遇又有所提高。这个公司主要经营机器制造，总部在芬兰，下属的工厂分布在美国、加拿大等多个国家。为了业务上（账目）的交接，她将于 4 月中下旬和 5 月分三次出差去美国芝加哥、亚特兰大等地，每次四五天。出完这三趟差，以后就没有出差任务了。从 4 日到 10 日她休息一周，这两天，正在为瑞蒙入托事奔走，有一个离家不远的幼儿园在 5 月份也许能腾出一个名额,如能落实,那就算比较理想了。

近来蒙特利尔天晴时气温较高,我们已几次推着童车,带瑞蒙到户外活动,住处附近就有儿童乐园,随着天气转暖,今后外出就更方便了。

今日是清明,谅家乡不时细雨蒙蒙,这里的枫树也已吐出红芽,小松鼠也出来活动了。再见!

祝你们阖家幸福! 祝嘉宜、均悦、晨萱、一凡、芷晴、果果健康成长!

沛德 刘崑

2005.4.5 写,7 日发

(五)

弟妹们并诸侄甥:你们好!

很长时间没有写信给你们了,我们发你们的《蒙城简报》已中断了三个月。这中间与滋弟、光明妹和小蕴在网上通过几次话,与建弟、小华妹也有 E-mail 往来或打过电话,相互之间的情况都大体了解,也就懒得动笔了。昨又接建弟信,祝愿继红早日康复。托小华妹为瑞蒙买的童衣,日前已捎来,张瑞等对衣服式样、大小都很满意,再次表示感谢。

我们的日常生活一切如常,没有什么新鲜的事可告知。瑞蒙从 5 月 2 日起送到一个幼儿园,至今已两个月。他的认知、说话能力提高得比较快。如今像"妈妈抱抱""爷爷坐坐""奶奶帮忙"这样的意思都能表达了。对着天空,常说"飞机""海鸥""太阳""弯弯的月亮";也会哼唱"ABCDEFG……"英文歌曲。每天早晨 8 点,张瑞驾车送他去幼儿园;下午 4 点我们推着童车接他回家。这样比张瑞下班去接,要早一个多小时。两个月中,瑞蒙闹过两次病,现在不像送幼儿园前那样胖了,但个子很高。

另外,要告诉你们的是,同鸥、瑞商量后,沛德决定提前三个月返京。这主要是由于按加拿大签证处的规定,凡延长半年返回的,须在90天内进行一次体检,而沛想避开这次体检。上次(2002年)来加拿大办签证时,进行体检,曾提出沛的肺部有钙化点(老病灶),要求抵加后进一步体检。这里对肺部疾病似特别注意,估计这次去体检也不会轻易放过,沛不愿再去找这个麻烦。加上沛所患前列腺增生症的尿频等症状近来仍较明显,心里不太踏实,想早日回京作一些必要的检查。正因为如此,我俩同鸥、瑞商量后,决定在规定的90天内(8月7日前)沛一人先离蒙特利尔回京。昨已办好返程机票日期、航班的确认,定于8月6日离蒙城,7日可回到北京。崑仍按原计划于10月底或11月初返京。留下一人帮助他们料理家务,也是一个过渡,因为我俩不可能在这里久住,带孩子、忙做饭的担子迟早要全部落到他们肩上。

加拿大国庆(7月1日)假期,去市中心观看了肤色不同、服饰多样、载歌载舞、千姿百态的游行队伍。第二天又去游览了位于蒙特利尔以北200公里的、毛里斯(国家)森林公园。公园面积很大,有山有湖,树木茂密,保持着大自然本色。小鸥正在为我俩办理赴美旅游签证,如获同意,本月中、下旬还将去上次未曾到过的波士顿等处走一趟。

我们在京住的房子装修,已于日前结束。小卫、菱舟为此跑了不少腿,流了不少汗。下一步还将购置一些必要的家具。

听说入夏以来,沪、苏、皖等地持续高温酷热,望你们注意防暑。蒙特利尔也很热,特别是我们住的房,有两间朝西,下午四、五点后,有时室内温度达32—34度。打开空调,可降至27—28度。最近几天有阵雨,气温有所下降,就不那么难受了。

不多写了,再见! 祝健康、愉快!

刘崑、沛德

2005.7.6

（六）

弟妹们并诸侄、甥:

上次发出《蒙城简报》(六)后,先后收到滋德弟和云绮、欣宇的回信。得悉云绮已怀孕4个半月,很高兴,望在孕期注意保养。

还有五六天,沛即将离开蒙特利尔回京。这次在蒙城住了9个月,与儿孙朝夕相处,享受了天伦之乐,是人生难得的一次遭际,挺开心。

上周,21日至25日,去美国旅游了一趟,这是一次快乐而又辛苦的旅行,小鸥、张瑞交替驾车,到一地,住一夜,有时到深夜一两点才到达目的地。重游加拿大最大城市多伦多,游览了安大略湖公园,参观了最长也是最繁华的央街。进入美国境内后,先后到了著名的汽车城底特律、繁华的大都会芝加哥、尼亚加拉大瀑布美国一侧的所在地水牛城、闻名遐迩的最高学府哈佛大学、麻省理工学院所在地波士顿。此行匆匆,蜻蜓点水,一掠而过,但也还是多少增进了对美国一些城市的了解,欣赏了优美的湖光山色,增长了见识,愉悦了身心,收获不小。

沛走后,留下崑一人在这里帮助照料家务,当量力而为,拟呆到10月底或11月初回京。瑞蒙已逐渐习惯幼儿园的生活。他认知能力提高很快,说什么,他大多能听明白了;简单的话也能说上来了。当然仍离不开人,有时,他自己爬上椅子、桌子,没有人在旁边就不行。

以我俩的名义发的《蒙城简报》,到此就画一句号了。以后崑在蒙城期间,隔些日子,还会给你们发封短信或在网上通话。我们在京所住房子装修已于7月初结束,沛回去后将先住在1403室,即原来小鸥住的那间。

这几天,蒙特利尔不算热,还较舒服。今天下午,将带瑞蒙去看龙舟比赛;沛也将开始整理行装,不再多写。即问健好!

沛德、刘崑

　　附记:这是我和老伴(刘崑)第二次到加拿大蒙特利尔探亲,发给身处国内弟妹们的一组电子邮件。

旅美书简摘抄

——致弟妹们

一

我俩来美已两个月。我们全家八人（包括女儿一家、儿子一家）于 7 月 4 日至 20 日作美国西部游。这次去了旧金山、洛杉矶、拉斯维加斯、西雅图，并乘邮轮从温哥华到阿拉斯加作七日游。这些地方都是过去没去过的，虽是蜻蜓点水、浮光掠影，但仍感新鲜、美丽。世界之广阔、之奇妙，不是亲历，真难以想象。

洛杉矶，又称"天使之城"，位于美国加州，是美国第二大城市。在这里，我们游览了比佛利山庄、好莱坞影视城和好莱坞名人大道。多年来一睹好莱坞风采的心愿，这次终于得以实现。

从温哥华到阿拉斯加的七个日日夜夜，对我们老年人可说是最好的选项，邮轮上各种娱乐设施齐全，饮食也可满足不同口味。停船上岸观光，可视自己身体状况，量力而行。假如无力上岸，也可在船上欣赏音乐，观看表演，身心一样得到愉悦。但我们一个码头都没拉下，因为沿途的每一个景点，都很有特色。阿拉斯加是美国面积最大的州，位于美国的西北角，那里住着爱斯基摩人、印地安人、阿留申人；盛产石油、矿产，还有我们常吃到的三文鱼。一路上，观赏了近在眼前的冰川和在海上跳跃的大鲸鱼，还在一块金矿石旁留了影。

我俩虽年过八旬，能跟上队伍作长途旅游，也足以说明身体、精神还算不错。竞鸥(儿子)住处周围绿树成荫,空气清新,在附近散步半小时或三刻钟,只能遇到两三个行人,可见这里是多么宁静。今日大暑,但并不太热。不多写,再见! 祝健康快乐!

刘崑 沛德　2015.7.23

二

7月23日给你们发过一E-mail,至今又过去一个半月。谅你们诸事如意,身体健好,念念。

这段时间有几件事要告诉你们:一是与来美旅游的光明妹、林蕴外孙女一家和移居美国的中学同学一家相聚在新泽西州,交谈甚欢,殊为难得。二是8月下旬,我们一家又驾车去美国东南部一游。

走到了巴尔的摩、夏洛特、亚特兰大等城市,并重游华盛顿和大西洋城。无论是人文景观(如美国会众、参两院议事厅、国会图书馆、马丁·路德·金遗址),还是自然景观(如大雾山国家公园、地下瀑布、大西洋海滩)都是匆匆一瞥,来不得细细观赏、品味。三是孙子瑞蒙、凯文从9月8日起开始新学期的生活。一个读初中一,一个读小学一,初中、小学不在一所学校里,因此他俩爸妈接送就不像原来那么方便了。课余,他们还分别报了网球、冰球、图画班,星期日还要上中文学校,学习压力虽不大,但日程还排得挺满。

近日这里又热了几天。据气象预报,今后不会再超过摄氏27-28度。毕竟白露已过,枫叶红了,不少树木也已落叶。

我俩和菱舟(女儿)身体、精神都还好。在这里,除了帮助做些家务事,有时逛逛超市,翻翻几份中文报纸,也没什么别的负担,可说是悠闲自在的。在美国小住的时间还剩下40天了,10月20日将离美回京。再谈。祝秋安!

刘崑 沛德　2015.9.10

三

明天我俩和菱舟就要离美回京了,结束长达 5 个月的探亲之旅。这次来美小住的最大收获是享受天伦之乐,体味浓浓亲情的温馨。与儿孙朝夕相处这么长一段时间,是十分难得和珍贵的。在这里,先后度过了儿孙们的生日;还和多位亲友见面叙谈,都留下深刻真切的记忆。

在美期间,除到美国西部、东南部各旅游一次外,最近两个月又在周末先后驾车去纽约、波士顿和马德岛州、纽黑文市和耶鲁大学作一日游,早出晚归,有时深夜一点才到家。无论是马德岛上 19 世纪富翁大亨的豪宅、充满人文艺术气息的耶鲁校园,还是深秋时节五彩缤纷的枫叶,都让我们开阔了视野,愉悦了身心。迄今为止,美国 50 个州,我俩已在 23 个州留下了脚印。

在这里,通过电脑、电视、iPad,可以及时了解国内外信息。同时,与不少同事、文友保持联系。从中国作家网可以知晓国内文艺界信息,有几次活动,如作协等单位召开的儿童文学创作出版座谈会,童话作家孙幼军追思会,儿童文学女作家彭学军作品研讨会,儿童文学家、散文家严文井百年诞辰纪念会等,沛德都还写了书面发言或短文,表达了自己的看法和意见。

还有一点聊以自慰的是:年届耄耋,还能跟上大家的步伐,没有掉队;而且在美旅居了 5 个月,没有闹过病,健康状况算是不错的了。

即将与儿孙离别,不免有临别依依之情。好在如今网络发达,随时可作视频对话交流。

就此打住,余容回京后再谈了。祝事事如意,阖家安康!

刘崑 沛德   2015.10.19

(以上三封信均写于美国新泽西州巴斯金里奇镇)

84 小时的美国之旅

2002 年 8 月 31 日(星期六)

我和老伴于清晨 5 点起床,匆匆赶到蒙特利尔市唐人街,参加协和旅行社组织的"美国东部四日游"。同乘一辆旅游大巴的 40 多位游客都是黄皮肤、黑头发的炎黄子孙,大多是来自海峡两岸的移民、留学生及其来加探亲的家属。导游小姐用普通话、粤语、英语三种语言向游客介绍旅游日程和景点概况。同路人不存在什么语言隔阂,相互之间可以自由交谈,颇感快慰。

车行约两小时,9 点抵达美加交界处的美国香槟镇。办理入境手续花费一小时,我凭窗凝望,只见天空的小鸟自由飞翔,草坪上的松鼠跳来跳去,它们出入境不需要什么护照签证,不禁让人有几分羡妒。大巴沿 87 号公路前行,一路都是广阔的原野、翁郁的树木、清澈的湖沼,可以说是风景如画。

下午 3 点多,大巴通过林肯隧道穿越赫得逊河,历时八小时,终于踏上曼哈顿岛,到达闻名遐迩的美国最繁华的大城市——纽约。

日程安排得很紧,一到纽约,就马不停蹄地去参观联合国大厦。我们经常从电视里看到的那幢巍然矗立,形状如火柴盒或骨牌、墓碑的 39 层大楼,是联合国办公大厦。在会议大厦的走廊里,我们看到墙上悬挂着联合国成立以来历届秘书长的巨幅彩照。安南秘书长那心事重重、不苟言笑的熟悉面庞鲜明地呈现在眼前。我们先后参观了安理会、经社会、托管会的议事厅。从安理会议事厅二楼观察员席上,俯视布置成马蹄形的会场,桌上放着中、俄、美、英、法五个常任理事国国名标示牌,让你不由得要掂量掂量五大国在讨论决定国际事务时所握有的那一票否决权的分量。参观各会员国赠送的礼品时,我特别注意到我国赠送的那座表现成昆铁路修建的象牙雕刻,精雕细刻,工艺精湛,把那艰巨工程的恢宏气势表现得淋漓尽致。英国赠送的用马赛克制作的巨幅画像也引人注目,主题是表现普天下人祈求和平;画面上那20多个不同肤色、不同装束的男女老少的眼神、表情刻画得生动逼真,栩栩如生,给我留下了难忘的印象。

在渔人码头用了一点简单的晚餐,乘上游轮,在赫得逊河上绕了一圈。接近河的入海口,远远地就能看到那座名满全球的自由女神像耸立在万顷碧波之上。这座铜像高93米,重225吨,是美国独立100周年之际,法国人民赠送给美国人民的珍贵礼物。自由女神一柱擎天,右臂高举自由火炬,左手握着《独立宣言》,头上所戴的皇冠上射出七支光束,在晚霞的映照下显得格外璀璨。我凝神注视着这座雄伟神圣的铜像,脑海里闪现匈牙利著名诗人裴多斐的名篇:"生命诚可贵,爱情价更高;若为自由故,二者皆可抛。"来自五湖四海的游客面对自由女神像沉思默想,似都在品味着自己心中的美国自由,思索着为争取自由所付出的代价,愿把满腔的心里话向自由女神诉说。

夜幕降临,漫步于摩天大楼林立的纽约市中心,抬起头来,只见一线天。走过著名的华尔街,这里集中了美国最大的银行、证券交易所、保险公司,是操纵世界金融的中心,但想不到它竟是一条仅一里长的狭窄街道。白天人声鼎沸、熙熙攘攘的股票市场,现在静悄悄的。一天下来,随着股票指数的升降起伏,几家欢乐几家愁,只有天知道!

2002 年 9 月 1 日(星期日)

昨晚投宿于新泽西州的雷迪逊酒店。这里紧挨着纽约市,住同一星级的旅馆,房费要比纽约市区便宜得多,精打细算的旅行社自然就看中了它。今天上午 8 点出发,去纽约市中心,参观建于 1931 年的帝国大厦。这是纽约目前最高的建筑物,高443米,共102层,仅次于一年前毁于9·11事件的、高110层的世界贸易中心大厦。从帝国大厦86层的回廊上眺望纽约全景,东西南北一览无余,只见一群群摩天大楼像雨后春笋般拔地而起,穿梭往来的、五颜六色的汽车像小甲虫在爬行,川流不息的人群则像排成队的蚂蚁在搬家。偌大的纽约,虽然也有一些草坪、花圃、树木,但从高处一眼望去,似看不到更多的绿色。这也许正是人口稠密、地皮紧张的大都会无法完满解决的难题。

从帝国大厦到唐人街,路经纽约最繁华的第5、6、7大道和第42街。而著名的百老汇、时报广场是闹市中的闹市,集中了剧院、歌舞厅、电影院、夜总会等众多的娱乐场所。观众在这里可欣赏到精彩纷呈的戏剧歌舞演出,阔绰的大亨则可一掷千金,享受纸醉金迷的夜生活。我们徜徉在时报广场上,尽管是白天,依然是五光十色,色彩绚丽的海报,不断变幻的广告,来回滚动的电视新闻,令人眼花缭乱。

步入唐人街,满眼都是用汉字书写的商店招牌,餐馆茶楼酒家鳞次栉比,川、湘、粤、淮、扬各色风味一应俱全。只要腰包里有钱,挂炉烤鸭、水晶肘子、海鲜煲、叉烧饭、担担面等各种美食,都可以品尝到。唐人街的一侧,有一幢高48层的孔子大厦,楼前竖有庄严的孔子塑像。在异国他乡见到孔老夫子,又听说这大厦、塑像都是20世纪70年代初国内批林批孔时兴建的,心里真有一番说不出的滋味。

下午1点多,告别纽约、驶离曼哈顿岛前,路过世贸中心遗址,面对那用蓝色挡板围起来的、堆满乱石残砖的一片废墟,不能不为一年前发生的9·11惨剧而摇头叹息。恐怖主义一日不除,就世无宁日、民无宁日。

费城是我们"四日游"的第二站。这是一个古老的、具有光荣革命历史的城市;也是一个正在不断改造、发展的现代化城市。在细雨中,我们参观了久负盛名的独立厅。那是一幢二层红砖楼房,顶上高耸着一乳白色的钟楼。这个建筑虽说不上气派恢宏,但庄重典雅。美国独立宣言和美国宪法都是在这幢楼里通过的。独立厅前的走廊陈列着重 2080 磅的自由钟。久经沧桑,铜钟已有裂痕。当年这口钟发出的洪亮悦耳的声响,宣告了美利坚合众国的诞生。漫步在碧草如茵的独立广场,寻觅美国开国元勋华盛顿、杰斐逊、麦迪逊、富兰克林等的脚印。200 多年过去了,这些为独立自由而战的伟人的名字,仍然深深刻印在美国乃至全世界人民的心坎上。

在费城逗留约三个小时,薄暮时分,旅游大巴开向"四日游"的第三站华盛顿。当晚下榻于坦斯茵酒店。

2002 年 9 月 2 日(星期一)

华盛顿既是世人瞩目的政治中心,也是一个美丽的花园城市。这里没有高耸入云的摩天大楼,也没有鱼贯不断的车水马龙,多的是纪念堂、纪念塔、博物馆、广场、铜像、喷泉,它的庄严静谧与纽约的繁华喧闹形成鲜明的对比。当我们来到市中心,首先映入眼帘的就是那像一支巨大的锥形石笔昂然挺立、直冲云霄的华盛顿纪念塔。塔高 170 米,是华盛顿的最高建筑物。当年美国国会曾通过一条法律,规定华盛顿的所有建筑物不能高于纪念塔,以此来表示对开国元勋的尊敬。以纪念塔为中心,它的四周是赫赫有名的白宫、国会山庄、杰斐逊纪念堂、林肯纪念堂。这五大乳白色的建筑物之间,以碧绿的草坪、苍翠的树林、鲜丽的花圃、清澈的池塘连接起来,构成一幅十分匀称、美丽的图画。优美的田园风光与浓重的人文色彩如此和谐地融合在一起,让你不能不啧啧称赞设计家独具慧眼,别具匠心。由于时间仓促,没有来得及到白宫、国会大厦内参观。站在相距两三百米的铁栅栏之外,眺望那幢极其普通的白色三层楼房,那就是美国元首权威的象征、最高决策的中心——白宫。尼克松、福特、卡特、里根、老布什、克林顿、小布什及其幕僚就是在这里运筹帷幄,叱咤风云的。当我脑际闪过这里也是克林顿和莱温斯基绯闻产生地时,不禁扑哧一笑。我躺在国会山庄前的草坪上,凝视那幢建筑于山坡上的乳白色、圆穹形屋顶,每层四周都是圆柱支撑着的国会大厦,想象着众参两院里的共和党、民主党议员针锋相对、唇枪舌剑的情景,揣摩着

"西方议会民主"的真伪利弊。

从国会大厦到华盛顿纪念塔之间有一条很长、很漂亮的林荫大道。大道两侧分布着建筑风格各异、设计新颖别致的众多博物馆,其中最为著名的有:历史博物馆、国家美术馆、自然史博物馆、航空航天展览馆、国会图书馆、非洲建筑和艺术馆、肯尼迪文化中心等。走进航空航天馆,一眼就能看到悬挂于屋顶的莱特兄弟于1903年发明的第一架飞机。耸立于大厅中间的载有人造卫星的先锋火箭似要腾空而起。在展览厅里,我看到了世界上第一架超音速的喷气机,第一位美国宇航员乘坐的友谊7号飞船,第一次把太空人送上月球的阿波罗11号航天器的登月指挥舱。我还有幸抚摸了从月球采回来的那块小小的岩石,登上宇航科学家生活工作达三个月之久的空间实验室的生活舱,目睹餐厅里的那些生活用品,想象着他们在失重的状态下如何用餐。啊,科学技术的发展真是突飞猛进,在历史长河的一瞬间,人类腾云驾雾、上天揽月的梦想就变成了活生生的现实。

航空航天馆的对面是著名的国家美术馆,由东、西两幢楼组成。东楼是建筑设计大师贝聿铭的杰作,呈三角形,新颖别致,楼内主要陈列现代派的作品。西楼是老楼,它的三楼有90个色调素雅、光线柔和的陈列室,陈列着从古代、意大利文艺复兴时期到19世纪各国的绘画和雕塑。我三步并作两步奔走于各展室之间,稀世珍品目不暇接,对达·芬奇、米开朗琪罗、伦勃朗、安格尔、梵高、列宾等大师的传世之作也只能匆匆一瞥。我真想能有十天半月,以从容、悠闲的心情来细细品味这些艺术瑰宝。

下午2点半,怀着依依之情离开华盛顿。6点抵达我们"四日游"的最后一站大西洋城。这是美国东部最大的赌城。旅行社把它列入旅游日程,不言而喻,是为赌场组织赌客和观光客,从中捞取好处。对我这样生平从未进过赌场的人来说,实在是别无选择,无可奈何。既然来了,也只能借此机会见见世面、开开眼界了。

入晚,我们徜徉在大西洋岸边一条笔直的街道上,只见面对大海的马路一侧矗立着一群色彩缤纷、富丽堂皇的建筑物,那就是一家挨一家的赌场。走进著名的印度皇宫赌场,装饰华丽的大厅里灯火辉煌、人声鼎沸,七彩灯来回闪动,爵士乐不绝于耳。上千部像电子游戏机般的"老虎机"吸引了大群神情专注的男女赌客,只见他们投下硬币或筹码,按下电钮,老虎机上的许多图案就滚动起来,赌客的心跳也随之加剧,直到图案停止转动,根据图案的不同组合,决定你是否中彩。正如中国俗话说的:"十赌九输。"绝大部分硬币或筹码都被老虎机吞掉了,只有少数幸运者中彩,不无惊喜地见到三五倍乃至五十倍上百倍于本钱的硬币或筹码从老虎机里哗啦啦流出来。赌博的花样很多,除老虎机外,我还见到有扑克、骰子、轮盘等,这些赌具的输赢就更大了。赌场二楼还有专供大赌客豪赌的包间。我转悠了近一小时,实在不习惯赌场里那喧闹得几近疯狂的气氛,就匆匆离开了。在回旅社的路上,我在沉思:今宵又不知哪位赌客会成为一出倾家荡产、妻离子散的悲剧中的主角?!

2002 年 9 月 3 日(星期二)

早晨到大西洋岸边散步。从东半球来到西半球,从太平洋畔来到大西洋畔,心中顿然萌生一种新鲜、奇异的感觉。面对一望无际、碧波如镜的大海,确实令人心旷神怡。我和老伴在海滩上拾贝壳,兴致勃勃地寻找色彩斑斓的小石子,似又回到天真无邪的孩提时代。

旅游团的大巴于上午 8 点半驶离大西洋城,中午到达纽约州中央山谷名店购物中心。这个中心分为红、绿、紫、蓝、黄五个区,集中了 200 多家销售名牌产品的商店。我们在蓝区逛了十多家商店,囊中羞涩,除了老伴挑中一双阿迪达斯旅游鞋外,别的就不敢问津了。

晚 9 点过海关进入加拿大境内。在滂沱大雨中,结束了历时三天半、共计 84 小时的"飞车观花"的美国之旅。

2004 年 5 月 9 日摘抄

草坪·枫林·松鼠

加拿大之旅最让我赏心悦目、流连忘返的是：碧草如茵的绿地、色彩绚丽的枫林和随处可见、惹人喜爱的松鼠。

大自然母亲似乎对加拿大情有独钟，恩宠有加，在它幅员辽阔的大地上，到处覆盖着郁郁葱葱的森林、一望无际的草原、星罗棋布的湖泊……而大自然优秀之子加拿大又特别懂得关爱母亲，保护母亲。加拿大全境有29个风景秀丽、如诗如画的国家公园，650个省立公园，这都是可以寻幽探胜的自然保护区。我旅居的蒙特利尔市就有300多个公园，打开市区的地图，满眼都是绿色的标志，那就是草木葱茏的公园所在地。

我在加拿大住了五个月，跨越了夏、秋、冬三个季节。夏天绿意盎然，秋天层林尽染，冬天银装素裹，我有幸领略了加拿大独具魅力的自然风情。

踏上加拿大国土，首先映入眼帘的就是那绿油油的草坪。我可是生平第一次见到那么多开阔的、漂亮的绿地。在蒙特利尔，皇家山之巅的草坪紧紧地依傍着卡斯托尔斯湖；麦吉尔大学校园的草坪为久负盛名的、富于法国风情的古老建筑所包围；奥林匹克中心的草坪则镶嵌着式样新颖别致的体育建筑群。在魁北克，站在战场公园的草坪上，可以眺望对面劳伦斯河的美景。在渥太华，以园林之胜闻名的加拿大总督府前的草坪与美丽的花圃连成一片。在多伦多，皇后公园的草坪上耸立着红墙碧瓦、古色古香的安大略省议会大厦。所有这些各具特色的草坪无不让我感到心旷神怡，留下终生难忘的印象。如果说上面提到的这些草坪都还属于旅游景点，不足为奇；那么，当你面对散布在加拿大各个城市马路两侧、房前屋后那大片的或小块的数不清的草坪，就不能不由衷称赞这真是名不虚传的"草坪上的加拿大"了。

我喜欢在草坪上徜徉。清晨或傍晚，我踏遍了住宅周围的每一块草坪。我还带上地图，乘坐地铁，如痴如醉地去寻找蒙特利尔各个角落的草坪。每有新的发现，回家后总要情不自禁地向家人诉说自己的喜悦。我成了绿色的追逐者、十足的草坪迷。每到一处，我就恋恋不舍，往往会安逸地躺在柔软的草坪上，凝视那湛蓝的天空，那浮动的白云，那灿烂的阳光，贪婪地呼吸那青草散发出的新鲜、芬芳的气息。久住空气污浊的城市，真想在加拿大的草坪上把新鲜的空气吸个够，够我用上一辈子。

有草坪，有树木，就能见到精灵、活泼的松鼠。森林大国加拿大庇护了大量松鼠。每天清晨，我跨出家门，总会遇到两三只松鼠站立在我面前，两只乌黑的眼睛友好地注视着我，好像是问我早安，当我亲切地对它说："Good morning!"时，它迅捷地蹿上茂密的枫树。在公园里松鼠爱与游客交朋友。当我坐在草坪上，向它一招手，它马上围到我的身边，跳来跳去，东张西望，那姿态，那神情，确实逗人喜爱。有一次，我见到一个约摸三四岁的女孩用花生米、核桃仁、小饼干逗引松鼠，不一会儿，竟有 10 多只松鼠来到她的跟前。松鼠披着一身灰色的皮毛，拖着那又粗又长的尾巴，加上它那几撇不长不短的胡子，与天真活泼、充满童稚的孩子相映成趣，构成一幅人与自然和谐相处的生动画面。正因为松鼠性情和蔼，活泼有趣，对人友好多情，因而多伦多市政府选择松鼠作为市徽的图案。在旅游商店陈列的纪念品中，也有不少刻印上了松鼠的形象。松鼠在这里成了人们亲密的、形影不离的朋友。

加拿大的国土面积与我国相差无几，但它得天独厚，森林覆盖率高达 46%，而我国仅有 15%。加拿大漫山遍野都是阔叶林、针叶林，尤以枫树为多。从西岸到东岸，你可以欣赏到绵延达万里的如醉的枫林。由此，你就不难理解加拿大人为什么要把鲜红的枫叶绣上红白相间的国旗，当作他们国家的象征。

秋风飒飒，我亲眼看到枫叶一天天地由绿转红。我怀着激动、急切的心情来到以阔叶林著称的魁北克去观赏红叶。当我们的车子接近魁北克附近的水晶瀑布时，它周围那一片火红的枫林，像色彩绚丽的油画，清晰地呈现在我眼前。水晶瀑布的落差为83米，从断崖上直泻下来，极为壮观。我为层林尽染的秋色所吸引，决心上山探个究竟。已届古稀之年的我抖擞精神，一口气爬了共有470多级的梯子，终于登上瀑布上方的铁桥。原来红艳艳的枫树和红色的槭树、黄色的橡树、常青的松柏交织在一起争奇斗艳，这才构成我在山下看到的那赤橙黄绿、五彩缤纷的画面。我置身于满山红叶中，像是投入大自然母亲的怀抱，心灵变得更加单纯，胸怀似也更加开阔。我细心拣了不少色泽鲜红、暗红或深紫的大大小小的落叶，准备寄给远方的亲人、朋友，或夹在书里作为纪念。

记得有一次，当一本刊物的编辑问我"最喜欢什么颜色"时，我的回答是："蓝色，蓝色的天空，蓝色的海洋，蓝色的火焰，都让我浮想联翩，心旷神怡。"经历了草坪上的加拿大之旅，现在我会毫不含糊地说："我更爱绿色。绿色象征着萌芽、成长、青春、活力。"生命呼唤绿色。绿色需要环保。保护绿色，保护生态环境，让我们"从我做起"吧。

2004 年 4 月 7 日

感受飞瀑

尼亚加拉大瀑布是我久闻其名,心驰神往的一个世界天然奇景。前年去加拿大小住,终于如愿以偿,得以一睹它那迷人的风采。

从加拿大第一大城市多伦多到瀑布所在地尼亚加拉小镇,行程不到两小时。旅游大巴开到距大瀑布还有数里之遥的地方,就能清晰地听到由远而近的、雄浑的瀑声。

原来尼亚加拉瀑布位于美国和加拿大接壤处。一条连接美国伊利湖和加拿大安大略湖的尼亚加拉河,流至美、加交界处,遇到斜度极大的绝壁,陡然倾斜,河水垂直下泻,落差达50多米,于是形成世上罕见的、宽度近1200米的大瀑布。由于山羊岛的阻隔,又将瀑布分成三股:在美国一侧的两股,一股为美利坚瀑,又称彩虹瀑。另一股罗那瀑,又称婚纱瀑。在加拿大一侧的那一股,弯曲呈马蹄形,称为马蹄瀑,又名加拿大瀑。三瀑之中,马蹄瀑最大,最为壮观,宽达762米。彩虹瀑次之,宽323米。罗那瀑最窄,只有91米,但它那宛若新娘婚纱的婀娜风姿,深得年轻恋人的青睐,吸引了不少新婚夫妇前来这里欢度蜜月。

当我来到安大略湖畔的维多利亚公园,面对三股奔腾直泻的飞瀑,那汹涌的水势,那轰轰的响声,那跳跃的水珠,那弥漫的水雾,不禁让我凝神屏息,惊叹不已,当即被尼亚加拉大瀑布壮阔的规模和磅礴的气势所震撼了。你想,组成尼亚加拉瀑布的三个瀑布,每一秒钟平均流量为6400立方米,相当于每秒钟可以灌满100万只浴缸的水量。那铺天盖地、排山倒海、一泻千里、不可阻挡之势,怎么能不让人惊心动魄呢!

暮色茫茫,两岸灯火闪烁。正当我凭栏注视夜色朦胧中的飞瀑时,忽见美、加两边几十盏巨型探照灯,射出或红或蓝或黄或绿的强烈光芒,把大瀑布照得晶莹透亮、五彩缤纷。婚纱瀑好似童话里的美丽公主,她那飘逸的长裙不断变幻色彩,越发显得楚楚动人了。这时候,绚丽的烟花又凌空竞放,火树银花,与探照灯的光束交相辉映,一幅用浓墨重彩绘出的五色瀑夜景清晰地呈现在人们面前。河岸上摩肩接踵的游客,都在选择最佳角度,拍下这精彩纷呈、激动人心的奇景。

第二天清晨,我又加入期待已久的乘船观瀑的行列。在维多利亚公园的一角,我们坐电梯下到接近游船码头处,穿上游轮公司发给的浅蓝色雨披,登上名为"少女之雾"的游轮。横跨尼亚加拉河、连接加拿大安大略省与美国纽约州水牛城的彩虹桥就在眼前。水牛城的上空飘扬着美国国旗,还有一只特大的蓝色气球随风摇曳,气球上面十分醒目地书写着:"I Love NewYork!(我爱纽约!)"触景生情,使身处异国他乡的我,心中不免荡漾起一缕思家乡、恋故土的情愫。缓缓启动的游轮,首先驶至美国境内的彩虹瀑、婚纱瀑前。巨瀑溅起的水珠像是细雨,很快沾湿了我的雨披。我清晰地看到对岸一群群穿着黄色雨披的游客,从岸上沿铁梯拾级而下,绕过崎岖泥泞的路,向婚纱瀑的落点靠拢。他们聚在瀑布底下,欢笑着、呼唤着,领略那从天而降的瀑布激起的水花雨丝劈头盖脑打来的滋味。一对对年轻恋人依偎在一起,任凭风吹雨打,一心一意要从被看做爱情源泉的尼亚加拉瀑布汲取永不枯竭的力量。

当游轮开足马力驶近加拿大境内的马蹄瀑中心时,只见犹如万马奔腾的飞瀑迎面扑来,顿时白浪滔天,碧波翻滚,水沫飞扬,吼声轰隆。一阵阵疾风掀起我的雨帽、雨披,我快成落汤鸡了。一片白茫茫的水雾,模糊了我的视线。我干脆摘下眼镜,这才若隐若现地看到乳白色、浅绿色相间的巨瀑近在咫尺。我很想投身于瀑布的怀抱,尽量贴近它,靠拢它,去感受它那无可匹敌的威力。游轮的掌舵人似乎很了解我的愿望,想方设法极力把船开到迫近瀑布处。无奈瀑布急湍冲下的力量,总是把游船阻挡在一定距离之外。马蹄瀑呈半圆形,游船转了大半圈,始终与瀑布平行,怎么也不能进一步靠近它。好在当游船驶至马蹄瀑中央时,瀑布从正面和左右两侧泻下来,三面之水碰撞在一起,形成巨大的旋涡。这时,船身左右摇晃,河水漫进船上,一些胆小的游客不禁发出惊恐的尖叫。这也算是让我们过把瘾,充分体验瀑布冲击的紧张与惊险。

半小时的船上观瀑,似兴犹未尽。上得岸来,我决心放弃旅游团安排的海洋公园之游,争取在尼亚加拉瀑布前多呆上两三个小时。我想细细端详它的容貌,静静倾听它的声音,稍稍了解它的脾气、性格。

我漫步在维多利亚公园开阔的草坪上,无心欣赏公园中央那用2.5万株鲜花砌成的、直径12.2米、构思精巧的大花钟,沿着河岸的栅栏,急匆匆赶到最靠近马蹄瀑的一角。极目眺望,终于看清源自伊利湖的尼亚加拉河,原本是从平原上流过来,流到安大略湖畔,地势陡然一落,河水直泻谷底,这才有了眼前的飞瀑奇观。一横一拐一竖,呈一直角,大自然神来之笔真是奇妙极了。我置身于水雾烟波之中,耳畔是雷鸣般、振聋发聩的轰响,眼前是青天碧波、水天一色的美景。注视着游轮上裹着蓝色雨披的人群与蓝天碧水融为一体,不由得向往那"天人合一"的美好境界。

我赞美飞瀑那奔流不息、一往无前的精神,那海纳百川、不抉细流的胸怀,还有那撼天动地、震慑人心的威力。由衷感谢大自然母亲赐予人类如此雄伟瑰丽的奇观。作为大自然之子,我们一定要善待母亲,加倍热爱她,百般保护她,用捍卫绿色家园、营造绿色文化空间的行动来报答她。

2004 年 4 月 27 日

万圣节,真来劲!

初夏时节,我和老伴赴美丽的枫叶之国加拿大探亲。抵达目的地蒙特利尔的第二天,正赶上加拿大国庆节。成千上万肤色、服饰、语言不同的男女老少,组成一支浩浩荡荡的游行队伍,挥舞着镶着红色枫叶、红白相间的国旗,兴高采烈地行进在市中心圣嘉芙莲大道上。当我还没来得及细细品味这个移民国家盛大节日蕴含的开放性、多元文化时,国际烟火节、国际爵士乐节、搞笑节(幽默盛会)、龙舟节、儿童节又一个一个接踵而至。我这个初来乍到的外国人,不能不发出"蒙特利尔的节日真是多"的感慨。一切都感到新鲜,这也想看,那也想看,真有点应接不暇,顾此失彼。

客居蒙特利尔短短 140 天,度过一个又一个节日。在这些节日中,最令人难忘的是快乐有趣的万圣节。这个原本始于中世纪祛除鬼怪、带有宗教色彩的节日,随着时间的推移,如今已演变成富有童话、神话色彩、孩子们纵情玩耍的节日。在加拿大、在北美、在西方,万圣节前夕,10 月 31 日这一天,成了仅次于圣诞节、感恩节的重大节日。

约摸在万圣节前一周光景,我就惊喜地发现许多商店、超市的橱窗、吊顶、四壁布置了好多富有创意、想象力的精灵古怪的装饰物,从南瓜到麦秸,从蜘蛛到蝙蝠,从魔鬼到怪物,会飞的巫婆骑着扫帚,还带着一只神气活现的大黑猫,独眼的猫头鹰栖息在鬼屋前的枫树上,穿着大皮靴、戴着黑眼睛的怪老头跨着火箭腾云驾雾,白色的小精灵在张开的大蜘蛛网上飘游……所有这些,让孩子们笑逐颜开,心驰神往,遨游在一个神奇美妙的想象世界里。清晨在社区散步,我还注意到好多别墅、公寓门口摆放着一个个黄澄澄的大南瓜,不少南瓜上刻着或哭或笑的鬼脸,形态各异,情趣盎然。也有一些人家门旁窗前站立着稚拙可爱的稻草人、麦秸小人,或挂着精雕细刻的南瓜灯、南瓜风铃。象征万圣节的南瓜、稻草人,构成了蒙特利尔秋日街头一道独特的、富有情趣的风景。

万圣节的活动多姿多彩,不少活动都是专门为孩子精心安排的,如故事会、雕刻南瓜比赛、南瓜大餐、参观鬼屋、南瓜灯展览……其中最受孩子欢迎的是蒙特利尔图书馆、植物园举办的儿童化装晚会、化装游行。来参加晚会、游行的都是打扮得奇形怪状的三四岁到十一二岁的孩子。为了在晚会上出奇制胜、引人注目,孩子和他们的父母在化妆、打扮上可说是煞费苦心、绞尽脑汁。有的打扮成外星人、嬉皮士的模样;有的打扮成大灰狼、小松鼠的模样。我见到一位装饰时尚的年轻妈妈领着三个孩子来参加晚会,他们分别穿着装扮成小兔、小猫、小熊的动物外套,一个个胖墩墩的,十分可爱。与会的年龄小一些的孩子往往打扮成白色的小天使、美丽的小公主、胖胖的南瓜宝宝,或是小羊、青蛙、美人鱼的有趣造型;而年龄大一点的孩子追求新奇怪异,戴着面具或涂上油彩,身着长袍或穿盔戴甲,点上蜡烛或举着刀叉,既威严怪异又滑稽有趣。晚会上欢声笑语,载歌载舞,洋溢着一片欢乐、温馨的气氛。原本鬼影幢幢、阴森恐怖的万圣节,在孩子这里已变成无忧无虑、快乐自由的游戏世界。

相传从公元 9 世纪开始,基督教信徒跋涉于穷乡僻壤,挨家挨户乞讨用面粉和葡萄干制成的"灵魂之饼"。据说慷慨捐赠糕饼的人家,都相信教徒的祈祷,期待由此得到上帝的保佑,让已故亲人早日进入天堂。这种挨家乞讨的传统习俗,如今已演变成孩子们提着南瓜灯挨家挨户讨糖吃的游戏。万圣节前夕,夜幕降临,穿着奇装异服的孩子三五成群,提着刻有鬼脸的南瓜桶,走街串巷,挨家挨户敲开邻居的门,向主人讨糖吃。入乡随俗,那天我家也准备了一些糖果。也许由于我家门口没有放着南瓜灯等节日的装饰以表示欢迎光临,讨糖的孩子擦门而过,颇使我心里有几分失落。隔壁邻居下班回来告诉我,他在林荫道上遇见几个脸上画着几撇胡子的淘气的"小鬼",装腔作势地说出那句口口相传了上千年的唬人的话:TRICK OR TREAT!(不款待就捣乱!)他身边没有带糖,只好从口袋里掏出几枚硬币,投入孩子们捧着的为残疾儿童募捐的小纸盒里,才算侥幸过关。捐钱,又是怎么回事呢?原来从1965年起联合国儿童基金会就建议在万圣节期间为残疾儿童募捐。真是化腐朽为神奇,鬼节又有了充满关爱、同情、慈善的人性化色彩。

我是第一次在异国他乡过万圣节,真切地感受到:这是一个真正属于孩子的节日,没有哪一个节日的神秘、精灵、幽默、怪趣能赛过万圣节。它可算是顺应孩子天性、张扬游戏精神,培养少年儿童想象力的一座好学校。

2004年4月3日

附录：

束沛德：70年，见证新中国儿童文学发展历程

陈菁霞 采写

2011年，中国作协儿童文学委员会、北师大儿童文学研究中心、中少出版社为束沛德举行了祝贺八十寿诞暨儿童文学评论座谈会。会上，有论者称其"高屋建瓴地把握新时期以来儿童文学发展的全局，纵横交错地描绘了一幅立体的当代儿童文学地图""撰写了很多具有历史价值的重要文章，是当代儿童文学历程的见证者、参与者，成为当代儿童文学史上一个重要的坐标"。实际上，这也正是对束沛德在儿童文学领域辛勤工作70余年的高度概括和客观评价。

中学时代，束沛德就爱编编写写，写过一些散文小品、通讯报道，也写过诗，在《青年界》《中学时代》《文潮》《东南晨报·三六副刊》等报刊上发表。如果从1947年11月写的一篇小小说《一个最沉痛的日子》获《中学月刊》征文荣誉奖算起，到2011年10月新出版的散文集《爱心连着童心》为止，他与文字打交道，已整整70个春秋。"写作资历可谓不浅，但成果却乏善可陈。我是一个文学组织工作者，长期以来一直在文学团体、宣传部门做秘书工作、组织工作和服务工作。从20世纪50年代初担任中国作协创委会秘书到80年代初担任作协书记处书记，在工作岗位上始终离不开笔杆子。写报告、讲话、发言、总结、汇报这类应用文、职务性文字，几乎成了家常便饭。

如把这类文字叠加在一起,也许能编选成四五卷。因此,原本不是作家的我,在 60 年代,就被同事们戏称为'文件作家'"。

束沛德曾在文章中将他同儿童文学的因缘,概括为五个"两":即两个决议(参与起草 1955、1986 年作协关于儿童文学的两个决议)、两篇文章(50 年代中期的《幻想也要以真实为基础》和《情趣从何而来?》)、两次会议(1986 年、1988 年主持在烟台召开的两次儿童文学创作会议)、两届评奖(1987 年、1992 年参与、主持作协举办的首届、第二届儿童文学创作评奖)、两种角色(既作为作协书记处书记又作为评论工作者参加各种儿童文学活动)。

1955 年 9 月 16 日,《人民日报》发表了题为《大量创作、出版、发行少年儿童读物》的社论,批评了"中国作家协会很少认真研究发展少年儿童文学创作的问题",并明确提出:为了改变目前儿童读物奇缺的情况,"首先需要由中国作家协会拟定繁荣少年儿童文学创作的计划,加强对少年儿童文学创作的领导"。在《人民日报》社论的推动下,同年 10 月,中国作协第二届理事会主席团举行第 14 次扩大会议,讨论并通过了近期发展少年儿童文学创作的计划,决定组织 193 名在北京和华北各省的会员作家、翻译家、理论批评家于 1956 年底以前,每人至少写出(或翻译)一篇(部)少年儿童文学作品或一篇研究性的文章。接着,又于 11 月 18 日向作协各地分会发出《中国作家协会关于发展少年儿童文学的指示》。当时,束沛德作为作协创作委员会秘书,参与了调查研究、文件起草等工作。

1955 年春,负责创委会日常工作的副主任李季派束沛德参加了团中央召开的第三次全国少年儿童工作会议。从会上他了解到当时少年儿童的思想、学习、生活情况以及他们对文学艺术的需求,并聆听了胡耀邦所作的题为《把少年儿童带领得更加勇敢活泼些》的讲话。作协主席团第 14 次会议前,李季让我根据《人民日报》社论精神,结合从少年儿童工作会议上了解到的情况,并参考第二次全苏作家代表大会上波列伏依所作的《苏联的少年儿童文学》补充报告,代作协草拟一个要求作协各地分会加强对少年儿童文学创作的指导意见。我写出初稿后,经过几次讨论,多位领导同志修改补充,最后形成 11 月 18 日下达作协各地分会的《中国作家协会关于发展少年儿童文学的指示》。"这是我第一次接触儿童文学工作。也正是从这个时候开始,我把理论批评的兴趣和视野更多地投注于儿童文学领域"。

发表于 1956 年、1957 年的两篇儿童文学评论《幻想也要以真实为基础——评欧阳山的童话〈慧眼〉》《情趣从何而来?——谈谈柯岩的儿童诗》,被认为是束沛德儿童文学评论的代表作,自当年在《文艺报》刊发以后,先后被收入《1949—1979 儿童文学论文选》《中国儿童文学大系·理论(一)》《论儿童诗》《柯岩作品集》《柯岩研究专集》《中国儿童文学论文选(1949—1989)》《中国当代儿童文学文论选》等七八种评论选集。其中,《幻想也要以真实为基础》引发了一场持续两年之久的关于童话体裁中幻想与现实的关系乃至童话的基本特征、艺术逻辑、表现手法等问题的讨论。新时期以来出版的多种中国当代儿童文学史、儿童文学理论批评史、童话史、童话学等论著,对这场讨论都给予了肯定的评价,认为:"《慧眼》之争,开创了新中国成立后童话讨论的前声""不但促进了我国儿童文学的创作发展,而且也丰富了 50 年代尚不完备的我国童话理论"。

《情趣从何而来?》一文修改定稿时的情景,束沛德记忆犹新:那时女儿刚出世,他住的那间十多平方米的屋子,一分为三:窗前一张两屉桌,是他挑灯爬格子的小天地;身后躺着正在坐月子的妻子和未满月的婴儿;用两个书架隔开的一个窄条,住着他的母亲。"文章很快在《文艺报》1957 年第 35 号上刊出,这篇最早评介柯岩作品的文章,得到了柯岩本人和评论界及儿童文学界的好评,认为它是'有一定理论水平的作家作品论';对儿童情趣的赞美和呼唤'深深影响了一代儿童文苑'。"

"我到北方几十年了,至今还是南腔北调。共和国诞生的时候我 18 岁,刚从一个未成年人变成成年人。70 年过去了,我现在成了一个不折不扣的耄耋老人,不能不服老"。在年初广西师大出版社举行的"新中国成立70周年原创儿童文学献礼"丛书《儿童粮仓》发布会上，身为主编之一的束沛德向现场听众讲述了新中国儿童文学的发展历程和其间经历的艰难曲折。"共和国一路走到今天不容易，我见证了中华人民共和国在苦难中一步一步慢慢地从站起来到富起来，到走向强起来这么一个历程。像我这样的老儿童文学工作者，往往总有那么一份心情，总想为孩子们做点什么。我和徐德霞共同主编《儿童粮仓》就出于这样的想法，就像一首歌所唱的：'我要把最美的歌儿献给你，我的母亲，我的祖国'"。

除了歌声，在束沛德的身上，我们还看到了70年来儿童文学美好多彩的时光和面貌。

对话：在赵景深、严文井引领下涉足儿童文学

中华读书报：1952年，您从复旦大学新闻系毕业即被分配到中国作协工作。此后半个多世纪的时间里，您一直与中国儿童文学事业紧紧地联系在一起。在这一过程中，哪些人对您产生过影响？

束沛德：新中国诞生时，我18岁，刚跨进成年人的门槛，也是新中国第一代大学生。"国文"是大学一年级的必修课，我的老师是赵景深教授。他是我国儿童文学理论、创作、翻译、教学早期的拓荒者、探索者之一。由于在中学时代，我就在他主编的《青年界》杂志上多次发表过散文、速写，他对我可说是鼓励有加，倾情栽培。他特意为我开列了课外阅读书目，使我较早读到了《稻草人》《大林和小林》《敏豪生奇游记》《鹅妈妈的故事》等名著，从而对儿童文学有了感情和兴趣。在我的文学之旅中，赵先生可说是第一个引领我向"儿童文学港"靠拢的人。

真是无巧不成书。我走上工作岗位，第一个上级恰好又是著名儿童文学家严文井。我饶有兴味地读了他的《蜜蜂和蚯蚓的故事》《三只骄傲的小猫》等；并在他的麾下，协助编选年度《儿童文学选》。他的言传身教，使我领悟到，儿童文学要讲究情趣，寓教于乐。他说，

要善于以少年儿童的眼睛、心灵来观察和认识他们所接触到的以及渴望更多知道的那个完整统一而丰富多样的世界。这成了我后来从事儿童文学评论经常揣摩、力求把握的准则。

我涉足儿童文学评论，也忘不了著名文学评论家、时任《文艺报》副主编的侯金镜对我的鼓励和点拨。他热情鼓励我：从作品的实际出发，抓住作者的创作特色，力求作比较深入的艺术分析，要坚定地沿着这个路子走下去。

中华读书报：您发表于 1956 年、1957 年的两篇儿童文学评论《幻想也要以真实为基础——评欧阳山的童话〈慧眼〉》《情趣从何而来？——谈谈柯岩的儿童诗》在当时及此后都产生了很大影响。尤其是后者对"儿童生活情趣"的发现，对儿童文学"美学追求"的彰显，在强调儿童文学"教育功能"的 50 年代显得难能可贵。

束沛德：写这两篇文章，既不是报刊的约稿，也不是领导分派的任务，而是自己在中国作协创作委员会阅读、研究作品后有感而发。认真阅读文本，出于个人的审美判断，情不自禁地要倾诉自己的看法，于是拿起笔来加以评说。

现在看来，前一篇文章说理未必透彻，但它被认为"开创了建国后童话讨论的前声"，或多或少活跃了当时儿童文苑学术争论的空气。后一篇文章，至今被朋友们认为是我的评论"代表作"。有的评论者甚至说，这篇文章是把自己"带入儿童文学研究领域的第一盏引路灯"。在他们看来，"对儿童情趣的赞美，与对'行动诗'的褒奖，深深影响了一代儿童文苑"；"这些即便在今天都显得灼灼照人的观点，在强调儿童文学'教育功能'的 50 年代会显得多么卓尔不群！"

中华读书报：作为一名在儿童文学园地耕耘了几十年的园丁，您写作了大量的儿童文学评论文章，请问在这些评论中，您一以贯之的主导思想是什么？

束沛德：以情感人，以美育人，是包括儿童文学在内的一切文艺的特征和功能。充分而完美地体现时代对未来一代的期望和要求，真实而生动地反映少年儿童丰富多彩的生活，鲜明而丰满地塑造少年儿童的典型性格、形象,勇敢而执着地探求孩子们喜闻乐见的新形式、风格,是摆在儿童文学作家面前光荣而艰巨的任务,也是提高儿童文学创作质量题中应有之义。要千方百计努力创造向上向善、文质兼美的作品,把爱的种子,真善美的种子,正义、友爱、乐观、坚韧、同情、宽容、奉献、分享的种子,播撒到孩子的心灵深处,让它们生根、发芽、开花。

儿童文学的接受对象、服务对象是少年儿童。从事儿童文学创作、评论、编辑、出版、组织工作的人,要更加牢固地树立起"儿童本位""以儿童为主体"的观念。在创作思想上更完整、准确地认识儿童文学的功能,全面发挥它的教育、认识、审美、娱乐多方面的功能,并深切认识儿童文学的教育、认识、审美、娱乐作用,都要通过生动的艺术形象和审美愉悦来实现。儿童文学的教育功能是包含着净化心灵、陶冶情操、启迪智慧、培育审美能力的,坚持"寓教于乐",始终不离审美愉悦,力求用爱心、诗意、美感来打动孩子的心灵。儿童文学的服务对象分为幼儿、儿童、少年三个层次,在创作实践上要更加自觉地按照不同年龄段孩子的心理特点、精神需求、欣赏习惯、接受程度来写作。

70 年,当代儿童文学走过一条光荣荆棘路

中华读书报:回首中国儿童文学的发展历程,您将它分为建国后17 年、"文革"10 年、改革开放到八九十年代、新世纪至今四个历史阶段。对这不同历史时段的儿童文学,您作何评价?

束沛德:由于自己的兴趣爱好,加上我又一直处在文学组织工作岗位上,可以说我是一个儿童文学园地的守望者,我见证了人民共和国成立以来儿童文学 70 个春秋的发展历程。当代儿童文学走过了一条光荣的荆棘路。

从 1949 年到 1965 年,由于党和政府的倡导和"百花齐放 百家争鸣"方针的鼓舞,作家创作热情高涨,纷纷披挂上阵,热心为少年

儿童写作,从而迎来了我国儿童文学初步繁荣的第一个黄金期。这一时期佳作迭出,不胜枚举。张天翼、陈伯吹、金近、任大星、任大霖、任溶溶、肖平、洪汛涛、葛翠琳、孙幼军等,都奉献了为小读者喜爱的作品。这里仅举我更为熟悉的"三小"为例:严文井的童话《小溪流的歌》,诗情与哲理水乳交融;徐光耀的儿童小说《小兵张嘎》,成功地塑造了嘎子这个有血有肉、富有个性特征的人物形象;柯岩的儿童诗《小兵的故事》,既富有浓郁的儿童情趣,又富有鲜明的时代色彩。这些作品充分表明 20 世纪五六十年代,我国儿童文学在思想与艺术统一上所达到的高度。那时的作者普遍关注作品的教育意义,一心引导孩子奋发向上。

从 1978 年到 1999 年,作家思想解放,热情洋溢,创作欲望井喷式爆发。老作家宝刀不老,重新活跃于儿童文苑。一大批生气勃勃的青年作家脱颖而出,崭露头角,迎来我国儿童文学第二个黄金期。在儿童观、儿童文学观上的转变、进步,更加明确儿童文学"以儿童为本位""以儿童为主体",更加全面认识儿童文学的功能,摆脱了"教育工具论"的束缚,回归"儿童文学是文学",注重以情感人,以美育人。改革开放之初,短篇小说的成就尤为突出。刘心武的《班主任》、王安忆的《谁是未来的中队长》以及张之路、沈石溪、常新港、刘健屏等的小说都引人注目。到了 80 年代末 90 年代初,长篇小说热成了儿童文苑一道亮丽的风景。曹文轩的《草房子》、秦文君的《男生贾里全传》入选中宣部、中国作协等部门联合推出的向国庆 50 周年献礼的十部长篇小说之列,充分显示儿童文学的思想、艺术成就和影响力,与成人文学相比,完全可以平起平坐,毫不逊色。这一时期作品,在题材、形式、风格上多姿多彩,不少作家在思想、艺术上日趋成熟。金波、张秋生、高洪波、黄蓓佳、梅子涵、周锐、冰波、郑春华、董宏猷等都有佳构力作问世,他们沿着回归文学、回归儿童、回归创作个性的艺术正道不断前行。

进入新世纪之后,党中央要求更加自觉地推动社会主义文化建设,促进文化大发展、大繁荣。习近平总书记关于文艺工作的几次报告、讲话,明确要求创作无愧于时代的优秀作品,这就又一次给儿童文学的发展带来良好机遇和强劲动力。作家们更加关注讲好中国故事,弘扬中国精神,努力追求文学品质与艺术魅力的完美结合,更加自觉地守正创新,勇于探索,敢于变革,在艺术上有更加新颖独特的追求。

作家按照自己的生活经历、个性特点、优势擅长,开拓不同的创作疆域,使创作题材、样式越发多样化。就拿小说来说,校园小说、动物小说、历史小说、战争题材小说、冒险小说、幻想小说、少数民族题材小说、童年回忆小说,应有尽有,丰富多彩。张炜的《少年与海》《寻找鱼王》、赵丽宏的《童年河》、曹文轩的《蜻蜓眼》、张之路的《吉祥时光》、黄蓓佳的《童眸》、董宏猷的《一百个孩子的中国梦》、彭学军的《浮桥边的汤木》、汤素兰的《阿莲》、李东华的《少年的荣耀》、萧萍的《沐阳上学记》、殷健灵的《野芒坡》、薛涛的《九月的冰河》、黑鹤的《叼狼》、史雷的《将军胡同》等,都是近些年问世的取材独特、风格各异的优秀儿童小说。郑春华的幼儿文学,王立春的诗,汤汤、郭姜燕的童话,舒辉波的报告文学,刘慈欣的科幻文学,也都受到好评。

在我看来,由于80年代崛起的作者人生阅历,创作经验越发丰富,世纪之交涌现的作者富于创作激情、创新精神,这两代作家成了当今儿童文学创作的中坚力量,加上成人作家的加盟,从而使得新世纪以来的儿童文学思想、艺术质量在整体上有了进一步提高。不少优秀作品走向世界,曹文轩荣获国际安徒生奖,越发增强有志气、有才能的作家攀登儿童文学高峰的自信。

中华读书报:如您所说,建国后头17年儿童文学出现了初步繁荣的第一个黄金时期,20世纪80年代儿童文苑迎来了第二个黄金时期。可否将新世纪初期开始的又一轮繁荣称之为第三个黄金时期呢?

束沛德:近十年多,原创儿童文学的出版掀起了热潮,尽管好作品也不少,但"有数量缺质量,有'高原'缺'高峰'的现象"也还没有得到根本改变。具有鲜明的时代色彩、崇高的美学品质和强烈的艺术感染力,能传之久远的典范性作品还是太少;各种体裁、样式的发展也不平衡;儿童文学的阅读推广也有待深入。因此,若说当代儿童文学已迎来第三个黄金期,似还早了点。我想随着召唤写中国儿童故事的深入人心,创作环境、氛围的更加优化,创作力量的集结和作家素质的提高,潜心写作,锲而不舍,在不久的将来,在建党100年全面建成小康社会之际,也许就会迎来儿童文学花团锦簇的第三个黄金期。

新世纪,短篇小说创作依然薄弱

中华读书报:20世纪八九十年代,中国儿童文学发展陷入低谷,据说那一时期《儿童文学》杂志发行量跌到了六万,很多出版社撤销了少儿编辑室。造成这种低迷局面的原因是什么?

束沛德:我以为,主要是由于面临市场经济与网络多元传媒的双重挑战。市场化是一把双刃剑,它既给创作带来新的活力,拓宽了出版理念、思路;同时,也使一些作家、出版单位急功近利,写作态度浮躁,热衷于类型化、模式化、商业化的写作、出版,平庸浅薄的作品,随之而生。而面对网络时代,原本就被繁重的课业负担压得透不过气的少年儿童,大部分精力和课余时间都被吸引、转移到电视机、手机、游戏机旁,很少接触文学读物,有的也只看看卡通、小人书这些通俗、娱乐化的故事。正因为如此,儿童文学的发展一度呈现停滞、沉闷的局面。

中华读书报:新世纪以来,儿童文学的生态布局有哪些新的表现形式和特点?

束沛德:我年届耄耋,近些年儿童文学作品读得不多,对儿童文学现状已无力作全面梳理和宏观把握。这里,只能粗略地谈谈我的总体印象:

一是从创作态势、格局来看,坚守文学基本品质,回归纯文学、经典写作,似已大势所趋,成为众多作家的共同追求。二是不断新陈代谢的"四世同堂"的创作队伍,随着成人文学作者的加盟,结构更加优化,代代相传,后继有人。三是题材多样,近些年抗战题材儿童小说集中亮相,引人注目。加强现实题材创作,关注现实,关注当下,讲好中国故事,讲好中国特色的童年故事,正逐步成为引领儿童文学写作的潮流。四是从创作文体、品种看,原创图画书备受青睐,方兴未艾,有了可喜的成果。相对于长篇儿童小说的收获和成就,短篇小说依然显得薄弱。五是理论批评状况引起关注,改善文学批评生态,树立良好批评风气,已成了当今儿童文苑的热门话题。

身处新时代、新世纪,有抱负、敢担当的作家都在努力探索,不断拓展儿童文学的思想空间、艺术空间,探索如何更好地贴近新时代,贴近小读者,把儿童小世界与大世界、大自然更巧妙地融合在一起,创造出更新颖独特的文本面貌和艺术形式,从而更好地满足当代少年儿童不断提升的审美情趣和欣赏需求。

中华读书报:儿童文学作家曾出现过"五世同堂"的盛况,与前几代相比,您认为新一代作家的创作有哪些新的特点?

束沛德:世纪之交和新世纪崛起的一代作家,起点高,他们大多有大学本科以上的学历,文化素质和艺术修养较高。他们视野开阔,思想敏锐,富有勇于开拓、敢于创新的精神;他们又大半是独生子女的父母,对当下孩子的生活、心理更为了解、熟悉。新一代作家善于学习、借鉴中外儿童文学的优秀成果,勇于把中国的与外国的、传统的与现代的、时尚的艺术形式、表现手法结合起来。这样,他们就可能在创作上标新立异,创造具有高品位、新面貌、为广大少年儿童所喜闻乐见的优秀作品。

(原载《中华读书报》2019 年 5 月 29 日)

朴素与平实的力量

——读三卷本《束沛德自选集》

徐 鲁

束沛德先生是一位谦谦而恂恂的长者和智者,大半生都在中国作家协会工作,是新中国 70 年文学征程、文学风云的直接参与者和见证人之一,但他一直谦称自己是个"打杂的"和"跑龙套的",甚至还把自己的一本散文集题名为《龙套情缘》。

他也是新中国 70 年儿童文学事业的一位直接领导者、参与者、观察与研究者。从 20 世纪 50 年代写下的评论《情趣从何而来?——谈谈柯岩的儿童诗》开始,直到今天,他一直在为儿童文学的百花园默默耕耘。尤其是新时期以来的 40 年间,他在担任中国作协书记处书记的同时,一直兼任儿童文学委员会的领导工作,就像他当年对陈伯吹先生的评价一样,"为儿童文学操碎了心"。

最近由作家出版社出版的三卷本《束沛德自选集》,包括文论卷一《耕耘与守望》、文论卷二《坚守与超越》、散文卷《缘分与担当》,是他历年来出版的近二十种文论和散文集中的各类文章选粹。承蒙束老师厚爱,亲笔题签、钤印这三卷文选惠赠,我感到十分珍贵,心存感激和敬意。

我用了几天时间,从头至尾把这三卷大书翻阅了一遍。其中大部分文章,之前陆续读过,这次主要拜读了一些过去不曾读到的文章。三卷文选,近 150 万字,分量真是不轻。数百篇文章,分门别类,编选得井井有条,十分严谨。我一边读一边想到先生平时留给大家的印象:真诚朴素,严谨平实,说起话来犹带温软吴音,是谦谦君子,也是恂恂儒者。果然风格即人,书如其人。八千里路云月,七十年来家国。一种"已识乾坤大,犹怜草木青"的人间情怀,尽在这三卷大书的字里行间了。

我认为,这三卷文选,至少从以下几个方面,显示了它们独特的价值。

其一是为新中国 70 年来的文学思潮、文学发展事业,以及中国作协主导下的各种文学活动,记录下了极为丰富、鲜活、真实可信甚至是鲜为人知的史料细节。作者自青年时代起,一走出大学校门,就进入中国作家协会机关工作,得以近距离接触到了许多文学创作的巨擘、文学运动的领导者。后来又逐渐参与了一些重大的甚至是机密会议和重要文件的起草,知悉许多波谲云诡的思想激荡过程和重大文学事件的来龙去脉。所以,出现在他笔下的这类回忆文章虽然涉及众多文坛人物,但几乎全部是他亲历、亲见、亲闻的第一手材料,洵为真实、公允、可信。

例如 1957 年春天,"山雨欲来"的前夕,作者受作协指派,去东北长春走访,了解"作家们有些什么心思,又有些什么新的打算"。回来后写下了一篇《迎接百花齐放的春天——访长春的几位作家》。在访问记中,他写到了一位几乎被"排斥在外面"的老作家冯文炳(废名),原原本本记下了废名当时的一些真实心迹。废名说:"我过去在文学写作上很努力,很热心,可是作家协会却把我排斥在外面。我在北京时,曾向卞之琳、何其芳提过,为什么我不能参加作家协会?为什么有些同志把文学界像我这样的人都抹杀了?"言谈中,废名自己也承认,"我很惭愧,后来成了大时代的落伍的人"。但他又说道,"写作热情我是有的,但写起来也有困难。表现个人的思想变化还容易,也能表现得真实,但是工农兵是不是也喜欢看呢? 怎样达到普及的目的,是个问题。另外,我所掌握的语言,在汉语中是很美丽、很有效果的,但是,是不是适合表现生活,也是个问题。"同时,废名还说到,自己打算用十年时间写两部长篇小说,一部写中国几代知识分子经历的道路;另一部准备以个人的经历,反映江西、湖北从大革命开始,一直到新中国成立后的土改、农业合作化的社会变迁。像这样原汁原味的谈话记录,十分真实和难得。这篇访问记成了后人研究废名等老作家这一时期文学状态、心路历程的一份重要文献。

再如回忆韦君宜的那篇文章里,作者从韦的《思痛录》里写到"反胡风运动"时,发现了一段与自己有关的文字:"除了冯大海外,……又挖出一个束沛德,这个人年轻老实,是各级领导从周扬到张僖都信任的人,一直让他在主席团和党组开会时当记录。忽然,主席团开会的秘密被走露了,于是一下子闹得风声鹤唳,每个人都成了被怀疑者。最后查出来原来是他!这样'密探束沛德'的帽子就扣上了,记录当然就不能再当……"这段文字,是作者在反胡风运动中的遭遇第一次由他人公之于众,很快就引来一些不太熟悉情况的朋友的关注,有的甚至感叹:原来束沛德还是个"老运动员"哩!正是《思痛录》里的这段文字,促使作者写下了《我当秘书的遭遇》一文,原原本本叙述了"又挖出一个束沛德"的事件真相,填补了这段一直不为人知的文学事件的一些细节上的空白。

我相信,像这样亲历亲见和鲜为人知的细节,对研究和书写当代文学思潮、揭开一些文学运动的发生和发展之谜,有极其宝贵的史料和文献价值。

其二,对新中国 70 年来尤其是改革开放 40 年来的儿童文学来说,三卷文选中的许多文章,就不仅仅具有史料和文献意义了,它们本身就是一些沉甸甸的研究、探索和总结性的学术成果。束先生在中国作协分管并兼任儿童文学委员会主任多年,我们从文论卷一最后收录的那篇《小百花园打杂手记(1955 年 11 月—2019 年 6 月)》可以看到,他为中国儿童文学真是事无巨细、牵肠挂肚,殚精竭虑地奉献了自己大半生的心血。例如他主持了多届全国优秀儿童文学奖的评选,并为每一届评选都写下一篇兼顾史料性和学术性的述评。这是一系列十分独特的、其他任何人都无法做到的评论成果。因为有鲜活的"现场感""亲历性"甚至"前瞻性",后人也无法想象和复制。更不用说,他主持的多届评奖,本身就对发现和推举原创儿童文学的优秀作品,做出了巨大的贡献。

1997年,我还在出版社工作时,参与编辑和出版过一套《中国当代儿童诗丛》,邀请束老师担任主编。束老师做事严谨认真,仔细通读了8本诗集后,又撰写了一篇内容扎实的序言《让儿童诗走进孩子中间去》。这是一篇颇具学术性的诗论,在谈到诗丛里各位诗人的艺术风格时,他写道:"八位诗人或热情奔放或委婉含蓄,或气势恢宏或意境优雅……曾卓的质朴自然,金波的清丽隽永,聪聪的真挚明快,高洪波的幽默诙谐,邱易东的开阔深沉,薛卫民的清新流畅,姜华的精巧细腻,徐鲁的激情多思,可以清晰地看出,诗人们都在探索、追求艺术个性化的道路上一步一个脚印地向前迈进。"在分析了各位诗人的创作个性之后,他又对儿童诗如何才能真正走进当代儿童的心灵世界、儿童诗的艺术魅力从何而来等问题,阐述了自己的五条见解:一是珍视童年时代的生活对自己的馈赠;二是把握儿童诗贵在抒情的特质;三是体会当代儿童的喜怒哀乐;四是扩大艺术想象驰骋的空间;五是发扬个人的艺术独创性。我初读这篇序言时就不禁感叹:这可真不是一篇泛泛的应景序文,而是一篇目光深邃、持论独到、甚为难得的童诗美学文章。现在,我从文选中又看到一个细节:原来,束老师在中学、大学时代就创作和发表过一些诗歌。后来他又写过对柯岩、金波、圣野、林焕彰、张继楼、尹世霖、商泽军等多位诗人的儿童诗的评论。

他为儿童小说、童话、散文等体裁的作品,还有儿童文学理论与评论,甚至儿童图书和报刊的编辑出版,都撰写过学识扎实和见解独到的评论文章。对改革开放40年间儿童文学领域不断出现的一些新变化、新动态、新景观和新力量,密切关注和跟踪,并及时加以宏观扫描和细部的研究与探讨,这样的文章更不在少数,几乎成了他的一种"职业性"的、编年式的述评和研究方式。这些文章,不仅让我们看到了中国儿童文学70年来所取得的巨大成就以及由此总结出来的创作规律和普遍性经验,也认识到了在不同的历史阶段里,儿童文学作家们走过的弯路、付出的代价和应该汲取的教训。这其中有政治生态环境、社会转轨、文化转型对儿童文学的影响,也有经济和商业大潮造成的价值观的变化给儿童文学带来的冲击。从束老师的文章里,我们不难寻绎出一条清晰可见的儿童文学70年的变迁"潜史",看到一些沉浮、兴衰、转移和浴火重生的秘密。

其三,三卷文选中的散文卷,是十分珍贵的原创作品。我一边读也一边感慨,假若不是作协事务性的工作耗费了作者大半生的主要精力和时间,以他质朴的文笔和丰厚的学养,完全可以在"作家"的路子上有更多的收获。

从这一卷中我看到原来他在中学时代就开始在《文潮》《青年界》和家乡的《东南晨报》副刊上发表散文了,写于1948年的《希望》《时间》等篇章,文笔俊逸,有优美的散文诗风格。他16岁时写的一篇现实题材的叙事散文《一个最沉痛的日子》,也像一篇小小说,文笔质朴,描写准确,获得了1947年《中学月刊》的暑期征文"名誉奖"。五十多年后,樊发稼先生读到这篇习作,如是写道:"你写的是当时司空见惯的人间悲剧,作品写出了对现实的强烈不满,是对政府腐败、民不聊生的血泪控诉。……作品结尾,文字极为简练,'户外秋虫唧唧唧的哀鸣',渲染一种悲凉气氛,意境浓郁,意蕴深长。……小小年纪,已显出几分成熟,煞是难得。"

可惜的是,因为革命工作、文学事业的需要,作者后来并没有把主要精力投入在自己的创作上。这就像弗罗斯特在他那首诗歌名作《林中的路》里所写的:"金色的树林里分出两条路,可惜我不能同时去涉足。我在那路口久久伫立,向着那条路极目望去,直到它消失在丛林深处。……当我选择了人迹稀少的那一条,从此决定了我一生的道路。"虽然是这样,作者似乎对少年时代就曾"涉足"过的散文写作旧情难忘,所以,70多年来依然断断续续留下了不少佳作。它们是生活和岁月的牧歌,是心路历程的真实记录,也是自传的片段。我们从这些散文作品里,也清晰地看到了一位"新中国人",一位忠恳、善良的赤子的家国情怀和坎坷心路,看到了这一代知识分子所走过的艰难曲折,却百折不挠、无怨无悔的奋斗之路。这其中,也不乏韦君宜《思痛录》、徐光耀《昨夜西风凋碧树》式的"思痛"之作。

束先生的散文,不故作高深,不哗众取宠,更不浮泛滥情,也不以华丽的语言取胜,而是力求真诚和质朴,在平实的、洗尽铅华的笔调中,依靠真切的细节娓娓道来,支撑起自然流畅、韵味自在的叙事,平淡、清扬和朴素的文字里,自有世道人心和乐观、明亮的价值观,也自有涤荡人心的力量。

其四,以前零零星星拜读束老师的一些评论和散文集子时,我没有想到,半个多世纪以来,他为儿童文学界那么多作家朋友尤其是青年作家们,撰写了数量浩繁的序言、书评和推介文章。现在集中读来,我发现这个数量真是惊人。这是一种默默劳作、负重前行、任劳任怨的"老黄牛"精神,是为小百花园辛勤耕耘、培土、浇灌的园丁精神。记得冰心老人有一句称赞金近先生的话:他为小苗浇上泉水。毫无疑问,束老师也付出了几十年的岁月和心血,为一代代儿童文学新人、为无数的小苗浇灌泉水。

从文选里,我也看到了将近二十年前(2003年),他为我的第一套少年文学选集《徐鲁青春文学精选》(6册,青岛出版社出版)写的一篇书评。其中写道,"读徐鲁的作品,可以强烈地感受到他那抒情诗人的气质,那理想主义的浪漫情怀,那善良、质朴而又多少有点忧郁的性格,还有那渗透在字里行间的书卷气息。所有这些,使得他的作品具有与众不同的特色和魅力……"今日重读这篇文章,我禁不住眼睛有点潮湿,心里充满无限的温暖和感激。除却一位长者对一位年轻作者的爱护、鼓励和"加持"的成分,这其中对拙作"底色"的辨识与判断,是何其精准。

我大致数了一下,三卷文选中,束老师为年轻作者们撰写的序跋、书评、书信和其他推介文章,还有为青年作者们的新书发布会、作品研讨会撰写的短文、贺信等,近200篇,真可谓作善知识、惠人多矣。

此外,读着这三卷文选,尤其是关于儿童文学与出版的这一部分,我还有一点真切感受,那就是,在束老师主持中国作协儿委会的那些年里,开创和奠定了一个非常好的"儿委会传统":真诚、务实、温暖、创新,让儿委会成为了老中青儿童文学作者、理论研究和评论者、编辑出版者们都很信赖、常来常往的"温暖之家"。现在,继任儿委会主任的高洪波先生又把这个真诚、务实、温暖、创新的"儿委会传统"继续发扬光大,使儿委会每年的日常工作和一年一度的总结年会里,都有一种明亮和温暖的"文脉"在流淌和传承。吃水不忘打井人。这口清亮的水井,是德高望重的束沛德先生给大家打出来的。从他在 2008 年写的一篇带有总结性的长文《一切为了孩子的心灵成长——回顾改革开放 30 年来中国作家协会的儿童文学工作》,还有也是这一年里写的《第二次退休:告别儿委会》里,可以感受到他对儿童文学的感情有多深,对儿童文学未来发展的牵挂是多么依依不舍。

　　意大利文学家卡尔维诺,自己本来有足够的才华从事创作,却把大量的时间和精力用在了文学组织、编辑出版和文学评论上,对此,有人不无同情地说道:你耗费在别人书上的时间,比花在自己书上的时间要多得多。卡尔维诺却不以为意,他说:"我并不介意,任何消耗在有益于以文明的方式生活在一起的事务上的精力,都是适得其所的。"在束沛德先生的三卷书中,不仅充盈着一种真诚、朴素和平实的力量,也让我真切地感受到了一种默默奉献、甘为人梯、勇于负重和担当的人格魅力。

2019 年 10 月 25 日,武昌梨园

(原载《文学报》2019 年 12 月 12 日)

后　记

　　春节前后,邪恶的新冠肺炎疫情在武汉、湖北、中华大地蔓延、肆虐。我和周围所有人一样,无可奈何地宅在家里,足不出户。为了排遣沉寂、忧虑的心绪,想着要找点事做,在精神上有所寄托,于是决心着手编选这本《我这九十年——文学战线"普通一兵"自述》。

　　在我的人生之旅中,一站又一站地先后通过而立、不惑、半百、花甲、古稀、八旬等站,眼看着就要抵达九秩大站了。我童年时代本是个弱苗子,大学时代发现肺部有一钙化点,人到中年又受到癌症的侵袭,退休之后更两度被怀疑患有前列腺癌。但一关又一关都闯过来了。我能平安地、健康差可地活到 90 岁,真是料想不到的。

　　我是一个普通知识分子、一个普通文学工作者。90 年的人生路、文学路,可说是多彩、多味的,经历了风风雨雨,尝到了甜酸苦辣。正像我在一篇文章中所说的:"我的成长,我的挫折,我的欢乐,我的痛苦,都与人民共和国的命运血肉相连,息息相关。在我的身上,可以清晰地看到时代、历史的投影和折光。"同时,我的成败得失,我的喜怒哀乐,又与我的舞台我的家——中国作家协会紧紧地联结在一起。真实地、多方面、多角度地讲述自己的人生故事,尽可能让读者清晰、具体地了解大时代里一个小人物的人生轨迹和心路历程,让他们从中得到一些启迪。这是我编选这本书的初衷。

　　过去我曾出过自叙体散文集《龙套情缘》《在人生列车上》,那是按从童年、少年、青年、中年到老年的人生历程来回望、记述的;比如《在人生列车上》分为"少年记者梦""青春秘书缘""半百乌纱运"

"暮年义工情"四辑。这次编选《我这九十年》,试图跳出年龄阶段、时间节点,挑选我人生经历的若干重要方面来梳理、记录。全书分为:"我与作家协会""我与儿童文学""我的良师益友""我的笔耕生涯""我的亲情家风""我的夕阳时光"六辑。这几组文章大致勾勒出文学战线"普通一兵"的面目、遭遇和命运,从中也可约略窥见一个从旧中国到新中国一路走来的小知识分子平凡、纯真的感情世界。

附录的文章也许有助于读者更多地了解我的文品、人品。

即将迎来我的 90 生日之际,编选出这本书,既为我自己和家人留下一份真切的回忆和记录,也为有兴趣更多了解、剖析我的读者、文友留下一份较为完整的、可作参考的资料。人民文学出版社的朋友极其热情,慨允出这本书,对此,我的欣慰、感激之情难以言表。

2020 年 3 月 10 日初拟,10 月 4 日改定